U0578863

文化名家暨"四个一批"人才自主选题项目成果
中国社会科学院世界政治研究中心组织实施并具体执行

Western Models
and the Chinese Way

西方模式
与
中国道路

世界历史视野下的比较研究

A Comparative Study:
the Perspective of World History

黄平 主编

社会科学文献出版社
SOCIAL SCIENCES ACADEMIC PRESS (CHINA)

目 录

第一篇　中国道路的历史生成和制度结构

第二篇　西方模式的历史演进

第三篇　全球秩序的危机与重建

代序

对话黄平：共同富裕正在路上 *

2021 年是中国共产党（下文称中共）成立 100 周年。100 年以来，中共这个主张用社会主义救中国、发展中国的政党深刻改变了中国的命运，让中国不仅实现了国家的独立和人民的解放，而且通过改革开放实现了经济社会的高速发展。但海外一直有声音对中共体制和中国的社会主义有不同甚至负面的看法。究竟怎么看中共和中国的社会主义，在全球传统资本主义国家普遍面临深层问题的今天尤其具有现实意义。为此，我采访了曾任中国社会科学院美国所所长、欧洲所所长的香港中国学术研究院常务副院长黄平。

中共不同于西方政党

问：老师好，2021 年是中共成立 100 周年，有两个关键词，一个是中共，一个是社会主义。我们先来探讨中共。因为有太多中国特色和社会主义色彩，中共和现在以选举为主要导向的西方政党有很大不同。但也正是这种不同，让海外不少人难以理解和认同，甚至会产生比较负面的认知。在您看来，和西方政党对比，中共究竟有何不同？中共到底是个什么样的政党？

黄平：中共建党已经 100 年，100 年说短也短，说长也长。欧洲近代民主革命以来就产生了政党，与一些更老的西方政党比，中共还是一个年轻的党，但是 100 年就是整整一个世纪了，所以又可以把它称作一个老党，而且，中共也是一个大党，甚至是世界上最大的党，也是最大的执政党。

在中国近代历史上，晚清以后的有志之士为了救亡图存，尝试过很多道

* 作者：邓峰；原载："十点公社"微信公众号，2021 年 8 月 15 日。略有编辑和删改。

路，不论是科学救国、教育救国、实业救国，还是戊戌变法、辛亥革命，都没成功。俄国十月革命后，社会主义传入中国，一批走在新文化运动和五四运动前列的知识分子、爱国青年、革命人士，在苏联和共产国际支持下创立了中共。可以说中共是近代中国社会发展面临内忧外患甚至有可能亡国灭种的危机下应运而生的党。100 年走下来，就会发现，中共绝不只是一个舶来品，它虽然在初期的确受到共产国际、苏联的影响，但后来不断适应中国现实，不断反对教条主义、"本本主义"，不再照抄照搬苏联的经验，而走上了实事求是之路，也越来越和中国的历史、文化、文明内在地紧密关联。这样一个内在化、本土化和马克思主义中国化的党，虽然也叫党，但早已不同于西方意义上的狭义的政党。

西方意义上的政党更多的是代表某个特殊群体或阶层的利益，有着特殊的诉求，主要是因应其制度环境下的政治需要。中共的情况却非常不同，它自一开始就要应对数千年未有之大变局，从救亡图存到救国救民，从唤起工农到反帝反封建，其名字叫共产党，背后依托的是广大的农村、农民，首先要解决的是土地和农民问题。其次，在当时复杂残酷的白色恐怖或战争环境下，中国共产党不得不保持高度的组织性、纪律性。从 1921 年中共成立到 1949 年新中国成立，历经了 28 年的艰苦磨炼和战争考验，形成了一支高度组织化、千锤百炼的队伍，虽然付出了巨大的牺牲，但留下来的都是革命的"种子"。1949 年夺取全国政权后，中共干部大多脱下军装，成为新社会的管理者，经过数十年的历练，其组织、协调、管理和服务的能力不是西方很多人所能想象的。

中共的代表性非常广泛，它不是一个狭隘的社团、党团和党派，不是代表某一部分人的狭隘利益。习近平总书记"七一"讲话把这个讲得更透了："中国共产党始终代表最广大人民根本利益，与人民休戚与共、生死相依，没有任何自己特殊的利益，从来不代表任何利益集团、任何权势团体、任何特权阶层的利益。"[①] 从救亡图存到革命成功，"中国人民站起来"，再到带领中国人民富起来和日益强起来，中共的施政目标一直是实事求是、与时俱进，而不是墨守成规，更不是照抄照搬。因此，也可以说，中共一开始虽似有舶来品的一面，但它不同于西方政党，它具有如此广泛的代表性，代表了人民的根本利益

---

① 习近平：《在庆祝中国共产党成立 100 周年大会上的讲话》，人民出版社，2021，第 11 页。

和民族的长远利益。

问：可否理解为，您认为中国共产党是代表整体利益的政党，或者说是法国思想家卢梭所说的追求公意的党，而非像许多人批评的西方代表众意的党？

黄平：甚至比卢梭讲的追求公意更具有整体性、全局性、长远性，从这个意义上说，中共实际上是继承了中国传统文化里的治国理念，既"铁肩担道义"，又"天下为公"。为了确保代表最广大人民的根本利益和民族的长远利益，中共持续不断地进行批评与自我批评，不断开展党内学习和整风，包括积极的批评与自我批评。这种学习和批评不是西方那种权力斗争，更不是个人之争，而是为了防止和反对那些忘记为了人民、代表人民、忘记国家和民族整体利益的行为的批评和斗争。

中共有望创造一个新的政党范式

问：从这个角度来说，您认为中共有可能在现有的政党理论之外，创造一个新的政党理论或范式？

黄平：不是有可能，而是正在创造。在实践上，100年走下来，中共已经和中国几千年来治国理政中最基本的大道理念衔接贯通并加以继承发扬。在实践中这条路中共已经走通走顺了，下一步首先是怎么再提炼、再升华，把它讲深、说透、阐明，而且这个"通"是大道通天的通，而不是修辞学或形容词意义上的通。其次，这个"通"不仅是自己通、党内通，人民群众也要通，广大青年也要通。再次是怎么获得外界更多更高的认可，这就涉及国际传播、对外传播、"讲好中国故事"的问题，怎样让中共的理论体系得到各国各地更多人的客观认识与理性理解。最后是新型政党范式和理论，只有在客观看待中共及其历史作用的基础上，才会理解它不仅在事实上而且在理论上已经和正在走出一个新的范式，创立一种新理论。

问：您其实反驳了许多西方人的观点，即中共早晚会变成他们西方人想象的那种政党。

黄平：西方许多人的这个观点不过是他们自己的想象或幻想，他们老是在幻想中共迟早会和他们的政党一样。但事实上，西方很多人实在是对中国和中共太无知，背后是太多的傲慢、偏见和意识形态，例如他们总是认为自己的制度是最好的，甚至是唯一的，中国早晚要向他们学习和靠拢。这种想象今天已经有越来越浓厚的自我安慰或自我麻醉成分，结果是让自己的认知和心灵越来越封闭，看不到现实的复杂性和世界的多样性，也看不到别的制度和文化所具有的长处与生命力。

中国共产党是中国革命胜利的最后组织化形态

问：您刚才谈到中国共产党是在近代那种救亡图存的残酷环境下经过千锤百炼的精华，这个说法值得继续探讨。

黄平：这就是指中国共产党人在前人的基础上既传承也创新，甚至不仅仅是这100年。一方面中共当然是成立至今正好100年，是百年以来救亡图存的仁人志士中的佼佼者，但另一方面其实也是在不断继承和弘扬几千年的治国理政的传统，在百年实践中不断总结和提高其治理的能力和水平，其理念和实践很多都可以追溯到中国的历史和文化传统中去，并不断弘扬其历史与文化的传统。所以，中共既是晚清以来历代先烈救亡图存事业的完成者和近代以来革命的集大成者，也是几千年来优秀文化与传统的继承者和发扬光大者。也是在这个意义上，中共不同于西方的"政党"，它没有特殊的狭隘利益，代表了更悠久的优秀文化和政治传统。

问：列宁曾经有一个观点，他认为在落后国家，无产阶级和社会大众可能是落后的，要等待无产阶级的自发觉醒根本没有出路，所以应该由具备先进意识和能力的先锋队来领导，通过先锋队来带动无产阶级、社会大众。

黄平：列宁的确论述过，单纯靠工人的自发运动产生不了马克思主义，只能产生工团主义或者工会主义。所以，即使在西欧或俄国，工人运动也是需要先进分子带动和推动的，而中国在近代以来直至1949年站起来，革命过程主要是靠农民，首先要解决的是土地问题，但中国所走出来的道路又不是简单地重复过去的农民起义，而是要经过先进分子或先锋队的发动、带领和启发。在这个过程中，当然也一直不可避免地需要先进分子不断深入实际和走进基层，不断向工农学习，并从广大工农群众中获得养料和启发，否则，诚如毛主席所说："知识分子如果不与工农民众相结合，则将一事无成。"[1]

中共何以避免"君子之泽，五世而斩"

问：应该说，从鸦片战争以来中国人梦想主权独立、国家富强的角度来说，中共百年带给中国的改变的确非常成功。曾经的四分五裂、军阀混战、列强殖民，彻底成为历史。中国的主权独立，通过革命方式得到非常有力的实现。中共建政后国家发展进步，从基础设施建设、土地改革、全民扫盲、公共卫生建设，到深刻改变国运的改革开放，中国得以崛起为全球第二大经济体。如果从百年前中国人的认知来看，今天的中国距离富强目标从未如此近。从这个意义上来说，先锋队的说法是成功的。但其实还存在一个问题，中共如何保持其先进性？中共成立之初，成员多为怀着满腔热忱的理想主义者，他们有超乎寻常的抱负和情怀，故他们大体上能长时间保持年轻时的热血，比较能够经受住考验。但古人说"君子之泽，五世而斩"。对于中共来说，在老一辈渐渐离去后，新生代怎么保持自身的先进性？

黄平：的确，经过近30年的奋斗站起来以后，从人民政权建立到政治建设中的继承与创新，包括至今一直起着支撑作用的党（中共）的领导核心地位、人民代表大会制度、多党协商与合作制度、民族区域自治，还有改革开放以来基层选举、在港澳实施的"一国两制"，等等，再到整个社会建设中的各个方面，例如整个国家的基础设施建设、土地改革与农田水利基本建设、全民扫盲与基础教育、社会的公共卫生体系建设，以及举世公认的深刻改变国运的改革开放中的一系列创新和开拓，这些使中国得以成为全球第二大经济体并保持较高的发展速度、实现了最大规模的脱贫、最深刻的社会结构变迁（城乡、工农、代际等方面），这些都已经是不可否认的历史事实。如果没有具有先进性的党和它所一直发挥的中流砥柱作用，这些成绩是根本无法想象的。

---

[1] 汪信砚主编《李达全集》第十六卷，人民出版社，2016，第39页。

说到先进性，我想起当年《抗日军政大学校歌》所唱的"黄河之滨，集合着一群中华民族优秀的子孙。人类解放，救国的责任，全靠我们自己来担承"。当时的抗大或者说延安，正是集合了大批来自中国各地的热血青年、爱国青年、知识青年，他们为了理想，奔赴边区。

如果再往前追溯，毛泽东作为青年学生时说过："天下者，我们的天下；国家者，我们的国家；社会者，我们的社会。我们不说，谁说？我们不干，谁干？"① 年轻时的周恩来也写过"面壁十年图破壁，难酬蹈海亦英雄"②。2021年的"七一"晚会表演中再现了青年毛泽东的那番豪言壮语。当时这样的人很多，他们怀着救国救民的理想，后来又经过大浪淘沙，无数如陈延年、陈乔年这样的先烈牺牲了，但也有人幸存下来走到延安、走到新中国成立并领导了后来的发展与改革。

当然，就像不断有人问到的，最重要的就是如何保持先进性。中共在历史上经过艰难探索、各种曲折，后来形成了自己的理论，其最重要的内核就是实事求是、群众路线和独立自主，并且也在战争年代形成了三大作风，即理论联系实际、密切联系群众、批评与自我批评。我认为，坚持这三大内核、弘扬这三大作风，就为保持党的先进性提供了理论和作风方面的基础。另外，中共在战争年代还有三大法宝，除了那个年代强调的武装斗争外，还包括了统一战线和党的建设，前者至今也是广泛联系和团结各界的重要途径和抓手，后者更是保持先进性的重要政治保障。所谓党的建设，既有这些年很突出的政治建设与组织建设、纪律建设、作风建设，也有中共一贯坚持的思想建设和理论建设，不论是政治纪律、组织纪律，还是理论学习、党员和干部的思想教育，都是为了党员和干部队伍群体的净化和优化。中共怎么持续保持先进性是一个非常要害的现实问题，也是真正对这个民族和这个国家负责任的关键命题，这也是为什么今天如此强调不忘初心、牢记使命，否则仅仅靠党员的数量和党的历史长度，并不足以证明今天的正当性和今后的先进性。

中共最高层一直都非常重视这个问题，1949年还没进京之前，毛泽东就

① 《〈新时代爱国主义教育实施纲要〉学习读本》，人民出版社，2020，第80页。
② 黄丽镛、黄晨编《周恩来读古书实录》，人民出版社，2012，第48页。

明确提出："夺取全国胜利，这只是万里长征走完的第一步……以后的路程更长，工作更伟大，更艰苦。"① 他因此谆谆教导："务必使同志们继续地保持谦虚、谨慎、不骄、不躁的作风，务必使同志们继续地保持艰苦奋斗的作风。"② 新中国成立后，中共曾尝试过很多办法。进入改革开放时期，一方面要坚持一心一意搞经济建设，另一方面还在改革之初陈云就说过，"执政党的党风问题是有关党的生死存亡的问题"③，"党风问题必须抓紧搞，永远搞"④，"抓党风建设是全党的一件大事，没有好的党风，改革是搞不好的"⑤。说得通俗点，由于中共进城后成为执政者，既不再会提着脑袋随时可能牺牲，又有了权力，迎合的人也就来了，提出申请要进来的人就不完全是有理想、有抱负的热血青年，甚至不排除有的人是为了名、为了利，甚至为了升官发财。即便一开始很多人也是为了人民和民族，但做官时间长了，久而久之，一些干部可能就会脱离基层、脱离实际、脱离人民。这和革命年代很不同，革命时期是生与死的考验，是血与火的考验，没有信念的人早就溜了，那时党员、干部、军队与人民群众是鱼水关系，但执政后就不一样了。

何况，中共也不能总靠吃老本，不能仅靠讲革命故事和光荣传统来建立和确保正当性，而必须要与时俱进，不断学习如何治理社会与服务人民，不断自我革新、自我完善，还需要不断接受人民群众的批评和监督。当然，革命故事和光荣传统也可以讲、应该讲、必须讲，讲得好不只是让人听的时候很激动，也能教育后代和青少年。但毕竟过去不代表当下，更不代表未来，有个说法，"过去伟大，不等于今天伟大；今天伟大，不等于今后伟大"。所以，是否和如何能够永葆先进性，的确是一个真问题。

大约是在 20 世纪 50 年代，时任美国国务卿杜勒斯说过，资本主义世界要有一个"基本的信念"，那就是"（苏联、东欧和中国等社会主义国家）继续

① 《中国共产党简史》，人民出版社、中共党史出版社，2021，第 138 页。
② 毛泽东：《在中国共产党第七届中央委员会第二次全体会议上的报告》，人民出版社，2004，第 5 页。
③ 《陈云文选》第三卷，人民出版社，1995，第 273 页。
④ 《陈云文选》第三卷，人民出版社，1995，第 273 页。
⑤ 《陈云百周年纪念——全国陈云生平和思想研讨会论文集（中）》，中央文献出版社，2006，第 985 页。

要有孩子的话，而他们孩子又有孩子的话，他们的后代将获得自由"。这就是当时说的把"和平演变"社会主义国家的希望寄托在社会主义国家的第二代、第三代身上。当时毛泽东和中共领导人对此非常警惕，并表示一定要让美国"和平演变"中国的希望破产。从这个意义上来说，我认为今天中共一再讲不忘初心、牢记使命，一再强调在进入第二个百年的进程中还要继续保证党的先进性，这也是新时代的忧患意识和底线意识。

几代领导人都讲过忧患意识、底线意识和危机意识，也正是这个原因。具体怎么办？除了刚才谈到的坚持实事求是、群众路线和独立自主，继续保持三大作风，做到那"两个务必"，还有一个有效的办法，就是一定要对外部世界和未来保持开放性和包容性。一个有生命力的东西，一定是开放、包容的，而不是故步自封的，把自己封死。仅仅沉浸在过往的胜利和成就之中，生命力反而会走衰，但如果不断学习，不断检讨，不断吸收新事物，路就会越走越宽，越走越通。这也是中共过去不断成功的一个"秘密"，它一直在不断学习和总结正反两个方面的经验和教训，随时都在坚持真理和修正错误。中共有一个优点，它除了每次党代会的正式工作报告之外，内部有各种各样的工作会议、研讨会议、座谈会议，天天都在自我检讨，自我改进，自我学习。不论是政治局会议、国务院会议，还是大量的或者有报道或者没有报道的工作会议，都是在找差距，以改进工作。毫不夸张地说，每个月、每周甚至每天的各种会，都是在研究，在讨论，在修改、调整和完善各种政策和做法。所以，中共也真的是一个学习型的党。这也是共产党的生命力源泉之一，如果没有自我完善和自我改进，那肯定会僵化，落后于时代。

至于可持续性，只要中国一方面将社会主义与市场经济相结合从而走出一条社会主义市场经济之路，另一方面将社会主义与中国传统优秀文化相结合从而走出一条具有中国特色的社会主义之路，这个持续性还会在过去 40 年、70年、100 年的基础上更加彰显。对此，我一贯的说法是：任何一个事物，如果它所跨越的时间越长、覆盖的空间越广、包含的个体越多，那么至少很可能，它所具有的普遍性就越强，因而持续性就越长。如果这个"命题"成立或基本成立，那么真可以说，谁笑到最后谁才是真正地笑。退一步说，如果中国的发展道路不具有可持续性、其制度没有优势，那美国和一些西方国家又成天战略忧虑个啥呢？又何必把中国列为头号"系统性威胁"呢？

问：您的上述说法也许解释了中共的一个说法，即中共领导是中国特色社会主义的最本质特征。

黄平：这个本质特征的背后，首先是因为它代表了最广大人民的最根本利益和整个国家与民族最长远的利益，而不是去追求不同于人民利益的其他特殊利益。其次是它不断保持开放和学习，对新事物、新技术、新方法都保持虚心学习的心态，不断吸纳经济发展、社会治理与公共服务方面的新知识。再次，因此也必然地，是它不仅不断与时俱进，愿意且能够不断地主动改进。

问：我有一个想法。中国自从秦汉建立郡县制基础上的大一统中央集权体制以来，历朝历代都有一个相对精英的官僚集团，主要是由士大夫阶层和吏构成。今天的中华人民共和国虽然产生于近代革命，受到现代文明的洗礼，但与过去有很大不同，中共有一套非常严密的结构设计，融合了中国传统治国理念、制度设计和列宁主义政党的组织方法、社会主义理念。正因这样，简单套用某种理论难以解释清楚中共。

黄平：或者更准确地说，今天的中共在坚持中国特色的社会主义同时又继承了几千年的中国传统，这个当然是进行时，但是能做到"两个结合"，即马列主义的社会主义原理既与中国具体实际相结合，也与中华传统优秀文化相结合，的确是开创着一个新时代、新纪元。

马克思的批判依然有效

问：回看社会主义从最初的乌托邦空想，到马克思创立科学社会主义，再到列宁打破马克思的设想，率先在落后国家建立社会主义，社会主义逐渐和计划经济绑定，再到苏东剧变后社会主义成为许多人眼中落后、贫穷的代称，再到邓小平提出中国特色社会主义，重新定义社会主义，中国得以走上高速发展之路，成为全球第二大经济体。与此同时，被称作资本主义的西方，反倒自20世纪30年代尤其是二战以来日益重视平权、劳工福利、社会保障。像北欧被称作民主社会主义。1978年，一位官员在访问英国前，本以为在伦敦会看到马克思所描述的剥削现象和贫民窟，结果到访后却发现，自己的工资仅仅是伦敦一个垃圾收集工的1/6。据说，他访问时感慨道："我看英国搞得不错，物质财富极大丰富，三大差别基本消灭，社会公正、社会福利也受到重视，如果加上共产党执政，英国就是理想中的共产主义社会。"面对这样的事实，您认为马克思当年的观点过时了吗？西方还是资本主义国家吗？

黄平：这个问题需要从多个层面来看。第一，也是被长期忽略的因素是，当时中国的考察毕竟是短期考察，虽看到了中西发展的差距，但对于战后西方的认知还相对有限。那时候不仅是领导人出国访问，在此之前我们也有体育代表团、艺术代表团出访西欧各国和日本，以及当时新华社发回国内的消息，都与战前我们对资本主义社会的了解有了很大不同，这也在一定程度上促进了中国进行改革开放。但要看到的是，当时西欧、北欧等呈现的经济发展和福利保障方面的情况，既与生产力发展与科技进步有关，更与欧洲及其他地区的社会运动、工人运动、妇女运动、学生运动、反战运动密切相关，其中也包括受到苏联尤其是中国工人农民翻身的刺激和启发，这导致欧洲社会内部发生了上述具有左翼倾向的各类社会运动，这些社会运动也迫使欧洲原有资本主义制度不得不做出改变。即使是当时的美国，也受到由于越南战争而引发的反战运动和20世纪60年代黑人运动、妇女运动等的影响。

第二，任何一个社会都有一个不断发展的客观过程。随着生产力和经济、科技的发展，城市建设和公共服务等方面也得到改善，人们的健康水平和生活水平也得到很大提高，雨果《悲惨世界》描写的那种遍地乞丐、到处都是犯罪现象的情况自然也得到改变。

第三，自罗斯福新政以来，尤其是20世纪60年代美国民权运动以后，西方和美国也的确发生了很大的变化。马克思、恩格斯描写过的英国工人阶级的状况有了很大改变，法国也已经明显不同于巴尔扎克笔下的法国，也不同于当年周恩来、邓小平等赴法勤工俭学时的状况。这当然不是资本家发了善心改变了谋利的本性，而是一个历史过程，从早年那个充满血与火、最残酷、"每个毛孔都滴着血和肮脏的东西"① 的原始积累阶段，已经过渡、发展为一个战

---

① 《马克思恩格斯选集》第二卷，人民出版社，2012，第297页。

后的资本主义阶段。西方资本主义在经历那么多的危机之后，其间又是大萧条，又是两次世界大战，某种程度上也是"置之死地而后生"，不得不反省和调整，这才有了福利主义加凯恩斯主义，通过二次分配等部分地改变了早期资本主义那种赤裸裸的生产方式，确实使得西方社会尤其是西欧、北欧发生了很多变化，哪怕后来又有新自由主义的倒退和"往回走"。

第四，我们对于那段历史的认知也有一个时间上的错位。中国改革开放之初所看到的欧美发达景象直接地是战后福利政策和凯恩斯主义政策的结果，而不是当时正好在台上的撒切尔夫人或里根推行新自由主义的结果。但在时间上，撒切尔夫人恰恰是 1979 年上任，里根是 1980 年当选（1981 年初上任），这正好是我们正式对外开放、对内改革的初期，不少人误以为那时候在欧美看到的状况是撒切尔夫人、里根带来的，甚至也由此产生对新自由主义的迷思。

第五，还有一个非常重要的因素，即资本主义这一轮的全球化，把大量残酷的生产、破坏环境的生产转移到发展中国家，所以可以看到欧美到处都是蓝天白云，鲜花遍地，空气清新，环境漂亮，但最残酷的一面，包括破坏环境生态、造成贫富悬殊的生产被转移到发展中国家和地区。西方早期资本主义，生产基地基本都在国内，只是去外面低价进口原材料，并向外高价出售商品，但后来随着资本的全球化，在追求更低成本、更高利润的利益驱动下，大量工厂向外迁移，哪里的土地、劳动力便宜，哪里的利润回报快、利润高，资本就流向哪里。这样，污染企业就被转移出去了，很残酷的血汗工厂就被转移出去了，在西欧、北欧等地看到的当然都是蓝天白云，鲜花遍地，小鸟歌唱，松鼠跳跃。

但从全世界眼光来看，建立在不平等基础上的资本追求超额利润的逻辑不仅没有改变，反而因为资本无国界甚至变得愈演愈烈。就像在很多发展中国家可以随处看到的，工人的生产和生活状况惨不忍睹，这样的状况从根本上来说，正是西方资本向外转移、西方世界与非西方世界的不平等关系带来的。现在西方国家一些人老是讲人权，讲保护小动物、弱势群体，并拿这些来指责发展中国家。客观地说，他们中有的人的泪水未必都是虚假的，但许多人讲人权是典型的站着说话不嫌腰疼，是"何不食肉糜"。发展中国家的曲折、苦难和希望，他们真的看不到也不理解，甚至根本就不在他们的视野里，他们更不会反思究竟是为什么。

问：所以，按照老师的分析，其实今天西方世界依然还是奉行资本主义的逻辑，本质并未变。

黄平：今天的西方世界起主导作用的依然还是资本逻辑，整个社会不仅是资本主导，冷战结束后超大的跨国企业对市场、资源、信息等的垄断还更甚了，连西方世界自身的贫富悬殊、整个世界的南北差距，也都更甚了。（幸好统计里还把中国放在南部世界，否则这个世界的南北差距更让人无法直视！）这种情况下，空讲一些华丽辞藻，例如自由、民主、人权，对西方世界自身来说也越来越虚伪，更不用说老是拿它们当外交和政治的工具，去无端指责和打压别的国家和地区。这在美国的"黑命贵"运动过程中，还有在整个防疫抗疫中，显得尤其明显。

社会主义已经深深内嵌于中国

问：那您怎么看中国社会主义？

黄平：回到中国，百年以来，不论是李大钊、毛泽东他们那代共产党人找到了只有社会主义才能救中国这条道路，还是新中国成立以来、改革开放以来中共找到了只有社会主义才能发展中国的途径，社会主义其实已经在事实上与中国紧密捆绑在一起，今天，讲中国如果不讲社会主义，讲社会主义如果不讲中国，都已经讲不通了。第一，社会主义在理念层面是中国共产党的理想信念，也是对人民、对民族的庄严承诺，它是一面旗帜，这面旗帜是不能丢的，一旦丢了，资本霸权、贫富悬殊、"黄赌毒"、贪污腐败甚至国家分裂都会变得名正言顺。中共十八大后抓反贪反腐，揪出来的贪官污吏之所以没有一个在贪腐时敢公开拿到台面上，恰恰就是因为中国是社会主义国家，是人民政权，党和政府对人民的最基本的社会主义承诺是衡量是非好坏的标准。

第二，在实践层面，今天中国社会主义还在进行时，还处于初级阶段，社会主义与中国国情、中国特色相结合，还在发展之中，所以叫中国特色社会主义，它还在不断完善、不断丰富、不断发展。新的情况、新的挑战、新的风险、新的不确定性都层出不穷，认识它们、解决它们都得在不断深化的实践中，靠不断发展的理论。中国的社会主义既没有简单照抄马克思、恩格斯的早期论述，也没有照搬苏联的模式，更不能按照北欧式的"社会主义"去剪裁。近代以来中国的实践和道路之所以越来越成功、越来越畅通，都不是用教条化的"本本主义"搞出来的。虽然照抄也许最简单、最省事，但绝对行不通，或者一定会带来曲折甚至灾难。

第三，在事实层面，社会主义深刻地改变了中国，社会主义不仅是一套思想体系、一种理想信念，还包括一系列的制度设计，一整套的社会政策、组织安排和治理模式，以及几十年来已经成为中国开展建设、实现发展的基本制度框架和实践模式，既是社会主义的实践，也是中国的实践，这里面的道路、制度、经验、成就，已经与亿万中国人的生产、生活、交往和思维密不可分，已经深深地嵌入人们的血脉和骨子里，这是亿万人民艰苦实践和不懈追求的结果，也是亿万人民自己的选择的结果。

问：所以说，您是反对外界一些批评说法，比如官僚垄断资本主义。

黄平：这些说法唯一的"用处"就是提醒我们防止中国社会主义变形变质，不论说者的用意是什么。客观地说，中国是今天世界上最大的社会主义，最有生命力的社会主义，最有可能为人类走出资本主义带来思想启发和实践经验的社会主义。而这个社会主义要坚持走下去就必须有共产党的坚强领导和国家的基本安全，否则社会主义最多就是书斋里的谈资或只在二次分配里做点文章的"公共政策"而已。而确保共产党的领导地位和国家的基本制度安全，与什么"垄断"没有任何内在的必然联系。

邓小平曾明确提到中国一定要防止两极分化

问：近年来，中国高层开始重提邓小平当年说的共同富裕，像浙江还被作为社会主义共同富裕示范区。邓小平说过："社会主义的本质是解放生产力，发展生产力，消灭剥削，消除两极分化，最终达到共同富裕。"① 他主张让一部分人、一部分地区先富起来，先富带后富，达到共同富裕。现在中国重提共同富裕，是否出于这样的考虑？这是否意味着今后或者说在 2035 年之前，中国会在推进共同富裕上有实质性进展？教育、医疗、住房、养老"新四座大山"会被推翻？

黄平： 当年改革开放时，邓小平对世界形势有一个重要判断，即世界的两大主题是和平与发展。和平是为了解决东西方冷战问题，发展是为了解决世界南北差距问题。具体到当时的中国，小平同志有两句名言，"发展是硬道理"②，"贫穷不是社会主义"③。当时他之所以这样强调，是因为改革开放之前，整个国家一方面已经确立了社会主义的基本制度并在社会基础设施建设、人民基本健康与基础教育等方面做出了巨大努力、取得较大进步，但另一方面还是"人口多，底子薄"，物质基础和经济条件仍很差，社会经济发展水平还很低，人民生活水平也很低。所以小平同志通过"发展是硬道理""贫穷不是社会主义"的著名论断来打破当时认识上一些误区，策略和具体做法上则是让一部分人、一部分地区先富起来。

但即便如此，小平同志也明确提到一定要防止两极分化，最终要达到共同富裕。在他看来，让一部分人、一部分地区先富起来只是一个必要的手段和必然的过程，所以小平同志还明确讲过："社会主义的目的就是要全国人民共同富裕，不是两极分化。如果我们的政策导致两极分化，我们就失败了；如果产生了什么新的资产阶级，那我们就真是走了邪路了。"④ 正是在这个意义上，在改革开放 40 年来国家快速发展和巨大成就的基础上，中共十八大以来不断强调不忘初心，并开始具体探索如何实现共同富裕。

问： 按照刚才您的分析，我们可不可以对中国未来做一个预测，如果说前 40 年中国的重心是解决发展不充分的问题，那么现在的重心要趋向解决发展不均衡的问题，朝向共同富裕的目标努力。

---

① 《邓小平文选》第三卷，人民出版社，1993，第 373 页。
② 《十四大以来重要文献选编》上，人民出版社，1996，第 621 页。
③ 《十四大以来重要文献选编》中，人民出版社，1997，第 1394 页。
④ 陈燕楠主编《中国特色社会主义研究》（下），人民出版社，2014，第 203 页。

黄平：过去 40 年中国从来没有放弃社会主义的原则和底线，在追求发展过程中，防止两极分化的工作一直在做，不论是大规模扶贫、实行西部大开发，还是各种惠农政策，包括取消农业税，还有建立广覆盖的基本社会福利制度和医疗保健制度，实行九年义务教育，等等，其实一直在坚持社会主义底线并推进着具有中国特色的社会主义的公平正义价值。现在因为中国已经摆脱了绝对贫困，实现了小康，进入社会主义现代化建设的新阶段，故重心更强调共同富裕，中共也更重视党员干部不忘初心、牢记使命。

问：那是不是说，中国社会不时为人所诟病的"新四座大山"——教育、医疗、住房、养老等问题有解决的希望？

黄平：解决了绝对贫困接着就要解决相对贫困，解决相对贫困就必须解决你说的"新四座大山"问题，这些问题如果不解决或解决得不好，连八〇后、九〇后、〇〇后的爱国青年都可能没后劲了。广大青年本来都是热血爱国者，也都想为社会主义现代化建设和民族复兴而奋斗，但如果他们被困于这类"新四座大山"，实际问题得不到解决或解决得不够及时、不够稳妥，那既会影响他们自己的发展和进步，也会阻碍整个从第一个百年走向第二个百年的进程，所以，这些问题的妥善解决是中国社会主义在新阶段用新理念走出发展新格局的应有之意。

今天世界面临资本全球化和以民族国家为主体的世界秩序的基本矛盾

问：许多人都观察到，资本主导下的全球化正面临严峻问题，贫富两极分化、社会不公、南北鸿沟、消费主义、金钱至上、单向度的人、人的异化、破坏环境、竭泽而渔，等等。资本主义似乎已经走到某个历史节点，需要新的道路或者改革来重新寻找出路。但今天世界存在一个基本矛盾，资本的全球化、资本的无国界与以民族国家为主体的世界秩序已产生政经脱离的矛盾。

黄平：全球化有一个很突出的矛盾，即经济和政治的分离，经济越来越全球化，但政治仍然在很大程度上是国家或地区的，政治与经济严重不协调。各个国家，西方国家甚至更明显，政客和政党的讨论、争论都集中于自己国内或地方上的问题与难题，世界性问题、国际性问题、全球性问题，要么不予关注，要么不得要领。二战后和冷战后的世界秩序还是过去那一套，没有看到世界已经处于百年未见的大变局中，原有的国际格局变了，国际关系在重组，国际体系在重建，国际规则在重写，国际秩序在重构。完全按西方国家的利益和需求而由西方强国强推的"秩序"已经越来越不灵，更不用说过去几百年来事实上的丛林规则和零和游戏根本不是人类的出路。

我们在坚持走中国特色社会主义道路的同时，一直倡导国际上要互相尊重、和平共处，并通过互利合作实现共赢，要建设新型国际关系和走向人类命运共同体，但是以美国为首的主要西方国家要么只是关注自己的利益，要么只承认和坚持自己原来那一套东西，还美其名曰"基于规则的秩序"，其实就是基于他们所制定的规则的"秩序"，而这里恰恰没有对大资本和垄断的跨国资本的规制，也没有对强国霸权行径的限制。

问：是的，没法有效监管资本，资本的全球化和民族国家已经构成基本矛盾。在这种情况下，您认为未来的出路是什么？有没有可能出现一个"世界政府"？

黄平：首先需要新的全球性的世界政治，全球性的世界经济必须要有世界政治相匹配，而不能政治只是地方性的，或者局限在一个一个国家的范围内。联合国当然是世界性的，但是还远没有发挥出它本来可以有的更大的作用。欧盟也是一个区域性组织，现在也有非盟、拉盟、东盟等，之所以出现这些区域组织，也是因为单个的西方式民族-国家已经不足以应对各种全球性挑战。严格地说，如果经济是基础，政治是经济的集中表现的话，那么随着今天的经济（资本投资、商业贸易等）越来越以全球为它的流动范围和活动空间，那么政治也必须是世界性的政治。

至于世界性的政治怎样开展，首先是联合国及其地位、作用，其次才是区域性组织与合作框架，并进而达成全球基本共识与起码的合作，但是不能只是例如七国集团那样的小圈子，更不是退缩回自己的孤立主义状态，孤立主义无法应对全球化的各种挑战、风险、危机与不确定性。另外，今天的信息、科技日益全球化，甚至瞬间扩散、平行传播，而不再仅限于西方国家或过去的发达地区，这也是打破经济世界化、政治地方化的一个可能的路径，虽然信息化也带来新的不确定性。至于世界政府，可能还为时过早，世界性的政治也还在酝酿之中，但只靠过去的国际关系已经不足以处理世界性问题和难题了，所以必须建构新的国际关系，方向是朝着命运共同体去，而不是堕入或堕回强者为王、赢者通吃的丛林游戏法则。

第一篇
中国道路的历史生成和制度结构

世纪的诞生

—— 20 世纪中国的历史位置[*]

汪　晖[**]

一　"20 世纪"已经存在

"世纪"概念的流行是一个偶然的现代事件。对于一个时代的分析很少能够准确地与世纪的刻度完全吻合，也正因为如此，历史学家们发明了诸如"长世纪"或"短世纪"这样的概念，以描述一个可以用细节、事件或逻辑加

[*]　本文是笔者"论 20 世纪中国"长文上篇的压缩版。汪晖：《世纪的诞生——20 世纪中国的历史位置》（之一），载《开放时代》2017 年第 4 期；另见汪晖《世纪的诞生：中国革命与政治逻辑》，生活·读书·新知三联书店，2020，第 83~166 页。文章的基本思想曾在 2016 年秋季学期（清华大学）和 2017 年春季学期（哈佛大学）的研究生课程中讨论过，但有关 20 世纪中国的社会理想、国家概念及政治主体形成的讨论未在此文中论述。感谢积极参与这两个课程的同学，我在与他们的讨论中相互激发，获益良多。
[**]　汪晖：清华大学文学院教授，清华大学人文与社会科学高等研究所所长。

以界定的时期。在历史研究中，这一概念的运用几乎完全是事后追溯的结果。在所有关于世纪的描述中，19 世纪具有某种轴心地位。艾瑞克·霍布斯鲍姆（Eric Hobsbawm）的 19 世纪三部曲，描绘了 1789~1914 年的世界演变，其著名的区分是 1789~1848 年的革命年代、1848~1875 年的资本年代和 1875~1914 年的帝国年代。这一年代叙事与克里斯托弗·贝利（Christopher Alan Bayly）的《现代世界的诞生（1780~1914）》（*The Birth of the Modern World 1780-1914*）、于尔根·奥斯特哈默（Jürgen Osterhammel）的《世界的演变：19 世纪史》（*Die Verwandlung der Welt：Eine Geschichte des* 19. *Jahrhunderts*）的时期划分大致相近。这些著作目标相异，描述的侧重点各不相同，但美国革命和法国革命所奠定的政治模式，英国革命所引导的经济模式，这一时代在科学、技术和文化上的成就所引发的社会生活领域的重大变化，由于航海技术的发展而形成的新的地缘政治关系，由统计和信息技术的发展所带来的治理模式的演变，以及由文学艺术的形式革命和心理学等领域的发展而产生的独特的精神-心理面貌，使 19 世纪在他们的叙述中占据独特的位置：19 世纪意味着现代世界的诞生。

作为历史叙述轴心的 19 世纪与其说是历史学家的发明，不如说是由这一时期众多人物，例如亚当·斯密、黑格尔、马克思，以及 20 世纪的人物如马克斯·韦伯、卡尔·波兰尼等，从不同角度对这一时代的"巨变"（the great transformation）所做的研究和描述奠定的。历史学家们发现，19 世纪并不仅仅是一个分期概念，而是像古代、中世纪、文艺复兴等范畴一样，是一个"独立而难以命名的时代"。[①] 如今人们时而在年代学的意义上谈论"早期现代"，时而在超年代学的意义上界定"后现代"，但这些叙述无不以这样或那样的方式与 19 世纪的某些特征相互联系。然而，在中国的历史脉络中，所谓 19 世纪更像是从乾隆时代的政治、经济和文化顶峰逐渐衰落和蜕变的过程。在学术、文化等领域，能够与欧洲（包括俄国）19 世纪相比较的，与其说是清朝的相应时期，不如说是产生过乾嘉学术、《红楼梦》和徽班进京的乾嘉时代。这些

---

① 〔德〕于尔根·奥斯特哈默：《世界的演变：19 世纪史》Ⅰ，强朝晖、刘风译，社会科学文献出版社，2016，第 103 页。

成就与所谓"长19世纪"的开端部分相互重叠，但更像是前一个时代进程抵达顶峰并逐渐下降的过程，而不是为其后时期奠定前提的伟大开端。从1840年鸦片战争至1900年八国联军侵华，中经太平天国运动、洋务运动和戊戌变法，这个时代是在甲午战争的耻辱、义和团运动的悲剧和最后一代变革的士大夫的流亡中落幕的。

对于中国而言，如果要寻找类似于欧洲19世纪的那个"独立而难以命名的时代"，我们只能将目光投向同时作为19世纪之延伸和否定的20世纪。19世纪90年代产生的变革思想是下一个时代的序曲。现代中国的蜕变——国家形式、政治组织、军事制度、教育体制、科学技术、文化机构、工业和城市、新的阶级和阶层，以及国际关系，等等——主要是在短促的20世纪完成的，其变化的密度和广度前所未见。战争、革命、此起彼伏的文化批判和社会运动构成了这一时代的独特景观，渗入了所有人的日常生活：从妇女的天足运动到男人的剪辫风潮，从婚姻自主到家庭结构的改变，从教育体制的重组到"两种文化"的形成和新的研究体制的确立，从新型政治组织的出现到国家结构及其内外关系的变化，从城乡关系的变迁到科学技术的突飞猛进，从交通、传播的革命到社会网络的重组……这是一个重估一切价值的时代，从而对这个时代的重估必然引发来自不同价值立场的争议；这是一个试图将自身区别于所有历史时代的时代，从而评价这样一个时代，也是评价一切历史时代——不仅是过去的时代，而且是当下和即将到来的时代。这一时代的创新，以及通过革命和改革而重新展开的与历史传统的联系，都是中国社会持续政治化的结果，从而围绕这个时代的制度、事件、人物甚至许多细枝末节，都存在广泛的争议。无论是在中国号召"告别革命"，还是在欧洲宣称"这个世纪已经发生"①，这些看似平淡或平易的语句蕴含着强烈的、常常是对立的价值判断。在中国的语境中，"告别革命"是"历史终结"命题较为显白也是更为直接的表达；在欧洲语境中，"这个世纪已经发生"蕴含着强烈的政治能量和挑衅意味。如果

---

① 针对"今天对革命与斗争的遗弃和诅咒的潮流"，也针对"那些用所谓的今天的'民主'来彻底消灭革命斗争的人"，法国哲学家阿兰·巴迪欧在他《世纪》一书的"献辞"中引用娜塔莎·米歇尔（Natasha Michel）的话大声宣称："20世纪已经发生了。"这一宣称即刻在保守派的报纸上引发激烈反弹。〔法〕阿兰·巴迪欧：《世纪》，蓝江译，南京大学出版社，2011。

将这两个口号互换位置，无论在中国还是在欧洲，人们都难以捕捉和理解其强烈的政治暗示。在后革命时代，我们应该如何理解"这个世纪已经发生"这一命题？

我们置身的是将革命彻底对象化之后的知识和思想的氛围，有关这一时代的研究，即便带着同情，也越来越不可能沿用革命世界观的叙述了。在1989～1992年的世界性巨变之后，对于这一时代的历史解释恰恰以连续性而非革命时代所宣称的决裂或断裂为主要议程，并积累了相当规模的研究成果。在这一连续性视野下，不但与历史决裂或反传统的姿态可以被解释为儒家传统的现代呈现，而且为革命的辩护也被置于连续性的视野之下。如果20世纪或革命的进程是在历史断裂的意识和与历史决裂的姿态下展开的，那么探讨这个断裂和决裂的含义就是重建20世纪历史理解的前提。在后革命的氛围中，简单地重申20世纪的各种自我宣称是无效的，对于革命和断裂的解释必须处理连续与断裂、重复与创新之间的辩证关系。

关于20世纪中国的革命性和独特性的讨论受到两个方向的挑战。首先，在历史研究领域，重新挖掘这一时代与漫长的中国历史传统之间的关系渐成趋势。没有人否认现代中国的诞生与这一时期激进革命与变革的关系，也没有人拒绝承认现代国家的形成与"外部力量"（主要是西方）冲击的关系，但在后革命的语境中，甚至革命本身也可以被界定为传统的复活。用孔飞力（Philip Alden Kuhn）的话说："从本质上看，中国现代国家的特性却是由其内部的历史演变所决定的。在承袭了18世纪（或者甚至更早时期）诸种条件的背景下，19世纪的中国政治活动家们其实已经在讨论政治参与、政治竞争或政治控制之类的问题了。"因此，关键的问题是："在何种意义上，中国现代国家的形成是一种'中国的过程'？"① 在这个意义上，即便革命以与历史决裂的方式展现自身，对革命的探寻却不可能离开革命与历史之间的

① 〔美〕孔飞力：《中国现代国家的起源》，陈兼、陈之宏译，生活·读书·新知三联书店，2013，第1页。需要说明的是：孔飞力对现代中国的探讨集中于19世纪中期，而不是20世纪。他的成名著作《中华帝国晚期的叛乱及其敌人——1796～1864年的军事化与社会结构》［*Rebellion and Its Enemies in Late Imperial China*：*Militarization and Its Social Structure*，*1796-1864*（Cambridge：Harvard University Press，1970）］是对太平天国及其影响的研究，而《中国现代国家的起源》关于中国现代国家起源的研究则以魏源为对象。

纠缠。如果革命在不同的层次和方面呈现"历史的重复",那么如何估价这些重复?

其次,如同马克思的学说脱胎于德国古典哲学(尤其是黑格尔哲学)、英国古典政治经济学(尤其是亚当·斯密)、大卫·李嘉图的学说和法国空想社会主义(尤其是傅立叶、圣西门的学说),受益于资产阶级时代的科学发现尤其是牛顿力学和达尔文的进化论,革命时代的诸种自我宣称与革命所直接反对的现代资产阶级社会的现代性预设之间存在着深刻的继承性和重叠。就时间观而言,从生物进化论衍生而来的各种历史叙述,尤其是通过黑格尔—马克思传统而来的目的论的进步观,在 20 世纪逐渐支配了中国人的思想世界。在这个意义上,将自己的时代与既往一切时代区分开来这一宣称本身承续了欧洲现代性的表述,或者说,与欧洲现代性的表述存在着重叠或重复。如何解释革命的理念与革命对象的理念之间的深刻的连续性或者重复性?

上述两个方面,从纵向与横向的不同方向将对 20 世纪的解释与这一时代的自我宣称或自我理解区分开来,其结果是曾经如此鲜明的现代中国的独特性和创造性逐渐模糊。"革命"这一曾经吸引了几代人的命题,以及与之伴随的与过去决裂的意志,最终失去了其政治的和文化的魅力。但是,即便在否定 20 世纪的文化氛围中,那些对现代中国革命持极端批判态度的人也不得不在这一时代所提供的全新语汇甚至语言方式的引导下解释历史。在《儒教中国及其现代命运》一书中,约瑟夫·列文森(Joseph R. Levensen)曾经将外来文化对中国社会的影响以及中国与西方之间的相互影响区分为两个类型,即所谓"词汇的变化"与"语言的变化"。他断言:在 1840 年之前,中国历史中的文化变迁,如佛教对中国文化的影响,均属"词汇的变化";而近代中西遭遇与冲突造成的是一种结构性变化,即"语言的变化"。① 列文森的两种变化论与费正清的"挑战-回应"论遥相呼应,都将变化视为伴随西方冲击而至的新格局。但他们没有意识到:"语言的变化"是伴随资本主义而来的一种全球性现

---

① 〔美〕约瑟夫·R. 列文森:《儒教中国及其现代命运》,郑大华、任菁译,中国社会科学出版社,2000,第 138~145 页。

象，并不限于中国、日本等非西方地区；东亚历史中以欧洲概念命名的事件和现象与其说是一个从欧洲中心扩展至边缘地区的单线过程，不如说是植根于具体历史语境的全球性现象的独特显现。① 由于在全球权力格局中所处的位置不同，中心地区与边缘区域各自承受变化的激烈程度完全不同，主动与被动的态势也存在极大差异。但即便如此，如果"词汇的变化"意味着渐变的进程，那么"语言的变化"则是革命性的，后者是在一个新主体的诞生及其对新语言的运用中完成的，从而不可能仅仅在外部压力的框架下来加以解释。主体的诞生是对由外部强势所导致的变化的确认，但这一确认同时也是对这一强势及其逻辑的抵抗和偏移，是对新的时势的推动和创造。这是一个充满了矛盾、裂变、冲突、整合、再分化、再冲突、再调和、再整合、再裂变的持久进程，所谓主体（民族、阶级、政党、集体、个人等）也正是在对这一持续的裂变、冲突、调和、整合和再裂变的经验过程中形成、转化和再形成的。对变化的意识就是这个持续形成和渐变中的矛盾主体对独特的历史时刻、对这一时刻的前所未有的性质、规模和局势的指认。如果主体的形成和渐变过程正是促成时势和自身同时发生变化的过程，那么，这一对独特时刻的认知本身也必然包含这个矛盾斗争中的主体的持续的自我阐释。

对独特时势的把握与一定的世界观相互联系，那么，如何阐释革命与历史的关系，或者在革命性的变革中辨识革命、断裂与传统的世界观之间的关系，也势必成为理解一个时代及其性质不可或缺的视角。20 世纪的革命和变革摧毁了旧制度，但同时也必须以旧制度及其依托的文明框架为前提。艾森斯塔德（S. N. Eisenstadt）在关于大革命与现代文明的研究中提出了一个假设，即"无论是早期革命还是晚近革命都出现在轴心文明框架内的社会，这一框架包含了此岸和彼岸世界的世界观价值取向，或者是如中国的例子主要是此岸世界观取向"。② 他所说的早期的革命是指主要发生在 19 世纪的美国革命和欧洲革命，

---

① 这也正是当代全球史关注的问题：启蒙、革命或者文艺复兴等，这些范畴和观念是在全球性的互动关系中呈现其意义的。见 Sebastian Conrad, "Enlightenment in Global History: A Historiographical Critique," *American Historical Review*, 117: 4 (October 1, 2012), pp. 999-1027。

② 〔以〕S. N. 艾森斯塔德：《大革命与现代文明》，刘圣中译，上海世纪出版集团，2012，第113 页。

而晚近的革命则是指发生在 20 世纪的俄国革命和中国革命。按照他的多元现代性观念，现代性的内部差异起初是通过 19 世纪的早期革命而发生在欧洲与北美之间，只是在 20 世纪，伴随中国革命、印度独立和其他的变革，一种多元现代性的面貌才得以全面呈现。① 早期革命与晚期革命之间的区别"表明了政治生态与经济条件，以及在这些社会所发生的特定革命的形成过程中的文化与文明导向、统治者实施的控制模式等之间相互交织的重要性。事实上，正是这些愿景的基本要素、特定的文化前提和它们的制度意涵与统治者所实施的特殊控制机制的结合在一定程度上可以解释为什么在中华帝国和俄罗斯帝国产生了许多潜在的革命趋势，但是，革命只有在来自资本主义和帝国主义所扩张的世界秩序框架内的外部力量之强大影响下才会发生"。② 一般地诉诸文明框架去叙述革命的脉络很容易落入一种文化宿命的轨道，但 20 世纪的革命不但有其制度的条件，而且也有其世界观的因素，从而历史传统和文明问题应该是我们思考革命的基本前提之一。革命同时发生在物质的世界和精神的世界内部，它既改变了社会的制度基础，也改变了人们思考世界的尺度。恰由于此，在同样的全球语境中爆发的革命明显地蕴含着不同的变迁轨迹。

现在，我们将要回到前面提及的问题：如何估价中国革命的成败得失，如何界定 20 世纪在中国历史中的位置？

二 "世纪"概念、帝国主义与普遍历史的诞生

"世纪"这一源自欧洲基督纪年的概念就是在列文森描绘的词语与语言紧锣密鼓的变化中登场的。对于晚清的中国人而言，"世纪"概念如同天外飞来的异物，在其运用之初，并未立即取代旧的纪年和日历系统。"世纪"的概念与黄帝纪年、民国纪年、干支纪年以及伊斯兰历、藏历、彝历、傣历等并行不悖，形成了一种多元的共时系统。于尔根·奥斯特哈默在他论 19 世纪的巨著

---

① 〔以〕S.N. 艾森斯塔德：《反思现代性》，旷新年、王爱松译，生活·读书·新知三联书店，2006。
② 〔以〕S.N. 艾森斯塔德：《大革命与现代文明》，刘圣中译，上海世纪出版集团，2012，第113页。

中提及"即使在欧洲，历法的统一也经历了一个渐进的过程。格里历从 1582 年开始被天主教国家采用，不久后传到西班牙，并在 1600 年即被引进苏格兰。但是，直到整整 170 年之后，它才被英格兰以及整个大不列颠帝国接受。罗马尼亚、俄国和土耳其正式采用格里历的时间分别是 1917 年、1918 年和 1927 年"。[①] 日本在明治六年即 1873 年开始引进格里历，但这一为现代化而实行的改革并未改变天皇纪年。在中国，公历的绝对支配地位是伴随着 20 世纪的中国革命，尤其是两次建国运动即 1912 年中华民国的建立与 1949 年中华人民共和国的成立才逐渐确立的，后者在确立公历为唯一官方历法的同时，未再模拟王朝和民国的纪年模式创设仅仅属于自身的纪年系统。1900 年前后中国知识分子主要是通过对帝国主义时代的辨识来认知 20 世纪的，而在 1917 年的俄国和 1949 年的中国，对于公历的确认显然包含了共产主义运动对新主体的认知。如果将这一认知方式与 1907～1908 年鲁迅在章太炎与尼采、克尔凯郭尔等的思想影响下，展开的针对 19 世纪欧洲现代性的"20 世纪批判"加以对比，我们可以清晰地发现"世纪"概念的内在张力、多样性和历史变迁。这一事实恰好说明，"世纪"的意识无法仅仅在时间的框架内予以说明。

在今天所称的 20 世纪里，"世纪"概念不但逐渐取代各种传统的纪年方式并贯穿于所有史学分期，而且也成为重塑中国人时间观的通俗词语。这是一种新的时势观确立其支配性的结果。伴随着"20 世纪"这一概念的诞生，相应产生了 19 世纪以及 18 世纪、17 世纪、16 世纪等序列概念。实际上，正如欧洲的"19 世纪"定义了其他世纪一样，在中国，19 世纪以及其他世纪的概念全部是 20 世纪意识的衍生物，即先有了 20 世纪的意识，才会创造出自己的前史。这个前史在此之前的中国并不存在，它存在于别人的历史中。在 1900 年之前，中国人没有在这个意义上讨论过"世纪"的问题，也从来没有把"世纪"作为我们时代的自我意识。"世纪"的意识是与 20 世纪紧密相连的，它和过去一切时代的区分不是一般时间上的区分，而是对一个独特时势的把握。这个时势把他者的历史、把整个外部的历史变成自己的历史，同时也将自

---

① 〔德〕于尔根·奥斯特哈默：《世界的演变：19 世纪史》Ⅰ，强朝晖、刘风译，社会科学文献出版社，2016，第 91 页。

己的历史置于全部历史的内部予以解释和指认。这是全球范围的共时性关系的诞生，也是从共时性关系中确认其内部非均衡性的开端。这也是空间与时间得以相互置换的条件：空间关系经常被纳入时间关系来叙述（最经典的表述即传统/现代），时间关系也不断地被重新空间化（最经典的表述即东方/西方），但两者实际上都是刚刚诞生的、包含着内部非均衡性的共时性关系的产物。中国历史由此被置于近代地理学框架下的总体史的视野内，从属于一种全球性的，从而也包含了内部矛盾和冲突的历史叙述。在这一时刻，或者在这一局势中，不但传统知识和策略失去了或至少在很大程度上失去了其有效性，而且在洋务运动和戊戌变法时代从异域（主要是西方）获得的那些知识和策略也逐渐失去了或在很大程度上失去了直接效仿的意义。中国问题与世界及其各局部的关系是相互制动的。20世纪的中国思想从中西对比的主导框架逐渐展开出诸如"中间地带""三个世界"或其他的局部范畴，并通过反帝爱国运动、社会主义运动或自由民主运动等相互支持又相互冲突的议程展开朝向未来的现实运动。在1900年前后，"世纪"意识上承洋务运动、戊戌变法取法西洋的思想，但同时又与其拉开了距离。它所对应的是一种新的局势，后者是以一种刚刚被理解的独特的资本主义形式，即帝国主义的全球体制的确立为其前提与主要标志的。

由于"世纪"这一范畴的诞生，晚清时期逐渐成形的中西、古今关系都被重新界定了。如果仅仅着眼于语汇或日常生活世界的延续性，便难以把握这一时代的政治特征。"20世纪"既是一个时间性叙述，又是一个时势性判断，两者在相互纠缠中同时登场。1899年11月17日，应孙中山之邀，流亡日本的梁启超决定经檀香山前往美国其他地方访问，目的是"适彼世界共和政体之祖国，问政求学观其光"，"乃于西历一千八百九十九年腊月晦日之夜半，扁舟横渡太平洋"。① 后因康有为命令，他在檀香山停留下来处理保皇会事务。1900年1月30日，梁启超夜不能寐，写作了《二十世纪太平洋歌》。这首长诗将康有为倡导的"公羊三世"说与欧洲文明史观相结合，将人类文明分为据乱世、升平世、太平世三个阶段，其中以中国、印度、埃及和小亚细亚四大

---

① 梁启超：《二十世纪太平洋歌》，载《新民丛报》第 1 号（1902 年 2 月），第 109 页。

古文明祖国为主体的"河流文明时代第一纪"作为"据乱世"的时代，以地中海、波罗的海、阿拉伯海和黄海、渤海等周边文明为主体的"内海文明时代第二纪"作为"升平世"的时代，而以哥伦布发现新大陆为标志的"大洋文明时代"则是最新的发展阶段。有趣的是，梁启超用"乱世""小康"描述前两个文明阶段，却并没有用"大同"或"太平世"描述他所称颂的"四大自由（思想自由、言论自由、行为自由、出版自由）塞宙合，奴性销为日月光"的时代，恰恰相反，这是"悬崖转石欲止不得止，愈竞愈剧愈接愈厉，卒使五洲同一堂"的时代，是"鼎鼎数子只手挈大地，电光一掣剑气磅礴太平洋"的时代，与"大同"或"太平世"相距甚远。①

如果 20 世纪标志着太平洋时代的到来，那么，这是一个什么样的时代呢？梁启超断言，这是"民族帝国主义"的时代，是不同于此前帝国时代列强并争的新时代。他在夏威夷开始对帝国主义问题的思索不是偶然的，美国的新型殖民主义正是从 1898 年侵占夏威夷，1899 年占领菲律宾群岛、关岛、威克岛和波多黎各开始的。② 梁启超慨叹道：

> 吁嗟乎！今日民族帝国主义正跋扈，俎肉者弱食者强，英狮俄鹫东西帝，两虎不斗群兽殃；后起人种日耳曼，国有余口无余粮，欲求尾闾今未得，拼命大索殊皇皇；亦有门罗主义北美合众国，潜龙起蛰神采扬，西县古巴东菲岛，中有夏威八点烟微茫，太平洋变里湖水，遂取武库廉奚伤；蕞尔日本亦出定，座客卿否费商量。我寻风潮所自起，有主之者吾弗详，物竞天择势必至，不优则劣分不兴则亡。③

所谓"民族帝国主义"是法国大革命和美国革命的产物，它以民族作为扩张的单位，不同于传统的帝制国家。在这一时代，"尔来环球九万里，一砂一草皆有主"，"惟余东亚老大帝国一块肉，可取不取毋乃殃"。"噫嚱吁！太

---

① 梁启超：《二十世纪太平洋歌》，载《新民丛报》第 1 号（1902 年 2 月），第 111 页。
② 关于美西战争，参见 G. J. A. O'Toole, *The Spanish War: An America Epic 1898*（New York: W. W. Norton & Company, Inc., 1984），以及 Brian McAllister Linnn, *The Philippine War, 1899-1902*（Lawrence: The University Press of Kansas, 2000）。
③ 梁启超：《二十世纪太平洋歌》，载《新民丛报》第 1 号（1902 年 2 月），第 111 页。

平洋！太平洋！君之面兮锦绣壤，君之背兮修罗场，海电兮既设，舰队兮愈张，西伯利亚兮铁道卒业，巴拿马峡兮运河通航，尔时太平洋中二十世纪之天地，悲剧喜剧壮剧惨剧齐辁輠。"① 20 世纪是"大洋文明时代"的延伸，其特征是伴随电讯、海洋军事和交通（铁路和运河）的发展，权力的中心从大西洋、印度洋向太平洋过渡，美国逐渐占据新的历史位置。梁启超正是由此获得启发，在《二十世纪太平洋歌》之后，发表了名震一时的《少年中国说》。

1901 年，刚刚经历了义和团运动和八国联军干涉，敏感的中国知识分子已经在 20 世纪的晨钟中辨识这一时代的特征。他们从两个不同的角度展开了对时代的判断。梁启超放眼世界，断言中国（以及俄国）正处于为 19 世纪狂飙飞沙所驱突的时刻，如初离海岸之一叶扁舟，"停顿时代"戛然而止，正处于向彼岸前进的"过渡时代"。这是告别专制时代向新政体转进的"政治上之过渡时代"，是从鄙弃辞章考据之学转向未来新学界之"学问上之过渡时代"，是从厌弃三纲五常、虚文缛节并希望代之以新道德的"理想风俗上之过渡时代"。② 从时间观的角度说，将中国的历史区分为"停顿时代"与"过渡时代"已经不同于"公羊三世"说的叙述框架，更像是一种从欧洲现代性的时间观念中直接衍生而来的历史判断。

晚清"公羊三世"说试图将欧洲时间观的挑战纳入儒学世界观的内部，但在新的危机中，这一努力显然遭遇了前所未有的困境。这一困境是伴随着对帝国主义的思考同时到来的。1901 年，幸德秋水的《二十世纪之怪物——帝国主义》，试图对帝国主义时代做出新的解释。③《新民丛报》于次年 9 月 1 日刊登广告词曰："帝国主义者，以兵力而墟人之国、屋人之社，以扩张其势力、开拓其版图之谓也。今日世界号称强国者，盖无不守此主义，而其膨胀之力已浸浸乎越于大西洋太平洋印度洋，而及于我国而未有艾。我国人将欢迎之而利用之，抑为所推倒、所摧灭也。今本书字之曰怪物，则其议论之新奇精

---

① 梁启超：《二十世纪太平洋歌》，载《新民丛报》第 1 号（1902 年 2 月），第 112 页。
② 梁启超：《过渡时代论》，载《清议报》第 83 期（1901 年 6 月），第 2 页。
③ 幸德秋水的『二十世紀の怪物 帝国主義』一书出版于 1901 年，但其若干章节曾先于全书在《千代田晚新闻》连载。

警，虽未开卷而可想见。本书特采译之，以为我国人之鉴观而猛省焉。"① 几乎与幸德秋水发表其帝国主义论著的同时，中国思想领域也开始了对于帝国主义问题的探索。1901 年，早前一年创刊于横滨的《开智录》发表了署名自强（冯斯栾）② 的文章《论帝国主义之发达及廿世纪世界之前途》，从另外一个角度呼应了梁启超对"二十世纪"这一历史时刻的判断："今日之世界，是帝国主义最盛，而自由败灭之时代也。"③ 这篇文章很快就被梁启超在《清议报全编》卷二十五的附录一《群报拮华通论》中转载。

幸德秋水的论述与梁启超、自强的文章相互呼应，但视角和侧重点并不相同。这是东亚地区最敏感的心灵对于世界进程的新的认知，也是全球范围内产生的第一拨有关帝国主义的理论解释。④ 他们的分析与霍布森（J. A. Hobson）的著名研究几乎同时，早于其名著《帝国主义：一项研究》（*Imperialism*：*Astudy*，New York，James Pott & Co.，1902）一年发表。我们理应将他们的讨论置于霍布森的《帝国主义：一项研究》、拉法格（Paul Lafargue）的《美国的托拉斯及其经济、政治和社会的意义》（1903）、希法亭（Rudolf Hilferding）的《金融资本》（1910）、卢森堡的《资本积累论》（1913）、考茨基的《帝国主义》（1914）和列宁的名著《帝国主义是资本主义的最高阶段》（1916），以及奥托·鲍威尔（Otto Bauer）、布哈林等在 1913 年前后围绕卢森堡著作发

---

① 《新民丛报》第 17 号（1902 年 10 月），广告版。

② 《开智录》为横滨开智会的机关报，又称《开智会录》。倾向革命，由《清议报》代印、代发，仅刊行 6 期，于 1901 年 3 月 20 日停刊。该刊于 1900 年 11 月 1 日出版，主编为郑贯一、冯懋龙、冯斯栾协助编辑，三人分别以自立、自由、自强为笔名撰文，故署名自强的《论帝国主义之发达及廿世纪世界之前途》的作者应为冯斯栾。

③ 自强：《论帝国主义之发达及廿世纪世界之前途》，载《开智录》，转录自《清议报全编》卷二十五，横滨新民社辑印，第 178 页。

④ 『二十世紀の怪物 帝国主義』一书的中文译本《二十世纪之怪物——帝国主义》于 1902 年在上海由广智书局出版，赵必振译。1925 年曹聚仁重新点校出版，影响扩大。值得一提的是，从 1902 年起，这部著作的译者赵必振先后翻译了《近世社会主义》《土耳其史》《日本维新慷慨史》《日本人权发达史》《世界十二杰》《希腊史》《罗马史》《扬子江流域大势论》等 11 部著作，其中 1903 年翻译出版的《近世社会主义》（福井准造著，1902 年初版），是系统介绍社会主义的著作，与幸德秋水以社会主义思想抵抗帝国主义时代的倾向一脉相承。关于幸德秋水的反帝思想的最新研究，参见 Robert Thomas Tierney，*Monster of the Twentieth Century*：*Kotoku Shusui and Japan's First Anti-Imperialist Movement*（Berkeley：University of California Press，2015）。这部著作也收录了幸德秋水原著的英文翻译。

表的重要论文等帝国主义研究序列。幸德秋水是日本最初的社会主义者和无政府主义者，像后来许多社会主义者一样，他将社会主义视为克服帝国主义的必由之路。但不同于列宁等人强调帝国主义的垄断性和寄生性，即经济的特征，幸德秋水更关注军事的帝国主义与民族主义和爱国主义的密切联系。他的和平主义是对日本帝国主义的抵抗。"在日本开始建立其在东亚的殖民地并与西方重新谈判不平等条约的时刻，幸德提供了一种非西方中心论的帝国主义论述。幸德尤其强调政治因素，恰恰是因为他是从一个日本国民的角度进行写作的，而在日本这些因素对政府决定具有压倒性的影响力。"① 战后许多日本思想史学者根据列宁等人的理论检讨幸德秋水的帝国主义研究，认为他未能揭示帝国主义作为经济现象的特征。然而，正如梯尔耐（Robert Thomas Tierney）所说，幸德秋水的这一看法并非其理论弱点，而是其理论特点：19世纪晚期的日本尚未像欧洲工业国家那样抵达"资本主义的最高阶段"，但已经进入了帝国主义时期。因此，日本革命者面对的问题是：如何解释这一现象？②

与幸德秋水不同，自强将世界大势置于帝国竞争的格局，担忧帝国主义时代导致19世纪帝国均势瓦解，置中国于更加困难的境地。对他而言，中国面临的挑战不是内部的民族主义和爱国主义，而是新型帝国主义造成的危险，但他对帝国主义的描述与更加重视政治和军事因素的幸德秋水的观点相呼应。自强对两种帝国主义做了区分：一种以恢复帝制或帝政为特征的波拿巴帝国主义为代表，另一种以"北亚美利加所行之帝国主义"（或称膨胀主义）为起点，两者之间存在性质差异，前者以政体形式（帝制）为标志，后者以对外扩张（共和制，超越了帝制与共和的政体差异）为症候。推动新型帝国主义产生的动力包括：物理学的发达促成了生产形态的变化，经济条件的改善导致人种膨胀，将"强弱之不齐"所导致的国内竞争态势推向全世界，最后，由于国内斗争相对平缓，新型帝国主义国家终于可以腾出手来对外掠夺。在欧洲各帝国

---

① Robert Thomas Tierney, *Monster of the Twentieth Century*: *Kotoku Shusui and Japan's First Anti-Imperialist Movement* (Berkeley: University of California Press, 2015), p. 27.

② Robert Thomas Tierney: *Monster of the Twentieth Century*: *Kotoku Shusui and Japan's First Anti-Imperialist Movement*, (Berkeley: University of California Press, 2015), p. 29.

内部的革命与反革命的激烈冲突之后（作者称之为"列强革命后恢复之余"），通过政治妥协，形成了贵族/资产阶级的混合政体，即从一种封建贵族的军事体系向严复翻译的《社会通诠》①所指出的所谓"军国民主义"过渡的社会形态。

俄、法经典帝国主义（及对欧洲霸权亦步亦趋的日本）与在19世纪晚期发生转变的新型帝国主义——美国、英国和德国——存在连续性，但不能在认识上加以混同：前者是以19世纪以世袭君主制为特征的帝国逻辑的延伸，而后者才是20世纪帝国主义的标志。这一观点与稍后梁启超的分析略相类似，但梁启超的分析从政治形态的差异逐渐转向了经济分析，更加接近于霍布森及此后列宁所做的论断："俄国之帝国主义，与英、德、美、日之帝国主义，微有不同，即英、德诸国之帝国主义纯为'近世的'，而俄则仍近'中世的'也。俄之侵略，其主动在君主、贵族而不在国民，乃主权者野心之结果，非民族膨胀之结果也。"②正如他在《二十世纪太平洋歌》中对"民族帝国主义"一词的使用一样，梁启超区分了帝国的帝国主义与民族的帝国主义，提示了法国大革命（以及美国革命）后产生的新型政体和国家形态与帝国主义这一现象的新关系。

在访问美国之后，梁启超基于对美国的实地考察，发表了《二十世纪之巨灵 托辣斯》一文，对帝国主义与经济组织的变化有了更为深入的观察，其结论是经济组织的复杂化导致了生产过剩及对海外市场的需求，从而产生了帝国主义现象。这一论述将对帝国主义的分析从政治和军事形态转向了经济组织："托辣斯之起，原以救生产过度之敝，使资本家得安然享相当之利益。十年以来，其组织日巧密，其督理日适宜，遂使美国的业产增数倍活力"，由此产生了生产过剩。"岁积其所殖之利，如岗如陵，已如无复用之之余地。此亦英雄髀肉之所由叹也。故全美市场赢率日落一日。曩者，英人有事于南非，募军事公债五千万。美人争馈若鹜，不旬日而全集之。此皆满而思溢之表征也。故美国人之欲推广业场于海外，如大旱之望云霓，其急切视欧洲诸国倍蓰焉。

①〔英〕甄克思：《社会通诠》，严复译，商务印书馆，1981。该书以下简称"严译《社会通诠》"。

② 中国之新民（梁启超）：《俄罗斯革命之影响》（续第61号，三、革命之前途），载《新民丛报》第62号（1905年2月），第53~54页。

由此以谈，则美国近来帝国主义之盛行，故可知矣。天下事惟起于不得已者，其势力为最雄伟而莫之能御，美国之托辣斯，由生产过度之结果也，其帝国主义又托辣斯成立以来资本过度之结果也。皆所谓不得已者也。"[①] 梁启超对于托拉斯起源的论述存在不少误解和不清晰之处，比如将托拉斯看成救自由竞争和生产过度之弊，而不是视为自由竞争的结果、垄断市场的形式和进一步导致生产过度的动因，但他将帝国主义视为托拉斯成立以来资本过度之结果却包含了洞见。[②] 美国独立运动本是针对英国殖民主义而来，但在资本主义经济的推动下，这个国家却于1898年为吞并古巴、夏威夷、菲律宾而发起美西战争，1900年又加盟入侵中国的八国联军，公然抛弃其独立时的"共和不侵略主义"之承诺，从而开启列强重新瓜分世界的帝国主义时代。当梁启超在美国的新殖民地夏威夷眺望大洋另一侧的国度时，其心情可想而知；而在终于抵达北美大陆之后，他发现：生产组织的精密化和生产过剩正是美国帝国主义的原动力，生产过剩直接导致帝国主义扩张，而托拉斯则形成了较之专制政体更为严密的对于人（劳动者）的控制体系。

如果帝国主义是一种超越政体形式的全球现象，那么，在新型的危机中，仅仅依靠政治变迁来拯救中国和世界就变得十分渺茫，由此，新世纪的思考必须是一种综合政治改革与经济—社会改革的运动：或者重建帝国以形成抗衡性均势（梁启超所谓"大民族主义"，即一种类似于维也纳体系的帝国式民族主义），或者探索超越或克服资本主义垄断和扩张形态的社会道路，后者正是晚清思想探索欧洲社会革命、分析包括托拉斯在内的生产组织形态和市场扩张的政治/社会后果的动力。为什么自强、梁启超等将老牌殖民主义国家英国也列为新型帝国主义呢？光荣革命之后，1689年英国议会通过《权利法案》限制王权，但并未罢黜国王、建立共和体制，而是形成了国王统而不治的君主立宪政体。在欧洲历史上，英国也被视为最早的、包裹在王权框架内的民族国家。自强、梁启超将英国作为区别于传统殖民主义的帝国主义体制诞生的标志之

---

① 中国之新民（梁启超）：《二十世纪之巨灵　托辣斯》（续前号），载《新民丛报》第42、43号合刊（1903年12月），第114页。

② 关于梁启超对托拉斯的论述及其谬误之处，参见赖建诚《梁启超的经济面向》，联经出版公司（台北），2006，第124~129页。

一，包含了对新的历史因素的思考：在布尔战争中，英国与荷兰移民后裔布尔人建立的两个共和国德兰士瓦共和国和奥兰治共和国为争夺南非土地和资源发生战争，这一事件不仅是殖民主义形态发生转折的重要环节，也是英帝国逐渐衰落、重新瓜分殖民地的民族帝国主义时代已经到来的界标。这一转折在欧洲内部伴随着地缘政治力量对比的重大变化：普法战争之后，德国进入列强行列，至 1900 年，经济实力甚至超过了英国，不但完成了德国的统一，而且工商、学术后来居上，它一边在欧洲帝国间纵横捭阖，另一边锐意于殖民扩张，进入了列强争夺殖民地的新时代。因此，自强将德国与美国、英国并列为 20 世纪三大新帝国主义的典范。

这一对于"世纪"的解释与欧洲维也纳体系的逐渐解体，1894～1895 年甲午战争、《马关条约》及其后的"三国干涉还辽"等系列事件存在着密切关系。日本发动甲午战争的关键动因产生于明治维新，尤其是产生于 19 世纪 80～90 年代日本的工业经济扩张与国内市场和自然资源匮乏之间的矛盾。甲午战争后，日本独占了朝鲜市场，吞并中国台湾、澎湖，逼迫中国开放沙市、重庆、苏州和杭州等商埠。清朝作为战争赔偿支付日本的 2 亿两白银为其工业化和军事化提供了重要资金。从 1895 至 1904～1905 年日俄战争期间，日本的进出口贸易数倍增长，军事工业、矿业、铸造业、航运业和纺织业迅速发展。1900 年的八国联军干涉与甲午战争后的"三国干涉还辽"不同："三国干涉还辽"是在维也纳体系面临新的势力崛起时帝国间平衡和妥协的产物，而八国联军干涉已经包含了更新的内容，其中美国的介入及其以"利益均沾"为目的的"中国保全论"最具有象征性。在幸德秋水、梁启超做出有关帝国主义时代的判断之后，如今被称为东亚或东北亚的地区卷入了帝国主义与革命的同一进程：1902 年《日英同盟条约》签订；1904～1905 年日俄战争爆发，并在战后签订《朴次茅斯和约》；1904～1905 年俄国革命震撼亚洲，同一时期中国革命浪潮汹涌；1906 年日本社会主义运动再度兴起，1910 年"大逆事件"发生，幸德秋水于次年被处死；1911 年辛亥革命颠覆清王朝，创建亚洲第一个共和国；1914～1918 年第一次世界大战；1917 年俄国革命在战争硝烟中爆发；1919 年朝鲜的"三一"运动和中国的"五四"运动先后爆发，中国发生的一切已经成为全球性变迁之中的重要环节……①《马关条约》的签订—"三国干涉还辽"—八国联军—日俄战争等序列事件,与美西战争、布尔战争等事件相互联动,以1815年《维也纳条约》为标志的19世纪欧洲秩序在扩张中式微,一个将中国、日本和其他国家和地区悉数卷入其中的世界性的新型帝国主义时代正在降临。中国共和革命颠覆皇权,明确地向美国革命、法国革命和俄国革命致敬,但在新型帝国主义诞生(共和国或立宪政体与帝国结合)的背景下,其当下的含义却是超越19世纪维也纳帝国体系及其世袭君主模式的正统主义(legitimism),开创一种朝向未来的、从而也注定是不确定的社会/政治形态。新的共和国及其立宪政体同时包含对旧的共和国及其立宪政体(美国、法国)的模仿(政治结构、人民主权等)与否定(共和帝国主义和资本主义经济体制)的双重内容——如果说前一方面是19世纪的延续,后一方面则标志着在与前者的纠缠与搏斗中新世纪之诞生。

对20世纪的意识和判断凝聚了一代人对于鸦片战争以降,尤其是对1883~1885年中法战争、1894~1895年中日甲午战争、1898年戊戌变法失败的惨痛经验和理论总结。我们在梁启超等最为敏感的知识分子的作品中不难看到其在时代判断中所积累的历史经验和知识视野。但在中国和东亚地区的情境中,谈论20世纪与过去一切时代的区别,并不只是在纵向的时间轴线上展开的叙述,更是在横向的、整个世界关系的总体变化中产生的判断。因此,对于新世纪的判断包含着也提供着一种新的时空框架、一种不同于(又纠缠着)"公羊三世"说和社会进化论的新的时势观。这一新的时势观为不同以往的政治判断提供了新的认识前提:革命与改良、政治革命与社会革命的辩论正是在这一新的认识前提和框架下孕育和爆发的。

在日俄战争爆发前后,至少有两本杂志以"二十世纪"命名。1904年10月,陈去病、汪笑侬等人在上海创办《二十世纪大舞台》,"痛念时局沦胥,民智未迪,而下等社会犹如睡狮之难醒,侧闻泰东西各文明国,其中人士注意

---

① 与一系列国际事件相互关联的,是日本思想界对帝国主义现象的新观察和社会主义思想的萌发。例如甲午战争时期,德富苏峰发表了《大日本膨胀论》;"三国干涉还辽"事件后,日本新声社(新潮社前身)于1906年出版《世界之日本》;1898年幸德秋水等人成立社会主义研究会;1906年堺利彦等人成立日本社会党(次年被查禁)。

开风气者，莫不以改良戏剧为急务"①，号召梨园子弟为创造"一般社会之国民"② 而奋斗。柳亚子在《发刊词》中赞许汪笑侬等为"梨园革命军"，要求不但演出《扬州十日》《嘉定三屠》等反清剧目，而且要将法国革命、美国独立以及意大利、波兰、印度、希腊的独立运动编成编演内容。③ 这份刊物刊行两期后即为清政府封禁，但它的出版足以说明一种以"20世纪"为标志的世界意识已经遍及文化与政治各领域。1905年6月3日创刊的《二十世纪之支那》，发起成员多为留学日本的华兴会成员，如田桐、宋教仁、黄兴、陈天华等。这本以"提倡国民精神，输入文明学说"④ 为宗旨的刊物，对英、俄、日、德、法等国家的殖民方式进行了分析，尤其对日俄在中国的冲突进行了剖析，终因抨击日本侵华政策而被迫停刊，同年更名为《民报》，成为晚清时期影响最大的出版物之一。从这个意义上说，《民报》是"世纪"意识的延伸或产物。在这份倡导革命的刊物上，我们读到了一系列基于对新世纪的判断而产生的政治主张、哲学观点和战略筹划，其中心命题是综合了多重内涵，尤其是民族革命、政治革命与社会革命的新型革命。

"世纪"意识传达的是一种"同时代性"的感觉，一种将不同空间及其历史脉络纳入同时代性的普遍视野的认知方式。在这种普遍性的视野中，中西古今的关系既不能用中体西用等二元范畴加以描述，也无法用欧洲版的普遍主义给予规范。"世纪"的概念标志着一种普遍历史观的诞生，以及对这一普遍历史内部的不均衡性和由此产生的矛盾、冲突的思考。"今天下人士之想望二十世纪之文明者，必曰：二十世纪乃精神的文明之时代，全是自由与公义之世界也；……此不过梦拟之想耳。实际二十世纪之自由与公义之腐败，必过于十九世纪之末。"⑤ "今亚、非二洲，正当非（指菲律宾——笔者注）、杜（指德兰士瓦——笔者注）事后，将来 Independence（自由，又译独立）与帝国主义之大争，其猛烈必百十倍于欧洲列国之革命也。"⑥ 因此，伴随帝国主义时代的

---

① "招股启并简章"，载《二十世纪大舞台》第1期（1904年10月）。
② "招股启并简章"，载《二十世纪大舞台》第1期（1904年10月）。
③ 柳亚子：《发刊词》，载《二十世纪大舞台》第1期（1904年10月）。
④ "本社简章"，载《二十世纪之支那》第1号（1905年6月）。
⑤ 自强：《论帝国主义之发达及廿世纪世界之前途》，转自《清议报全编》卷二十五，第183页。
⑥ 自强：《论帝国主义之发达及廿世纪世界之前途》，转自《清议报全编》卷二十五，第184页。

降临，20 世纪势必是以亚非地区的民族革命为主要形态的、区别于欧洲革命模式的革命世纪。在《二十世纪之支那初言》中，笔名为卫种的作者（也是编者）声言刊物的宗旨是要阐明中国在帝国主义时代所处的独特位置，进而探讨适合于中国处境的"主义"。他说：

> 世界有名之主义，为今日列强所趋势者，则政治家之帝国主义其最著也，与吾人之主义同耶？否耶？在十九世纪初，平等博爱之说，大昌于世，学者无不唱和，则宗教家之社会主义是也。自帝国主义既出，而风会一变，此主义乃昔盛而今衰，与吾人之主义同耶？否耶？又欧洲大陆，今日虽悉宪法，脱专制之毒，而国民之权利与自由，皆从国法上所认定；乃各国人士，尚以为政府时有专横，必欲尽拔其根株然后快，遂倡无政府主义。然此主义既出，而学者每斥为邪说，为各国所不容，与吾人之主义又同耶？否耶？①

作者提出辨别 20 世纪之支那所处的位置，以选择中国的独特道路。他以爱国主义作为 20 世纪之支那所必举的旗帜，恰好与幸德秋水对于帝国主义与爱国主义的关系的分析形成对比，但两者的区别源自中国与日本在全球关系中所处的不同位置，不过并非截然对立。在同年《国民报》上一篇题为《二十世纪之中国》的社论中，作者论英美自由之沦丧，强调中国取法于 19 世纪法国革命所提出的自由平等的意义在于："为地球万国之表率矣，亦我同胞之国民，二十世纪中分内所有事也。呜呼，今日已二十世纪矣！"② 因此，即便是对 19 世纪命题的借鉴与回归，也已经包含了全新的意义。当人们清晰地意识到这个变化的独特性时，就再也没有办法回到旧方式讨论自身面临的挑战了。

20 世纪作为中国历史上的第一个"世纪"诞生了。

三　作为世纪前史的他者历史

20 世纪的特征之一是互为前史的时代。伴随着欧洲殖民主义的全球扩张，

---

① 卫种：《二十世纪之支那初言》，载《二十世纪之支那》第 1 号（1905 年 6 月），第 3~4 页。
② 《二十世纪之中国》，载《国民报》第 1 期（1901 年 5 月 10 日），第 12 页。

一种将其他地域纳入自身历史叙述的方式逐渐成形。黑格尔的历史哲学将东方、希腊、罗马、日耳曼作为欧洲主体诞生的不同阶段加以叙述，从而形成了一个完整的、以欧洲和日耳曼为中心的世界历史叙述；在他之前，亚当·斯密从经济史角度将人类历史发展划分为狩猎、游牧、农耕和商业四个阶段，这种划分方法实际上是以欧洲的商业和城市文明为中心将各种并存着的文化和生产形态完整地纳入历史时间的轨道的。在黑格尔的以政治形态为中心的历史阶段描述与斯密以生产形态为中心的历史阶段描述之间，存在着一种明显的共通点，即将 19 世纪欧洲视为脱离其早先的（也是其他地区仍然居于其中的）社会形态的产物。在这一普遍历史的叙述中，亚洲作为历史的"开端"或"起点"被纳入欧洲历史的内部。用雅斯贝斯（Karl Jaspers）的话说："脱离亚洲是一个普遍的历史过程，不是欧洲对亚洲的特殊姿态。这发生在亚洲内部本身。它是人类的道路和真实历史的道路。"① 在 20 世纪，这一将非西方地区纳入欧洲普遍历史的叙述方式（即文明等级论的历史论述）已经成为帝国主义意识形态的核心内容，却同时成为日本和中国许多知识分子寻求变革的理由。当中国的思想者持续不断地将西方和其他地区的历史作为中国的变革与革命的思考前提时，挪用、修订和抵抗这一帝国主义意识形态并寻求新的替代物势必成为这一时代中国思想的重要方面。正是在这一语境中，工业社会的自我认同建立在对前工业社会的描述之上，农业社会的变革方案以工业社会作为前史，前者的殖民史观与后者的进步史观相互对抗又互为表里。

本尼迪克特·安德森（Benedict Anderson）曾用"比较的幽灵"一语作为其著作的标题。1963 年，印度尼西亚总统苏加诺在雅加达发表演讲，以一种平静的语气说起希特勒，将其称为"民族主义者"，让在场的安德森和西方外交官惊诧不已。他因此想起了菲律宾国父何塞·黎萨（José Rizal）的民族主义小说《不许犯我》开头的故事：一位年轻的混血主人翁在旅居欧洲多年后于 1880 年回到马尼拉，当他观望车窗外的植物园时，他发现自己已经处

① 〔德〕卡尔·雅斯贝斯：《历史的起源与目标》，魏楚雄、俞新天译，华夏出版社，1989，第83 页。

于一个倒置的望远镜的末端。他无法如其所是地观赏园景，因为现实的场景只有通过与他脑中的欧洲花园的意象的比较才能被体会。这是一种近在咫尺又远在天边的凝视。黎萨将这一双重幻影的动因归结为"el demonio de les comparaciones"，即比较的幽灵。①

如果将 20 世纪的大量政治论述与中国历史中的那些著名政论进行比较，这一时代政治思想中无处不在的比较的幽灵如此醒目，以致我们可以说这是一种在多重视线中同时观看他者和自我的方式：观看别人也观看自己；观看别人如何观看自己；从别人的视线中观看自己如何观看别人，如此等等。更重要的是，这个观看过程不是静态的，而是动态的，是在相互发生关联并因为这种关联而发生全局性变化的过程中展开的。中国需要面对的挑战不再是在一个相对自足的社会及其周边条件下所发生的孤立事件，恰恰相反，这些挑战和应对方式具有无法从先前条件及其传统中推演出来的特质。这是比黎萨小说提及的更为复杂和多重的比较之幽灵。这一比较的方式并非诞生于人们所说的东方主义或西方主义幻觉，而是诞生于这一时代由生产、消费、军事、文化等物质和精神的多重进程所推动的全球关系。这一视角的转换意味着新的政治思考具有某种"反历史"的性质，即突破历史叙述的传统边界，将关于其他世界的叙述纳入有关自身社会的政治思考内。20 世纪中国的前史正是在这一将外部纳入内部的过程中诞生的。

老庄思想和佛教哲学都包含了对多重观察和视角变化的精致解释，观看的多重性在任何时代都或多或少地存在。但在此前的时代里，政治思想和政治辩论主要围绕土地关系的变迁、封建/郡县（地方/中央）的消长和律法、税制及官制系统的转换、政统与道统的张力等问题展开，形成了一套相对稳定也相对成熟的观察历史、论述政治的方式。汉代晁错的《守边劝农疏》《论贵粟疏》《贤良文学对策》《言兵事疏》《论削藩疏》，贾谊的《过秦论》《论积贮疏》《陈政事疏》，唐代韩愈的《原道》《论佛骨表》《师说》，柳宗元的《封建论》《断刑论》《非国语》，宋代王安石的《上仁宗皇帝言事疏》《答司马谏议疏》，苏洵的《六国论》，朱熹的《开阡陌辨》，直至明清之际黄宗羲的

---

① 〔美〕本尼迪克特·安德森：《比较的幽灵》，甘会斌译，译林出版社，2012，第 3 页。

《明夷待访录》，顾炎武的《天下郡国利病书》，无不以三代、秦汉及前朝事迹和圣人言行为参照，即便调查研究，钩稽本末，洞幽烛远，直刺要害，在论述上亦不免"口不绝吟于六艺之文，手不停披于百家之编。记事者必提其要，纂言者必钩其玄"。① 在这些政治论述中，比较是不可避免的，但主要在纵向的时间脉络中形成参照。这也就是被现代中国知识分子称为"历史周期律"②的论述方式——历史周期律与其说是对历史进程的客观呈现，不如说是人们理解时代变迁的认识方式。在很大程度上，20 世纪是认识方式和政治分析上的"历史周期律"失效的时期，人们对时代变化和不同历史角色的解释，不但不可避免地涉及对这一时代世界进程的所有方面的分析和评价，而且也持续不断地对世界历史中的所有文明进行历史解释。这一全球视野产生了一种"理论方式"，即通过对世界其他地方及事件的论述对"中国现实"进行介入，又从世界其他地方看待自己的方式中重构自我认识。20 世纪 80 年代末以来，重新解释法国启蒙运动与苏格兰启蒙运动、重新分析法国革命与英国革命都是为了探寻中国变革所应遵循的道路，这一方式正是在 20 世纪诞生的过程中形成的。

这当然不是说全球性比较的视野直到此时才出现。早在 1845~1846 年，马克思、恩格斯就已经在《德意志意识形态》中论述过 17 世纪以降，尤其是英国工业革命之后，"各民族的原始封闭状态由于日益完善的生产方式、交往以及因交往而自然形成的不同民族之间的分工消灭得越是彻底，历史也就越是成为世界历史。例如，如果在英国发明了一种机器，它夺走了印度和中国的无数劳动者的饭碗，并引起这些国家的整个生存形式的改变，那么，这个发明便成为一个世界历史性的事实"③。在《共产党宣言》中，马克思、恩格斯进一步指出："美洲的发现、绕过非洲的航行，给新兴的资产阶级开辟了新天地。东印度和中国的市场、美洲的殖民化、对殖民地的贸易、交换手段和一般商品

---

① 韩愈：《进学解》，《韩昌黎文集校注》（上），马其昶校点，马茂元整理，上海古籍出版社，2014，第 51 页。
② 1945 年 7 月，在延安访问的黄炎培正是基于中国历史中"政怠宦成""人亡政息""求荣取辱"等诸种变化规律，询问中国共产党有无跳出历史周期律的良方。他的问题意识是从中国政治的古典传统中产生的。
③ 马克思、恩格斯：《德意志意识形态》（节选本），人民出版社，2018，第 33~34 页。

的增加，使商业、航海业和工业空前高涨，因而使正在崩溃的封建社会内部的革命因素迅速发展。"① 正是在这个意义上，马克思、恩格斯提出了不同于黑格尔版本的"世界历史"问题。在经济史领域，人们通常认为资本主义经济和政治形态在 19 世纪 70 年代进入新的阶段，即帝国主义阶段，但真正形成较为系统而完整的帝国主义理论尚需等待二十年左右的时间。在 19 世纪末期，尤其是 20 世纪初期，一批有关帝国主义的著述在争论中相继面世。霍布森、卢森堡的立场各不相同，但都从资本主义生产和消费的矛盾着眼，即有效需求不足造成的生产过剩危机，来解释帝国主义现象；希法亭则从流通领域着眼，分析工业资本的集中、银行领域的变化和金融资本的形成，探索垄断性资本主义与帝国主义的关系。列宁就是在对前述理论的综合批判中，从生产的集中、垄断资本的形成及由此产生的金融资本和金融寡头的支配作用，研究了 19 世纪 70 年代以降资本主义经济的演变。

就中国而言，早在鸦片战争时期，林则徐、魏源等人就已经将中国置于一种新的世界关系中来理解它所面临的挑战和危机。如果说洪秀全的《原道救世歌》《原道醒世训》《原道觉世训》等作品显露了一些不同以往的比较要素，那么洪仁玕的《资政新篇》则展现了一种在纵横交错的世界关系中论述中国前途的方式；洋务运动和戊戌变法的活跃人物着眼于通过中西比较探讨中国的变革之路，康有为的"公羊三世"说从中国历史转向世界关系，试图在新的框架内建立全球性的论述，并将中国问题纳入这一全球性论述内部。但是，针对 19 世纪 70 年代以降全球资本主义新形态的论述要等到新世纪降临的时刻才清晰地浮现，新的认识无疑综合了先前的各种论述。在这些论述中，无论是对时代症候的诊断，还是对变革方略的阐释，均显示出不同以往的特征。

全球性比较与"世纪"的意识相伴而生，笼罩了 1900 年前后的中国思想界。"世纪"的诞生伴随着不同类型的旧时空观的式微（包括"公羊三世"说的逐渐退出舞台），以及在新的时空观中重构自我理解方式的文化运动。思想的变迁不可能截然两分，但在这一时刻，世界观的某种断裂依然清晰可辨。围

---

① 马克思、恩格斯：《共产党宣言》，人民出版社，2018，第 28 页。

绕俄国革命、法国革命、土耳其革命，以及美国问题、德国问题、日本问题等，不同政治派别为阐明自己的主张而展开辩论，其中心的主题为是革命还是改良，是共和宪政还是君主立宪，是人民主权还是国家有机体，是维持土地私有还是重构土地关系，是维持旧帝国还是重启民族"炉灶"，以及如何面对资本主义的新型社会专制等问题。

比较的幽灵四处出击，这里只能略举数例。我们先从对 20 世纪中国具有深远影响的俄国问题开始。1881 年，沙皇亚历山大二世在彼得堡遇刺身亡，5 名行刺者被捕并被判处死刑，这一事件开启了一系列以暴力恐怖手段攻击沙皇及其专制政体的行动。这些革命行动的组织者可以追溯至 1861~1864 年由车尔尼雪夫斯基、赫尔岑等人在彼得堡创立的"土地与意志"组织，1876 年由普列汉诺夫、米哈伊洛夫（Michailov）、迪乌特切夫（Tiutchev）等重建的同名组织，1879 年创建的革命恐怖组织"自由或死亡"等，以及同年由前述两个组织合并而成的"人民意志"组织。他们也正是此后社会民主党人革命运动的前奏。这些组织的核心宗旨是推翻沙皇专制制度、重新分配土地和实现宗教自由、民族自决等。19 世纪 90 年代，革命力量逐渐整合，社会民主党人的力量日益壮大。

清代的中俄关系是 17 世纪以来最重要的帝国间关系，但两国内部政治的变迁对于对方的影响十分微弱，我们能够找到的相关历史文献主要集中在边界、贸易、逃人、战争、条约等方面。甲午战争后，俄国为其在中国的利益策动并主导了"三国干涉还辽"，并因此而获得了在中国东北的大量利益。1903 年 4 月，俄国撕毁《东三省交收条约》，拒俄运动在中国各地展开，留日学生秦毓鎏、叶澜、钮永建等人在东京锦辉馆发起成立准军事组织拒俄义勇队，后易名学生军，同年 5 月 11 日因清政府勾结日本政府干涉被迫解散，易名军国民教育会。在 20 世纪到来之前，中国改革者和革命者很少关注俄国的国内事件，但日俄战争爆发时，像长期与俄国争夺利益的北欧人一样，许多中国人欢迎俄国的战败、支持俄国国内的革命运动，他们终于注意到俄国社会内部汹涌澎湃的革命浪潮，并试图将俄国革命运动的火焰引入清末革命的浪潮。1903~1905 年，中国的革命党人与立宪主义者围绕俄国革命问题展开辩论，前者赞扬俄国虚无党人的暗杀行动和革命勇气，以"多数政治"和公民自由对抗专制政体①，后者警告革命可能对民族和王朝带来严重破坏，希望通过自上而下的立宪改革和地方自治实践，避免可能的政治溃灭。② 自此以降，两国内部不同力量之间从思想上的互动，到理论上、政党组织上、国家层面和国际合作领域的互动配合，构成了两国政治变迁的重要动力，并对 20 世纪的全球历史产生了深远影响。因此，俄国问题变成了中国革命和变革的内部问题。

针对俄国战败、革命烽火遍及中俄两国境内的复杂情境，梁启超在《新民丛报》发表连载长文《俄国革命之影响》，从多重维度分析俄国革命的起因及其影响。他首先列举了四个促成革命得以发生的基础条件：一是贵族对土地的垄断和贵族与农民之间巨大的经济不平等；二是东正教的国教地位、国教对异教徒的排斥，以及由此产生的宗教不平等；三是多民族帝国内俄罗斯民族与其他各民族之间存在着明显的等级关系，形成了不平等；四是上述阶级的、宗教的、民族的不平等导致弱小阶级、宗教和民族无法参与政治，形成政治上的不平等。③ 这些基础条件又与其他契机相互结合，产生了革命的火花。这些契机包括：在 1815 年参与远征拿破仑联军之后，美国革命和法国革命的思想不期而然地传播至俄国；尼古拉一世于 1825 年继位后施行严酷专制为革命埋下了火种。④ 梁启超还叙述了革命文学、革命思想、革命组织和早期革命运动的作用，以及日俄战争所提供的革命契机。值得注意的是，梁启超在文章开头描述了彼得堡工人罢工所造成的巨大影响，但并未对 1905 年革命的崭新因素即工人阶级集体力量的展示给予足够重视和分析。

与另一位从自己国家的命运出发密切地注视着俄国革命的德国观察家韦伯一样，梁启超特别关注俄国地方议会和自治运动的作用和失败。⑤ 俄国地方自治会主要在俄国欧洲的部分及乌克兰，分省、县两级。县级自治会从地主、城

① 辕孙：《露西亚虚无党》，载《江苏》1903 年第 4 期，第 51~60 页；第 5 期，第 71~76 页。
② 中国之新民（梁启超）：《俄国革命之影响》（续第 61 号），载《新民丛报》第 62 号（1905 年 2 月），第 47 页。
③ 中国之新民（梁启超）：《俄国革命之影响》，载《新民丛报》第 61 号（1905 年 1 月），第 25~26 页。
④ 中国之新民（梁启超）：《俄国革命之影响》，载《新民丛报》第 61 号（1905 年 1 月），第 26~28 页。
⑤ 〔德〕马克斯·韦伯：《论俄国革命》，潘建雷、何雯雯译，上海三联书店，2015，第 49~82 页。

市居民和村社中选举产生，再由此产生省级议会，多由贵族支配。地方自治会支持立宪改革和 1904~1905 年革命以及 1917 年二月革命。[①] 但是，俄国地方自治会受到行政权的极大制约，议会通过的议案"在俄国则地方官虽不阻止，然犹必再呈于内务大臣，得其画诺乃能施行，而其争议最终之裁判所则枢密院也。以此一端，而议会势力之基础全然无著矣"。而且议会议事之报告，必须经过地方官许可方能公布，议会因此无法获得舆论支持，脱离群众，名实不符。[②]

这一点也正是康有为、梁启超所担心的。他们既希望清廷能够推进立宪改革，又担心直接设立国会、进行全国性选举可能导致政治混乱，进而设想先在省、府、州、县、乡、村各级设立议会，培养公民自治，规避传统乡治为少数绅士盘踞争倾的局面。这是一种由上至下推进由下至上改革的政治模式的尝试。康有为在这一时期筹划地方自治以推动君主立宪改革，在 1902 年发表的《公民自治篇》中，他系统地阐释了地方自治在各国的经验以及中国的历史传统，提出了以"乡治"为基础的多层次公民自治设计。这一构想通过梁启超等人的推广而对其后清末新政改革产生过影响。康有为的思考追溯中国古代的自治实践，同时又是在广阔的世界范围内展开的。[③] 在康有为看来，俄国的立宪政治受阻于地方行政权和中央枢密院的干预和控制，而法国立宪政治的失败却正好相反，根源于不顾国情差异，直接移植美国的普选政治。早在 1898 年戊戌变法时期，康有为已经将其所著《法国变政考》上呈光绪皇帝（1911 年出版的《戊戌奏稿》所辑《进呈〈法国革命记〉序》，应为后来补作）。[④]

---

① 〔德〕马克斯·韦伯：《论俄国革命》，潘建雷、何雯雯译，上海三联书店，2015，第 49 页。

② 中国之新民（梁启超）：《俄国革命之影响》，载《新民丛报》第 61 号（1905 年 1 月），第 33~34 页。

③ 明夷（康有为）：《公民自治篇》，载《新民丛报》第 5 号（1902 年 4 月），第 40 页。

④ 康有为在《我史》（1899 年）中提到 1898 年"七日进呈《法国变政考》"，见《康有为全集》第五集，中国人民大学出版社，2007，第 96 页。黄彰健、孔祥吉等学者认为，《进呈〈法国革命记〉序》（六月）为后来的另作。参见黄彰健《戊戌变法史研究》（下册），上海书店出版社，2007，第 703 页；孔祥吉《康有为变法奏议研究》，辽宁教育出版社，1988，第 187 页。茅海建指出，康有为代徐致靖拟"嗣后用人行政请明宣片"中举普法战争后，法国知耻自强为例；1898 年 8 月 21 日，康有为在香港见《德臣报》记者，言及光绪帝的召见，仍举普法战争后法国自强为例证，他的这些论述都与《进呈〈法国革命记〉序》的取意完全相反。见茅海建《从甲午到戊戌：康有为〈我史〉鉴注》，生活·读书·新知三联书店，2009，第 510~512 页。

1904~1905 年，俄国革命骤起，许多介入地方自治运动的精英卷入其中，中国的革命浪潮亦逐渐高涨。康有为撰写《法国革命史论》，探索中国变革的恰当道路。他批评拉法耶特（Marquis de Lafayette, Gilbert du Motier, 1757~1834）不懂得孔子"早明太平世之法，而必先以据乱世、升平世，乃能致之，苟未至其时，实难躐等"，"欲以美国之政，施之法国，而不审国势地形之迥异"，其结果是人权平等、主权在民、普通选举等"至公至平之理"，"以不教之民妄用之"，最终导致了恐怖之世的到来。①

法国大革命起因于封建之繁多、僧侣之专横、捐税之沉重、人民之悲苦。康有为详细描述了法国贵族的规模（10 万人），并以四川省下辖百县，每县就有一千封建小国作比。法国普选时，全国 25 岁以上人口五六百万，而选举人近 440 万；凡乡市之吏，参政议政者，多不能读法令。从议会制度的设置来看，本应有上下两院，田间少年与贵位老成中和相济，但法国革命以主权在民为由，只有众议院而无上院，导致"贤士大夫不逃则戮"。② 康有为对法国历史的描述是否准确另当别论，他的核心问题是：中国历史上之封建、税法及僧侣阶层的状况均不同于法国，"我之大革命，盖在秦世；我之享自由，盖在汉时。凡法政之苛暴，大约在我中国三四千年前各土司之世，或间有之，而有书传以来，侯国已大灭，神权不甚迷，已无有如法之十万淫暴侯者矣"。③ 他因此警告说："夫当革命党之举事，而语之曰：救国而国将毙，救民而民殆屠尽，凡倡革命者身必死，彼必不信。则何不观法之往事乎。"④

对于康有为、梁启超的君主立宪主张和尊君态度，革命党人心知肚明，但他们也同样需要从对法国革命的解释开始。1907 年，寄生（汪东）在《民

① 明夷（康有为）：《法国革命史论》，载《新民丛报》第 85 号（1906 年 8 月），第 10~11 页；《法兰西游记》，载《康有为全集》第八集，中国人民大学出版社，2007，第 182 页。《法国革命史论》为《法兰西游记》之节选。

② 明夷（康有为）：《法国革命史论》，载《新民丛报》第 85 号（1906 年 8 月），第 10~11 页。

③ 明夷（康有为）：《法国革命史论》，载《康有为全集》第八集，中国人民大学出版社，2007，第 199 页。

④ 明夷（康有为）：《法国革命史论》，载《新民丛报》第 85 号（1906 年 8 月），第 31 页；《康有为全集》第八集，中国人民大学出版社，2007，第 190 页。

报》发表《正明夷"法国革命史论"》，对于康有为所举各条一一反驳，但并非从事实上全面否定，更多是从事理上加以辩驳。例如，康有为批评法国革命后仅设下议院，而未设上议院，汪东表示赞成，但继续申辩说："所谓政治革命者，亦以革专制云尔。今君权专制去，而民权专制来，本已悖乎初愿，此非效法美国之罪，而效法之未尽善者之罪也。"① 针对革命可能招致列强干预的观点，汪东提出中国的位置与美国同，远离欧洲，不似法国置身欧洲列国之势，革命并不会引发列国瓜分的后果。

《新民丛报》与《民报》的辩论聚焦于革命与立宪，但伴随对于帝国主义时代认知的深化，有关国家主义和社会主义的思考渐渐成为晚清民族主义浪潮中具有独特内涵的范畴。几乎与幸德秋水、自强、梁启超等人从爱国主义、军事主义和国家形态的角度思考帝国主义现象的同时，从经济竞争的角度观察帝国主义现象也渐成趋势。1902 年，《新民丛报》第 11 期和第 14 期连载了雨尘子的长文《论世界经济竞争之大势》，开宗明义重新界定 19 世纪与 20 世纪，认为前者为"欧人内部竞争之时代"，后者为"欧人外部竞争之时代"。② 这也正是此后梁启超区分内竞的民族主义与外竞的民族主义的依据③，即两种民族主义的区分不仅是类型上的区分，而且也是时代的区分。内部竞争是国家内部的政治竞争，集中于民族主义与政治主权，而外部竞争以争夺无主权的和有主权的土地为中心，"皆经济上之竞争也"④，聚焦于经济竞争与保障这一经济竞争的政治主权。

19 世纪的政治革命通过立宪改革明确和强化了所有权，也促成了竞争从政治领域向经济领域的转化。在劳动力、土地和资本这生产三要素中，资本的规模和流通状态至关重要，前者涉及生产能力，后者涉及消费能力，两者均以能否获得更大规模的市场为前提。"英之于南非，美之于菲律宾，犯天下之不韪而不辞，弃历史传来之主义而不顾，掷莫大之军费而不吝，果何所图哉？是

---

① 寄生（汪东）：《正明夷"法国革命史论"》，载《民报》第 11 号（1907 年 1 月），第 59~60 页。
② 雨尘子：《论世界经济竞争之大势》，载《新民丛报》第 11 号（1902 年 7 月），第 53 页。
③ 梁启超在《新民说》和《二十世纪之巨灵 托辣斯》等多篇文章中都使用了这一组词语，不仅分析民族主义的类型，而且也分析竞争的性质。
④ 雨尘子：《论世界经济竞争之大势》，载《新民丛报》第 11 号（1902 年 7 月），第 53 页。

岂沙土勃雷、张伯伦、麦坚尼诸氏轻功好武之结果欤？是不然。全英、全美国民之爱财产之心膨胀也。"① 正由于此，20 世纪的英、美、德、日已经不是 19 世纪以政治野心、军事野心为动力的列强，而是"以少数之资本家求资本之繁殖"为动力的经济体。"今日所谓大英王国、北美合众国、大德联邦、大日本帝国，皆一公司也……所以异者，唯其目的，非以谋国中一公司一业务之利益，谋全国各公司之公共利益也。"② 雨尘子反对用尼采的极端个人主义或达尔文的进化论来解释帝国主义。在他看来，欧洲列强的军备和海洋扩张与工商业关系密切，帝国主义现象必须从经济的角度给予解释。"今日之世，兵赖商，商亦赖兵，而成此经济竞争之形势。"③ 所谓文明与野蛮、天职与义务、自由贸易和自由航行等欧洲文明论的修辞都是对"帝国主义"之原因的文饰。④ 由此，他将 19 世纪民族主义与 20 世纪帝国主义做了性质上的区分："夫民族主义者，前世纪政治之竞争，其大半皆由此；帝国主义，即民族膨胀之结果也。然民族合一膨胀，则全属经济上之问题。帝国主义，因经济之竞争而行于列国也。"⑤

19 世纪与 20 世纪的变迁伴随着经济竞争的中心从大西洋、印度洋向太平洋的转变，或者说，从美洲、印度向中国的转变。这一转变的标志性事件是义和团运动，即庚子之乱。"于是乎自甲午大败以来，列国竞争之中心点，一转而至于太平洋，注乎中国。""及庚子之乱，而列国之手段又一变，前之瓜分主义，势力范围主义，一转而为领土保全、门户开放主义矣。""瓜分云者，势力范围云者，皆政治上之侵略，列国互角之手段；保全云者，开放云者，皆经济上之侵略，列国共同之手段也。盖慑于义和团之乱，知吾族之有抵抗力而避之也。呜呼，至是而吾国遂亡于列强共同之经济侵略之手矣！庸讵知

① 雨尘子：《论世界经济竞争之大势》，载《新民丛报》第 11 号（1902 年 7 月），第 56 页。
② 雨尘子：《论世界经济竞争之大势》，载《新民丛报》第 11 号（1902 年 7 月），第 56 页。
③ 雨尘子：《论世界经济竞争之大势》（续 11 号），载《新民丛报》第 14 号（1902 年 8 月），第 43 页。
④ 雨尘子：《论世界经济竞争之大势》，载《新民丛报》第 11 号（1902 年 7 月），第 57 页。
⑤ 雨尘子：《论世界经济竞争之大势》，载《新民丛报》第 11 号（1902 年 7 月），第 58 页。

经济上之侵略，较之政治上之侵略，其为祸乃更烈也！"① 庚子事变后，列强没有要求中国割让土地，而是索取赔偿和修订通商条约，其奥妙即在让中国成为列强经济上之领土，"彼盖深知世界贸易之中心点，将移于太平洋，而集注乎中国，幸此之乱，先定百年大计，使永为世界第一安全市场，则将世世子孙，食其利而不尽"。② "二十世纪之政治，非政治之政治，而经济之政治也。观帝国主义所由来，列国军备所由盛，则今日舍经济外，更无所谓政治也。"③

1903 年，梁启超游历美国，他的政治思考也由君主立宪向国家有机体学说转变。这一转变的契机正是对以美国为代表的新型帝国主义及其运行机制的贴近观察。在前已提及的发表于同年的《二十世纪之巨灵 托辣斯》的开篇，他发出惊人的预言：不出百年，世界将仅存数大国；不出五十年，世界将仅剩数十家大公司；政治上的一切机关和武备，均为"保障经济生产之附庸"。④ 这篇文章的标题与幸德秋水的《二十世纪的怪物——帝国主义》相呼应，从不同的角度探讨作为 20 世纪之特征的帝国主义，但在思想上与之最接近的论述或许是马克思的女婿保尔·拉法格（Paul Lafargue）发表于 1903 年 4 月的法文书《美国托拉斯及其经济、社会和政治意义》（*Les Trusts Amèricains*）一书。早在 1896 年，拉法格在《驳对卡尔·马克思的批评》中批判帕累托理论，论述自由竞争必然导致垄断，进而分析了垄断组织对国家机器的操纵。在 1903 年论美国托拉斯的著作中，拉法格以详细的数据，研究了托拉斯造成的资本和生产规模的空前集中，说明金融资本如何跨越国家边界，对世界市场进行控制和争夺。他以美国为例，说明金融资本的控制远远超出了经济领域，实际上已经形成了对美国社会的宗教、政治和精神生活的渗透和影响。在托拉斯的时代，金融资本也操纵国家的外交政策，例如美国盛行的门罗主义和对太平洋地区的殖民和渗透，均与这一新型的经济组织的

---

① 雨尘子：《论世界经济竞争之大势》（续 11 号），载《新民丛报》第 14 号（1902 年 8 月），第 48~49 页。

② 雨尘子：《论世界经济竞争之大势》，载《新民丛报》第 11 号（1902 年 7 月），第 49~50 页。

③ 雨尘子：《论世界经济竞争之大势》，载《新民丛报》第 11 号（1902 年 7 月），第 52 页。

④ 中国之新民（梁启超）：《二十世纪之巨灵 托辣斯》，载《新民丛报》第 40、41 号合刊（1903 年 11 月），第 97 页。

出现及其利益诉求有着密切的关系。如果说早期的殖民主义注重对殖民地居民的财富和自然资源的掠夺，那么由生产集中产生的生产过剩则致力于对世界市场的占有。①

梁启超从自由与干涉的对立观察当代的变化，他的错漏甚多的观察也包含了若干与拉法格的论述相互印证的发现。早在 19 世纪五六十年代，欧洲的资本和生产集中的结果之一是德国卡特尔的出现，而 1873 年世界经济危机爆发之后，垄断组织与集权获得长足的发展。梁启超发现：

> 夫帝国主义也，社会主义也，一则为政府当道之所凭借，一则为劳动贫民之所执持，其性质本绝相反也。故其实行之方法，一皆以干涉为究竟。故现代所谓最新之学说，骎骎乎几悉还十六七世纪之旧，而纯为十九世纪之反动。嘻！社会进行之线路，谁能画之？谁能测之？岂有他哉！亦缘夫时之适不适而已。喻斯理也，乃可以观察托辣斯矣。②

20 世纪是对 18 世纪、19 世纪的反动，同时又是对 16 世纪、17 世纪的回归。所谓 18 世纪、19 世纪，即由重农学派、亚当·斯密所代表的主张自由竞争、自由贸易、自由市场、劳动力和资本自由流动的潮流，在政治上则体现为大革命所带动的个人自由、财产权和新型国家的政治潮流。所谓 16 世纪、17 世纪，则是以欧洲重商主义，尤其是法国柯尔贝尔和英国克伦威尔所代表的晚期重商主义为潮流，主张开源节流、增加国家财政收入；国家扶植工业发展、增加税收；商业上重视国家干预，在对外贸易上实施关税保护制度，等等。

在梁启超看来，20 世纪是 19 世纪自由竞争时代的后果，也是其反面：伴随着生产过剩、经济危机和社会冲突，资本集中和国家干预成为新的潮流，前者以托拉斯为标志，后者以社会主义为新的方向。"乃举天下厌倦自由，而复讴歌干涉。故于学理上而产出所谓社会主义者，于事实上而产出所谓托辣斯

---

① 〔法〕拉法格：《美国托拉斯及其经济、社会和政治意义》，载中共中央马克思、恩格斯、列宁、斯大林著作编译局国际共运史研究室编《拉法格文选（下卷）》，人民出版社，1985，第 212~293 页。参见马健行《帝国主义理论形成史》，中国社会科学出版社，1993，第 68~85 页。

② 中国之新民（梁启超）：《二十世纪之巨灵　托辣斯》，载《新民丛报》第 40、41 号合刊（1903 年 11 月），第 98 页。

者。社会主义者，自由竞争反动之结果。托辣斯者，自由竞争反动之过渡也。曷云托辣斯为反动之过渡也？托辣斯者，实'自由合意的干涉'也。"① 在这里，梁启超从自由合意的干涉角度混淆了托拉斯与社会主义的关系，也就难以解释他在文章中所列的 1882～1900 年美国通过的各项反托拉斯法案的真正意义。他甚至以辩护的口吻说明托拉斯可能会调和劳资矛盾，希望将托拉斯作为一种生产制度提供给中国人参考。② 但这些误解并没有妨碍他得出如下结论："托辣斯者，生计界之帝国主义也；夫政治界之必趋于帝国主义，与生计界之必趋于托辣斯，皆物竞天择自然之运，不得不尔。"③

即便在同一篇文章中，梁启超对托拉斯的论述也包含着矛盾。一方面，他引用数据证明托拉斯成立后劳动者的薪资有所增长，但另一方面，他又如同拉法格一样，看到了资本集中和垄断组织的出现势必激化劳资矛盾。社会主义运动以保护大多数劳动者的利益为目标，而托拉斯"则资本家权利之保障也。资本家与劳力者，方为两军对垒之形，做短兵相接之势"。④ 梁启超比较了社会民主党人的经济主张，发现他们的社会主义与马克思的学说有许多重叠，均将托拉斯视为"变私财以作公财之近阶梯"，即向社会主义过渡的阶段。⑤ 事实上，类似主张已经出现在中国革命者的早期宣传中。例如，朱执信在《民报》第 2 期发表了《德意志社会革命家小传》，以马克思学说和法国政治经济学为参照，提出综合政治革命与社会革命的构想。除了介绍《共产党宣言》的阶级斗争思想之外，他特别分析了马克思和欧洲共产主义运动的经济主张：废止土地私有，一切地租充公；征收累进税；否定继承权；没收移居外国及反叛者财产，由国民银行及独占事业集信用于国家；交通机关为国有；增加工业

---

① 中国之新民（梁启超）：《二十世纪之巨灵　托辣斯》，载《新民丛报》第 40、41 号合刊（1903 年 11 月），第 100～101 页。

② 赖建诚：《梁启超的经济面向》，浙江大学出版社，2010，第 127 页。

③ 中国之新民（梁启超）：《二十世纪之巨灵　托辣斯》，载《新民丛报》第 40、41 号合刊（1903 年 11 月），第 103 页。

④ 中国之新民（梁启超）：《二十世纪之巨灵　托辣斯》（续前号），载《新民丛报》第 42、43 号合刊（1903 年 12 月），第 108 页。

⑤ 中国之新民（梁启超）：《二十世纪之巨灵　托辣斯》（续前号），载《新民丛报》第 42、43 号合刊（1903 年 12 月），第 108 页。

器械，强制施行平等劳动，结合工农业，缩小工农业差别；设立义务教育制度等。① 梁启超认为社会主义及其资本国有化的主张"实世界之公理，将来必至之符"②，但在当时之中国却没有实现的条件。1904 年，梁启超在《新民丛报》发表《外资输入问题》的长篇研究报告，分析"近今列强之帝国主义，皆生计问题趋之使不得不然也"，而资本过剩"实列强侵略中国之总根源"。③综合言之，"二十世纪以后之天地，铁血竞争之时代将去，而产业竞争之时代方来。于生计上能占一地位与否，非直一国强弱所由分，即与亡亦系此焉。……即前者惟有国内托辣斯，今乃进而为国际托辣斯"。④

针对美国及其他欧洲列强对内实行干涉主义、对外采取帝国主义的态势，梁启超逐渐转向伯伦知理（Bluntchli Johann Caspar，1808~1881）的国家有机体理论。⑤ 由于晚清思想研究聚焦于反满革命还是立宪改良、国家主义还是民族主义，常常忽略了促成梁启超转向国家主义的契机是对帝国主义的思考、对社会主义条件尚不成熟的分析。国家主义问题与社会主义问题是同时发生的，它们都致力于帝国主义时代带来的困境和挑战；康有为、梁启超在国家问题上与民族主义者的矛盾和斗争表现为改良还是革命的对立选择，但这一对立选择需要置双方于对帝国主义时代的基本特征及中国在其中的位置的不同判断中进行分析。国家与民族的区分和国家主义与民族主义的不同选择实际上是从对帝国主义的双重特性，即经济特性与军事特性的评估中衍生而来的。

四　对独特性的探寻与对普遍性的重构

帝国主义不仅是一种扩张性的经济和军事体制，也是一种意识形态和价值

① 蛰伸（朱执信）：《德意志社会革命家小传》，载《民报》第 2 期（1905 年 11 月），第 7~10 页。
② 中国之新民（梁启超）：《外资输入问题》（续 54 号），载《新民丛报》第 56 号（1904 年 11 月），第 13 页。
③ 中国之新民（梁启超）：《外资输入问题》，载《新民丛报》第 52 号（1904 年 9 月），第 2~3 页。
④ 梁启超：《二十世纪之巨灵　托辣斯》（续前号），载《新民丛报》第 42、43 号合刊（1903 年 12 月），第 108 页。
⑤ 梁启超：《政治学大家伯伦知理之学说》，载《新民丛报》第 32 号（1903 年 5 月），第 9~16 页。

谱系，后者借助于一套扩张性的知识渗入各种关于他人与自我的叙述。"世纪"（亦即对时势的判断）意识既是对这一进程的自觉，也强烈地包含着对这一进程的抵抗。这是一个复杂纠缠、持续论辩的过程。也正由于此，"世纪"意识很难从单一的历史内部简单地衍生出来，不可能被完整地纳入时间的轨道。在这一独特的历史时刻，那些敏锐的中国人不得不去思考18世纪、19世纪甚至更早时期的欧洲和全球问题，为现代中国创造自己的前史，以辨别中国在这个全球视野中的独特位置。如果没有一种旧时代正在落幕的感觉和一种比较性的视野，我们便难以透彻地理解为什么20世纪初期发生的政治辩论聚焦于不同类型的民族主义（反满的汉民族主义、多族群的中华民族主义，后者又可以区分为国家主义、五族宪政主义、五族共和主义等）、不同类型的世界主义（国际主义、无政府主义、大同主义等），以及它们相互之间错综纠缠的敌对关系。"世纪"的意识与旧时代终结的感觉是互为表里的，激烈的辩论及其对不确定之未来的眺望也是一种诀别的姿态。这也是理解持久消长的有关古今中西的思想辩论之性质的基本出发点：古/今、中/西的辩论在话语上经常诉诸本质主义的文化差异，但其核心是单纯地诉诸历史轴线来思考中国问题已经不可能，现在迫切的任务是辨别中国在新的全球关系中的经纬度，即时间轴线上的位置与空间维度上的位置。对于中国及其独特性的思考不仅是比较视野的产物，而且也是通过对中国历史和文化的解释进行战略和策略的辩论。这是渗入历史论述的政治论述，也是一种新的时代意识寻找其历史叙述的必然产物，20世纪的政治论述与历史阐释、文化辩论有着密切的联系。

"世纪"意识并非这些历史论述的衍生物，恰恰相反，这些历史论述正是"世纪"意识寻找自己的政治表达的结果。兹举四例，分别论述时间轴线上的社会形态之辨，空间维度上的中华之辨，内在性维度上的交往与自我表达（即语言的性质）之辨，以及超越性维度上的普遍宗教和"正信"之争。所有这一切都可以被归纳为在帝国主义与文明论的双重阴影下对独特性的探寻——对独特性的探寻也是对伴随帝国主义时代而来的普遍历史的抗拒和解构，但这一抗拒和解构不是通往对特殊性的确认，而是对普遍性的重构。

（一）时间的维度：历史演化、社会形态与民族主义

1898 年，与戊戌变法同时，严复以赫胥黎的《进化论与伦理学》为底本，综合斯宾塞学说，翻译出版了《天演论》，将进化学说引入中国思想世界；1903 年，他用典雅的古文翻译了英国社会学家甄克思（Edward Jenks）出版于 1900 年的新著《政治史》（*A History of Politics*），冠名《社会通诠》发表[①]，实际上是通过这一著作的译述进一步阐释进化论在社会形态上的意义，"纠正孟德斯鸠分析中的静止的、'不前进'的本质这一错误"[②]。甄克思从社会形态演化的角度，将古今社会区分为三个前后相续的不同阶段，即图腾社会（蛮夷社会）、宗法社会和国家社会，将孟德斯鸠的地理环境决定论的空间解说转换为时间轴线上的历史形态分析。"古今社会，莫不有所以系属其民者，今社会所以系属民者，曰军政。此于征兵之国最易见也。（按：即法德和英国）……惟古之社会则不然，其所以系民，非军政，乃宗法也。宗法何？彼谓其民皆同种也，皆本于一宗之血胤也。……《拿破仑法典》曰：'坐于法土，斯为法民。'此军国社会与宗法社会之所绝异而不可混者也，古以宗法系民。莫著于犹太，乃今亡国久矣，虽散居各土，而宗法之制犹存。……社会之形式有三：曰蛮夷社会，曰宗法社会，曰国家社会。"[③] 严复先后撰述译者序[④]、按语和《读新译甄克思〈社会通诠〉》[⑤]，对甄克思的学说进行阐释，试图按照天演原理将社会形态三个阶段解释为中国必须遵循的公理。"夫天下之群，众矣，夷考进化之阶级，莫不始于图腾，继以宗法，而成于国家。……此其为序之信，若天之四时，若人身之童少壮老，期有迟速，而不可或少紊者也。"[⑥] 但这一普遍的人类发展阶梯在欧亚关系中恰恰以"在彼则始迟而终骤，

① 关于严译《社会通诠》的翻译及其语言政治，参见王宪明《语言、翻译与政治——严复译〈社会通诠〉研究》，北京大学出版社，2005。
② 〔美〕本杰明·史华兹：《寻求富强：严复与西方》，叶凤美译，江苏人民出版社，1989，第165页。
③ 〔美〕甄克思：《社会通诠》，严复译，商务印书馆，1981，第2~4页。
④ 该序曾在《政艺通报》第3卷第6号单独发表。
⑤ 首刊于《大公报》1904年4月20日，连载四期，总第651号到第654号。
⑥ 严复：《〈社会通诠〉译者序》，载〔美〕甄克思《社会通诠》，严复译，商务印书馆，1981，第 ix 页。

此则始骤而终迟"的大分化为其形态。① 严复在普遍历史进程中展示内部分化和差异，其目的就是说明中国社会虽至秦已经向中央集权转化，但其精神气质仍然是一个宗法社会，而未能实现向军国社会的转变。

在《寻求富强：严复与西方》一书中，史华兹比较甄克思与斯宾塞之间的区别，指出："甄克思的论述所注意的中心在于近代'合理化的'国家的出现，而不在于工业革命的出现。""他更加注意的是所有近代民族国家之间的共同特征而不是它们之间的区别。""而当他赞同斯宾塞的国家'原本是一个军事组织'的观点时，他似乎并不觉得在工业社会里，国家将要消亡了。……他似乎完全没有意识到斯宾塞对以近代工业体系为代表的'自发的'合作形式与'人为的、强制的'国家组织两者所作的区分。"② 史华兹认为严复对于斯宾塞和甄克思之间的区别毫无了解，尤其对斯宾塞有关"军事的"和"工业的"两个阶段的严格区分完全忽略。从其一贯观点出发，他将严译《社会通诠》的中心问题置于社会有机进化及国家与个人的二元关系之中考察，并由此衍生出注重国家总体与反满民族主义浪潮的对立。这一观点也为其他学者所普遍接受。③ 通过比较严复的观点与此后中国共产党人用帝国主义来解释这一现象的区别，史华兹认为严复从社会进化的观点将帝国主义的出现理解为生存竞争的正常现象。④ 对于严复而言，国家的总体能力恰恰是个人脱离宗法关系而"期人人立"，进而形成兵、农、工、商的劳动分工。他在译序中说："由宗法以进于国家，而二者之间，其相受而蜕化者以封建。方其封建，民业大抵犹耕稼也，独至国家，而后兵、农、工、商四者之民备具，而其群相生相养之事乃极盛，而大和强立，蕃衍而不可以克灭。"⑤

① 严复：《〈社会通诠〉译者序》，载〔美〕甄克思《社会通诠》，严复译，商务印书馆，1981，第 x 页。
② 〔美〕本杰明·史华兹：《寻求富强：严复与西方》，叶凤美译，江苏人民出版社，1989，第166~167页。
③ 干春松所写《民族主义与现代中国的政治秩序——章太炎与严复围绕〈社会通诠〉的争论》一文对于严复与章太炎有关《社会通诠》的争论做了清晰的梳理和分析，但也延续了史华兹在这一问题上的基本判断。参见《开放时代》2014年第6期。
④ 〔美〕本杰明·史华兹：《寻求富强：严复与西方》，叶凤美译，江苏人民出版社，1989，第168页。
⑤ 严复：《〈社会通诠〉译者序》，载甄克思《社会通诠》，严复译，商务印书馆，1981，第ix页。

　　严复对于国家总体性的关注与梁启超略相仿佛，但为什么他不是在国家主义与民族主义的对立中，而是在军国社会与基于宗法关系的民族主义的对立中展开其论点？严复通过甄克思学说而形成的对斯宾塞在军事国家与工业主义之间的区分的忽略仅仅是"毫无了解"的结果吗？严复对《社会通诠》的译介几乎与幸德秋水对帝国主义的论述产生于同一时期，两者对于帝国主义的解释有所区别：前者从社会进化的角度将帝国主义的出现视为一种历史发展中出现的、必须加以应对的自然现象，而后者对帝国主义的批判建立在一种道德主义的激烈否定的前提之上。但透过这一区别，我们不是还可以发现另一个共同点，即将帝国主义解释为一种民族主义的衍生物，而不是工业—金融资本主义阶段的现象吗？幸德秋水的解释是以尚未完成工业化的日本帝国主义为目标的，而严复需要重申的是在帝国主义竞争的时代确立政治主权的重要性和前提。

　　此外，严复的观点是在内外精英指责义和团运动和清政府的"排外主义"的氛围中出现的，他将这一"排外主义"归于中国国民性的特质。章太炎在他的反驳文章中明确地将义和团的反教运动与宗法社会区分开来，他指出：义和团和清政府之"排教"动机各不相同，但均起于教民违法生事。"然人民之愤起排教者，其意乃绝不在是，浸假而基督教人之在中国，循法蹈义，动无逾轨，则人民固不以异教而排斥之，亦不以异种而排斥之。其相遇也，与昔之天竺法师无异。……是故政府之排教也，以其合群而生变；人民之排教也，以其藉权而侮民。皆于宗法社会无所关系云尔。"[①] 1903 年正值反满革命潮涨之时，但也是 1900 年义和团运动之后。1901 年，《清议报》曾转载《开智录》所载《义和团有助于中国说》一文，赞扬义和团"出于爱国之心，忍之无可忍，故冒万死以一敌八，冀国民之有排外自立之一日也"。同时又将反帝与排满相结合，希望引导中国大众沿着民权独立、政体自由的道路，"霹雳一声，开廿世纪之风云"，"尽国民之责任，种同胞之幸福"。[②] 因此，严复对于合群的爱国主义的批判事实上包含了两重内容，即对义和团式反帝爱国运动与革命派的反

---

① 章太炎：《〈社会通诠〉商兑》，载《民报》第 12 号（1907 年 3 月），第 10~11 页。
② 转录自《清议报全编》卷二十六，1901 年，日本横滨新民社，第 185、189 页。

满民族主义的双重指控。

与此前的一系列政论主要利用中西对比的框架有所不同，严复对于宗法社会和军国社会的解释被严格地置于一种普遍主义的历史社会学框架之中。甄克思的观点是在欧洲近代文明论的视野中展开的，我们在其后欧洲思想和理论对于中国的解释中也不难发现其脉络。例如，韦伯认为儒教与家庭伦理的稳固联系导致了儒教对于"客观理性化"的一种限制，即它力图以氏族方式将个人一再地从内心上与其氏族成员牢固地联系在一起，从而缺乏一种介于伦理与市民生活方式之间的中间环节。这一家庭伦理也难以发展出一种理性化的国家及其相互关系的伦理。① 但儒学的伦理及其历史观是一种不断适应变化的伦理和历史观，超血缘和地缘的思想因素完全可能被组织到儒学的形式内部；在王朝演变的历史中，儒学以富于变化的方式处理政治、经济和各种社会问题，并将其伦理落实在一系列无法用家庭来加以概括的社会构造之中。因此，那种将儒学伦理限制在家庭伦理或血缘共同体范畴内的论点是一种过于狭隘的看法。真正的问题是：为什么这一欧洲现代性的自我理解恰恰成为晚清变革运动的问题框架？这一框架是否具有普遍意义？②

正由于此，章太炎对于严复的反驳就必须诉诸中国历史的独特性、普遍主义历史叙述的特殊性，并在一个综合了独特性与普遍性的新框架内讨论中国民族革命的意义。换言之，他不是用中国的特殊性对抗理论的普遍性，而是首先质疑这一普遍理论的特殊性，其次分析这一理论在运用于中国时的错误，最终通过对中国历史独特性的讨论重构一种能够容纳这一独特性的普遍性。因此，章太炎对于世纪及其普遍主义历史的意识是以对这一普遍主义历史的抵抗为特征的。针对被严复奉为规律的社会理论，章太炎指出孔德以来的社会理论虽然模拟自然科学的方法，但大多基于一时一地的经验，谈不上是普遍的理论。他说："社会之学，与言质学者殊科，几何之方面，重力之形式，声光之激射，物质之化分，验于彼土者然，即验于此土者亦无不然。若夫心能流衍，人事万端，则不能据一方以为权概，断可知矣！且社会学之造端，实惟斯德，风流所

① 〔德〕马克斯·韦伯：《儒教与道教》，洪天富译，江苏人民出版社，2008，第265~266页。
② 有关这一问题的论述，参见汪晖《现代中国思想的兴起》第八章，生活·读书·新知三联书店，2008。

播，不逾百年，故虽专事斯学者，亦以为未能究竟成就。"① 甄克思的社会学至多只是反映了欧洲社会的状况，严复的错误首先在于将甄氏学说作为普遍规律运用于对中国的解释，例如将前者所谓宗法社会与"中国固有之宗法社会"相互比较，凡有不合之处即视为中国的弱点。其次则是皮傅其说，错误地将"民族主义与宗法社会比而同之"，而给了"今之政客"以口实，"疾首于神州之光复，则谓排满者亦宗法社会之事，于是非固无取，于利害则断其无幸"。②

章太炎的政治宗旨其实十分明确，即排满革命无非"覆我国家，攘我主权而已"，绝非严复所谓宗法社会之非我族类式的排外主义。③ 他在《革命道德说》中说："吾所谓革命者，非革命也，曰光复也。光复中国之种族也，光复中国之州郡也，光复中国之政权也。此以光复之实，而被以革命之名。"④正由于革命即光复，在时间观上他就不可能循进化论的逻辑；也由于同一理由，中国历史必有可以光复的旧物。章太炎从中国的宗法社会与甄克思所讨论的宗法社会之间的差异入手，质疑社会学的结构类型论述省略社会形态的历史多样性及其历史变异，并以此为出发点，重新展开中国历史演变的独特轨迹。甄克思"注意的是所有近代民族国家之间的共同特征而不是它们之间的区别"，严复更进一步将宗法社会这一范畴普遍化，两者基于不同理由都忽略这一范畴在不同地域和时期的独特形态。针对甄克思所指宗法社会的第一个特征即"重民而不地著"，章太炎首先指出这一观点缺乏对于宗法社会古今形态的区分，也就无法观察同一范畴背后的社会变化。例如，"古者宗法行于大夫、元士，不行于齐民；今者宗法行于村落素人，不行于都人士。古者宗法以世袭之，大宗为主，其贵在爵；今者宗法以及格之族长为主，其贵在昭穆年寿，此古今之所以为别。然与甄氏所述四端，则皆有不相契合者"⑤。农人怀土重迁，贵族以爵位为尊，两者并不相同。近世以降，流动人口只要能够在一地居住满20年，并拥有土地和住宅，即可就地入籍，也与古代宗法社会不同。

① 章太炎：《〈社会通诠〉商兑》，载《民报》第 12 号（1907 年 3 月），第 4 页。
② 章太炎：《〈社会通诠〉商兑》，载《民报》第 12 号（1907 年 3 月），第 1 页。
③ 章太炎：《〈社会通诠〉商兑》，载《民报》第 12 号（1907 年 3 月），第 15 页。
④ 章太炎：《革命之道德》，载《民报》第 8 号（1906 年 10 月），第 13 页；收入《太炎文录初编》后更名为《革命道德说》，载《章太炎全集》第四卷，上海人民出版社，1985，第 276 页。
⑤ 章太炎：《〈社会通诠〉商兑》，载《民报》第 12 号（1907 年 3 月），第 7 页。

针对严复所说宗法社会"排外而锄非种"的观点，章太炎同样从历史变化的角度加以批判。他列举周代各种外来族名，说明古代中国多元并存，并无以"非种"为由加以排斥的情况："中国宗法盛行之代，春秋以前，本无排外之事，而其时外人亦鲜内入。……进观周穆王时，有西域化人谒王同游之迹，国人于此方胪句介绍之不暇，而何排斥之有？"① 因此，以宗法社会为据批判中国盛行排外主义恰恰忽略了历史的变化。针对甄克思宗法社会"统于所尊"的观点，章太炎从古今变异的角度加以分析，即古代"宗法统于所尊，其制行于元士以上，族人财产有余，则之宗；不足则资之宗，上至世卿，而宗子常执大政，所以拱押其下者，恃有政权以行其刑赏耳"。② 但近世社会宗法关系下延至一般民众，情况便有所不同："民之行事，对于祠堂则固无责任矣。祠堂所有，辄分之以恤孤寡、兴教育，足以膏沐族人，而族人则不必以其所有归之祠堂，去留惟所欲耳。惟岁时丘垄之祭，略有责任，亦以墓田所收入者酬之，其有远行服贾，不以儋石之利为得者，则墓祭亦任之旁族。"③ 近世宗法社会的伦常和财产关系与军国社会有许多重合之处，认为宗法社会必然统于所尊而与军国社会注重人民的个人本位同样是错误的。"然则古者之行宗法，以其事为天倪定分；今者之行宗法以其丰为补阙拾遗，若云当今之世民，不以一身为本位者，则吾所未见也。故甄氏第三条义与中国固有之宗法，有合于古，不合于今也。"④

针对《社会通诠》有关宗法社会"不事物竞"、因循守旧的观点，章太炎指出，即便在宗法社会的兴盛期也并未规定"业不得更，法不得改"，而中国历史上的其他时期，如"宗法破散之后，得伺隙以求利也，然孔子固云'少贱多艺'；扁鹊亦以'馆舍之守，更事医术'。而未闻有遮禁之者"⑤。因此，生存竞争是贯穿历史的普遍现象，而绝不仅仅是军国社会的特例。"若就此四条以与中国成事相稽，唯一事为合古，而其余皆无当于古今，则今宗法必有差

① 章太炎：《〈社会通诠〉商兑》，载《民报》第 12 号（1907 年 3 月），第 9 页。
② 章太炎：《〈社会通诠〉商兑》，载《民报》第 12 号（1907 年 3 月），第 11 页。
③ 章太炎：《〈社会通诠〉商兑》，载《民报》第 12 号（1907 年 3 月），第 12 页。
④ 章太炎：《〈社会通诠〉商兑》，载《民报》第 12 号（1907 年 3 月），第 12 页。
⑤ 章太炎：《〈社会通诠〉商兑》，载《民报》第 12 号（1907 年 3 月），第 13 页。

愈于古宗法者，古宗法亦有差愈于甄氏所见之宗法者。要之，于民族主义皆不相及，此其论则将及于严氏。"① 换言之，章太炎承认甄克思的分析或许对于他所观察的社会而言是正确的，但这至多证明其社会理论是特殊的，如果像严复那样将其作为普遍适用的理论运用于中国或其他社会则是荒谬的。

但是，章太炎的指向并不是以独特性对抗普遍性，而是在历史的变迁和差异中重新界定普遍性的分析框架。通过分析和质疑甄克思的图腾社会—宗法社会—军国社会的进化阶梯，章太炎解构了民族主义或排外主义与宗法社会之间的必然联系。他的论述包含四个层次。第一，不同形态的社会都包含了合群、排外的因素，从而合群、排外因素并非宗法社会的独有现象。第二，现代民族主义如果不是宗法社会解体的产物，也必然导致宗法社会的瓦解。"且今之民族主义，非直与宗法社会不相一致，而其力又有足以促宗法社会之熔解者。""当其萌芽，则固无宗法社会之迹矣。及其成就，则且定法以变祠堂族长之制，而尽破宗法社会之则矣。"② 第三，较之美国对美国黑人的歧视，中国历史上蒙古、回部、西藏与汉族的关系是基于语言、习俗和人员方面的长期交往、多重流变和相互同化中形成的，在外部压力之下，更易于形成一种超越宗法、种族、血胤关系的有机共同体。"今外有强敌以乘吾隙，思同德协力以格拒之，推其本原，则曰以四百兆人为一族，而无问其氏姓世系。为察其操术，则曰人人自竞，尽尔股肱之力，以与同族相系维。"③ 第四，从政治的角度说，革命党人的民族主义本就以超越种族和血胤的藩篱而形成政治共同体为目标，其核心价值并非合群排外，而是在不平等的历史关系中重获政治主权，从而与宗法社会毫无关系。"又况吾党所志，乃在于复我民族之国家与主权者，若其克敌致果，而满洲之汗，大去宛平，以适黄龙之府，则固当与日本、暹罗同视，种人顺化，归斯受之而已矣。岂曰非我族类，必不与同活于衣冠之国，虽于主权之既复，而犹当剺面剚刃，寻仇无已，以效河湟羌族之所为乎？若是者，其非宗法社会亦明矣。"④ 正由于此，中国面临的

---

① 章太炎：《〈社会通诠〉商兑》，载《民报》第 12 号（1907 年 3 月），第 13~14 页。
② 章太炎：《〈社会通诠〉商兑》，载《民报》第 12 号（1907 年 3 月），第 18~19 页。
③ 章太炎：《〈社会通诠〉商兑》，载《民报》第 12 号（1907 年 3 月），第 18 页。
④ 章太炎：《〈社会通诠〉商兑》，载《民报》第 12 号（1907 年 3 月），第 16 页。

并非在宗法与国家、排外与开放之间做出选择，而是以何种政治形式创建新的国家。

（二）空间的维度：身份、地域与主权

1907 年 1~5 月，杨度在他任总编辑的《中国新报》第 1 期发表《〈中国新报〉序》，指出中国积贫积弱的根源首先在于"中国之政体为专制之政体，而其政府为放任之政府故也"，但更深的原因则是国民自治的能力较低，而自治能力低下的原因之一，又在于"其程度至不齐一，而其所以为差异者，则大抵由于种族之别。合同国异种之民而计之，大抵可分为汉、满、蒙、回、藏五族"。① 按照严译《社会通诠》的逻辑，"五族之中，其已进入于国家社会而有国民之资格者，厥惟汉人。若满、蒙、回、藏四族，尚在宗法社会，或为游牧之种人，或为耕稼之族人，而于国民之资格，犹不完全"。② 为了提供解决方案，他在《中国新报》第 1 期至第 5 期刊载长文《金铁主义说》，系统阐述其政治思想，引发了一场激烈争论。文章开篇讨论"今中国所处之世界"，断言这是一个经济的军国主义时代，而他所主张的则是一个世界的国家主义。这个立场与梁启超对帝国主义时代的判断及其国家主义立场十分相似，同时也是在严译《社会通诠》的社会形态论的框架下展开的。所谓帝国主义时代的基本性质即"金铁主义"或"经济战争国"，杨度说："金者黄金，铁者黑铁；金者金钱，铁者铁炮；金者经济，铁者军事。欲以中国为金国，为铁国，变言之即为经济国、军事国，合为经济战争国。"③ 针对这一时代挑战的中国方略也很明确，即内发展工商、外强化军事以建立国家，前者以扩张民权为前提，后者以巩固国权为目标。

与梁启超、严复的相关论述引发的争论类似，杨度的宏观判断所引发的争论集中在这一判断所引发的国内政治战略方面，即为适应世界性的挑战，中国需通过"金铁主义"的战略将自己转化为"经济战争国"，而其国内的政治前提即在清朝全部国土、全部人口的基础上落实国家统治权，而这一统治权的政

---

① 杨度：《〈中国新报〉序》，载《中国新报》第 1 号（1907 年 1 月），第 1~2 页。
② 杨度：《〈中国新报〉序》，载《中国新报》第 1 号（1907 年 1 月），第 2 页。
③ 杨度：《金铁主义说》，载《中国新报》第 1 号（1907 年 1 月），第 27 页。

治形式是君主立宪。所谓全部国土和全部人口所指为何？"以今日之中国国家论之，其土地乃合二十一行省、蒙古、回部、西藏而为其土地，其人民乃合汉、满、蒙、回、藏五族而为其人民，不仅于国内之事实为然，即国际事实亦然。"[1] "今日中国之土地，乃合五族之土地为其土地；今日中国之人民，乃合五族人民之为人民，而同集于一统治权之下，以成为一国者也。此国以外，尚有各大强国环伺其旁，对于中国持一均势政策，而倡领土保全、门户开放之说，以抵制瓜分之说。"[2] 既然土地、人民以清朝范围为依托，其统治权必须以维持清朝作为政治象征的君主立宪形式："故中国之在今日世界，汉、满、蒙、回、藏之土地，不可失其一部；汉、满、蒙、回、藏之人民，不可失其一种，必使土地如故，人民如故，统治权如故。三者之中，不可使其一焉有所变动，一有变动，则国亡矣。故吾常谓今之中国国形不可变，国体不可变，惟政体可变。"[3] 这一针对帝国主义经济军事竞争态势的判断恰好也正是国内立宪政治主张的前提，两者互为表里。

"金铁主义"的矛头所向即革命党人的排满民族主义。杨度不是用宗法社会的概念来解释民族主义，而是直接从民族革命的后果和民族革命的前提方面否定排满的意义。从后果方面看，"若汉人忽持民族主义，则以民族主义之眼视之，必仅以二十一行省为中国之土地，而蒙、回、藏地皆非；排满之后，若不进而排蒙、排回、排藏，则不能达其以一民族成一国家之目的，而全其民族主义"[4]。换言之，排满革命的效果不仅是颠覆满洲，而且也会使中国分崩离析。从民族革命的前提方面看，杨度采用了清代今文经学的一些看法，从文化角度阐释中国概念，否定其种族意义。"中国云者，以中外别地域之远近也。一民族与一民族之别，别于文化。中华云者，以华夷别文化之高下也。即此以言，则中华之名词，不仅非一地域之国名，亦且非一血统之种名，乃为一文化之族名。故《春秋》之义，无论同姓之鲁、卫，异姓之齐、宋，非种之楚、越，中国可以退为夷狄，夷狄可以进为中国，专以礼教为标准，而无有亲疏之

① 杨度：《金铁主义说》（续第 1 号），载《中国新报》第 2 号（1907 年 2 月），第 54~55 页。
② 杨度：《金铁主义说》（续第 1 号），载《中国新报》第 2 号（1907 年 2 月），第 89 页。
③ 杨度：《金铁主义说》（续第 1 号），载《中国新报》第 2 号（1907 年 2 月），第 91 页。
④ 杨度：《金铁主义说》（续第 1 号），载《中国新报》第 2 号（1907 年 2 月），第 55 页。

别。其后经数千年，混杂数千百人种，而其称中华如故。以此推之，华之所以为华，以文化言，可决知也。故欲知中华民族为何等民族，则于其民族命名之顷而已含定义于其中。以西人学说拟之，实采合于文化说，而背于血统说。华为花之原字，以花为名，其以之形容文化之美，而非以之状态血统之奇，此可于假借会意而得之者也。"①

对此，革命党人不可能不做出回应。章太炎的《中华民国解》从历史和现实两个维度正面解说"中华民国"的疆域、人口、政治制度的具体规定和含义，回击杨度和立宪派的"文化中国"说。章太炎的困境是：革命党人既需要讨论中国概念的规定性，又不能在批判较有弹性的"文化中国说"的过程中落入种族中心的本质主义窠臼。这是知识和政治的双重挑战。从知识的路径说，章太炎采用了古典文字学和古文经学的解释方式，从命名的历史展开论述。② 在《语言缘起说》中，章太炎区分表实（物自身）、表德（物之特性）和表业（物之功能）三个层面，如"人云、马云，是其实也；仁云武云，是其德也；金云火云，是其实也；禁云毁云，是其业也"③，并从这三个层面理解命的历史性。章太炎对"金铁主义说"所依托的"文化中国说"的攻击也遵循了同一逻辑。第一，"文化中国说""未明于托名标识之事，而强以字义皮傅为言"④，既无法澄清华之本义与文化概念的区别，也难以将有无文化等同于是否中国人。章太炎将中国概念的多重意义放置在名实关系的历史形成中考察，用有关中国的几个名词（夏、华、汉）的语源学考证，对何为中国这一问题进行历史的和政治的论证。他的考证可以归纳如下：华本来是国名，非种族之号；如果考虑种族的含义，夏更接近，但夏的得名源自夏水。夏水起源于武都，至汉中而始盛，地在雍梁之际，该水又有其他称谓如汉、漾、沔，

---

① 杨度：《金铁主义说》（续第 4 号），载《中国新报》第 5 号（1907 年 5 月），第 17~18 页。
② 有关章太炎从命名与论述的角度对"中国"的论述，陕庆的论文《命名和论述"中国"的方式——对〈中华民国解〉的一种解读》做了深入详细的分析。这里援用其论述。见《"晚清思想中的中西新旧之争"学术研讨会论文集》，清华大学道德与宗教研究院，2016 年 12 月 10~11 日，第 194 页。
③ 章太炎：《语言缘起说》，载章太炎《国故论衡》，上海古籍出版社，2003，第 31 页。此文最初于 1906 年以《论语言文字之学》之名发表于《国粹学报》第 24、25 期（1906 年），后经章氏修改后收入《国故论衡》。
④ 章太炎：《中华民国解》，载《民报》第 15 号（1907 年 7 月），第 3 页。

"凡皆小别互名"。夏起初是族名，而不是"邦国之号"，故又有"诸夏"的说法。这些名词的界限在历史变化中逐渐模糊混杂，故华、夏、汉等称谓"随举一名，互摄三义。建汉名以为族，而邦国之义斯在。建华名以为国，而种族之义亦在。此中华民国之所以谥"。[①]

第二，"文化中国说"以礼乐、王化为中心，将早期儒学和宋明理学中的夷夏关系相对化。这是从清代经学的脉络中发展而来的合法性论述。[②] 章太炎依循古文经学的路径反驳说：清代公羊学对于夷夏相对化的阐释并不符合《春秋》本义（"盖《春秋》有贬诸夏以同夷狄者，未有进夷狄以同诸夏者"），也不同于公羊旧说，完全是"世仕满洲，有拥戴虏酋之志"[③] 的刘逢禄等人的发明。

第三，中华的意义必须在尊重"表谱实录之书"[④] 的前提下解释，不能任意发挥，以致"保中华民族之空模，而以他人子弟充其阙者"[⑤]。章太炎以历史民族的观念对抗文化民族的观念，也就能够通过历史文献来论证种族的形成。"夫言一种族者，……而必以多数之同一血统者为主体。何者？文化相同自同一血统而起，于此复有殊族之民受我抚治，乃得转移而禽受之；若两血统立于对峙之地者，虽欲同化莫由。"这里言及种族与血统，主要是从历史的角度批判凌空的文化概念，而不是从科学实证的角度论述本质主义的（以血缘、肤色为中心的）种族概念；说到底，历史论述的核心是政治性的，即"所以容异族之同化者，以其主权在我，而足以禽受彼也。满洲之同化，非以受我抚治而得之，乃以陵轹颠覆我而得之"[⑥]。"排满洲者，亦曰覆我国家，攘我主权之故。"[⑦]

然而，如果排满的关键是政治主权问题，那么，章太炎就必须面对杨度和

① 章太炎：《中华民国解》，载《民报》第 15 号（1907 年 7 月），第 2 页。
② 参见汪晖《现代中国思想的兴起》第 2 卷有关清代今文经学的解释，生活·读书·新知三联书店，2004。
③ 汪晖：《现代中国思想的兴起》第 2 卷，生活·读书·新知三联书店，2004，第 4 页。
④ 汪晖：《现代中国思想的兴起》第 2 卷，生活·读书·新知三联书店，2004，第 5 页。
⑤ 汪晖：《现代中国思想的兴起》第 2 卷，生活·读书·新知三联书店，2004，第 6 页。
⑥ 汪晖：《现代中国思想的兴起》第 2 卷，生活·读书·新知三联书店，2004，第 6 页。
⑦ 汪晖：《现代中国思想的兴起》第 2 卷，生活·读书·新知三联书店，2004，第 6 页。

其他立宪派的政治质疑，后者认为革命势必导致中国内部分裂和被外部瓜分。这是"金铁主义说"所持的"文化中国说"的全部前提，其基本推论是：蒙、回、藏人之文化不同于汉人文化，存在文化上的不平等，"乃自宗法社会之人不知服从国家而来。……试问今蒙、回、藏人对于今日中国为何等观念乎？"[1]他们除了认同清朝大皇帝之外，并没有国家认同。因此，为了达到国民全体之发达，首先需求文化之统一。考虑到各族之间的文化差异和不平等，实行国民统一之策，唯有不设等级和期限，以文化为标准，以普及中国语为条件，促进满、汉平等和蒙、回、藏同化。由于文化同化的过程漫长，在现阶段，唯有通过君主立宪、开设国会，通过国会代表制解决各族人民的团结和协作。如果骤行民主，以人人平等为前提选举元首和国会，在文化不平等的条件下，其结果只能在如下两项中选择：维持统一，实行以平等为前提的种族歧视政策；尊重差异，实行各民族分离自治，即杨度所谓"内部瓜分"[2]。由于中国军事力量薄弱，不可能像美国那样实行门罗主义，分立自治必然导致列强瓜分。因此，立宪与革命的政治路线选择与中国在帝国主义时代的命运息息相关。杨度说："欲保全领土，则不可不保全蒙、回、藏；欲保全蒙、回、藏，则不可不保全君主，君主既当保全，则立宪亦但可言君主立宪而不可言民主立宪。此予主张立宪之唯一理由也。"[3]

早在与严复就《社会通诠》的商榷中，章太炎已经论述了世界范围内民族主义或民族—国家构成上的不同形态，他的历史民族论试图在民族范畴内容纳不同的族群。在《序种姓》一文中，他说："故今世种同者，古或异；种异者，古或同。要以有史为限断，则谓之历史民族，非其本始然也。"[4] 从历史形成的角度说，中华民国面对的问题并不在是否排斥其他民族，而在应以先汉郡县为界还是以明朝直省为根本：若以先汉郡县为界，则蒙、回、藏在其时尚"不隶职方，其经营宜稍后"；若以明朝直省为根本，蒙、回、藏等"三荒服""虽非故土，既不他属，循势导之"，反而比获取朝鲜、越南、缅甸等"二郡

① 杨度：《金铁主义说》（续第 4 号），载《中国新报》第 5 号（1907 年 5 月），第 30~31 页。
② 杨度：《金铁主义说》（续第 4 号），载《中国新报》第 5 号（1907 年 5 月），第 24 页。
③ 杨度：《金铁主义说》（续第 4 号），载《中国新报》第 5 号（1907 年 5 月），第 32~33 页。
④ 章太炎：《訄书》（重订本），载《章太炎全集》（三），上海人民出版社，1984，第 170 页。

一司"更容易一些。^① 因此，真正的挑战并非种族问题，而是如何在帝国主义条件下重新夺取和巩固历史形成的多民族社会的政治主权。

我们不妨先看他如何论述"二郡一司""三荒服"在中国民族形成中的位置。首先，朝鲜、越南在秦汉之际"皆为华民耕稼之乡，华之名于是始广。华本国名，非种族之号，然今世已为通语"^②。在稍后的段落中，他运用考据学和舆地学知识分析古典文献中朝鲜、越南、柬埔寨、缅甸的范围、语言、族群及统属关系，实际上是为中华民国的政治主权所应覆盖的地域和人口提供历史根据。但章太炎的论述并不只是从历史民族的角度论述中华民国的政治主权，而是将历史脉络与抵抗帝国主义时代的霸权即解放的命题结合起来。他论述朝鲜、越南的状态时说：

> 是二国者，非独力征经营，光复旧土为吾侪当尽之职，观其受制异国，举止掣曳，扶衰禁暴，非人道所宜然乎。朝鲜设郡，止于汉魏。越南则上起秦皇，下逮五季，皆隶地官之版，中间阔绝，明时又尝置行省矣。今二国之陵籍于异域则同，而政术仁暴稍异，故经营当有后先。^③

按照这一逻辑，光复朝鲜、越南并不仅仅是恢复故土，而且也是使之免于"陵籍于异域"命运的"扶衰禁暴"的人道政治。这一双重原则（历史原则与现实原则）也适用于缅甸："缅甸非先汉旧疆，特明代众建土司隶于云南承宣之部。土民习俗虽异诸华，而汉人徙居者众，与干崖盏达为邻类。然既未设流官，宜居朝鲜之次，外人之遇缅甸犹视越南为宽，则振救无嫌于缓。"^④ 按照章太炎的逻辑，缅甸问题可以稍缓的原因是双重的，因为相对于朝鲜、越南，缅甸非先汉旧疆，而帝国主义者对待缅甸的方式也略好于对待朝鲜、越南的态度。

从历史民族的角度看，"西藏回部，明时徒有册封，其在先汉，三十六国虽隶都护，比于附庸，而非属土。今之回部又与三十六国有殊。蒙古则自古未

---

① 章太炎：《中华民国解》，载《民报》第 15 号（1907 年 7 月），第 7~8 页。
② 章太炎：《中华民国解》，载《民报》第 15 号（1907 年 7 月），第 1 页。
③ 章太炎：《中华民国解》，载《民报》第 15 号（1907 年 7 月），第 7 页。
④ 章太炎：《中华民国解》，载《民报》第 15 号（1907 年 7 月），第 7~8 页。

尝宾服。量三荒服之后先，则西藏以宗教相同犹为密迩，回部、蒙古直无一与汉族相通"①。因此，"故以中华民国之经界言之，越南、朝鲜二郡必当恢复者也；缅甸一司则稍次也；西藏、回部、蒙古三荒服则任其去来也"②。然而，相较于"二郡一司"为日本、法国和英国殖民盘踞，"三荒服"却是帝国主义统治的"薄弱环节"。章太炎说："今者，中华民国虑未能复先汉之旧疆，要以明时直省为根本（除缅甸）。越南、朝鲜其恢复则不易。惟缅甸亦非可以旦夕致者。三荒服虽非故土，既不他属，循势导之，犹易于二郡一司。"③

从表面看，章太炎与杨度的分歧集中于中国的统一是否以"文化同化"为前提，但这一策略分歧实际上建立在对于帝国主义势力及其干涉方式的不同判断之上。杨度认为，如果没有列强环伺的局面，通过"反满革命"而在清帝国内形成分立之势，尚可"自私为乐"，但庚子之后，帝国主义围绕中国瓜分论和中国保全论争执不休，反对保全最烈的俄国"今见中国各族分离，而蒙回之程度又不足以自立一国，岂有不入蒙回之地以占领之乎？俄既入蒙回，英必入藏，法必入滇粤，而汉人之土地亦将不保，直以内部派分之原因，而得外部瓜分之结果矣"④。章太炎的反驳也完全基于国际条件和国内条件的对比。他的理由如下。首先，八国联军干涉之后未行瓜分，主要原因是帝国主义之间的相互制衡，以及单一帝国主义国家难以征服幅员辽阔和人口众多的中国。其次，如果革命未能成功，满洲政府尚在，最为疏离的"回部无以自离，因无瓜分之道"；如果革命成功了，其军事力量"纵不足以抵抗欧人，然其朝气方新，威声远播。彼欧人之觇国也，常先名而后实，自非吹而可僵者。亦未至轻召寇仇为劳师费财之举而回部之脱离也，吾岂与之耆然分诀耶？彼其人才稀疏，政治未备，事事将求助于汉人，视为同盟，互相犄角，则足以断俄人之右臂明矣"⑤。

章太炎与杨度均支持多民族的中华之统一，两者的分歧在于主权形式的差

① 章太炎：《中华民国解》，载《民报》第 15 号（1907 年 7 月），第 8 页。
② 章太炎：《中华民国解》，载《民报》第 15 号（1907 年 7 月），第 8 页。
③ 章太炎：《中华民国解》，载《民报》第 15 号（1907 年 7 月），第 8 页。
④ 杨度：《金铁主义说》（续第 4 号），载《中国新报》第 5 号（1907 年 5 月），第 24~25 页。
⑤ 章太炎：《中华民国解》，载《民报》第 15 号（1907 年 7 月），第 16 页。

异，即以汉人主导还是维持满人统治，由此引申出革命共和还是君主立宪的政治对立。章太炎批评杨度的"文化中国说"，以及建立在同化和议会选举基础上的国家形式。第一，章太炎对同化论的批评并不是对同化作为促进和巩固政治共同体的基本方式的批判，他认为同化是一个漫长而复杂的进程，不可能在20世纪初期的紧迫形势下提供政治出路。以满、蒙、藏、回四部而言，满人同化程度最高，语言文字能力亦已完全同化，但高居统治者的地位，不事生产，不纳租税，"于百姓当家之业所谓农工商贾者，岂尝知其豪氂"[①]，对于满人而言，"宜俟革命以后，尽裁甲米，退就农耕，乃始为与汉人同化，然后得与中国之政治耳"[②]。若仅从文化同化的角度认为满人可以参加议会选举，担当"代议士资格"[③]，也就没有弄懂"同化"和"平等"的真正含义。因此，满人同化的真正前提是政治革命。

第二，回、蒙、藏三部情况各异，也难以单纯地从文化、语言的角度来谈论同化。从语言文字的角度说，新疆汉族人口多，回民聪颖，蒙古族与汉人贸易往来繁多，音声相闻，较之"向习波黎文字，既有文明之学，不受他熏"的西藏而言，均更易于同化。[④] 但从居食职业角度看，"回部耕稼与汉俗不甚差违，宫室而居，外有城郭"，西藏高原虽有游牧，但因为山谷阻深，其势不能广衍，而土地"栽种独宜青稞，上者止于牟麦，而粳稻不适于土宜，木城虽陋，犹愈于支幕者"。相比于蒙古戈壁之游牧及"不得不张幕而处"的居住形态，最难同化的反而是蒙古。从法律符令看，"西藏虽听于神权，清政府亦多遣满员辅其吏治，今仍可以汉官治之。蒙古自有酋长，其律亦与中土大殊，然如塞外归化诸城，凡诸狱讼以同知司裁判，诸台吉环坐其旁，应对唯谨，稍不称意，以手抵案而叱之，然则汉官任治，非不可行于内外诸盟"[⑤]。相比之下，回部的情况最为复杂。满洲征服回部的历史极其残酷，既完全不同于满蒙结盟的状况，也不同于清廷之崇奉藏传佛教。"今虽暂置行省，犹岁勒回民以

---

① 章太炎：《中华民国解》，载《民报》第 15 号（1907 年 7 月），第 11 页。
② 章太炎：《中华民国解》，载《民报》第 15 号（1907 年 7 月），第 12 页。
③ 章太炎：《中华民国解》，载《民报》第 15 号（1907 年 7 月），第 12 页。
④ 章太炎：《中华民国解》，载《民报》第 15 号（1907 年 7 月），第 8 页。
⑤ 章太炎：《中华民国解》，载《民报》第 15 号（1907 年 7 月），第 9 页。

供诸王之役使，满洲视回部若草芥，而回部亦深恚满人，迁怒弛憎及于汉族吏治，稍有不适则噪变随之。"① 因此，就法律符令之同化而言，回部最为困难。② 一旦回人明白他们所受之迫害出于满人而非汉人，为了自身的利益，难道他们不会主动地与汉人同化吗？

第三，章太炎判断同化"必期以二十年，然后可与内地等视"③，进而设计一种中央权力与地方自治相结合的政治模式。他强调一旦同化完成，将彻底实行民族平等，"则不与美国之视黑民等者，谓其得预选举见之行事，不以空言相欺耳"。但这也不是说，"其未醇化以前，则特定区划逾之者，斩杀唯命也。未醇化以前，固无得预选举之事"④。由于同化是一个长期而复杂的过程，故在此之前以立国会、选代议士作为筹码，"非独为人民平等计。询于刍荛，固欲其言之有益于治耳。若言之而不能中要领，与不言同，则选举固可废矣。""故专以言语同化者，必不足以参通国之政也。"⑤ 总之，"不言吏治得失，则行媚可于臧吏。不计民生隐曲，故选举可及于惰民。彼且谓今之满人可充议士，何论三荒服人犹有职业者耶！"⑥ 在这一过渡时期，可以在"三荒服各置议士，其与选者惟涉于彼部之事则言之，而通国大政所不与闻，则差无弊害耳"⑦。与允许三荒服自主议政相互匹配的，是在三部"各设一总督府（中华民国建后，各省督抚当废，惟存布政使为长官，总督即专为荒服设也）。而其下编置政官，其民亦各举其贤良长者以待于总督府，而议其部之法律财用征令，以授庶官而施行之。兴其农业，劝其艺事，教其语言，谕其书名，期二十年而其民可举于中央议院。若是则不失平等，亦无不知国事而妄厕议政之位者。庙谋人道，两无所亏，则亦可以已矣"⑧。如果用今天的语言来说，这是一种建立在统一主权框架下的、将地方议会选举与中央派驻地方长官相结合的

---

① 章太炎：《中华民国解》，载《民报》第 15 号（1907 年 7 月），第 9 页。
② 章太炎：《中华民国解》，载《民报》第 15 号（1907 年 7 月），第 9 页。
③ 章太炎：《中华民国解》，载《民报》第 15 号（1907 年 7 月），第 9 页。
④ 章太炎：《中华民国解》，载《民报》第 15 号（1907 年 7 月），第 10 页。
⑤ 章太炎：《中华民国解》，载《民报》第 15 号（1907 年 7 月），第 10 页。
⑥ 章太炎：《中华民国解》，载《民报》第 15 号（1907 年 7 月），第 13 页。
⑦ 章太炎：《中华民国解》，载《民报》第 15 号（1907 年 7 月），第 10 页。
⑧ 章太炎：《中华民国解》，载《民报》第 15 号（1907 年 7 月），第 14 页。

民族区域自治模式，但这一自治模式仅仅是以 20 年为期的、向全民共治过渡的模式。在这一模式之下，"若三荒服而一切同化于吾，则民族主义所行益广。自兹以后，二郡一司反乎可覆，则先汉之疆域始完，而中华民国于是真为成立"①。

莱梯纳（Kauko Laitinen）、石川祯浩等学者对晚清反满主义做过详细的观察，他们都指出反满的种族主义在晚清革命宣传中扮演着重要角色，加强了中国人的种族意识，加速了革命动员。石川祯浩将研究重点放在 20 世纪初期人类学在中国的兴起与反满主义的关系上，证明中国近代民族主义的种族主义性质或色彩。② 晚清民族主义思想吸纳了大量西方民族主义知识的内容，从政治主权到民族认同，从经济体制到种族主义知识，民族主义与知识的重构相互促进。在许多方面，中国作者或介绍者由于痴迷于运用科学实证主义，其种族主义痕迹甚至超过了欧洲原作者，例如梁启超在浮田和民的《史学通论》《西洋上古史》的影响下撰述《新史学》，他对浮田和民的"历史的人种"范畴的使用，更接近于科学主义的人种学概念。③ 但是，晚清民族主义是在对帝国主义时代的抵抗和批判性思考中诞生的，如同查特吉在印度语境中观察到的，"亚洲和非洲民族主义想象的最有力也最具创造性的部分不是对于西方推销的民族共同体模式的认同，而是对于与这一'模式'的差异的探求。我们怎么可能忽略这种对于另类模式的寻求而免于将反抗殖民主义的民族主义化约为一种滑

---

① 章太炎：《中华民国解》，载《民报》第 15 号（1907 年 7 月），第 16 页。

② Kauko Laitinen, *Chinese Nationalism in Late Qing Dynasty: Zhang Binglin as an Anti-Manchu Propagandist* (London: Zurzon Press, 1990); Ishikawa Yoshihiro, "Anti-Manchu Racism and the Rise of Anthropology in Early 20th Century China," *Sino-Japan Studies*, No. 15 (April 2003), http://www.chinajapan.org/articles/15/15ishikawa7-26.pdf; 另见〔日〕石川祯浩《20 世纪初年中国留日学生"黄帝"之再造——排满、肖像、西方起源论》，载《清史研究》2005 年 4 期。

③ 石川祯浩认为浮田和民的"历史的人种"主要指"历史地形成的人种"（historically formed races），而梁启超的使用更接近于"历史制造的人种"（history-making races）。由于这一差异，浮田和民拒绝了历史的种族主义解释，因为他相信"历史的人种是历史的后果，不是其原因"，而梁启超却相信历史就是不同人种相互斗争和发展的结果。Ishikawa Yoshihiro, "Anti-Manchu Racism and the Rise of Anthropology in Early 20th Century China," *Sino-Japan Studies*, No. 15 (April 2003), p. 15.

稽的模仿？"① 事实上，对于殖民主义的抵抗早在民族运动对于帝国的抵抗之前就已经开始，它对于西方物质方面的模仿（如同"师夷长技以制夷"的口号所表明的）是与其在精神上寻求自主、独立、区别于西方模式相一致的。对于西方的物质模仿越成功，就越需要在精神上获取主权性，因此，精神的领域也是主权的领域，而后者的目标就是确立一个非西方的领域。只有从这种反殖民民族主义对于差异的寻求出发，才能发现殖民地民族主义文化（包括文学）的创造性，而不致将这种具有独特性的文学和文化实践化约为一种在非西方地区进行复制的欧洲模式。

章太炎的"历史民族论"，尤其是用语言缘起论的方式对种族概念的论述，有力地解构了本质主义的种族观及其衍生话语。尽管他对中华民国的构想与欧洲殖民主义知识仍然存在着词语（种族、民族、总督制等）上的重叠，其同化说也未能完全自洽，但其要点是从历史脉络内部探寻一条不同于欧洲民族主义的、能够抵抗帝国主义侵略的、促进被压迫民族平等共处的道路。因此，章太炎的民族主义的伦理性质需要从其政治内涵方面加以论述。② 伦理总是相对于一定的历史共同体而言，一旦共同体的边界本身遭到挑战，从某一共同体角度论述的开放与包容在另一个共同体的视野中却可能隐含着霸权。《中华民国解》对于"二郡一司"和"三荒服"的论述在这些概念所指涉的语境中势必遭遇完全不同的读解。杨度（也在一定程度上包括梁启超）的"文化民族"或"文化中国"与章太炎的"中华民国"的根本区别并不仅仅在于前者封闭而后者开放；"文化中国"概念也是在批判了美国对待印第安人和黑人奴隶制的种族主义基础上诞生的，相对于种族中心论，这一概念也包含着某种开放性。在我看来，章太炎与杨度的根本分歧是政治性的，从而也是伦理性

---

① Partha Chatterjee，"Whose Imagined Communities?" in *The Nation and Its Fragments：Colonial and Postcolonial Histories*（Princeton：Princeton University Press，1993），p. 216.

② 张志强通过文本分析，颇有说服力地提出"章太炎的民族主义不是一种尊己慢他的自恋的民族主义，而是一种具有道德内涵的民族主义"，即一种"伦理性的民族主义"。"这种民族主义一方面突破了近代以来建立在主体哲学基础上的封闭排他的民族主义想象，而成为一种在历史中不断形成且在历史中不断开放自我的、具有道德感通性的伦理民族主义。另一方面，这种民族主义也弥补了基于《春秋》大义而来的'文化民族'观念对主体政治性的淡化，也克服了'文化民族'所预设的汉文化中心主义。"见张志强《论章太炎的民族主义》，载章念驰编《章太炎生平与学术》（下），上海人民出版社，2016，第 1035 页。

的：杨度的"文化中国"论是为适应帝国主义"经济战争国"的局势而设想的国家图景，从而预设了其"金铁主义"逻辑；章太炎批判帝国主义（"金铁主义"时代）的宿命论，拒绝在文化、历史和政治领域服从"经济战争国"的逻辑。因此，他对"中华民国"和中华民族的历史解释的全部要义就在于拒绝按照"经济战争国"的模式及其"金铁主义"逻辑来设计未来中国的政治蓝图。这是一种反抗的世纪意识或反（帝国主义的）世纪意识。

（三）内在性的维度：符号、语言与主体

对于帝国主义的认知包含了双重的需求，即自我认知、自我确认的需求与对他人的认知及置身于世界关系中的交往的需求。为了克服帝国主义，革命者和改革者提出了民族主义、无政府主义和共产主义的方略，这些方略不但呈现为他们对于国家、政体及社会形态的针锋相对的主张，而且也对他们表达自我的形式即语言本身产生了极大的影响。20世纪是一个罕见的语言自觉的时代，也是一个罕见的语言改革的时代。围绕自我与他人、自我与自我这两个层面，我们可以区分出两种不同的语言观：一种将语言界定为交流工具，另一种将语言界定为自我表达，前者是工具论的语言观，后者是创造论和主体论（或互主体论的）的语言观。[①] 对于语言符号的探索同样体现在音乐、艺术、戏剧、设计等不同形式之中，既服务于各不相同的社会政治目标，又通过多样的形式重构这些社会政治目标。

共产主义者、无政府主义者、社会主义者大多持交往的语言观。康有为在《大同书》中说：

> 夫语言文字出于人为，体体皆可，但取易简，便于交通者足矣，非如数学、律学、哲学之有一定而人所必须也，故以删汰其繁而劣者，同定于一为要义。[②]

语言是为了交流，为了交通便利，我们应该删繁就简，取消差异，定于一尊。

---

① 基于论述结构的需要，本文关于语言问题的讨论参照并使用了笔者在《声之善恶：什么是启蒙？——重读鲁迅〈破恶声论〉》（载《开放时代》2010年第10期）一文中的部分论述。

② 康有为：《大同书》，载《康有为全集》第七集，中国人民大学出版社，2007，第134页。

从交流的角度看，不同语言的存在、方言的存在，就是交流的障碍，比方北方人到广州、福建、上海去，发现完全没法交流。方言如此，语言之间的差异就更是如此。无政府主义者正是从这一点出发不但要求删繁就简，而且要求彻底废除汉字，通行世界语。吴稚晖（燃料）说：

> 语言文字之为用，无他，供人与人相互者也。既为人与人相互之具，即不当听其刚柔侈敛，随五土之宜，一任天然之吹万而不同，而不加以人力齐一之改良。
>
> 执吹万不同之例以为推，原无可齐一之合点，能为大巧所指定。然惟其如是，故能引而前行，益进而益近于合点，世界遂有进化之一说。①

在同一篇文章中，他又说：

> 就其原理论之，语言文字者，相互之具也……今以世界之人类，皆有"可相互"之资格，乃因语言之各异其声，文字之各异其形，遂使减缩相互之利益，是诚人类之缺憾，欲弥补此缺憾，岂非为人类惟一之天职？
>
> 今之为一国谋者，其知此义矣，故语言文字应当统一之声，不惟震慑于白人侈大之言者言之，即作者横好古之成见者亦复言之……故即就一国之已事而论，如日本以江户之音变易全国，德奥以日耳曼语，英以英格兰语，法以法兰西语，而九州、四国、萨克森、苏格兰、赛耳克勃烈丹诸语，皆归天然之淘汰。此在谈种界者，不免有彼此之感情；而在谈学理者，止知为繁芜之就删。因语言文字之便利加增，即语言文字之职务较完。岂当以不相干之连带感情，支离于其相互之职务外耶！②

根据这种以便于交流为中心的语言观，无政府主义者主张"欲求万国弥兵，必先使万国新语通行各国，盖万国新语，实求世界平和之先导也，亦即大同主

---

① 燃料（吴稚晖）：《书驳中国用万国新语说后》，载《新世纪》第 57 号（1908 年 7 月 25 日），第 11 页。
② 燃料（吴稚晖）：《书驳中国用万国新语说后》，载《新世纪》第 57 号（1908 年 7 月 25 日），第 11~12 页。

义实行之张本也"①。"苟吾辈而欲使中国日进于文明，教育普及全国，则非废弃目下中国之文字，而采用万国新语不可。"②

无政府主义者或大同主义者的语言观以平等、交流、弭兵相标榜，却导向了对于语言多样性和文化差异性的否定，而后者是民族主义语言观的核心部分。章太炎在《规新世纪》中说：

> 文字者，语言之符，语言者，心思之帜。虽天然言语，亦非宇宙间素有此物，其发端尚在人为，故大体以人事为准。人事有不齐，故言语文字亦不可齐。③

语言不是自然的存在，而是人的创造和内心的表达；人是有差异的，作为人的内在表达也必然是有差异的。语言一旦形成就有其历史合理性。章太炎在1910~1911年写了《〈齐物论〉释》，用佛教唯识学来解释庄子的齐物论，强调"以不齐为齐"界定平等，即将宇宙间事物的独特性作为平等的前提和条件。个体、国民、公民，作为一个法律的单位，在形式上是完全平等的，但每一个人、每一个民族都有自己的历史性，其语言也总包含着"表实、表德、表业"的多重功能。《新世纪》时期的吴稚晖，《大同书》时期的康有为，虽然政治观截然不同，但以普遍统一的形式，即所谓齐一的形式，规划世界却是一致的。他们或者期待用白话的形式，或者准备运用拼音文字的形式，达到世界语言的统一。但章太炎、鲁迅从一种与形式平等截然不同的"差异平等"观出发，把整个世界的差异性作为其语言论的前提，他们没有回避语言的交往功能，但其前提是如何通过语言建立自己与自己的关系，或者说，通过语言形成或创造自我——我或我们不再仅仅是与他者关系中的一个点，而是具有内在纵深的自我。

这种以独特性和自主性为中心的语言论当然与民族认同有着密切的关系，但其内含更为复杂。民族主义语言观包含着拒绝帝国语言的内涵，例如在欧洲

---

① 醒：《万国新语》，载《新世纪》第6号（1907年7月27日），第3页。
② 醒：《续万国新语之进步》，载《新世纪》第36号（1908年2月29日），第2页。
③ 章太炎：《规新世纪》，载《民报》第24号（1908年10月10日），第55页。

民族主义运动中用英格兰语、意大利语、日耳曼语、法语对抗拉丁语，或者在全球化潮流中用民族语言对抗英语。欧洲民族主义的语言对抗是以民族语言的差异原则为中心的，但这个差异不是一种自然现象，而是一种民族创造性的表达。在章太炎、鲁迅的时代，无政府主义者、大同主义者建议大家都用同一种语言，取消文化的多样性，取消所有的差异性，也即在语言层面取消自我与自我的关系。这与鲁迅的语言观正好相反。对于鲁迅而言，语言的真谛在于传达心声。而传达心声既需要自我的能量，也需要语言的独特形式。他的"心声"概念强调的是语言与自我（个体之我和民族之我）之间的关系。《破恶声论》开篇云：

> 本根剥丧，神气旁皇，华国将自槁于子孙之攻伐，而举天下无违言，寂漠为政，天地闭矣。……吾未绝大冀于方来，则思聆知者之心声而相观其内曜。内曜者，破黮暗者也；心声者，离伪诈者也。……天时人事，胥无足易其心，诚于中而有言；反其心者，虽天下皆唱而不与之和。其言也，以充实而不可自己故也，以光曜之发于心故也，以波涛之作于脑故也。……盖惟声发自心，朕归于我，而人始自有己；人各有己，而群之大觉近矣。……而今之中国，则正一寂漠境哉。[①]

寂寞不是由于没有声音，而是因为"靡然合趣，万喙同鸣"。心声就是人真实地表达自己，也拥有真实的自己的标志。这一对于真实性的追求越过了个体而至于民族的自我。不同的民族有不同的语言，就如同不同的人有不同的内心世界、不同的自我意志一样。如果语言是人的创造物，那么，它不仅是交流之具，也是内在的情感与意志的呈现。因此，章太炎、鲁迅不约而同地以文学为例：希腊、印度以诗歌形式呈现的神话传说、自然及社会现象，屈原、杜甫的伟大诗歌，摩罗诗人的挑战之声，乡间农人的淳朴信仰，所有这些创造性的"神思"都是"心声"的表达、自我的创造。[②] 在这个意义上，语言不是为了交流才存在的，交流是创造性过程的产物，是自我意志和情感之间相互作用

---

① 鲁迅：《破恶声论》，载《鲁迅全集》第八卷，人民文学出版社，1981，第23~24页。

② 章太炎：《演说录》，载《民报》第6号（1906年7月25日），第11页。

的产物。

晚清的语言运动也包含了两条不同的脉络。一条脉络即白话的脉络，这一脉络发展至"五四"时期蔚为大观；另一条脉络即章太炎、鲁迅和国粹学派所代表的古文脉络。从形式上看，古文不但与伴随科举正规化之后的文言相对立，而且也与白话相对立。我们如何解释这一复古的形式与新的文学契机即文学革命之间的关系呢？上述讨论已经提示了几条线索：第一，古文与白话都将文言及其体制视为自己的对立物；第二，古文论者与白话论者都将语言与内心的关系视为语言变革的关键环节；第三，古文论者将古文视为古代的口语，而白话论者将白话视为今人的口语，两者均以"声发自心"这一声音论为出发点；第四，古文运动致力于创造"民族语"，而白话运动致力于建立"国语"，两者均与民族主义运动有着密切的关系。① 但如前所述，晚清时期白话报刊相继创刊，以白话与口语相匹配在一些文化人中已经成为共识，为什么章太炎、鲁迅不是从白话的角度追求语言的口语化，而是力图恢复古文，以与宋以后日渐僵化的文言对抗？离开与章太炎、鲁迅对于语言的历史形成及其合理性的思考，以及前述语言观的对立，我们很难理解其选择："声发自心"是对自主性的呼唤，如果不能做到"人各有己"，就不可能"声发自心"；如果不能"声发自心"，也就谈不上"人各有己"；作为中国和世界前途的"人国"也就无以建立。

20世纪语言运动的方向并没有朝向章太炎、鲁迅一度期待的古文方向转进，而是沿着白话文、口语化、通俗化、大众化、拼音化、字体简化等方向发展，鲁迅本人正是在这一转化过程中成为现代中国文学的开山人物。但寻找精英语言与大众语言的结合，探索能够表达广阔内容而又摆脱"欧化倾向"的民族形式，并不仅仅是出于交流的需要，而且也是对于新的主体——阶级的主体、民间的主体、民族的主体等——及其语言形式的创造。交流与自我表达从来不是相互对立的，个体的独特表达也是在交互性的集体实践中获得意义的。

① 从这个角度看，木山英雄将晚清时代的"文学复古"与五四"文学革命"视为一种辩证的转化，而不是简单的对立，是极具洞见的看法。〔日〕木山英雄：《"文学复古"与"文学革命"》，载〔日〕木山英雄《文学复古与文学革命——木山英雄中国现代文学思想论集》，赵京华编译，北京大学出版社，2004，第209~238页。

语言不仅是主体间的媒介，也是自我的形式，是主体与自身关系的标志，也是这一关系存在并持续发生变化的前提。现代中国的自我表达是在 20 世纪确立的——正如鲁迅的自我批判一样，这一自我表达是从内在性的维度或真实性的维度提出的对时代主张的检验和批判。

（四）超越性的维度：宗教、道德与社会理想

内在性的维度不仅与自我表达、自我理解有关，而且也与信仰有关。20 世纪初期的革命浪潮与重构信仰的浪潮相互激荡，互为表里。这一时期关于信仰的讨论包含了不同的方向，如宗教的方向（佛教、儒教、基督教等），也包含了不同的层次，如为解决中国的群治问题或民族解放问题而提出信仰和道德问题，或者为一种更高形态的社会理想（如共和主义、社会主义、共产主义或大同主义等）而提出信仰问题。

1. 信仰与群治

梁启超的《论佛教与群治之关系》与他的另一篇更为出名的论文《论小说与群治之关系》一脉相承，将重建佛教信仰与群治问题关联起来，即以群治为目标倡导宗教。"吾祖国前途有一大问题曰：'中国群治当以无信仰而获进乎，抑当以有信仰而获进乎？'是也，信仰必根于宗教，宗教非文明之极则也。虽然，今日之世界，其去完全文明，尚下数十级，于是乎宗教遂为天地间不可少之一物。人亦有言，教育可以代宗教。此语也，吾未敢遽谓然也。即其果然，其在彼教育普及之国，人人皆渐渍熏染，以习惯而成第二之天性，其德力智力，日趋于平等，如是则虽或信仰而犹不为害。今我中国犹非其时也，于是信仰问题，终不可以不讲。"[1] 也正是从教育与信仰的关系出发，梁启超违背其老师康有为立孔教的宗旨，转而将佛教作为达成"中国群治"的前提，其理由是孔教以教育为宗旨，而非以信仰为特征。"吾以孔教者，教育之教也，非宗教之教也。其为教也，主于实行，不主于信仰，故在文明时代之效或稍多，而在野蛮时代之效或反少。亦有心醉西风者流，睹欧美人之以信仰景教而致强也，欲舍而从之以自代，此尤不达体要

---

[1] 梁启超：《论佛教与群治之关系》，载《新民丛报》第 32 号（1902 年 12 月），第 45 页。

之言也。……吾以畴昔无信仰之国而欲求一新信仰，则亦求之于最高尚者而已，而何同必惟势利之为趋也。"① 梁启超的论述从一个侧面揭示了 20 世纪革命运动的一个特征，即对信仰的需求：大众运动、政党政治、国家建设，甚至经济形态，无不与信仰和价值问题相互渗透、纠缠，终于形成一种与其他时代有别的政治时代。

梁启超是在社会演化论的意义上提出其对信仰的观点的。他追随甄克思的思想，将社会形态区分为野蛮时代和文明时代，同时认为当下中国更需要信仰而非教育，显然将中国视为野蛮的或尚存野蛮时代特征的社会。因此，他视佛教为"天地间最高尚完满，博深切明之学说"②，不但以群治为目标，而且以承认斯宾塞主义的文明进化学说为前提，用他的话说："近世达尔文、斯宾塞诸贤言进化学者，其公理大例，莫能出此二字（指佛教之因果论）之范围。而彼则言其理，而此则并详其法，此佛学所以切于人事，征于实用也。"③ 中国群治所以要以宗教而非教育为手段，是因为按照斯宾塞主义的"公理"，中国仍然未达人人平等之欧美社会阶段，不得不以宗教作为进化的阶梯。

当我们从 21 世纪宗教政治的复兴浪潮中回望梁启超的观点时，或许会问：为什么后革命的时代，不但北非、中东和中亚以伊斯兰教为主体的宗教运动渐成激荡之势，而且在欧洲和北美等经过了现代世俗化运动之后的基督教世界也出现了后世俗化趋势？如果将 1979 年伊朗伊斯兰革命与 20 世纪初期的"亚洲觉醒"运动联系起来观察，那么，在"亚洲觉醒"运动中所蕴含的对于信仰的需求与以 1979 年伊朗伊斯兰革命为起点的宗教复兴运动之间存在怎样复杂而曲折的联系？20 世纪的终结与各种以宗教或文明名义展开的复兴运动的兴起相互衔接，后者从前者那里汲取了某些批判和抵抗的内涵，但不再致力于生产形态的改造，私有产权、市场制度、雇佣劳动和消费主义等不再成为变革的目标。文化和宗教上的激进主义与 19~20 世纪的世俗的激进主义（现代革命）划清了界限，进而以保守主义的姿态站立在新世纪的门口。就此而言，尽管都

① 梁启超：《论佛教与群治之关系》，载《新民丛报》第 32 号（1902 年 12 月），第 45~46 页。
② 梁启超：《论佛教与群治之关系》，载《新民丛报》第 32 号（1902 年 12 月），第 54 页。
③ 梁启超：《论佛教与群治之关系》，载《新民丛报》第 32 号（1902 年 12 月），第 54 页。

带有信念政治的某些特征，但是 20 世纪的革命与变革运动对于信念的需求已经伴随去政治化的浪潮被根本性地置换了。

2. 正信与迷信

与梁启超相对立，对于章太炎、鲁迅而言，提出信仰问题的意义恰好就在反击公理、进化、自然、唯物等文明等级论的普遍法则。鲁迅把心声、内曜、白心作为他的出发点，得到了一个有关"伪士"的论断："伪士当去，迷信可存，今日之急也。"① 晚清时代是一个所谓的"启蒙时代"或"革命时代"，但恰在此时，鲁迅尖锐地批判普遍主义的进步史观，甚至为"迷信"辩护。在前引《破恶声论》中，"破迷信"的启蒙命题就是他要破的"恶声"之一，他所批判的"伪士"就是将"进步、国民、世界人、全球化"挂在嘴边教导大众的知识分子。鲁迅提出的是关于"正信"的问题：

> 破迷信者，于今为烈，不特时腾沸于士人之口，且衰然成巨恹矣。顾胥不先语人以正信；正信不立，又乌从比校而知其迷妄也。②

没有正信，无从判断什么是迷信；没有正信，"人各有己、朕归于我"都不可能。

这一对于正信的需求与此后共产主义运动之间显然也存在着某种呼应关系，虽然后者在无神论的旗帜下倡导更为激进的反迷信运动。鲁迅从内在性的维度讨论信仰问题。针对破除迷信的启蒙主张，他对迷信做了截然不同的界定：

> 夫人在两间，若知识混沌，思虑简陋，斯无论已；倘其不安物质之生活，则自必有形上之需求。故呋陇之民，见夫凄风烈雨，黑云如盘，奔电时作，则以为因陇罗（印度神话中的雷神。——笔者注）与敌斗，为之栗然生虔敬念。

---

① 鲁迅：《破恶声论》，载《鲁迅全集》第八卷，人民文学出版社，1981，第 28 页。本文有关鲁迅及其宗教观的讨论参照并使用了笔者在《声之善恶：什么是启蒙？——重读鲁迅〈破恶声论〉》（载《开放时代》2010 年第 10 期）一文中的部分论述。

② 鲁迅：《破恶声论》，载《鲁迅全集》第八卷，人民文学出版社，1981，第 27 页。

> 虽中国志士谓之迷，而吾则谓此乃向上之民，欲离是有限相对之现世，以趣无限绝对之至上者也。人心必有所冯依，非信无以立，宗教之作，不可已矣。①

迷信被界定为形上的、超越于物质生活的需求。正因为如此，我们今天所谓迷信恰恰是古代先民们的虔诚信念，是基于他们内在的需要（心声、内曜、白心）而产生出来的超越性的需求和创造性。

从这一超越性的维度，或者说，"非信无以立"的角度，鲁迅展开了他对宗教的讨论。他对宗教的界定是从超越性的维度做出的，强调的重心是由内而外、由下而上的自主能量，而不是由外而内、由上而下的宗教制度及其权威："宗教由来，本向上之民所自建，纵对象有多一虚实之别，而足充人心向上之需要则同然。"② 所谓"纵对象有多一虚实之别"，指多神教、一神教或者无神教，它们形态各异，但在"足充人心向上之需要"这一点上是一致的。也正是由于将信仰或崇拜本身从崇拜对象的差别（多神、一神、无神）中解放出来，他就可以打破从欧洲传布而来并占据统治地位的宗教叙述。与通常认为西方或伊斯兰社会是宗教社会，而中国文明是一种世俗性质的社会的观念不同，鲁迅认为中国是一个较之欧洲社会、伊斯兰社会更为宗教化的社会，因为中国的国家、家族、社会制度均植根于原始的、对万物宇宙的普遍崇拜。他说：

> 顾吾中国，则夙以普崇万物为文化本根，敬天礼地，实与法式，发育张大，整然不紊。覆载为之首，而次及于万汇，凡一切睿知义理与邦国家族之制，无不据是为始基焉。效果所著，大莫可名，以是而不轻旧乡，以是而不生阶级；他若虽一卉木竹石，视之均函有神閟性灵，玄义在中，不同凡品，其所崇爱之溥博，世未见有其匹也。顾民生多艰，是性日薄，洎夫今，乃仅能见诸古人之记录，与气禀未失之农人；求之于士大夫，夐夐乎难得矣。③

---

① 鲁迅：《破恶声论》，载《鲁迅全集》第八卷，人民文学出版社，1981，第27页。
② 鲁迅：《破恶声论》，载《鲁迅全集》第八卷，人民文学出版社，1981，第28页。
③ 鲁迅：《破恶声论》，载《鲁迅全集》第八卷，人民文学出版社，1981，第27~28页。

这一看法与"东西文明论战"时期伍廷芳①的观点略相类似，但前者强调信仰对于自主性的意义，而后者强调宗教对于亚洲文明的意义。1915 年初，钱智修在《东方杂志》发表《伍廷芳君之中西文化观》一文，介绍伍廷芳的中西文化论。伍廷芳说：

> 其社会制度，多有非亚洲以外所知者；宗教之对于西洋文明，盖影响甚微者也；而亚洲文明，则无不以宗教为社会之基础。究其结果，则务实之白种人，所以置经济问题之地位，有色人种，则以之置道德问题。据吾人之意，白种人直不解安乐为何物，何以故？以无余暇以享受安乐故。白种人以积财为人生之标准，而吾人则以道德为人生之标准。家庭之维系，所谓有色人种，尤较彼无责任之白种人，更为强固。于是社会之感觉，亦较为锐敏，而个人之受苦者较少也。②

伍廷芳的观点建立在欧亚分野的基本判断之上，按照这一分野，社会制度、宗教和其他生活方式在种族差异的基础上构成了文明的分野。对于鲁迅而言，民族的形成是历史的，宗教形式的差异是次要的，宗教所以成为问题是因为"非正信无以立"，故信的状态才是最为重要的。他不是从任何特定的宗教形式，也不是从任何特定的民间迷信出发来谈论宗教和迷信，恰恰相反，他把"信"作为宗教和迷信问题的核心来叙述。

如果将这一关于中国宗教的观察与欧洲启蒙运动的观点进行对比，我们会看到些什么呢？这里以黑格尔为例，他从根本上不承认中国存在宗教。在一种哲学与宗教间建立起来的、典型的启蒙主义对比中，黑格尔说：

> 以泛神论代替无神论来指责哲学主要属于近代的教育（原译教

---

① 伍廷芳（1842~1922），本名叙，字文爵，又名伍才，号秩庸，祖籍广东新会，清末民初杰出外交家和法学家。晚清时代他曾出使多国。辛亥革命后任南京临时政府司法总长，袁世凯当权后辞职。"洪宪帝制"后为段祺瑞政府外交总长，1917 年"府院之争"时任代理总理，此后追随孙中山任护法政府外交部长等职。

② 钱智修：《伍廷芳君之中西文化观》，载《东方杂志》第 12 卷第 1 号（1915 年 1 月），第 1~4 页。伍廷芳断言："余敢谓亚细亚，当再以文化沾溉西洋。此非余漫为嘲讽之言也。诚以白种人当受教于有色种之同胞者，其事固尚多耳，如印度，如中国，如日本。……"

养。——笔者注），即新虔敬派（原译新虔诚。——笔者注）和新神学，在他们（原译它们。——笔者注）看来哲学有太多上帝，多到按照他们的保证来说上帝甚至应是一切，而一切都应是上帝。因为这种新神学使宗教仅仅成为一种主观的感情，并否认对上帝本性的认识，因而它保留下来的无非是一个没有客观规定的一般上帝（上帝在这里是可数名词单数——笔者注）。它对具体的充实的上帝概念没有自己的兴趣，而把这个概念看作其他人们曾经有过兴趣的，并因而把凡属于上帝具体本性学说的东西当作某种历史的东西来处理。未被规定（原译不确定。——笔者注）的上帝在一切宗教中都能找到；任何一种虔诚的方式——印度人对于猴、牛等的虔诚或者对达赖喇嘛的虔诚；埃及人对公牛的虔诚等——都是对一个对象的崇拜，这个对象不管其种种荒诞的规定，还是包含着类、一般上帝的抽象。①

他又说：

直接的知识应当成为真理的标准，由此可以得出第二条，所有迷信和偶像崇拜都被宣称为真理，最为不公和不道德的意志内容被看成正当。印度人并非通过所谓的间接认识、思考和推理而认为牛、猴或者婆罗门、喇嘛是神，而是信仰它们。②

真理与迷信、认识与信仰的对立是启蒙的最重要的原理之一，黑格尔正是据此将东方宗教与其他各种在他看来的低级迷信和偶像崇拜归为一类。在黑格尔、韦伯的传统中，欧洲宗教制度，尤其是新教及其制度，是理性化的产物，而理

---

① 〔德〕黑格尔：《精神哲学》，杨祖陶译，人民出版社，2006，第385~386页。译文在专家建议下根据下述版本做了些微改动：Georg Wilhelm Friedrich Hegel, *Enzyklopädie der philosophischen Wissenschaften im Grundriss*, Werke. Auf der Grundlage der Werke von 1832–1845 neu edierte Ausgabe. Redaktion Eva Moldenhauer und Karl Markus Michel, Frankfurt a. M.：Suhrkamp, 1979, Bd. 10, S. 381–382。

② 〔德〕黑格尔：《小逻辑》，贺麟译，商务印书馆，1980，第166页。译文有改动。德文原著：Georg Wilhelm Friedrich Hegel, *Enzyklopädie der philosophi-schen Wissenschaften im Grundriss*, Werke. Auf der Grundlage der Werke von 1832–1845 neu edierte Ausgabe. Redaktion Eva Moldenhauer und Karl Markus Michel, Frankfurt a. M.：Suhrkamp, 1979, Bd. 8, S. 162。

性化的前提即与早期崇拜之间的断裂。

鲁迅的观点完全不同。他批评启蒙运动以降对于古代神话和东方宗教的态度，"举其大略，首有嘲神话者，总希腊埃及印度，咸与诽笑，谓足作解颐之具"①。对于他而言，普崇万物的宗教并非黑格尔所批评的神物崇拜，而是"一切睿知义理与邦国家族之制"得以发生的根源，从而并不存在欧洲意义上的宗教与世俗的严格分界。针对欧洲中心的宗教观，他追问道："设有人，谓中国人之所崇拜者，不在无形而在实体，不在一宰而在百昌，斯其信崇，即为迷妄，则敢问无形一主，何以独为正神？"②

值得注意的是：第一，鲁迅对宗教和迷信的界定是对人的超越性的界定，而超越性是与内心需求连在一起的。这一判断直接联系着所谓"正信"的概念，但这一"正信"不是与日常生活世界的道理相脱离的公理，而是与制度和日常生活密切相关的信仰，"凡一切睿知义理与邦国家族之制，无不据是为始基焉"③。如果制度、习俗、国家均与普遍崇拜联系在一起，也就不存在宗教与制度、宗教与世俗生活之间的严格分界。鲁迅拒绝多神、一神到无神的宗教进化论，也拒绝从这个三段论的宗教分类衍生出的政体进化论，从而建立在这一宗教观基础之上的制度构想也与贵族政治、君主政治和共和政治无关。这是普崇万物的宗教与人各有己的政治。

第二，鲁迅对迷信和宗教的界定是现代思想的产物，他不是在宗教内部（例如基督教创世说内部）阐述宗教的成立，而是从人的自我创造能力着眼理解人类社会的价值观念和社会制度的形成。一方面，他追随章太炎的看法，强调中国宗教与印度宗教的区别，即在中国，统筹万物的自然崇拜与制度关联，而在印度，却缺乏与宗教形态相互配合的国家体制；另一方面，他指出：原始的宗教在今天已经无法有效运行了，需要重新建立宗教。从哪儿着手呢？首先是"仅能见诸古人之记录"，其次是"与气禀未失之农人"。换句话说，"正信"不可能产生于"伪士"的启蒙、民主、自由、科学、文明、进步等"公

① 鲁迅：《破恶声论》，载《鲁迅全集》第八卷，人民文学出版社，1981，第30页。
② 鲁迅：《破恶声论》，载《鲁迅全集》第八卷，人民文学出版社，1981，第28页。
③ 鲁迅：《破恶声论》，载《鲁迅全集》第八卷，人民文学出版社，1981，第28页。

理"。① 鲁迅引用尼采云："至尼佉氏，则刺取达尔文进化之说，掊击景教，别说超人。虽云据科学为根，而宗教与幻想之臭味不脱，则其张主，特为易信仰，而非灭信仰昭然矣。"②"超人"学说看起来是以进化、以科学为依据，但其实弥漫着宗教与幻想的气味，其根本主张同样在于改变信仰，而不是消灭信仰。在鲁迅看来，科学倡导者本身是信仰者，而科学的"牧师们"，也就是那些把它当成教条、原理来看待的人们，心智空虚迷茫，没有内在性，是"伪士"。科学以信仰作为根据，因而科学和宗教、迷信，实际上是同根同源的。它们之间的对立可以解释为信仰之间的对立，而不能解释为信仰与反信仰之间的区别。鲁迅的这个解释也是对现代社会的一个解读。他提出的问题是：现代社会是一个世俗化的、去信仰的、去宗教化的、去魅的世界，还是重新制造信仰的世界？

如果将鲁迅对宗教问题的追问与他对"伪士"的抨击结合起来，我们也可以看到他对所谓世俗化的态度：人民的世俗生活与信仰的世界没有严格的区分，乡曲小民的礼仪、习俗、道德和制度与普崇万物的宗教信仰融为一体，而"伪士"们却在世俗化的名义下摧毁这一与信仰共在的世俗生活。因此，要理解鲁迅对于宗教、迷信的独特态度，需要在世俗生活与世俗化之间做出区分，而不能依赖欧洲启蒙运动在宗教与世俗化之间建立起来的那种僵硬对立。从这一点来说，他的观点既是前宗教的（就其发生学意义而言）也是现代的：不是上帝或神灵创造了人，而是人创造了上帝和神灵。

正是基于这一颠倒，他将宗教、神话、乡曲之迷信置于同一层面加以论述，礼赞人的信仰、神思和创造力：

> 夫神话之作，本于古民，睹天物之奇觚，则逞神思而施以人化，想出古异，诙诡可观，虽信之失当，而嘲之则大惑也。太古之民，神思如是，为后人者，当若何惊异瑰大之；矧欧西艺文，多蒙其泽，思想文术，赖是而庄严美妙者，不知几何。倘欲究西国人文，治此则其首事，盖不知神

① 鲁迅：《破恶声论》，载《鲁迅全集》第八卷，人民文学出版社，1981，第28页。
② 鲁迅：《破恶声论》，载《鲁迅全集》第八卷，人民文学出版社，1981，第28~29页。

话，即莫由解其艺文，暗艺文者，于内部文明何获焉。①

如果中国正处于"本根剥丧，神气旁皇"之际，我们到哪里去寻找这个本根呢？我们可以从古民的神思、神话、信仰、迷信、宗教，以及由此转化而来的文学、艺术和科学之中获得启发。鲁迅因此将迷信与宗教信仰视为想象力的源泉："顾瞻百昌，审谛万物，若无不有灵觉妙义焉，此即诗歌也，即美妙也，今世冥通神闷之士所归也，而中国已于四千载前有之矣；斥此谓之迷，则正信为物将奈何矣。"②把《破恶声论》当中关于宗教的讨论和《摩罗诗力说》中关于浪漫主义诗人的讨论联系起来，就会发现，鲁迅关于浪漫主义诗人的讨论跟他关于迷信宗教的讨论是一物之两面。在《摩罗诗力说》中，他把雪莱、拜伦等这些所谓刚健不挠的、反抗的诗人命名为"新神思宗"。那么，有新必有旧，谁又是"老神思宗"呢？这就是古代的先民和民间的信仰。先民的迷信和民间的信仰虽然并非"正信"，但其信的力量和由此产生的神思却是通达"正信"的桥梁。回顾20世纪的中国革命，其信仰的源泉不正是在获得现代启示之后，重新回向乡曲小民及其日常生活世界，在社会生活的改造、政治组织的建立与"正信"的反复求证中，形成新的政治主体及其信念政治的吗？在鲁迅的思想世界里，"真信"比"正信"具有更本质的意义；正是在对"真信"的持续追究中，他对各种以"正信"为名出现的理论学说给予质询和批判。

3. 以自识为宗的宗教与没有本体的本体论

鲁迅对"正信"的思考综合了施蒂纳、尼采和欧洲浪漫派的哲学和文学思想；他的有关迷信可能通达"正信"的思考也许源自章太炎对佛教三性论中"依他起自性"的论述。

章太炎1906年被从狱中释放后旋即流亡日本，并应邀担任《民报》主编。1904年4月至1906年5月，他在狱中研读佛经，出狱后尝试以佛理阐释世界，介入政治，并综合庄子学说和其他思想资源创建一套体系较为完整的齐物论哲学。1906年7月15日，章太炎甫抵日本，应邀在"东京留学生欢迎

---

① 鲁迅：《破恶声论》，载《鲁迅全集》第八卷，人民文学出版社，1981，第28~29页。
② 鲁迅：《破恶声论》，载《鲁迅全集》第八卷，人民文学出版社，1981，第28~29页。

会"上发表演说，将自己的主张概括为"用宗教发起信心，增进国民的道德"；"用国粹激励种姓，增进爱国的热肠"。① 章氏所谓宗教虽以佛教教义为主，但并非通行的佛教。② 他相继发表《建立宗教论》《答梦庵》《答铁铮》《缘起说》《论佛法与宗教、哲学以及现实之关系》《人无我论》《菿汉微言》《告四众佛子书》等作品，综合华严法相二宗，以唯识学为主要根据，探索向内心求索的哲学。与梁启超"论佛教与群治之关系"相呼应，所谓"用宗教发起信心"也是以"增进国民的道德"为直接目标，但章太炎的宗教论不但以"自识"为宗，而且也完全否定进化的社会形态论和文明等级说。他对"信心"和"道德"的解说均与梁启超不同。

在《建设宗教论》中，章太炎以佛教三性说为依据阐释一种没有本体的本体论。"云何三性？一曰：遍计所执自性；二曰：依他起自性；三曰：圆成实自性。"③ 所谓"遍计所执自性"是指事物间的各种差别，如色空、自他、内外、能所、体用、一异、有无、生灭、断常、来去、因果，都是"由意识周遍计度刻画而成"，"离于意识，则不得有此差别"④。所谓"依他起自性"，是"由第八阿赖耶识、第七末那识，与眼、耳、鼻、舌、身等五识虚妄分别而成"⑤。所谓"虚妄分别"不同于"遍计所执自性"依靠意识而产生的色空、自他等概念（名相）上的区分，而是上述七识"了别所行之境"。"了别"不是意识上的区分，而是"以自识见分，缘自识中一切种子以为相分"⑥。按照唯识学的理论，上述现象的"了别"是心识内部的境相，而境相就是由能缘心所带起的，从而也能够显现与境相对应的"见分"（又称之为"能取分"，"见"是照知的意思），即能照知者。不同于"遍计所执自性"中的名相分别，相、见二分是心识的内分。自识在显现境相（相分）的同时也能够显现自身（见分），色空、自他等其实"各有自相，未尝更互相属。其缘此自

① 章太炎：《演说录》，载《民报》第 6 号（1906 年 7 月），第 4 页。
② 章太炎说："今日通行的佛教，也有许多的杂质，与他本教不同，必须设法改良，才可用得。"见章太炎《演说录》，载《民报》第 6 号（1906 年 7 月），第 6~7 页。
③ 章太炎：《建立宗教论》，载《民报》第 9 号（1906 年 11 月），第 1 页。
④ 章太炎：《建立宗教论》，载《民报》第 9 号（1906 年 11 月），第 1 页。
⑤ 章太炎：《建立宗教论》，载《民报》第 9 号（1906 年 11 月），第 1 页。
⑥ 章太炎：《建立宗教论》，载《民报》第 9 号（1906 年 11 月），第 2 页。

相者，亦惟缘此自相种子"。因此心识"了别"即"自证分"，并不同于"遍计所执"之名言。① 所谓"圆成实自性"是在"遍计所执"之名言外的自性，"或称真如，或称法界，或称涅槃"②。章太炎认为"圆成实自性"与柏拉图"以为明了智识之对境"的"伊跌耶"（idea）非常接近。历来"言哲学创宗教者，无不建立一物以为本体"，本体的内容不同，但形式上很相似。那么，以"圆成实自性"作为本体与其他本体有什么区别呢？第一种本体是"遍计所执自性"，即误以名言为实体，比较易于识别；第二种本体是介于有无之间的"依他起自性"，"识之殊非易易。自来哲学宗教诸师，其果于建立本体者，则于本体之中，复为之勾画内容，较计差别。而不悟其所谓有者，乃适成遍计所执之有"，"其本体即不成本体矣"。③

按照三性论，以及这一理论视野中的没有本体的本体论，章太炎批判了三种"倒见"。首先是印度教之神我论。根据这一认为存在不生不灭的宇宙本体的神我论，一旦"我"与之合一，便可得灵魂之解脱："说神我者，以为实有丈夫，不生不灭。其说因于我见而起。乃不知所谓我者，舍阿赖耶识而外，更无他物。此识是真，此我是幻，执此幻者以为本体，是第一倒见也。"④ 其次是欧洲和印度唯物论者的本体论："说物质者，欧洲以为实有阿屯，印度以为实有钵罗摩怒，执为极细，而从此细者剖之，则其细至于无穷。"从没有本体的本体论的观点，既不存在离开五尘之物质，也不存在离开五尘之能量。无限可分的物质不仅是"无厚"的，即非延长的、无形式的、非粗非细的，而且脱离色、声、香、味、触等感觉，从而也谈不上力（能量）的存在。"力与五尘，互相依住，则不得不谓之缘生。既言缘生，其非本体可知。"⑤ 也就是说，力与五尘是依于见分而能显现的心之相分。因此，"此心是真，此质是幻，执此幻者以为本体，是第二倒见"⑥。再次是各种宗教崇拜，从《周礼》所记载的祭祀对象（如马步、诸述等神灵）到山川、土谷、

① 章太炎：《建立宗教论》，载《民报》第 9 号（1906 年 11 月），第 2 页。
② 章太炎：《建立宗教论》，载《民报》第 9 号（1906 年 11 月），第 2 页。
③ 章太炎：《建立宗教论》，载《民报》第 9 号（1906 年 11 月），第 2 页。
④ 章太炎：《建立宗教论》，载《民报》第 9 号（1906 年 11 月），第 6 页。
⑤ 章太炎：《建立宗教论》，载《民报》第 9 号（1906 年 11 月），第 6 页。
⑥ 章太炎：《建立宗教论》，载《民报》第 9 号（1906 年 11 月），第 6~7 页。

祠火乃至诸天，"其最高者，乃有一神、泛神诸教。其所崇拜之物不同，其能崇拜之心不异。……则以为我身而外，必有一物以牵逼我者，于是崇拜以祈获福"①。这些宗教为烦恼障、所知障所困，"不能退而自观其心，以知三界惟心所现，从而求之于外；于其外者，则又与之以神之名，以为亦有人格。此心是真，此神是幻，执此幻者以为本体，是第三倒见也"②。不仅宗教如此，柏拉图之论理念、芝诺（爱奥尼亚学派之哲人）之论万物无差别流变、康德有关现象界与道德界的区分，"非说依他起自性，则不足以极成未来，亦不足以极成主宰也"③。

在对本体问题做了彻底的清算之后，章太炎返回现实，强调就宗教而言，"要以上不失真，下有益于生民之道德为其准的"。即便普崇万物，"若于人道无所陵藉，则亦姑容而并存之"④。他引入众生平等的观念，取消高低贵贱之区分，也就对近代启蒙宗教观中的宗教等级论给予彻底否定：人类的历史既不能归结为图腾社会、宗法社会、军国社会的政治演化史，也不能简化为泛灵论、多神教、一神教、泛神教、无神教的宗教演化史。对于章太炎而言，提出建立宗教的问题，并非确立对于外物的崇拜，而应该"以自识为宗。识者云何？真如即是惟识实性，所谓圆成实也"⑤。他对柏拉图、莱布尼茨、斯宾诺莎、康德、黑格尔等哲人有所肯定，原因是他们在"依他起自性"的层面通过对境相的分析呈现了见分的存在，其中泛神论的思想最具有建立宗教的潜能。换句话说，由于圆成实者太冲无象，要想趋近之，就不得不依赖"依他起自性"，"逮其证得圆成，则依他亦自除遣"⑥。章太炎以新唯识论为宗旨，强调阿赖耶识含藏一切有情，众生即我，我即众生，只有破除名相和一切偶像，入于自识，才能建立真正的宗教。在他看来，中国之孔子、老子，希腊之苏格拉底、柏拉图，"皆以哲学而为宗教之代起者"，而从苏格拉底、柏拉图缘生而来的基督和从孔子、老子流变而来的汉儒则走了"哲学复成宗教"的

① 章太炎：《建立宗教论》，载《民报》第 9 号（1906 年 11 月），第 7 页。
② 章太炎：《建立宗教论》，载《民报》第 9 号（1906 年 11 月），第 7 页。
③ 章太炎：《建立宗教论》，载《民报》第 9 号（1906 年 11 月），第 9 页。
④ 章太炎：《建立宗教论》，载《民报》第 9 号（1906 年 11 月），第 10 页。
⑤ 章太炎：《建立宗教论》，载《民报》第 9 号（1906 年 11 月），第 19 页。
⑥ 章太炎：《建立宗教论》，载《民报》第 9 号（1906 年 11 月），第 19 页。

道路。① 在经过明清儒者向哲学的转化之后，应该建立一种新的、以释教哲学为根据的宗教，即以自识为宗的哲学性的宗教。

在探究了 20 世纪初围绕时间、空间、内在性、超越性等四个方面的全新讨论之后，我们可以转向对 20 世纪中国的社会理想、国家形态、政治主体（阶级、政党、人民等）及其演变的论述了。

---

① 章太炎：《建立宗教论》，载《民报》第 9 号（1906 年 11 月），第 25 页。

中国模式是出色的利益平衡形式

潘　维[*]

中国凭什么取得了如此成就？

在笔者看来，成功在于我国以 70 年的奋斗开创了"中国模式"之路，而危机来自偏离这个"法宝"。

在不过 70 年的时间里，一个古老独特的文明以强劲的势头复兴，让世界刮目相看，也让世界重新审视此前流行的关于人类进步的知识。中国的成功经验让人们重新思考经济学的"计划与市场两分"、政治学的"民主与专制两分"、社会学的"国家与社会两分"。

中国模式当然有缺陷，正如世界上所有的模式都有缺陷一样。世间没有完美的政府，更没有完美的模式。然而，善于总结概括自己发展经验的国家才有梦想、有希望、有方向。肯定中国的进步，发现中国进步的"法宝"，并指出存在的不足，是笔者总结中国模式的动力。

思想战线上的竞争有两大任务：第一是解构所谓的"普世价值"，道破一个药方（就"民主""宪政"俩抽象名词）包医世界百病的荒唐；第二是实事求是地总结中国的生存发展之道，给出让各界信服的关于中国模式的阐述和理论解释。先是"破"，打破对一个国际性霸权话语体系的迷信，挑战新蒙昧主义；后是"立"，确立国人对自己生存方式的自觉和对中华民族发展道路的自觉。

不同发展道路体现了中西方政治思想的差异。王绍光教授在评论本文时提出了下述思想：因反封建的需要，中古以后的西方发展出权利本位思想，而中国并无反封建的任务，古老的责任本位（responsibility）思想延续至今。因此，

＊　潘维，北京大学国际关系学院教授，北京大学中国与世界研究中心主任。

责任本位和权利本位两个概念凝聚了中西方政治思想的基本差异。笔者完全同意他的判断。

权利本位强调个人享有其他个人不得侵犯的权利，而责任本位强调个人处于特定角色时对其他人承担的责任。

权利本位强调"分"、责任本位强调"和"。基于特殊的历史基础，西方有"两分"概念，中国有"和谐"概念。而责任本位构成了中国模式的思想基础。责任本位是中国国民经济的逻辑起点，它促使政府为民之福祉协调国有与民有。

在笔者看来，中华文明传统的延续性是中国模式的主干。基于百姓福祉不可分割的整体性，官民一体的人民性是中国模式最突出的特点。由此，中国模式亦可称为人民民主。正因为人民性、以民为本、官民一体、国民一体、共同努力，所以我国比绝大多数发展中国家发展得更快、更平稳。

中国与西方体制不同却取得了自己的成就，西方政坛和舆论领袖对此愤愤不平是可以预料的。传教文明与取经文明不同，它控制欲超强，总企图把自己的体制强加给适应或不适应其体制的种种其他文明，这也是可以理解的。

然而，缺少对自己"出色"体制文明的自觉，盲从西方高压下的"教诲"，盲从"两分"教条，会丧失人民性，把我国带入官民脱离的陷阱，导致资本至上、行政支出暴增、赋税日重、贪污腐败现象蔓延，甚至可能使国家沦落为欠发达国家。

中国模式是个综合体系。中华民族用70年时间创造出的世界奇迹恐怕不能用偶然和幸运来解释。

解释经济怎么能脱离政治？解释政治怎么能脱离社会？世上不存在缺少政治体制支撑的经济体制，也不存在缺少社会体制支撑的政治体制。

拿西方教条来判断中国的情况，就会有所谓"政治体制改革滞后"说。可是，一个"滞后"和"落后"的政体怎么居然让中国顶住了外部军事、政治、经济的巨大压力，成就了70年复兴之路的辉煌？当今常有学人多次预言：中国政体不适合中国经济体制，不改政体中国就要崩溃。可70年了中国还没崩溃，反而取得了让"友邦惊诧"的巨大成就。这又说明什么？为什么还有人哭着喊着要拿西方教条改造中国政体，难不成非要让自己的"天倾"

之忧成真？

在笔者看来，政治体制是中国模式的中间层，由深层的社稷体制而来，催生了表层的国民经济，反过来也保障了社稷体制，故为关键层。

国民、民本、社稷三位一体的中华体制，由三大类共 12 个支柱组成。拆毁其中的任何一个，人民共和国的大厦都会陷入险境。

中国经济"国民"模式

中国经济"国民"模式包括四大支柱：国家对土地（生产资料）的控制权；国有的金融机构、大型企业和事业机构；（以家庭和社区企业为基础的）自由的劳动力市场；（以家庭和社区企业为基础的）自由的商品和资本市场。中国经济的四大支柱分成两部分，一部分是"国"，另一部分是"民"。"国"与"民"两部分互为支撑，因此称为"国民"模式。

第一，国家对土地的控制权就是土地国有。实际情况要复杂一点，农村耕地集体所有，但集体所有的耕地受国家控制，不能随意将其转换为非农用地。中国土地公有私用。私人和企业可以购买一定年限的土地使用权。

第二，中国的金融业主要是国有的，至少是国家控股的。国家通过各种大型金融机构调控金融市场，防范国内外金融风险。国家还拥有少量但从事经济基础设施建设和生产资料开发的大型企业，如石油、铁路、电力、通信、道路、航空和自来水等各类企业。中国还有国有的事业单位，主要指教育、科研、医疗、体育、文化等机构。这些机构基本不营利，但自负盈亏。医疗机构一度成为营利机构，但与"国营"一样不可能持久（"国有"与"国营"不是一回事）。疾病越多，赚钱越多，这难称"正当"生意。健康的国民才是国家根本。

第三，中国拥有高度竞争的劳动力市场。中国企业的主体不是国有企业，而是家庭企业和社区集体企业。这类中小工商企业占国家工商总局注册企业的99%以上。这些企业的用工属于世界上最自由的一类。不仅如此，自由的劳动用工市场促使国有企业也实行竞争型的劳动用工制度。

第四，中国拥有高度竞争的商品市场，自由的资本市场也在迅速形成之中。中国的中小企业是商品市场的主要供应者，所以商品生产的竞争性非常高。同时，高度竞争的商品市场也在刺激着中国的资本市场快速发育。中国资本市场对外国的开放没有意识形态问题，主要是技术问题。我国业界原以为西方资本市场非常开放，但近年才发现其开放具有很多技术和政治限制。十几年后，将出乎今日大多数观察家的预料，中国会成为世界自由资本市场的主要参与者，正如十几年前几乎没人预料到中国今日会成为自由贸易的主要参与者。道理很简单，自由的商品市场必然催生自由的资本市场。

四大支柱分为两部分，一部分是占经济规模四分之一左右的国有部门，另一部分是占经济规模四分之三左右的庞大民有部门。"国"与"民"两部分的功能不同，它们互为补充、互为支撑、协调发展，是为经济的"国民"模式。

削弱四大支柱中的任何一个都会摧毁中国经济，导致中国经济失败。因此，中国不存在根本改革经济体制的问题，只需要与时俱进地进行技术性调整。

中国经济模式是独特的。"国民"模式不是苏联式的产品经济，因为它不只依靠全民所有制。"国民"模式不是英美式的市场经济，因为它不以私有产权为基础。"国民"模式也不是西北欧的社会市场经济，因为它不支持高税率、高福利。国民模式更不是德国和日本历史上的国家资本主义，因为中国经济没有被少数大型私有企业主导，大型私有企业也不是中国劳动力的主要雇主。中国经济是"国"与"民"相互支撑的经济，是"有中国特色的社会主义市场经济"。

中国"民本政治"模式

中国"民本政治"模式的四大支柱包括：现代民本主义的民主理念；强调功过考评的官员遴选机制；先进、无私、团结的执政集团；有效的政府分工制衡纠错机制。

从历史角度看，四大支柱明显传承了中国的传统政治文明，"民本政治"模式的本土性和传承性远强于外来性。70年的历史不算长，但其渊源何止千年。中华民族的历史没有被共产党割断，也没有被传入的西方文明割断。如同中国象形文字在计算机时代依旧具有生命力，中华民族的政治文明也代代相传、生机益然。

从功能上看，四大支柱有机地连在一起。现代民本主义的民主理念指导核心执政集团，核心执政集团实行绩优选拔制，这一制度支撑特殊的分工制衡制度。抛弃了民本观，后面三个支柱就会相继垮掉。

从性质上看，中国政体不是西方议会政党制，先进、无私、团结的执政集团是中国政体的核心权力机构。政体功能最强大的部分来自这个统一的执政集团，最脆弱之处也存在于这个集团。当这个集团先进、无私、团结，并代表中国全体人民的利益时，中华民族就势不可当。当这个集团丧失民本理念，官员以权谋私、涣散分裂，它就会成为家庭私利的代表，就会脱离百姓，脱离人民性，进而失去民心。执政集团一旦失去民心，就会被人民推翻，其结果是中国"群龙无首"、一盘散沙，直至诞生一个新的先进、无私、团结的执政集团。从性质上看，若将以"人民代表"为主体的现代政治称为民主，那么"民本政治"模式可被称为人民民主。

人民民主最突出的特点是人民性，即中华民族百姓福祉不可分割的整体性。人民民主不同于当代形形色色的民主，如美英以利益集团划分为基础的自由民主，以劳资妥协为基础的西北欧社会民主，以产业工人为基础的苏联无产阶级民主，以部落划分为基础的部落民主，以族裔划分为基础的族裔民主，以宗教信仰划分为基础的宗教民主。中国政体的人民性在于行政网格黏附社会网格，官民一体，共同努力，所以我国发展得更快、更平稳。

人民民主并不落后于自由民主。我们称各党各派的代表之治为"民治"而非"派治"，此"民治"也未必更能保障"民享、民有"，因为其法定的游戏规则是"派享、派有"。西方民主必须靠分权制衡的法制来维护自由和生存。没有坚强的西式法制维护自由，民主就只剩下"多数决"原则，天然不稳定，甚至难以生存。

"多数决"用于解决危机或僵局非常简便，但没有必要神话这个产生"人民代表"的方式，制造思想僵化。世界上采用"绩优选拔"的领域远超采用"多数决"的领域。经济、教育、科技、军队、医疗等领域都不采用"多数决"原则。即使在政治领域，选拔公务员和法官也不采用"多数决"，联邦制是对"多数决"的替代。

政治的核心不是游戏规则，而是协调和均衡利益。承认政府可以被社会利益集团分肥的制度并不普遍适用，谈不上具有普遍的合法性。世界人民不可能都同意实行"多数决"，忽略相对少数（甚至绝对少数）的利益。追求公正廉洁地维护和促进百姓福祉的民本政府也不普适，它来自缺少社会分化的特殊社会结构，以及这结构沉淀出的特殊社会意识——拒绝强权政治。笔者对"多数决"会成为未来"大同世界"选贤任能的手段深表怀疑。

从结果看，尽管"民本政治"模式有缺陷，但是中国政府70年来出色地满足了百姓的三类六种需求，即眼下需求和长远需求，部分需求和整体需求，以及发展需求和安定团结需求。就中国政体而言，民心仍在，"天命"犹存。

中国的社稷体制

所有社会体制都包含四大要素：社会的基本单元，社会的组织形式，社会组织的精神纽带，社会组织与政府的关系。社会基本单元的形态塑造社会组织和社会伦理的形态，社会组织和社会伦理的形态塑造社会组织与政府的互动关系，社会组织与政府的互动关系塑造社会秩序的状态。

经过70年的磨合，当代中国的社会模式已初露端倪，可将其概括为社稷体制。它由四个支柱构成：分散流动的家庭而非个人构成社会的基本单元；与西式分层的市民社会不同，（以家庭为单元的）平等的社区和（工作）单位构成了中国的社会网格；（社区和单位构成的）社会网格与（条条、块块构成的）行政网格天然重合，在基层彼此嵌入，相互依存，形成弹性、开放的立体网格；家庭伦理观渗透社会组织和行政管理的逻辑。

第一，分散流动的家庭而非个人，构成中国社会的基本单元。组成中国社会的基本单元是家庭，而不是有阶级或利益集团归属的个人。

第二，与西式分层的市民社会不同，（以家庭为单元的）平等的社区和（工作）单位构成了中国的社会网格。中国的家庭当然是组织起来的，但中国社会组织的基本形式不是市民社会，而是以家庭为基础的城乡社区及工作单位。

第三，（社区和单位构成的）社会网格与（条条、块块构成的）行政网格天然重合，在基层彼此嵌入，相互依存，形成弹性、开放的立体网格。在现代中国，政府的层级分为纵向的和横向的两类，即条条与块块。社区被条条覆盖，乡村和城市社区受乡镇和街道行政纵向管辖，较高层级的条条协调更多社区集群间的利益。单位被块块覆盖，城市的企事业单位都挂靠在某个块块上，接受某种程度的行政管理，大块块覆盖众多小块块的利益。于是，中国的社会划分与行政划分大体重合，形成了社区和单位依行政条块划分的立体网格。笔者称此立体网格为"社稷"。立体网格社会的特征包括：社会结构主要不是纵向的分层，不分为高、中、低三类财富阶层，而是分为平等的网格；社会网格与行政网格大体重合，呈现立体网格的形态，在基层彼此嵌入；立体网格具有开放性和弹性。开放性指的是家庭在社会网格间自由流动，"良禽择木而栖"，渠道相当通畅。弹性指的是行政网格避免混乱情况的出现，从而保障社会秩序的能力。

第四，家庭伦理观渗透社会组织和行政管理的逻辑。在西方，个人是社会的基本单元，个人与神、个人与团体、个人与国家的关系都建立在契约基础上。在中国，家庭是社会的基本单元，家庭责任的伦理准则渗透了社会组织和行政管理的逻辑。这个准则延伸为政治观念就是民本主义。

什么是中国的家庭伦理观？父慈子孝——家长有不可推卸的照顾家庭成员福祉、养生送死之责；家庭成员要尽忠孝之责，齐心协力发家致富。既然父母望子成龙，子女就要出人头地，以"王侯本无种，男儿当自强"的竞争精神去立德、立功、立言，光宗耀祖。

家庭伦理是中国社会的精神纽带，也是华人世界的精神寄托。不同于强调个人自由权利的西方，舍己为家是中国社会伦理的优秀品质。

社区和单位以家庭为基本单元构成，家庭伦理观就渗入了社会组织的逻辑。又因社区和单位与行政条块网格重合，家庭伦理观也渗入了行政管理的逻辑，特别是在社会网格与行政网格相互嵌入的结合部——基层政权。以伦理为主导的中国缺少西方的契约传统，照搬西方的做法会食洋不化。

在西方，契约观要求公私分明，群己权界清晰，国家与社会界限分明。在中国，家庭伦理观淡化公私，视社会为一圈圈向外放射的"家"。核心家庭是小家，宗亲是大家，社区和单位是公家，公家之上还有国家。小家、大家、公家、国家利益相符，观念相通，公私难以区隔。中央政府成了最大的"公"，但其全部宏伟目标却是"私"，是帮助全国人民的家庭收入达到小康。反之，小家也依托国家。卫国就是保家，就是光宗耀祖，历史上就有"杨家将""岳家军"为国家分忧的优良传统。

既然都是家，社区和单位提供的福祉、亲和力、安宁就成为评判好与差的标准。既然都是家，越大越远的家，承担的义务就越少，政府对个体家庭生老病死等直接福祉担负的责任也就越小。既然都是家，政府就应鼓励"父母官"爱民如子，还要明文低税，限制官吏数量，使民休养生息。既然都是家，税费并举并无道德问题，就没有西方"无法不税"否则违法的观念；更没有"纳税人权利"隐含的多纳税多权利、少纳税少权利、不纳税没权利的契约逻辑陷阱。

中国社会最高的理想是"老有所终，壮有所用，幼有所长，鳏寡孤独废疾者皆有所养"[①] 的大同世界。这种理想明显衍生于家庭伦理。较之宗教观、契约观，较之人造的意识形态，家庭伦理要自然和牢固得多。

反对迷信西方教条

现实的世界没有尽善尽美的体制，每个现实的体制都有其优势和缺陷。中国模式代表了一种特殊而且出色的利益平衡形式。

世上各种模式此消彼长，从来没有永恒的成功。总结今天的成功有助于认识昨天的失败，规避明天的失败。中国革命的成功被概括为拥有武装斗争、群众路线、党的建设、统一战线等法宝。背弃这些法宝，中国革命就会遭遇失败。

有学人认为，中国的发展成就是以巨大代价换来的，不足为他国效仿，谈何模式？首先，总结中国模式并不是为了供他国效仿。中国模式是否给别国人民带来启示是别国自己的事情。中华文明是取经文明，不是传教文明。其次，

---

① 白维国主编《现代汉语句典》，中国大百科全书出版社，2001，第 765 页。

形成中国发展模式的历史代价确实沉重，但世界上不存在没有代价的成就，美欧模式、苏联模式、日本模式的形成和实践也都付出了沉重的历史代价。

还有学人认为，既然今天的西方就是中国的未来，何必费力总结中国模式？在这些学人眼里，共和国的前30年是失败的，后40年是成功的，而从失败到成功是因为补课和接轨，因为扭头走上了"普适"的西方道路。这种判断不仅浅薄而且危险。迄今没有哪个后发国家成功地复制过西方模式。西方模式的基础是侵略性的军事、政治和经济机器。这样的基础，中国不曾拥有，也不应该拥有。经过几代人前仆后继的英勇奋斗，中国闯出了一条成功发展之路。忘记历史意味着浅薄，篡改历史意味着背叛。

中国自古就是世俗国家，不依赖从纯概念出发的逻辑思辨，而是靠实事求是。正如过去反对迷信苏联教条，今日中国的迫切任务是反对迷信西方教条，防止洋教条把我国带入陷阱。

治理研究：正本清源[*]

王绍光^{**}

"治理"这个词近年来进入了中国媒体与大众的日常话语，尤其是在2013年党的十八届三中全会提出推进国家治理体系和治理能力现代化之后，它受到了更多的关注。在此之前，对治理的讨论仅限于学界，大家把源自英文"governance"的"治理"看作全球学术界比较新潮的东西，觉得"治理"这个词和与它相关的种种理论仿佛不无道理。但如果细究起来就会发现，很少有人去追溯：这个概念到底从何而来？它到底有没有准确的内涵与外延？不同领域使用的"治理"概念到底是否相同？即使同一领域里不同学者所说的"治理"到底是不是同一回事？种种治理理论到底是基于意识形态的规范性理论，还是基于实证研究的归纳性理论？党中央提出的"治理"概念与学界流行的"治理"概念有什么不同？这种不明就里、拿来便用的现象不仅存在于中国，也同时存在于治理研究的发轫之地欧美国家。"治理"随处可见，但往往不知所云。

以五本近年来出版的英文学术著作为例。第一本是《世界治理理论：一项思想史研究》[1]；第二本是沃格林（Eric Voegelin）的译文集《治理理论与其他论文（1921~1938）》[2]；第三本是论文集《修昔底德和政治秩序：治理的教训和伯罗奔尼撒战争的历史》[3]；第四本是2017年出版的书《庞培、卡托和

---

* 原载《开放时代》2018年第2期。略有编辑和删改。

** 王绍光，华中科技大学国家治理研究院特聘研究员。

① Jr. Cornelius F. Murphy, *Theories of World Governance: A Study in the History of Ideas* (Washington, D. C.: Catholic University of America Press, 1999).

② Eric Voegelin, *The Theory of Governance and Other Miscellaneous Papers 1921–1938* (Columbia, MO: University of Missouri Press, 2004).

③ Christian R. Thauer and Christian Wendt (eds.), *Thucydides and Political Order: Lessons of Governance and the History of the Peloponnesian War* (New York: Palgrave Macmillan, 2016).

罗马帝国的治理》①；第五本也是 2017 年出版的书《网络与民族国家：从多学科视角看互联网治理》②。这几本书都使用了关键词"governance"，也就是"治理"，但它们的含义决然不同。如果这些作者 30 年前出版同样的书，他们也许根本不会想到要用"治理"这个关键词。③ 在这个意义上，这些书名都有赶时髦的嫌疑。

实际上，仅仅 25 年前，即使在英文里，"governance"这个词的使用率也是非常低的。在很多国家的语言中，原本没有"治理"这个概念。例如，在希伯来文中，对如何翻译这个词至今尚无定论。④ 在中国也是如此，如果查看自 1978 年开始出版的《现代汉语词典》（2016 年已出版第 7 版），"治理"一词并没有今天人们使用的那些含义。

让人诧异的是，在过去 25 年里，"治理"忽然变成了一个非常时髦的词语，而且它不只是在学术领域时髦，政客们也成天把它挂在嘴边。有一篇文章这样描述它的热门程度："治理被人称作一个流行语，一种风行一时的玩意，一套框架性工具，一个跨越不同学科的概念，一个伞状概念，一个描述性概念，一个模棱两可的概念，一个空洞的指称，一个用于狡辩的遁词，一种拜物教，一个研究领域，一种研究方式，一种理论，一种视角。"⑤

一　来龙去脉

受福柯（Michel Foucault）启发，我们首先对"治理"这个概念进行

① Kit Morrell, *Pompey, Cato, and the Governance of the Roman Empire* (Oxford: Oxford University Press, 2017).

② Uta Kohl, *The Net and the Nation State: Multidisciplinary Perspectives on Internet Governance* (Cambridge: Cambridge University Press, 2017).

③ 例如，沃格林那本书的德文用词是"herrschaft"，本可译为"权力""控制""统治"，却被英译者译为"治理"。

④ David Levi-Faur, "From 'Big Government' to 'Big Governance'?" in David Levi-Faur (ed.), *The Oxford Handbook of Governance* (Oxford: Oxford University Press, 2012), p. 4.

⑤ Christopher Ansell, David Levi-Faur, and Jarle Trondal, "An Organizational-Institutional Approach to Governance," in Christopher Ansell, Jarle Trondal, and Mortengrd (eds.), *Governance in Turbulent Times* (Oxford: Oxford University Press, 2017), p. 29.

粗略的谱系分析。谱系分析是"一种历史分析方法，它质疑我们对某些名词的常识性理解，检验这些名词的含义在不同情形下是如何构建的"①。谱系分析的意义在于，把大家耳熟能详的概念、理论问题化，不要毫无批判地把它接受下来，而是要追问：它到底从何而来？为什么会出现？为什么会演化？为什么会流行？什么是其背后的推动力？它是否具有实实在在的意义？

讲谱系就要先看词源（etymology）。英文中比"governance"出现得更早的是"govern"，源自法文"governe"或意大利文"governo"，这个词语出现在 11 世纪末，其含义是具有权威的统治。在 12 世纪晚期，另一个相关的词语"government"出现了，它具有我们今天常用的政府含义；它最初的含义除了政府之外，还包含对国家进行管理之行为的内容。到 13 世纪晚期，出现了"governance"，大概是从法文"gouvernance"引入的，其含义是管理、控制、统治某个事物或某个实体（包括国家）的行为和方式。② 直到 20 世纪 90 年代以前，"governance"的含义没有太大变化。比如，一名英国传教士曾于 1835 年出版了《使用与控制时间和脾气的指导手册》（*A Manual of Instruction on the Use and Governance of Time and Temper*），其中"governance"与我们今天理解的"治理"毫无关系，而是讲如何控制时间与脾气。③英格兰中古末期最重要的政治理论家佛特斯鸠（Sir John Fortescue）1471 年的著作《绝对王权与有限王权的区别》（*The Difference between an Absolute and Limited Monarchy*），1885 年再版时书名被改为《统治英格兰：绝对王权与有限王权的区别》（*The Governance of England：Otherwise Called the Difference between an Absolute and a Limited Monarchy*），这里的"governance"跟我们通常理解的"治理"也没有什么关系，无非是指对英格兰的统治。④

① Mitchell M. Dean, *Governmentality：Power and Rule in Modern Society*, second edition（London：Sage, 2010）, p. 76.

② Oxford English Dictionary, http：//www.oed.com/.

③ William Jowett, *A Manual of Instruction on the Use and Governance of Time and Temper*（London：R. B. Seeley & W. Burnside, 1835）.

④ Sir John Fortescue, *The Governance of England：Otherwise Called the Difference between an Absolute and a Limited Monarchy*（Oxford：Clarendon Press, 1885）.

谷歌扫描了 3000 万本图书，它的"Book Ngram Viewer"英文部分可搜索 3600 多亿个词。① 借助这个数据库，图 1 展示了"governance"在过去 500 年中使用的情况。除 16 世纪下半叶以外，这个词在 20 世纪中叶以前很少出现在出版物中。图 2 更集中地展示了"governance"在过去几十年中的使用情况。直到 20 世纪 60 年代前后，它在出版物中仍如凤毛麟角，其使用情况直到 20 世纪 70 年代以后才开始缓慢增多，而爆发式的增多出现在 1990 年以后。

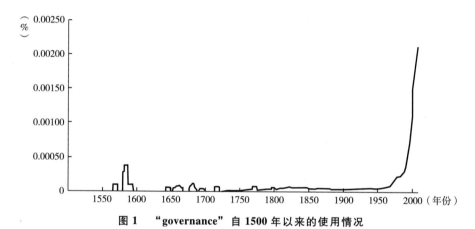

图 1   "governance"自 1500 年以来的使用情况

资料来源：Google Books Ngram Viewer。

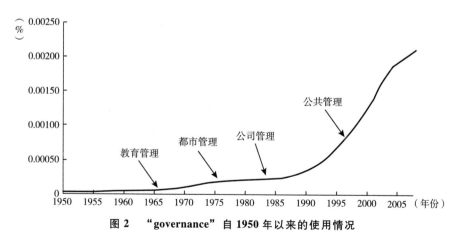

图 2   "governance"自 1950 年以来的使用情况

资料来源：Google Books Ngram Viewer。

---

① Andrew Weiss, "Google Ngram Viewer," 2015, http：//scholarworks. csun. edu/bitstream/handle/ 10211. 3/173281/NGram-v2-1. pdf；sequence=1.

一个古老的名词沉寂了几百年，在过去30年里却突然走红，这到底是怎么回事？这是如何发生的？为什么会发生？

变化的开端是在20世纪60年代。20世纪50年代的出版物中所使用的"governance"往往与国家管治相关，如当代缅甸的管治①、柏林的管治②。到了1960年，开始有人在讨论高等院校管理的出版物中使用"governance"一词。③ 此后，在有关学校管理的书籍与论文中，"governance"一词开始频繁出现。④ 20世纪60年代有关都市管理的出版物中不时会出现"governing"和"government"。⑤ 自从1970年出版的一篇论文使用了"metropolitan governance"之后，⑥ 该领域的出版物中"governance"也不断出现。可以说，从20世纪60年代到70年代末，使用"governance"最多的无非是教育机构管理与都市管理这两个领域。为什么会这样？因为这两个领域都涉及管理，但它又不完全是由中央政府管理，所以与其使用"government"，不如使用"governance"。两者都有管理、管治之意，前者可以避免使人联想到中央政府，看似是一个更优的选择。

20世纪80年代出现了新的变化。此前，"government"与"governance"都曾用于公司管理领域，因为有人认为管理公司与管理城市、国家有相通之处。例如，哥伦比亚大学商学院教授理查德·伊尔施（Richard Sedric Fox Eells）在1960年出版的书中第一次使用了"corporate governance"；⑦ 两年后，

---

① John Sydenham Furnivall, *The Governance of Modern Burma* (New York: International Secretariat, Institute of Pacific Relations, 1960).

② Bruce L. R. Smith, "The Governance of Berlin," *International Conciliation*, November 1959.

③ John J. Corson, *Governance of Colleges and Universities* (New York: McGraw-Hill, 1960).

④ 参见 Evelyn J. Harris, *Governance of the University: A Selected Bibliography*, 1971, https://archive.org/details/ERIC_ED050691。

⑤ 如 Scott Greer, *Governing the Metropolis* (New York: John Wiley & Sons, 1962); Victor Jones, "Recent Developments in the Government of Metropolitan London and Paris," *Western Political Quarterly*, Supplement, Vol. 14, No. 3, October 1, 1961, pp. 38-39。

⑥ Robert LLineberry, "Reforming Metropolitan Governance: Requiem or Reality," *The Georgetown Law Journal*, No. 58 (March/May), 1969, pp. 675-718.

⑦ Marco Becht, Patrick Bolton, and Ailsa Roell, "Corporate Law and Governance," in A. Mitchell Polinsky and Steven Shavell (eds.), *Handbook of Law and Economics*, Vol. 2 (London: Elsevier, 2007), p. 834. 理查德·伊尔施书中的出处是 Richard S. F. Eells, *The Meaning of Modern Business: An Introduction to the Philosophy of Large Corporate Enterprise* (New York: Columbia University Press, 1960), p. 108。

他的《公司管控》（*Government of Corporations*）一书出版。[①] 20 世纪 70 年代下半叶，威廉姆森（Oliver E. Williamson）的两个重要成果横空出世：一是 1975 年出版的书《市场与层级制：分析与反托拉斯含义》，[②] 二是 1979 年发表的论文《交易费用经济学：合约关系的治理》。[③] 威廉姆森区分了两种经济管理架构——市场与等级制。由于这两部作品在经济学、管理学领域引用率极高，20 世纪 80 年代以后，公司管理（corporate governance）成为广泛使用"governance"的又一领域。随着"治理"一词的流行，"都市管理"往往被译为"都市治理"，"公司管理"往往被译为"公司治理"。

直到 20 世纪 80 年代末，在政府管理领域、公共领域还很少有人使用"governance"。不过，三股暗流早已在涌动，它们在 90 年代掀起巨大的波澜，把"governance"变成了一个热词。

第一股暗流最强劲，它来自欧美发达国家，与福利国家的危机有关。

福利国家的起源与资本主义制度的内在矛盾、资产阶级对社会主义的敌视、工人阶级的斗争息息相关。欧洲最早的福利政策的出台是出于对抗社会主义、对抗工人运动的目的，[④] 极端仇视社会主义的普鲁士铁血首相俾斯麦就是一个最好的例证。[⑤] 既然目的如此，福利政策不可能很慷慨。第二次世界大战以前，资本主义国家虽然有些最基本的社会保险，但力度很小，其支出总额占国内生产总值的比重平均在 1.66% 以下。[⑥]

第二次世界大战结束后，全球社会主义阵营空前壮大，欧美等资本主义国家也在 1948~1973 年经历了一个经济增长的"黄金时期"。[⑦] 这两个因素从引

① Richard S. F. Eells, *Government of Corporations* (New York：Free Press, 1962).

② Oliver E. Williamson, *Markets and Hierarchies：Analysis and Antitrust Implications* (New York：Free Press, 1975).

③ Oliver E. Williamson, "Transaction-Cost Economics：The Governance of Contractual Relations," *The Journal of Law & Economics*, Vol. 22, No. 2 (October 1979), pp. 233-261.

④ Robert O. Paxton, "Vichy Lives! -In a Way," *The New York Review of Books*, April 25, 2013.

⑤ Jonathan Steinberg, *Bismarck：A Life* (Oxford：Oxford University Press, 2011).

⑥ Peter H. Lindert, *Growing Public：The Story Social Spending and Economic Growth since the Eighteenth Century*, Vol. 1 (Cambridge：Cambridge University Press, 2004), Table 1. 2, p. 12.

⑦ Andrew Glyn, Alan Hughes, Alain Lipietz, and Ajit Singh, *The Rise and Fall of the Golden Age* (Helsinki：World Institute for Development Economics Research, 1988), https：//crisistheory4anticaps. files. wordpress. com/2013/05/the-rise-and-fall-of-the-golden-age. pdf.

力与推力两个方向促使欧美等国家大步走向福利国家，它们用于福利的开支占GDP 的比重快速增长。① 1960 年，欧美等国家用于福利的开支占 GDP 比重的中位数为 10.41%，比 1930 年增长了近 10 倍，1970 年为 14.84%，1980 年为20.09%，此后增幅较小，1995 年为 22.52%。换句话说，今天欧美等福利国家的基础主要是在战后的前 30 年（1945～1975 年）奠定的。②

福利国家的兴起具有重要的政治含义。亚当·普热沃尔斯基（Adam Przeworski）出版于 1985 年的《资本主义与社会民主》一书中一个重要的观点是，从 19 世纪到 20 世纪中期，经过冲突、斗争，资产阶级和工人阶级达成了所谓的"阶级妥协"：一方面，工人阶级接受资本主义生产方式，不再要求废除私有制，让资本家有钱可赚；另一方面，资产阶级必须拿出一部分钱来改善工人的福利，不要盘剥工人阶级到最后一滴血，要使工人阶级有信心，相信明天会比今天好。这是一种阶级之间的妥协，妥协的实现方式是增加各种福利和再分配。③ 从这个角度理解，福利支出的增加实际上是花钱买安定团结、买人心。在战后黄金时期，资本主义国家在很大程度上实现了这种安定团结，但随着时间的推移，不可避免地面临新的严峻挑战。

20 世纪 70 年代初期的石油危机、布雷顿森林体系的终结，以及其他种种原因让资本主义国家的经济扩张期戛然而止，接踵而来的是经济增长停滞甚至下降，通货膨胀率高企，失业率大幅上升。④ 经济增长的黄金时期结束了，福利国家的黄金时期便难以为继，毕竟福利政策花费巨大，需要雄厚的财力支

---

① Peter H. Lindert, Growing Public: *The Story Social Spending and Economic Growth since the Eighteenth Century*, Vol. 1 (Cambridge: Cambridge University Press, 2004), Table 1.2, p.12.

② Christopher Pierson, *Beyond the Welfare State? The New Political Economy of Welfare* (Pennsylvania State University Press, 1991), pp.121–128.

③ 〔美〕亚当·普热沃尔斯基：《资本主义与社会民主》，丁韶彬译，中国人民大学出版社，2013。不过，普热沃尔斯基最近指出，在欧美国家这种阶级妥协可能已经破裂，这致使西方民主遭遇极大的挑战，面临崩溃的危险。Javier Zarracina, "20 of America's Top Political Scientists Gathered to Discuss Our Democracy. They're Scared," *Vox*, October 13, 2017, https://www.vox.com/2017/10/13/16431502/america-democracy-decline-liberalism.

④ Andrew Glyn, Alan Hughes, Alain Lipietz, and Ajit Singh, "The Rise and Fall of the Golden Age," Wider Working Papers, No.043 (Helsinki: VNU–WIDER, 1988).

撑。① 然而，福利政策方面的麻烦只是表象，更深层次的麻烦反映在 20 世纪 70 年代上半叶出版的三部著作的书名上。

第一本书是奥康纳（James O'Connor）出版于 1973 年的《国家的财政危机》。该书第一页的一段话点明了财政危机的原因："每个经济与社会阶层和群体都希望政府在越来越多的事务上投入越来越多的钱，但是，没有人愿意缴纳新税款或更高的税率。事实上，几乎每个人都希望降低税收，许多团体已成功地为自己争取到减免或降税。社会对当地与全国预算的要求似乎是无限的，但人们对这些要求的支付意愿和能力看起来却是有限的。"② 这里说的是，不管是什么阶级，都希望国家多花钱，资产阶级也希望国家花钱，比如说刺激经济之类，工人阶级就更不用说了；而在掏腰包方面，所有的阶级都不情愿，都希望尽量把负担转到别人头上去。支出大大高出收入当然就会出现财政危机，这是一种结构性的问题，很难解决。如果看统计数据，他的观点在今天都是适用的，西方国家的财政收入和财政支出经常是不平衡的，有所谓的财政赤字的问题。

第二本书是哈贝马斯（Jürgen Habermas）出版于 1973 年的《合法性危机》。该书中的一张图有助于我们理解其核心论点（见图 3）。在哈贝马斯看来，经济系统、社会文化系统和政治行政系统之间是相互关联的。他关心的合法性危机（也许叫"正当性危机"更合适）发生在政治行政系统与社会文化系统之间：政治行政系统的运作需要以大众的忠诚为支撑，而大众的忠诚度取决于政治行政系统的社会福利政策表现；如果政治行政系统在社会福利政策方面表现不佳，社会文化系统就不会向它回报忠诚，从而导致合法性危机的出现。

第三本书是亨廷顿（Samuel P. Huntington）等学者于 1975 年向美国、西欧、日本三边委员会提供的研究报告《民主的危机：就民主国家的统治能力写给三边委员会的报告》。报告第一段为西式民主描绘了一个近乎四面楚歌的

---

① Peter Taylor-Gooby, "The Silver Age of the Welfare State: Perspectives on Resilience," *Journal of Social Policy*, Vol. 31, Iss. 4 (October 2002), pp. 597-621.

② James O'Connor, *The Fiscal Crisis of the State* (New Brunswick: Transaction Publishers, 1973), p. 1.

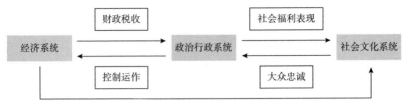

图 3　福利国家与合法性危机

资料来源：〔德〕尤尔根·哈贝马斯《合法化危机》，刘北成、曹卫东译，上海人民出版社，2000，第 7 页。

图景。同一年，亨廷顿在另一篇文章中用"民主瘟疫"来形容当时的局面，确信"20 世纪 60 年代展现出来的民主活力给 70 年代的民主提出了统治能力（governability）的问题"。[1] 究其原因，报告列举了以下四点。第一，追求平等与个人主义之类的民主价值已导致权威正当性的削弱，普通民众对领导精英失去信任。第二，政治参与的民主性扩张已给政府造成过重的负担，导致政府活动范围不平衡的扩大，从而加剧了经济领域的通货膨胀趋势。第三，民主意味着政治上的竞争，但这导致各社会群体的利益严重分化、政党的碎片化与衰落。第四，为了回应选民与利益集体的诉求，民主国家的外交往往带有狭隘民族主义的倾向。[2] 这里需要强调的是第二点，资本主义民主许诺个人自由，允许大家参与政治，结果人们从四面八方向政府施压，要求为自己提供可以享用的福利，但同时谁也不愿意付出代价，这必然造成政府无从招架的局面。亨廷顿严词驳斥了这样一种说法："治疗民主罪恶的唯一处方是更多的民主。"他认为，在当时的情况下用这个处方只会火上浇油，造成更糟糕的局面，当时各种问题的根源是"过度民主"，其处方只能是用两种策略对民主进行限制：一是很多问题不必政府管，不必用民主的方式处理；二是民主制度的有效运作需要一定程度的政治冷淡，一些人与一些社会集团不需要参与政治。如果实在做不到第二点，他希望社会集团都能自我约束。[3] 显然，这

① Samuel P. Huntington, "The Democratic Distemper," *Public Interest*, No. 41（Fall 1975），p. 11.

② Michel Crozier, Samuel P. Huntington, and Joji Watanuki, *The Crisis of Democracy*：*Report on the Governability of Democracies to the Trilateral Commission*（New York：New York University Press, 1975），pp. 161-162.

③ Samuel P. Huntington, "The Democratic Distemper," *Public Interest*, No. 41（Fall 1975），pp. 36-38.

无异于缘木求鱼。

这三本书在当时的学界与政界掀起轩然大波，它们实质上说的是同一件事：资本主义国家的阶级妥协需付出高昂代价，继续增加福利是国家难以承受的，国家的角色必须做出调整。当福利国家处于黄金时期，不少人认为找到了一个好的方式，可以让资本主义与工人阶级达成妥协，但到20世纪70年代，这种乐观情绪消退了。随着撒切尔夫人于1979年担任英国首相、里根于1980年赢得美国大选，一场新自由主义风暴席卷全球。[①]打着"私有化"与"自由市场"的旗号，新自由主义实行的就是亨廷顿推荐的第一种策略——"让国家缩水"。[②] 在欧美发达国家，这是"治理"一词开始在学界走俏的背景。

第二股暗流来自发展中国家。发展中国家在20世纪六七十年代表现不俗。1960~1979年，发展中国家的人均GDP中位数的年均增长率为2.5%。但是对许多发展中国家而言，80年代是"失去的十年"。例如，在这十年里，拉丁美洲国家的人均GDP不仅没有增长，反而下降了，[③] 撒哈拉以南非洲国家与阿拉伯国家亦是如此。[④] 事实上，1980~1998年，发展中国家作为一个整体，人均GDP几乎完全没有增长。[⑤] 发展中国家不是失去了十年，而是将近二十年。各方都试图找到发展中国家经济衰退的病因，并对症下药拿出扭转这种局面的方案。世界银行认为，这些地区面临的最大麻烦是国家管理经济的方式不当、能力不足，其角色必须做出调整。

第三股暗流是全球化（globalization）。熟悉全球化文献的人都知道，全球化已经历了三波高潮，我们今天所说的全球化实际上是第三波，其起点是在

[①] David Harvey, *A Brief History of Neoliberalism* (Oxford: Oxford University Press, 2005).

[②] Harvey Feigenbaum, Jeffrey Henig, and Chris Hamnett, *Shrinking the State: The Political Under-pinnings of Privatization* (Cambridge: Cambridge University Press, 1998).

[③] Juan S. Blyde and Eduardo Fernandez-Arias, "Why does Latin America Grow More Slowly," in Manuelli, Rodolfo E., Blyde, Juan S., Fernández-Arias, and Eduardo (eds.), *Sources of Growth in Latin America: What Is Missing?* (Washington, D.C.: Inter-American Development Bank, 2005), p. 2.

[④] UNDP, *Human Development Report 1996* (New York: Oxford University Press, 1996), p. 14.

[⑤] William Easterly, "The Lost Decades: Developing Countries' Stagnation in Spite of Policy Reform 1980-1998," *Journal of Economic Growth*, Vol. 6 (June 2001), p. 135.

1980 年前后。① 全球化在 20 世纪 80 年代初期以前很少被人提及，而从 80 年代中期开始备受关注。虽然此前有过两波全球化高潮，但新一波全球化高潮对世界各国仍然是严峻的考验。商品、资金、技术、信息甚至人口跨越国界流动的规模越来越大，很多问题并不是一国政府单枪匹马就能够解决的，这也要求国家的角色做出调整。

上述三股暗流对世界各国造成了严重冲击。如何应对冲击？有些人或机构似乎有先见之明，在这些暗流还没有形成巨大波澜之前，他们已亮出了观点，甚至拿出了应对之策。就治理研究而言，有三个里程碑式的人物与机构。

第一个里程碑是美国外交官、教育家克利夫兰（Harlan Cleveland）。他在 1972 年出版了《未来的执行官》一书，希望未来出现一种新的管理方式："做事的组织将不再采取从上到下的金字塔式的管理方式，不再把绝大多数实际控制权集中在最高层手中，……因为组织将变为扁平式，它们的管理方式将更可能是和议性、共识性、协商性的。需要解决的问题越大，更多的实权应该越分散，更多的人应该能执掌它。"②

在这本书里，克利夫兰没有使用"治理"这个词，但他指出的变革方向正是后来治理研究者们所倡导的。1980 年，他在文章中提到了"治理"："如果我们要统治自己，同时不造成政府越来越膨胀，我们社会中的非政府组织将不得不非常清醒地把自己看作治理的一分子。"③ 在公共管理领域，最早谈论治理理念并使用"治理"的人，也许非克利夫兰莫属。然而，今天大谈特谈治理的人似乎遗忘了这位先行者，相关文献中很少提及他与他的思想。遗忘也罢，记得也罢，不可否认的是，克利夫兰是公共管理领域治理理论的奠基人。④

---

① World Bank, *Globalization, Growth, and Poverty*: *Building an Inclusive World Economy*（Washington, D. C.：World Bank, 2002）, Chapter One "The New Wave of Globalization and Its Economic Effects," pp. 23–51.

② Harlan Cleveland, *The Future Executive*：*A Guide for Tomorrow's Managers*（New York：Harper & Row, 1972）, p. 13.

③ 转引自 William W. Boyer, "Political Science and the 21st Century：From Government to Governance," *PS*：*Political Science & Politics*, Vol. 23, No. 1（March 1990）, p. 51。

④ H. George Frederickson, "The Prophet of Public Administration," *Public Administration Times*, Vol. 26, No. 8（August 2003）, p. 11.

　　第二个里程碑是经济学家威廉姆森。20 世纪 70 年代初，他反复提及"市场与层级制"（markets and hierarchies），[1] 并在 1975 年以此为题出版了一本书。[2] 1979 年，他发表了一篇在经济学与管理学方面非常经典的文章《交易费用经济学：合约关系的治理》。[3] 这篇文章把决定交易完整性的制度框架叫作"经济治理结构"（economic governance structure），而市场与层级制是两种不同的经济治理结构。到 2018 年初，这篇论文已经被引用 10000 多次，是经济管理领域引用率较高的论文之一。

　　第三个里程碑是世界银行。世界银行的使命是促进发展中国家经济和社会的发展。发展中国家的经济增长在 20 世纪 80 年代遭遇了严重危机（尤其是撒哈拉以南非洲地区），[4] 这意味着世界银行在这个时期推行的方针出了问题，因此它必须另寻思路。1989 年底，世界银行出版了报告《撒哈拉以南的非洲：从危机到增长》，将非洲发展面临的一系列问题归结为"治理危机"。[5] 这是"治理"一词最早出现在世界银行的报告中。在接下来的几年里，世界银行反复在治理方面做文章。在 1991 年召开的发展经济年度会议上，"治理在发展中的作用"成为一个重要议题。[6] 次年，世界银行发布了报告《治理与发展》，其重点是推销"good governance"（国内有学者把它翻译为"良治"），并为推行"良治"开出了四剂药：公共部门管理、问责、法治、信息透明。[7] 两年后，世界银行又发布了报告《治理：世界银行的经验》，专门讨论它在"良

---

① Oliver E. Williamson, "The Vertical Integration of Production: Market Failure Considerations," *The American Economic Review*, Vol. 61, No. 2 (1971), pp. 112–123; Oliver E. Williamson, "Markets and Hierarchies: Some Elementary Considerations," *The American Economic Review*, Vol. 63, No. 2 (May 1973), pp. 316–325.

② Oliver E. Williamson, *Markets and Hierarchies: Analysis and Antitrust Implications* (New York: Free Press, 1975).

③ Oliver E. Williamson, "Transaction-Cost Economics: The Governance of Contractual Relations," *The Journal of Law & Economics*, Vol. 22, No. 2 (October 1979), pp. 233–261.

④ World Bank, *World Development Report 1989: Financial Systems and Development* (Washington, D. C.: World Bank, 1989), p. iii.

⑤ World Bank, *Sub-Saharan Africa: From Crisis to Growth: A Long-Term Perspective Study* (Washington, D. C.: World Bank, 1989), pp. xii, 60.

⑥ Lawrence H. Summers and Sbekhar Shah (eds.), *Proceedings of the World Bank Annual Conference on Development Economics 1991* (Washington, D. C.: World Bank, 1992), pp. 267–362.

⑦ World Bank, *Governance and Development* (Washington, D. C.: World Bank, 1992).

治"四个方面的作为。① 再往后，它组建了专门的团队，研究"治理"的衡量指标，并不时发布各国治理水平的排行榜。② 由于世界银行大张旗鼓地推动，"治理"吸引了越来越多研究者的注意力。

如图 2 所示，治理研究形成热潮的转折点大约在 1990 年，1990 年后曲线的弧度加大。之所以称它为转折点，一方面是因为在此之前十年，学术界有关治理的各类论文每年共计三四十篇，此后十年论文数量增长了 5~6 倍；另一方面，就在这一年，关于治理研究发表了至少三篇标志性论文。第一篇是鲍威尔（Woody Powell）的《既非市场又非层级制：网络式组织》，该文在威廉姆森所说的市场与层级制之外确认了另一种组织形式——网络式组织。③ 虽然鲍威尔本人并未活跃于治理领域，但治理领域里不少学者从他的网络理论里汲取了灵感。第二篇是罗兹（R. A. W. Rhodes）的《政策网络：英国的视角》。④ 罗兹是英国非常著名的公共行政学者、政治学者，是政策网络理论的先驱，是治理研究的领军人物，就是他不无夸张地把"新治理"称为"无须政府的治理"。⑤ 其理论的特点之一是把治理与政策网络联系在一起。⑥ 第三篇是伯耶尔（William W. Boyer）的《政治学与二十一世纪：从政府到治理》。这篇论文发表在美国政治学界的通讯性刊物上，只有短短 5 页，到目前为止只被引用了 55 次。笔者之所以把它看作标志性论文，一是因为作者真正领会了克利夫兰的理念，二是因为这篇文章以最清晰的语言预测了此后二三十年的学术趋势。作者自信地宣称："很明显，我们正在超越政府管治，迈向治理。"他将治理定义为"在政府的所作所为之外，还要加上政府与非政府合作伙伴在管理国家事务过程中的互动，亦即它们在经济与公共政策中的层层关系"。他不仅鲜

① World Bank, *Governance: The World Bank's Experience* (Washington, D. C.: World Bank, 1994).

② 世界银行网站，http://info.worldbank.org/governance/wgi/#home。

③ Woody Powell, "Neither Markets Nor Hierarchy: Networks Forms of Organization," *Research in Organizational Behavior*, Vol. 12 (1990), pp. 295-336.

④ R. A. W. Rhodes, "Policy Networks: A British Perspective," *Journal of Theoretical Politics*, Vol. 2, No. 3 (July 1990), pp. 293-317.

⑤ R. A. W. Rhodes, "The New Governance: Governing without Government," *Political Studies*, Vol. 44, No. 4 (September 1996), pp. 652-667.

⑥ R. A. W. Rhodes, *Understanding Governance: Policy Networks, Governance, Reflexivity and Accountability* (Philadelphia: Open University Press, 1997).

明地扛起了"治理"的旗帜，还拿出了治理改革的纲领："我们正处于潮流转向的关头，私有化、自由市场、外包、结构调整、权力下放、重组、放松管制、可持续发展、赋权和参与就是方向。这个时候，公共政策的制定和执行似乎越来越多地由那些非政府机构来进行，这一切值得政治学家更多地关注。"①

1990 年以后，治理研究开始了爆发式增长。图 5 用科学网（Web of Science）提供的数据绘制而成。② 它显示，20 世纪 50 年代，所有领域的论文只有 6 篇涉及治理；60 年代增加了十倍多，但也只有 68 篇；70 年代比 60 年代增加 3 倍多，为 244 篇；80 年代比 70 年代增加了 150 多篇，达到 400 篇，但还是不多。90 年代就不同了，十年间共有 2318 篇论文涉及治理。21 世纪以来更是治理研究的黄金期：头一个十年，这方面的论文已经达到 12118 篇，第二个十年又发表了 17557 篇。可见，1990 年的确是一个转折点，此后治理研究蔓延到各个领域，并大热起来。过去二三十年文献中的"治理"一词与其原本的含义有了本质的区别：治理原来泛指管理、控制、统治某个事物或某个实体（包括国家）的行为和方式，而现在特指管理、控制、统治某个事物或某个实体（包括国家）的某类方式，即符合新自由主义理念的方式。

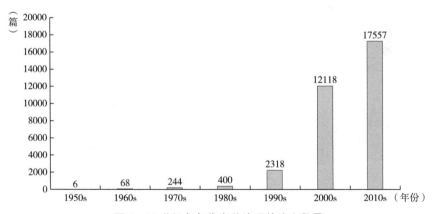

图 5　20 世纪各年代有关治理的论文数量

资料来源：作者根据科学网（Web of Seience）数据绘制。

---

① William W. Boyer, "Political Science and the 21st Century: From Government to Governance," *PS: Political Science & Politics*, Vol. 23, No. 1（March 1990）, pp. 50-54.

② 科学网收集的出版信息涵盖自然科学、社会科学、人文艺术方面的 256 个学科领域，收录了每个领域最有影响的期刊。

　　图5以年代为单位，它可能会遮蔽变化轨迹的一些细节。图6以年度为单位，显示各领域有关治理的论文数量在1990~2009年一直呈爆发式增长态势；其后六年，虽然仍呈增长态势，但已出现升降互见的情况；自2015年后，持续二十多年的增长势头似乎已经见顶，并出现下降的势头。这是否意味着三十年河东、三十年河西，治理研究的热潮正在消退？谷歌趋势（Google Trends）似乎可以印证这个判断（见图7），在公众话语中，"governance"一词的热度早就悄然降低。它也许在2004年达到顶峰（热度指数达到100），之后持续下

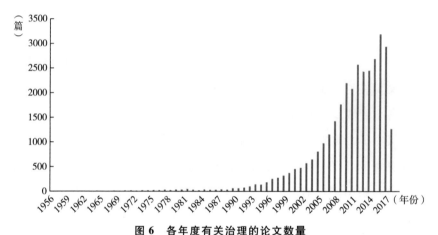

图6　各年度有关治理的论文数量

资料来源：作者根据科学网（Web of Seience）数据绘制。

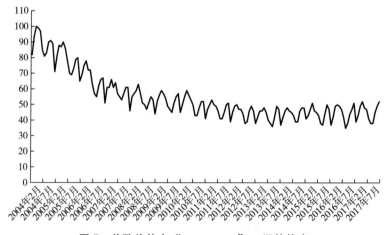

图7　谷歌趋势中"governance"一词的热度

资料来源：谷歌趋势（Google Trends）。

滑，于 2007 年跌至 70 以下，2011~2017 年徘徊于 40~55。西方的治理研究"其兴也勃焉"，并在过去二三十年风行一时，它是否会"其亡也忽焉"？今天还在做治理研究的人，如果是为了赶时髦，那得小心了，这个时髦也许正在过时。

二 范式转换？

在过去二三十年，许多热衷治理研究的国内外学者都认为，公共管理已经发生了"范式转换"（paradigmshift）或根本性的变化，不仅如此，他们还认为，这种范式转换代表了人类社会的一个普遍趋势。问题是，真的存在这样一种范式转换吗？在有关范式转换的讨论中，真正具有原创性的鼓吹者并不太多，绝大多数人未必进行过认真严肃的批判性思考，不过是人云亦云而已。

所谓范式转换，据说是从"政府"（government）转为"治理"（governance）。更具体地说，从前，公共管理是政府唱独角戏，由政府用从上到下的层级方式进行运作；现在，政府在公共管理中不再是唯一的中心，还有诸多非政府的中心，且各个中心之间是水平关系，而不是从属关系，政府必须与非政府的合作者一起管理公共事务。这套说辞的基本定位很清楚：由政府进行公共管理是不好的，因为没有必要什么事情都由政府自己"划船"；而用治理的方式进行公共管理是好的，因为政府根本不应亲自"划船"，它只是"掌舵"而已。在有关治理的文献里，经常会有这样的说法：方方面面的变化已使政府不再具有独自进行公共管理的能力，在这种背景下，新的公共管理范式应运而生，其特点是政府机构与各种利益相关者（包括别的政府机构、公司、非政府组织、公民个人）相互沟通、相互依赖。在此过程中，后者与前者一样重要，甚至可能更重要，以至于有学者夸张地说，治理就是无须政府的公共管理（governing without government）。① 国内也有学者赞同这种说法，并称"中国学

---

① 最早为美国学者罗森若讨论国际政治时使用了这种说法，见 James N. Rosenau，"Governance，Order and Change in World Politics，" in James N. Rosenau and Ernst - Otto Czempiel（eds.），*Governance without Government*：*Order and Change in World Politics*（Cambridge：Cambridge University Press，1992），pp. 3-6。让这种说法广为人知并应用于国内政治的是英国学者罗兹，见 R. A. W. Rhodes，"The New Governance：Governing without Government，" *Political Studies*，Vol. 44，No. 4（September 1996），pp. 652-667。

者广泛认为，治理就是无须政府的公共管理"。① 早在 1996 年，已有学者点明范式转换的实质是政府撤出，市场取而代之，"国家曾经是市场的主宰，而现在却是市场在许多关键领域主宰了各国政府"。②

范式转换论说法的背后有几个假设：第一，政府不应该是影响社会经济发展的唯一角色；第二，权力应该更广泛地分布，从政府单极分散到许许多多个独立的、非政府的权力中心；第三，市场优于政府，凡是市场能办的事情就应依靠市场，市场是优先选择。一言以蔽之，所谓范式转换，说到底是要改变国家的角色。

基于上述几个假设，治理研究文献重点讨论的往往是怎样改变国家的角色。有人主张让国家完全撤出某些领域，把它们彻彻底底地交由市场处置。这正是亨廷顿在 1975 年有关民主危机的报告中强烈建议的。他认为政府不需要对所有事务负责，应该从尽可能多的领域退出来，为自身减负，这可以被称为"新自由主义治理"（neoliberal governance）。有人主张把权力水平地从公共机构转移给私人机构，因为后者更有效率、更多样化，这可以被称为"社会自理"（societal self-governance）。有人主张把权力水平地从公共机构转移给半公共性质的独立组织与机构，多一些组织和机构参与可以提高治理质量，这可以被称为"网状治理"（network governance）。有人主张把权力水平地从政府行政部门转移到立法部门和司法部门，认为这样做有利于权力制衡，这可以被称为"制衡式治理"（balanced governance）。有人主张把政府的权力进行垂直转移，亦即从中央政府转移到下级政府，这可以被称为"分权式治理"或"多层治理"（multi-level governance）。最后，还有人主张把权力从各国政府转移到国际组织，比如将欧洲各国的权力转移到欧盟、欧洲法院、欧洲议会，世界各国的权力转移到诸如世界贸易组织、世界卫生组织之类的国际组织、多边组织，这可以被称为"全球治理"（global governance）。③

---

① Yu Keping, "Toward an Incremental Democracy and Governance: Chinese Theories and Assessment Criteria," *New Political Science*, Vol. 24, No. 2 (2002), pp. 195-196.

② Susan Strange, *The Retreat of the State: The Diffusion of Power in the World Economy* (Cambridge: Cambridge University Press, 1996), p. 4.

③ Victor Bekkers, Geske Dijkstra, and Menno Fenger (eds.), *Governance and the Democratic Deficit: Assessing the Democratic Legitimacy of Governance Practices* (Burlington, VT: Ashgate, 2007), pp. 20-21.

一言以蔽之，鼓吹范式转换的人无非是在以各种各样的方式推动政府角色的改变，无论是水平意义上的改变，还是垂直意义上的改变。问题是，如果彻底实施范式转换论的种种方案，一国中央政府是否就武功全废了呢？

不少从事治理研究的人想当然地以为，"治理"是一个中立的、不带任何意识形态色彩的概念。这种理解大谬不然。"新治理"（new governance）也罢，"良治"（good governance）也罢，都不是中立的概念，它们都带有强烈的意识形态色彩。在"治理"这个名词前加上"新"或"良"之类的形容词，实际上是把"治理"定位于某种特定的意识形态（哪怕不加形容词，只要把"治理"理解为一种范式转换，所谓范式转换本身也有明确的意识形态底色），这就是在过去二三十年甚嚣尘上的新自由主义。当然，不排除有些学者讨论治理时能清醒地与新自由主义划清界限，但是大谈特谈范式转换的人往往非常清楚自己的意识形态立场，而其他不少人则懵懵懂懂地、不知不觉地成为新自由主义的"吹鼓手"与"抬轿者"。

"范式转换"说实际上是一种规范性理论，而不是实证性理论。在现实世界，所谓范式转换之前是什么情况？各国的公共管理到底是不是发生了范式转换？范式转换后政府还剩下什么角色可以扮演？如果围绕这三个问题考察一下各国的情况，就会发现范式转换说其实没有什么牢靠的实证基础。首先，它虚构了过去与现在的反差，好像从前政府无所不在，而现在政府无能为力。其次，它假设了一种零和游戏，要推行治理必须削弱政府。最后，它倾向于否认或至少贬低了政府在公共管理中的积极作用。① 限于篇幅，本文不可能深入讨论各国的具体情况，只介绍一下几位重要学者的研究结论。

美国匹兹堡大学教授皮特斯（B. Guy Peters）1998年写过一篇书评，评论罗兹1997年出版的《理解治理：政策网络、治理、反思和问责》一书。当时，他就质疑："政策网络或类似的东西是不是一直都存在？发生改变的是不是只是理论而不是现实？如果有任何变化的话，也许只是程度有些改变，而不

---

① Jacob Torfing, B. Guy Peters, Jon Pierre, and Eva Sorensen, *Interactive Governance：Advancing the Paradigm* (New York：Oxford University Press, 2012), p. 10.

是性质发生了根本改变，因为政府历来都会与社会中各类群体互动。"① 十年后，治理研究变得更加红火，但现实依然没有多大变化。皮特斯不得不再次出面澄清："'新治理'声称的大部分新颖性实在是夸大其词……即使是在世界范围内快速浏览一下，也足以质疑去国家中心化的治理模式（less state-centric models of governance）到底新在何处？"② 他引用的例证来自东亚、拉美、非洲及欧美，在这些地区的国家，范式转换实际上并没有出现，它只是存在于某些人的头脑里，是他们希望出现的局面。

"范式转换"说认为治理与政府的最大区别在于，后者是从上到下的层级式管理，而前者是扁平式管理；"转换"云云暗示从上到下的管理方式过时了、减少了。果真如此吗？经验研究显示未必，这里引用三组研究。第一组研究发现，"层级制是连接存在的必要条件"，并指出美国的政治体制仍然是以层级与管辖为特征的。③ 第二组研究分析了七个欧洲国家（奥地利、芬兰、法国、德国、爱尔兰、荷兰与英国）与欧盟的情形后，得出结论："至关重要的是，许多新的政策工具需要国家的某种参与（即政府），很少政策工具可以完全不需要国家的参与（即纯粹的治理）。因此，治理远非政府的隐退，恰恰相反，治理往往与政府相互补充，即使它们之间偶尔发生矛盾，也会出现一些融合的局面。"④ 第三组研究覆盖面更广，分析了 1990~2001 年发表在 70 种主要学术刊物上的 800 多项研究成果。作者发现，韦伯式等级官僚结构实际上没有什么变化。尽管新公共管理运动宣称，层级制和集权制不利于"良好"的治理，但这项研究清楚地表明，"从层级式政府转向扁平式治理更多的是战术性

---

① B. Guy Peters, "Review of Rod A. W. Rhodes's Understanding Governance: Policy Networks, Governance, Reflexivity and Accountability," *Public Administration*, Vol. 76, No. 2 (Summer 1998), p. 408.

② B. Guy Peters and Jon Pierre, "Governance and Social Complexity," *Statsvetenskaplig Tidskrifts*, Vol. 110, No. 3 (2008), p. 241.

③ H. George Frederickson and Kevin B. Smith, *The Public Administration Theory Primer* (Boulder, CO: Westview Press, 2003), p. 224.

④ Andrew Jordan, Rüdiger K. W. Wurzel, and Anthony Zito, "The Rise of 'New' Policy Instruments in Comparative Perspective: Has Governance Eclipsed Government?" *Political Studies*, Vol. 53, No. 3 (October 2005), pp. 477-496.

调整，而不是根本性变化"。① 这三组研究都是在 21 世纪治理研究达到高潮时进行的，它们清楚地显示，各国公共管理的方式压根没有发生传说中的范式转换。基于这种观察，有公共管理教父之称的美国学者列恩（E. Lynn）在 2010年发表文章《治理让政府黯然失色了吗?》。他对这个问题的回答是："除了失败的国家之外，世界上每个国家的政府都是社会治理的一个方面；不仅如此，世界上没有一个地方的政府沦为弱者，只扮演敲边鼓的、打下手的角色。可以说，趋势的走向恰恰是相反的。"② 在具有批判头脑的学者看来，所谓范式转换不过是一厢情愿的幻影：由于主观上希望出现转换，便四处寻找转换的蛛丝马迹，并拿支离破碎的证据支撑一个宏大的叙事，仿佛全世界的公共管理已经发生了根本性的改变。

国内外有一些人喜欢开口闭口谈良治。乍一听，良治的确很有诱惑力，试想谁会钟情于劣治呢？由于具有这种直观的吸引力，在为一些面临经济和政治发展困难的国家寻求出路时，良治很快变为最关键的一剂药方。研究人员纷纷将这个概念作为解释制度失灵与发展受阻的主要变量，提高治理水平、变劣治为良治成为发达国家与国际组织向发展中国家提供援助的一个基本要求，倡导者把解决一系列其他问题的希望也寄托在改进治理水平上。进入 21 世纪后，可以说，发展议程的很大一部分都与良治挂上了钩，世界银行还发展出一套良治的指标，其他国际发展机构也纷纷设立治理部门，聘用了一批治理顾问和研究人员，增加了用于实现良治的资助，并将治理评估纳入一揽子援助计划。③

我们不去深究良治的定义，也不讨论世界银行衡量良治的指标有没有道理。即使接受通行的说法，我们还需追问，良治确实能产生那么神奇的作用吗？有些人也许随口能够列举出良治的一大堆好处，然而他们没有意识到，在

---

① Carolyn J. Hill and Jr. Laurence E. Lynn, "Is Hierarchical Governance in Decline? Evidence from Empirical Research," *Journal of Public Administration Research and Theory*, Vol. 15, No. 2 (2005), pp. 173-195.

② Jr. Laurence E. Lynn, "Has Governance Eclipsed Government?" in Robert F. Durant (ed.), *The Oxford Handbook of American Bureaucracy* (Oxford: Oxford University Press, 2010), p. 684.

③ Merilee Grindle, "Good Governance: The Inflation of an Idea," Faculty Research Working Paper Series RWP10-023, Harvard Kennedy School, June 2010, https://dash.harvard.edu/handle/1/4448993.

良治的指标与良治的好处之间往往存在循环论证。[①] 正如某位批评者指出的那样："良治不仅能减轻贫困，它本身就没有贫困；它不仅能促进参与，它本身就必须具备参与性；它不仅能提高政府的透明度，它本身就应该是透明的，等等。然而，这类（逻辑）问题却往往被普世的光环、曲里拐弯的措辞和循环推理所掩盖。"[②]

世界银行推出良治指标，其基本假设是良治有利于经济增长与社会进步。[③] 然而在很长的时间里，这个关键性的假设没有接受任何实证检验。有鉴于此，两位学者于 2007 年发表一篇文章重新审视两者之间的关系。他们有三个发现：第一，通常使用的良治度量方法问题多多；第二，即使采用存在问题的良治指标，也得不出良治促进发展的结论，"人们常说的经济增长与治理之间存在某种关系，但这种说法的实证基础非常脆弱，经不起检验"；第三，反过来，倒是增长与发展更可能提高治理水平。[④]

其实，只要对世界银行的良治指标稍加分析就会发现，它带有西方主流意识形态色彩，良治指数较高的国家并不一定发展得比较好，指数较低的国家不一定发展得差。这种反差是如此明显，以至于哈佛大学肯尼迪政府管理学院经济学教授罗德里克（Dani Rodrik）2008 年对世界银行说出这样一番话："我没见过任何强有力的经济计量证据可以把标准的治理指标与经济增长联系起来。相反，治理指标不高但增长强劲的例证可以找到不少，如中国、越南、柬埔寨等一些亚洲经济体。这些例证的数量足以让人怀疑任何与之相反的说法。我们应该把这看作一个好消息，大规模的制度转型（治理议程希望促成的转型）

① Oman Charles P. and Arndt Christiane, *Development Centre Studies Uses and Abuses of Governance Indicators* (OECD Development Centre, 2006), p. 72; Wil Hout, *The Politics of Aid Selectivity: Good Governance Criteria in World Bank, U. S. and Dutch Development Assistance* (New York: Routledge, 2007), p. 46.

② Zo Wilson, *The United Nations and Democracy in Africa: Labyrinths of Legitimacy* (New York: Routledge, 2006), p. 51.

③ World Bank Institute, "Good Governance and Its Benefits on Economic Development: An Overview of Current Trends," http://siteresources. worldbank. org/INTWBIGOVANTCOR/Resources/1740479 - 1149112210081/2604389 - 1149699431307/edouardpresentation_munich_inwent. pdf.

④ Marcus Kurtz and Andrew Schrank, "Growth and Governance: Models, Measures and Mechanism," *The Journal of Politics*, Vol. 69, No. 2 (May 2007), pp. 538-554.

几乎从来都不是增长的先决条件。"① 除了罗德里克列举的例子之外，近年来很多增长快的经济体也在良治排行榜上排位不高，如埃塞俄比亚、乌兹别克斯坦、印度、吉布提、老挝、尼泊尔、菲律宾、缅甸等。有意思的是，联合国于2012 年在其发展系列丛书中推出了一批学者的论文集，其书名就表明了对流行说法的质疑——《良治真的有利于发展吗？》②。如果良治并不能产生其鼓吹者希望看到的那些好结果，这种良治何"良"之有？

也许正是由于范式转换只存在于规范意义上，而良治在实证意义上没有什么效果，人们对"治理"的热情出现了消退（见图 6、图 7）。现在恐怕已经到了重新思考公共管理改革大方向的时候。《比较政策分析学报：研究与实践》（*Journal of Comparative Policy Analysis：Research and Practice*）于 2015 年出版了一份专刊，标题是"把政府请回来：比较政策分析中的治理与统辖"。③三十多年前，"把国家请回来"曾对政治学、社会学等领域产生过巨大影响，④而这份专刊借用了其表述方式，大概是希望产生同样的效果。专刊的编辑们指出："虽然关于治理的文献已经很多，且还在膨胀，但它们几乎从未说明'新治理'到底'新'在何处。"他们接着问道："它到底是与过去的制度和过程进行了彻底切割，还是仅仅记录了各国政府为适应不断变化的社会经济条件所进行的一些必不可少的工具性变革？这些变化是否真的意味着出现了一个新的体系，政府在其中不过是一个普通的角色，与社会中和国际上的其他角色别无二致？更根本的问题是，治理到底是反映'小政府'鼓吹者一厢情愿的规范性框架，还是对现实的经验描述？"他们自己的看法是："近年来关于私有化和放松管制的实证研究使我们有充分的理由质疑国家衰落的说法，质

---

① Dani Rodrik，"Thinking about Governance," in Douglass North，Daron Acemoglu，Francis Fukuyama，and Dani Rodrik，*Governance，Growth，and Development Decision - making*（Washington，D.C.：World Bank，2008），p.19.

② Jomo Kwame Sundaram and Anis Chowdhury（eds.），*Is Good Governance Good for Development*？（London & New York：Bloomsbury Academic，2012）.

③ Giliberto Capano，Michael Howlett & M Ramesh，"Bringing Governments Back in：Governance and Governing in Comparative Policy Analysis," *Journal of Comparative Policy Analysis：Research and Practice*，Vol.17，No.4（2015）. 除这篇引言外，该专刊还登载了另外四篇文章。

④ Peter B. Evans，Dietrich Rueschemeyer，and Theda Skocpol（eds.），*Bringing the State Back in*（New York：Cambridge University Press，1985）.

疑'无须政府的治理'的说法"，"政府在政策制定过程中其实继续发挥着关键作用，如果忽略了这一事实，治理研究就有一种内在风险：它仅仅立足于规范性的看法上，而缺乏牢靠的经验基础。"没有实证基础的学术研究属于哲学与伦理学，对公共管理而言充其量好比镜中花、水中月，再好看也没有什么用处。

三 是跨学科概念还是空洞的能指？

有人称，治理研究是"一个名副其实的成长型行业"（a veritable growth industry），这话说得真不错。过去二十来年，这个"行业"在全世界花费了无数的研究经费，养活了一大帮学者。有人注意到，藏书1.5亿册的大英图书馆，直到1975年一共只有47本书的书名中带有"governance"这个词，之后，标题中带有"governance"的出版物数量在各个学科中爆发式增长。① 1988年，出现了一份新的学术刊物《治理：政策与行政国际学刊》（*Governance：An International Journal of Policy and Administration*）。赶时髦的还有很多大学，国外很多大学成立了治理研究学院（school of governance）或治理研究中心（center of governance），国内大学也是如此。布鲁金斯研究所也不能免俗，它在2002年将其久负盛名的"政府研究"（governmental studies）项目改为"治理研究"（governancestudies）项目。② 这股潮流势头强劲，以至于有人说，治理几乎变为了"公共管理与公共行政的同义词"。③

其实，岂止是在公共管理、公共行政、政治学领域，治理研究的影响简直是无远弗届。检索科学网（Web of Science）会发现（见表1），1967~2017

① Boaventura de Sousa Santos, "Beyond Neoliberal Governance：The World Social Forum as Subaltern Cosmopolitan Politics and Legality," in Boaventura de Sousa Santos and César A. Rodríguez Garavito (eds.), *Law and Globalization from Below* (Cambridge：Cambridge University Press, 2005), p. 31.

② Carolyn J. Hill and Jr. Laurence E. Lynn, "Is Hierarchical Governance in Decline? Evidence from Empirical Research," *Journal of Public Administration Research and Theory*, Vol. 15, No. 2 (December 2004), p. 173.

③ H. George Frederickson and Kevin B. Smith, *The Public Administration Theory Primer*, Boulder (CO：Westview Press, 2003), p. 225.

年，有关治理的论文已发表近五万篇，其中经济、管理领域是发表此类论文最多的，占比 18.7%，其次是科学、技术领域，占比 17.5%。排在第三位的是政府、法律领域，排在第四位的是公共行政领域。除此之外，环境科学、生态，其他社会科学，国际关系、区域研究，城市研究、地理领域也有大量相关论文发表。最早使用"治理"一词的教育研究领域落到排行榜的末位，而艺术、人文学科也没有缺位。"治理"一词虽然运用如此广泛，但在很多领域使用得并不恰当。当然，有的人比较乐观，比如有两位学者于 2004 年发表了文章《治理：跨越不同领域的桥梁》。他们承认不同领域对"治理"的含义的理解可能不同，但认为这个概念可以成为连接不同领域的一座桥梁，促成跨领域的比较，最终找到各领域相通的地方。他们列举了九种对"治理"概念的使用方式，涉及政治、法律、公共行政、经济学、企业管理、社会学、地理学、历史学等领域。不同领域使用"治理"概念时往往会加上一些前缀，比如公司治理（corporate governance）、都市治理（urban governance）、全球治理（global governance）、多层治理（multi-level governance），乃至政府治理（government governance）。他们相信自己找到了对"治理"不同理解的五个共同点——多中心、网络、关注过程、推动合作、规范性概念，并据此将"治理"称作桥接概念，即一个可以将各个学科连接起来的概念。①

表 1　各学科有关治理的论文数量（1967~2017 年）

	论文数量（篇）	占比（%）
经济、管理	9250	18.7
科学、技术	8667	17.5
政府、法律	7567	15.3
公共行政	5169	10.5
环境科学、生态	4721	9.6
其他社会科学	4398	8.9
国际关系、区域研究	4051	8.2

---

① Van Kersbergen and Van Waarden, "'Governance as a Bridge between Disciplines: Cross-disciplinary Inspiration Regarding Shifts in Governance and Problems of Governability, Accountability and Legitimacy," *European Journal of Political Research*, Vol. 43, No. 2 (March 2004), pp. 143-171.

	论文数量（篇）	占比（%）
城市研究、地理	2318	4.7
艺术、人文学科	2120	4.3
教育研究	1159	2.3

资料来源：作者根据 Web of Science 绘制。

在这篇文章发表前后，其他学者也注意到"治理"的不同用法。1996 年，当治理研究刚开始热络时，罗兹指出，"治理"至少有六种不同的含义：一为小政府（the minimal state），二为公司治理（corporate governance），三为新公共管理（the new publicmanagement），四为良治（good governance），五为社会控制论系统（a socio-cybernetic system），六为自治网络（self-organizing networks）。作者很清楚，"治理"的含义太多，难以成为有用的、跨领域的概念，他解决问题的方式是为"治理"下一个"规定的定义"（a stipulative definition），并限定它用于分析英国政府。[①] 问题是，如果每位学者都给"治理"下一个定义，那么治理研究到底能走多远？

四年后，罗兹改变了对"治理"的分类方式，认定了七种"治理"的用法：一是公司治理，二是新公共管理，三是良治，四是国际治理（internationalgovernance），五是社会控制论系统，六是受马克思主义影响的新政治经济学，七是网状治理（netword governance）。[②]

赫斯特（Paul Hirst）于 2000 年概括了"治理"的五种使用方式：一是良治，二是国际治理，三是公司治理，四是新公共管理，五是网状治理。[③]

芬格（Menno Fenger）与贝克斯（Victor Bekkers）于 2007 年归纳了五种治理模式：一是间隔式治理（governance at a distance），二是分级治理（multi-level governance），三是市场治理（market governance），四是网状治理，

---

① R. A. W. Rhodes, "The New Governance: Governing without Government," *Political Studies*, Vol. 44, No. 4 (Sept. 1996), pp. 652-667.

② R. A. W. Rhodes, "Public Administration and Governance," in Jon Pierre (ed.), *Debating Governance: Authority, Steering, and Democracy* (Oxford: Oxford University Press, 2000), pp. 54-90.

③ Paul Hirst, "Democracy and Governance," in Jon Pierre (ed.), *Debating Governance* (Oxford: Oxford University Press, 2000), pp. 13-35.

五是社会治理（societal self-governance）。①

列恩于 2010 年概括了"治理"的另外五种最主要用法：一是第三方政府（third-party government），二是分级治理，三是网状治理（governance as networks），四是治理而不是政府（governance-not-government），五是新治理（new governance）。②

需要注意的是，上面各位学者提到的"治理"的使用方法相互之间有重合部分，但不完全一样，还有学者用其他方式为"治理"的不同含义进行分类。有些学者实在说不清楚便使用更模糊的概念，如混合治理（hybrid governance）③、运营型治理（operational governance）④、公共部门治理（public sector governance）⑤、新公共治理（new public governance）⑥ 等。这里的例子仅来自公共管理、公共行政领域，如果把其他领域都包括进来，"治理"的含义之多、之混杂就可想而知了。

这么多人进行治理研究，看似一片红火，但大家说的不完全是同一个东西，2000 年有学者说，这个概念是"臭名昭著地含混不清"（notoriously slippery）。⑦ 三年后，情况未有改观，有学者感叹，"就治理而言，我们仍处于一个创造性的混乱时期"，但似乎暗示，随着时间推移，对这个概念的理解也许会逐渐清晰起来。⑧ 有的学者就不那么乐观，称试图修补这个概念好比"试图

---

① Menno Fenger and Victor Bekkers, "The Governance Concept in Public Administration," in Victor Bekkers, et al. (eds.), *Governance and the Democratic Deficit*: *Assessing the Democratic Legitimacy of Governance Practices* (Burlington, VT: Ashgate, 2007), pp. 13-34.

② Jr. Laurence E. Lynn, "Has Governance Eclipsed Government?" in Robert F. Durant (ed.), *The Oxford Handbook of American Bureaucracy* (Oxford: Oxford University Press, 2010), pp. 669-690.

③ Peter L. Hupe and Lucas Meijs, *Hybrid Governance*: *The Impact of the Nonprofit Sector in the Netherlands* (The Hague: Social and Cultural Planning Office, 2000).

④ Michael Hill and Peter L. Hupe, *Implementing Public Policy*: *An Introduction to the Study of Operational Governance*, *Second edition* (London: Sage, 2009).

⑤ Australian Public Service Commission, "Building Better Governance," 2007, http://www.apsc.gov.au/__data/assets/pdf_file/0010/7597/bettergovernance.pdf.

⑥ Stephen P. Osborne, *The New Public Governance*? *Emerging Perspectives on the Theory and Practice of Public Governance* (London: Routledge, 2010).

⑦ 例如，Jon Pierre and B. Guy Peters, *Governance*, *Politics and the State* (London: Palgrave Macmillan, 2000)。

⑧ Jan Kooiman, *Governing as Governance* (London: Sage, 2003), p. 5.

把布丁钉上墙"。① 到了 2007 年，有学者发表了《公共行政发生了什么？治理、治理，它无处不在》。作者不无嘲讽地指出："治理现在无处不在，它似乎意指着任何事情、所有事情。因为治理现在是一个影响很大的名词，是一个主导性描述符，是学术界时髦风尚带头人目前的最爱，所以大家都想方设法把它与当下所有其他流行的话题勾连在一起。"② 作者忘了说的是，如果一个概念意指任何事情，那么它实际上毫无意义。使用这样一个充满歧义、内涵不清、外延无边的概念进行研究有什么意义、有什么风险呢？有一位学者的评论可谓一针见血："它涵盖的范围越大，它就越需要将概念进行拉伸，以适用于多层面体制安排和决策程序。其不可避免的后果是语言模糊，无法为解释具体情况提供指导，也难以将这些情况与其他可能的概念框架区分开来。由于这个概念的含义太广且具有无限的延展性，它不可能被证明是错误的，但同样也不可能被证明是正确的。"③ 概念拉伸（conceptualstretching）是治学大忌。④ 概念是分析的工具，工具不精确，分析不可能可靠。回首过去二三十年的社会科学研究就会发现，越是时髦的大词（如自由、民主、人权等），概念拉伸的情况就越严重。"治理"也是如此，概念延伸范围太大、涉及领域太多，距离当年克利夫兰的严格定义相去甚远，甚至几乎完全丧失了其作为分析工具的有效性。2009 年，德国著名马克思主义政治社会学家奥菲（Claus Offe）发表了论文《治理：一个空洞的能指？》，他指出："当人们在近年来出版的社会科学百科全书和手册中搜索'治理'一词时，他们可能会不由自主地怀疑，这个术语不过是一个'空洞的能指'，它充其量只是一个内容随意变换的口头框架。"

---

① Tony Bovaird and Elke Löffler, "Evaluating the Quality of Public Governance: Indicators, Models and Methodologies," *International Review of Administrative Sciences*, Vol. 69, No. 3 (September 2003), p. 316.

② H. George Frederickson, "Whatever Happened to Public Administration? Governance, Governance Everywhere," in Ewan Ferlie, Jr. Laurence E. Lynn, and Christopher Pollitt (eds.), *The Oxford Handbook of Public Management* (Oxford: Oxford University Press, 2007), pp. 285-286.

③ Rosa Comella, "New Governance Fatigue? Administration and Democracy in the European Union," Jean Monnet Working Paper 06/2006, New York School of Law.

④ Giovanni Sartori, "Concept Misformation in Comparative Politics," *The American Political Science Review*, Vol. 64, No. 4 (December 1970), pp. 1033-1053; David Collier and Jr. James E. Mahon, "Conceptual 'Stretching' Revisited: Adapting Categories in Comparative Analysis," *The American Political Science Review*, Vol. 87, No. 4 (December 1993), pp. 845-855.

大家迷迷糊糊地使用这个"空洞的能指"有助于形成"学术盛况"，以为自己理解了"治理"，但理解各不相同。讨论、辩论热闹非凡，研讨会一场又一场，论文专著一部又一部，政策报告一篇又一篇，各说各话，各行其是。奥菲指出，这也许正是治理研究风行一时的原因，"尽管（或者正是由于）缺乏固定的核心含义，这类'空洞'的概念却可能在政治上和学术上占据霸权地位"。① 在奥菲之前已有人得出了同样的结论，如施耐德（Volker Schneider）在 2004 年指出，概念模糊正是治理研究大行其道的秘密。② 也许，这里应该再加一句：概念模糊也是其他大词长期盛行的秘密，它们对分析、认识现实世界毫无帮助，只会让人更加糊涂，其唯一的功用是让欧美的主流意识形态占据道义的高地。问题是，治理研究本是欧美学界自己的游戏，中国学者是否有必要参与其中呢？

四　回到本源

在汉语中，"治理"一词古已有之，其含义与英文的"govern"对应，指的是"管理""统治"，如《荀子·君道》中有一句："明分职，序事业，材技官能，莫不治理，则公道达而私门塞矣，公义明而私事息矣。"又如《孔子家语·贤君》中有："吾欲使官府治理，为之奈何？"瞿秋白也曾使用过"治理国家"的说法。③ 不过，在很长的时间里，"治理"一词很少被使用，与英文"governance"的情况非常相似，即便使用，在"统治"意义上使用它也极为罕见，相对常见的倒是它的另一个意思"处理、修整"，如中国大陆出版的《现代汉语词典》④ 与台湾地区出版的辞典都有这种解释，这是英文

① Claus Offe, "Governance: An 'Empty Signifier'?" *Constellations*, Vol. 16, No. 4（December 2009）, pp. 550-562.

② Volker Schneider, "State Theory, Governance and the Logic of Regulation and Administrative Control," in Andreas Warntjen and Arndt Wonka（eds.）, *Governance in Europe: The Role of Interest Groups*（Baden-Baden: Nomos Publishers, 2004）, p. 25.

③ 汉语大词典编辑委员会、汉语大词典编纂处：《汉语大词典》，汉语大词典出版社，1990，第 1126~1127 页。

④ 中国社会科学院语言研究所词典编辑室编《现代汉语词典》，商务印书馆，2016，第 1690 页。

"governance" 没有的含义。检索中国知网就会发现，1949~1959 年，标题中带有"治理"二字的文章一共只有 69 篇，它们绝大部分都与治理黄河、淮河、汉江以及其他流域相关，余下的也与治理沙漠、治理坡地有关。这种情况一直延续至 20 世纪 60 年代末。70 年代，标题中含有"治理"二字的文章多了一些，每年有几十篇，治理的对象也有了变化，开始包括"三废"（废气、废水、固体废弃物）。80 年代，这类文章由每年一百多篇增至七八百篇，1989 年猛增至 1716 篇，治理的对象也由山川河流、"三废"污染延伸至社会、经济现象，如偷税漏税、社会治安、通货膨胀、陋习，"治理"基本上还是整治、处理的意思，只不过对象从"物"逐步演化到"人"与"社会"。

20 世纪最后十年，标题中含有"治理"的文章增加速度并不快，从每年近 2000 篇增至 2700 篇左右。不过，重要的变化发生在这十年，如从 1994 年开始，"公司治理"的概念进入中国，这方面的文章迅速增加，从 1994 年的 19 篇增加到 1999 年的 168 篇，其中"治理"更多是"管理"的意思。同样在 20 世纪 90 年代，在西方公共管理与公共行政领域出现不久的"治理"概念也被引入中国。第一篇这方面的介绍文章干脆把"governance"放在标题上。1995 年，由美国福特基金会资助的《公共论丛》第一辑《市场逻辑与国家观念》出版，其中有一篇署名"知贤"（刘军宁）的文章《GOVERNANCE：现代"治道"新概念》，作者把"governance"译为"治道"（而不是"治理"）。前面提到世界银行在 1989~1994 年出版了一系列有关治理的报告，除一头一尾外，这篇文章基本上是世界银行几份报告的浓缩本，属引介性。作者自己也说："本文的观点基本上取自世界银行的研究报告，笔者只是对此做了归纳、演绎、补充和发挥。"① 其后，徐勇于 1997 年发表了一篇标题中含有"gover-nance"的文章，且主张译为"治理"。② 那时还有中国学者选择使用"治道"，如毛寿龙与他的合作者，③

① 智贤：《GOVERNANCE：现代"治道"新概念》，载刘军宁等编《市场逻辑与国家观念》，生活·读书·新知三联书店，1995，第 55~78 页。

② 徐勇：《Governance：治理的阐释》，载《政治学研究》1997 年第 1 期。

③ 毛寿龙、李梅、陈幽泓：《西方政府的治道变革》，中国人民大学出版社，1998。毛寿龙一直使用"治道"，直到 2009 年前后，也开始使用"治理"一词，如毛寿龙《公共事物的治理之道》，载《江苏行政学院学报》2010 年第 1 期。

以及其他学者①。

译为"治道"也罢，"治理"也罢，在 1999 年之前，中文刊物上标题含有这两个名词的文章绝大多数与西方流行的"治理"概念没有关系。1999 年，《国际社会科学杂志》（中文版）第 1 期出版了治理专刊，推出九篇西方学者有关治理的译文。当年有人凭借这些译文，扮演起西方治理文献的引荐角色。② 此后，运用西方新兴治理理论讨论各类问题的文章逐步多了起来，很多以前用"管理"一词讨论的问题慢慢被"治理"替代。如图 8 所示，2000～2005 年，标题中含有"治理"二字的论文数量以平均每年 1000 篇的速度增长。其后有两次跃升，第一次是 2006 年，增加了 6000 多篇；第二次是 2014年，增加了近 8000 篇。此后每年标题中含有"治理"二字的论文多达 2.5 万篇左右，1949～2018 年，中国知网收录的标题中含有"治理"二字的论文总计 30 万篇左右，远多于科学网收录的有关"governance"的论文数量，其中约24 万篇是 2006 年以后刊发的。

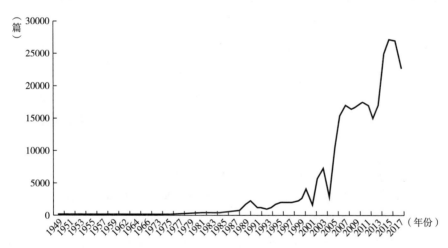

图 8　中国知网所收标题中含有"治理"二字的论文数量

资料来源：中国知网数据。

---

① 麻宝斌：《治道变革：公共利益实现机制的根本转变》，载《吉林大学社会科学学报》2002 年第 3 期。

② 如中共中央编译局当代马克思主义研究所出版的《马克思主义与现实》1999 年第 5 期，在发表另外两篇译文的同时，发表了俞可平的引介性文章《治理和善治引论》。

需要指出的是，在这 30 万篇论文中，仅有四分之一强属于公共管理、公共行政领域（占比 27%），其余约四分之三属经济管理（占比 30%）、环境资源管理（占比 22%）、工程管理（占比 20%）与高教管理（占比 1%）领域。在后几类论文中，"治理"的含义基本上还是管理、整治处理，两者往往可以互换，而在公共管理、公共行政领域的论文中，"治理"的含义或多或少受到西方新兴治理文献的影响。

在西方，经过二三十年的喧嚣，现在已有人开始反思治理文献是不是出了什么问题，如何克服这些问题。例如，世界银行在 2017 年发表了《世界发展报告：治理与法治》，其中第一部分的标题是"为了发展，反思治理"。这个最早把"治理""良治"概念炒热的机构所进行的反思是否到位另当别论，但它承认需要反思本身就值得称道，这意味着过去二三十年曾一度被某些人奉为神明的"治理"未必那么神奇。

这种反思实际上已经悄悄进行了一段时间。福山（Francis Fukuyama）在 20 世纪 90 年代一度把一种特定的治理方式捧上了天，即西式自由民主制度，后来的发展使他调整了思路。他于 2013 年发表了文章《何为治理?》，批评现有关于治理的文献过于关注国家是否以某些特定的方式治国理政（如是否符合西方主流意识形态定义的"民主"，是否实行了世界银行定义的良治），却忽视了国家有没有能力治国理政这个更根本的问题。为了弥补这个缺憾，他建议将"治理"定义为"政府制定和执行规则的能力以及提供服务的能力，与政府是否民主无关"。① 如果这样定义"治理"，可以说是回到了这个词的原意，颠覆了过去二三十年主流文献的基础。

本文的第二部分显示，过去二三十年主流治理文献基本上是宣扬一种规范性主张，即新自由主义的主张，没有什么实证性的根基。第三部分显示，这些文献大行其道的秘密是基本概念含糊不清，只是一个"空洞的能指"。那么，我们是不是应该完全抛弃"治理"这个概念呢？也不尽然。我们可以回到英文"governance"与中文"治理"原本的含义，像亚里士多德或荀子那样使用

① Francis Fukuyama, "What Is Governance?" *Governance: An International Journal of Policy, Administration and Institutions*, Vol. 26, No. 3 (July 2013), pp. 347-368.

这个名词。① 它指的是公共管理（包括治国理政）的方式、方法、途径、能力，而不是指任何特定的公共管理（治国理政）的方式、方法与途径，不是指市场化、私有化，不是指"无须政府的治理"，不是指"多一些治理，少一些统治"。2013 年 11 月，党的十八届三中全会提出，"全面深化改革的总目标是完善和发展中国特色社会主义制度，推进国家治理体系和治理能力现代化"②，就是在这个意义上使用"治理"。习近平总书记 2014 年 2 月 17 日在中央党校的讲话，也是在这个意义上使用"治理"的。他把这个问题讲得很清晰，指出推进国家治理体系现代化，就是"为党和国家事业发展、为人民幸福安康、为社会和谐稳定、为国家长治久安提供一整套更完备、更稳定、更管用的制度体系"③，其中完全没有按照西方主流治理理论办事的意思，关键是要有利于党和国家事业发展、人民幸福安康、社会和谐稳定、国家长治久安。凡是可以达到这些目的的治理体系，对我们而言就是好的。习近平总书记还提到了治理能力，说推进治理能力现代化就是要增强"制度执行能力"。因此，党和国家提到的治理体系和治理能力的话语包括两个方面，一方面是做事的方式、方法和途径，另一方面是治理国家的能力，这就回到了治理的本源，形成了自己的话语体系。有些人有意或无意地把党和国家所说的"治理"拉入西方主流治理理论的话语体系，还说"多一些治理，少一些统治"，"从统治走向治理，是人类政治发展的普遍趋势"，这实在是本末倒置。

---

① 如美国著名公共管理、公共行政学者迈耶说："我使用治理一词与亚里士多德在《政治学》中的用法一致，这是一般意义上的管理社会的过程。我不用它来描述官僚机构的最小化，或通过交换或契约将政策过程私有化……我的处方与大多数学者使用这个术语的方式相距十万八千里……我的意图是保存治理机构，而不是摧毁它们。"见 Kenneth J. Meier，"Bureaucracy and Democracy：The Case for More Bureaucracy and Less Democracy，" *Public Administration Review*，Vol. 57，No. 3（May/June 1997），p. 198。

② 《改革开放以来历届三中全会文件汇编》，人民出版社，2013，第 176 页。

③ 《新时代 新思想 新征程》，人民出版社，2018，第 22 页。

中国法治道路与法治模式[*]

——全球视野与中国经验

强世功[**]

中国共产党第十八届中央委员会第四次全体会议提出建设中国特色社会主义法治体系，建设社会主义法治国家的战略目标，预示着中国法治会立足中国本土实践，走出一条不同于西方资本主义的法治道路。然而，学术界对中国法治的某些观点始终以西方的论述为标准，这就意味着中国法学理论表述与中国法治实践之间形成错位。虽然中国法治理论吸收了西方法治理论的许多有益要素，但如何从理论上准确地概括中国法治的实践，从而讲述"中国法治故事"，形成一套符合中国法治实践并能指引法治发展方向的中国法治理论话语体系，始终是中国法学理论必须面对的重要问题。要真正从理论上概括和提升中国法治实践，不仅要总结中国本土法治经验，而且要具有全球视野，恰恰是在全球法治发展道路和法治发展模式的比较研究中，我们才能真正提出并形成一套具有影响力的中国法治话语体系。本文正是从现代法治理论的学理出发，基于对全球视野和中国经验的把握，探讨关于中国法治道路和法治模式的理论表述。

一　学理：重新理解"法治"概念

1."法治"：一元主义还是多元主义

"法治"在英文里对应的是"the Rule of Law"，这个概念的关键是如何理解"法"（law）的含义。"法"（law）在拉丁语、德语、法语、英语和汉语中

---

*　原载《行政管理改革》2019 年第 8 期。略有编辑和删改。

**　强世功，北京大学法学院教授，北京大学国家法治战略研究院执行院长。

都具有双重含义，一方面强调具有"正当""权利"的含义，另一方面强调作为具有强制力的"规则"和"标准"。前者从广义上指所有指导人类共同生活、为人的行为提供遵从的依据，从而提供稳定行为预期的形形色色的法则；后者则仅限于国家制定和认可的法，是由国家制定、认可并由国家保证实施的规范体系。在中国政治法律传统中，前者往往是指"法"，后者往往是指"律"。春秋时期法家的代表人物管仲强调"法律政令者，吏民之规矩绳墨也"（《管子·七臣七主》），实际上是强调"法""律""政令"之间的并列关系。因此，在汉语语境中，"律"指国家制定和颁布的律法，早期是"律、令、格、式"等形式并行，明清以后慢慢转变为律例体系；而"法"的使用则更加宽泛，例如荀子强调"法者，治之端也"（《荀子·君道篇》），老子主张"道法自然"（《道德经》）等，都是从正当性的层面来使用，超越了"律""令"等国家法的范畴。

因此，回归文字本意去理解"法治"时，必须回应一个基本问题：通常意义上的"法治"究竟是"法治"还是"律治"？从目前学术界所讨论的"法治"看，往往是在"律治"的意义上理解"法治"的，从而一说到"加强法治"，就想到国家立法，想到司法改革，这实际上都是在"律"的层面，也就是国家法（national law）的框架中打转转，其实质乃是强调"律治"，而非"法治"。那么，与之对应的"法治"究竟说的是什么呢？当然是指向一种具有正当性的多元法治，党员服从党章就是正当性的，村民服从乡规民约和习惯法也是正当性的，这就意味着"法治"的真实含义乃是基于法律多元主义（legal pluralism）的立场，强调习惯法、国家法、党规党法、道德伦理、自然法多元主义的法律理念共同推进的治理。在这个意义上，"法治"这个概念的英文应当是"the rule of laws"，是多种法律的共同治理，而不是仅依赖国家法。

因此，当讨论法治的时候，应当区分两种法治观念。一种是国家法一元主义，这种观念指向的是律治。而真正的"法治"概念乃是多元主义的法治观。从国家法一元主义的法治观来看，党的路线、方针、政策，比如《中共中央关于全面深化改革若干重大问题的决定》，因为不符合"国家颁布和制定的"法律的基本构成要件，所以自然不被认为是法律，也不属于法治的范畴。然而，如果从多元主义的法治观来看，党的政策在中国无疑具有规范正当性，政策所发挥的效力比国家法律还要大，当然属于国家法治体系的一部分。事实上，中国共产党第十八届中央委员会第四次全体会议提出将党规党法体系纳入国家法治体系的主张，就是秉持一种多元主义的法治观。

由此可见，要理解法治，需要坚持法律多元主义的视角，而不能陷入西方实证主义法学派法治观的窠臼，将法治仅仅局限于国家正式制定的、具有韦伯所谓的形式理性特征的国家法，局限于国家法一元主义。必须看到，道德伦理的自然法层面、国家法层面甚至民间习惯法层面等方方面面的多元法律渊源，相互促进，共同发挥规范行为的作用，这样一种生动活泼的多元治理局面才可以被称为"法治"，而不是以"法治"之名建立一个韦伯主张的"铁牢笼"式的律治国家。

2. "法治"：普适的还是地方性的

国家法一元主义的法治观尽管有中国古典法家的思想渊源，但实际上是欧洲资本主义发展的产物，其中有相当多的启蒙主义要素。在此之前，欧洲中世纪也秉持一种多元主义法治观，基督教的永恒法、理性自然法、君主的律法、封建习惯法以及商法等共同构成法治的基础。然而，伴随着主权国家的兴起，罗马法复兴运动和法律科学的兴起，特别是在古典自然法学派中，认为法是人类理性建构起来的，因此应当是普遍性的、一般性的、永恒不变的。正是从这种理念论的角度出发，人类社会的法应当是对于普遍理念的"模仿"，严格依循理念建构起来的法应该是一模一样的。因此，法律是可以具有普遍适用性的，所谓"良法"也就是基于自然权利理论形成的法律体系应该是一致的，法律的移植也因而成为可能。这种法治理论以及由此构成的西方法治模式成为西方中心主义的重要组成部分。

然而，如果我们不是从启蒙主义的理念论出发，而是从唯物主义的立场或法律社会学的基本观点出发，就可以认识到，法其实是人类历史的产物，是地理、经济、政治、文化的产物，地理、气候、土壤、贸易、风俗、宗教等都构成法的精神，不同的历史文化环境、不同的经济发展阶段，会形成不同的法。①

① 〔法〕C. L. 孟德斯鸠：《论法的精神》，彭盛译，当代世界出版社，2008。

法不是自上而下对理念的模仿，而是从社会生活中自下而上生长出来的，是一种"地方性知识"。① 19 世纪的历史法学派、法律社会学，20 世纪的文化人类学都秉持这种观念，甚至连新自然法学说也不再强调法的永恒不变性，而是承认每一个国家、每一个地区、每一个时代都有自己独特的法，即法的地方性。

中国法治的构建经历了法律移植论和本土资源论两种倾向的争论，② 这种"体""用"之争的焦虑从清末法治改革以来就一直隐含在中国的法治建设实践中，而这背后其实是唯心主义和唯物主义历史观与世界观的分野。在今天，中国要构建自身的中国特色社会主义法治体系，就意味着打破普适主义法治观，坚持唯物主义的立场，从中国自身的生活实践出发，强调法治的地方性特征，建构与中国的经济、社会、文化和历史相匹配的法治，去探究中国法治建设的本与纲。

3. "法治"：名词还是动词

在主流的解释中，"法治"往往被理解为一个名词，被理解为"法"拥有最高权威的统治状态，由此整个法治建设就会高度关注立法，法治也因此被构想成一部自动运行的法律机器，法律一经制定，只要避免干预，就会自动运行，可以使预期的治理目标得以实现。由此，"法治"往往被与"人治"对立起来，"人治"被认为是对"法治"的破坏。这种法治观念支持了法律移植论，认为只要我们在立法时系统学习西方法律，把西方法律制度引进来，中国的法治也就建成了。

然而，"徒法不足以自行"。"法治"更应该被视为一个动词。用美国法学家富勒（L. L. Fuller）的话来说，"法治是使人类的行为服从于规则治理的事业"。③ 国家制定的法律仅仅是"纸面上的法"，如何让这些"纸面上的法"变成"行动/诉讼中的法"才是法治的关键。④ 让人的行为服从于一个规则，

---

① 〔美〕克利福德·吉尔兹：《地方性知识：事实与法律的比较透视》，载梁治平编《法律的文化解释》，生活·读书·新知三联书店，1994。

② 何勤华：《法的移植与法的本土化》，载《中国法学》2002 年第 3 期。

③ 〔美〕富勒：《法律的道德性》，郑戈译，商务印书馆，2005，第 124~125 页。

④ R. Pound, "Law in Books and Law in Action," *American Law Review*, 1910, p.44.

这是一项事业，不可能一劳永逸，正所谓法治永远在路上，永远需要人为的努力。因此，"人治"和"法治"从来不是矛盾的。西方法理学也始终强调法律职业群体的能动性，"法治"甚至被理解为"法律人之治"（the rule of lawyers）。特别是在英美普通法传统中，法官更是在法治中发挥着主导作用，以至于美国法学家德沃金（R. M. Dworkin）主张："法院是法律帝国的首都，法官是帝国的王侯。"①

二 历史：中国法治道路的钟摆现象

清末变法以来，中国法治道路经历了一个曲折的过程。如果以多元主义法治和一元主义法治的分野去理解中国法治，会发现中国法治道路有一个非常明显的钟摆现象。

1. 清末法律改革：一元主义法治观的开端

在中国古代的漫长历史中，"法"一直是多元主义的含义，既有以"律法"为核心的刑罚体系，也有以"礼法"为核心的礼教体系，同时，宗族法、习惯法、乡规民约等都在一定程度上发挥着规则治理的作用，有"礼法合一"的法律多元主义传统。

清末变法伊始，沈家本和伍廷芳主持修订法律，坚持以"会通中西"为修订法律的原则，引进了西方很多法治理念。在这个过程中，中国第一次学习了西方的一元主义法治观，强调以国家法为中心，构建国家法律体系，而"礼"的部分或被废除、或被吸收到国家法中。在此基础上，国民党政府颁布的《六法全书》可谓国家法一元主义的集大成者，在制定过程中大量移植了外国法典。从此，国家法、立法乃至法律移植在法治理论和实践中占据了核心的主导地位。国家法一元主义的法治观在中国开始形成。

2. 1949 年后中国社会主义法制传统：法律多元主义

在中国共产党领导的根据地，从一开始就秉持一种多元主义的法治理

---

① 〔美〕R. 德沃金：《法律帝国》，李常青译，中国大百科全书出版社，1996，第 361 页。

念。这种观点首先指出从西方移植而来的法律脱离中国农村的实际，变成了一种本本主义和教条主义。在此基础上，中国共产党坚持从实际出发，发展出一套包含政治信念、路线、方针、政策、纪律、规章、法令、习惯等内容的多元主义法律规范。正是依赖这种法律多元主义体系，中国共产党对中国社会进行了前所未有的改造，推动中国从封建社会向现代社会转型。在此期间，中国共产党虽然也颁布了与土地革命、婚姻自由等相关的条例、规则，但中国革命的核心依靠的并不是政权所颁布的法律，而是意识形态宣传和政治信念的动员。这从根本上否定了启蒙思想理念的法律多元主义，法律不是对理念形式的完美模仿，而是来自群众的经验。中国共产党根据地时期的法治走的是群众路线，最典型的就是众所周知的"马锡五审判方式"①，不强调法庭中心主义，而是提倡深入群众、调查研究、实事求是地进行调解或审判。

这显示出当时共产党政权已经敏锐地意识到，解决中国社会的治理问题不是靠法律诉讼，而是靠多元主义的解决纠纷方式，靠政策、制度以及人的因素去强化法的实施和落实。因此，新中国成立后，在法治方面首先废除了国民党的"旧法统"，即《六法全书》。在立法方面，1949年9月29日中国人民政治协商会议第一届全体会议通过了《中国人民政治协商会议共同纲领》，它发挥了临时宪法的作用，确立了政权的合法性，同时新政权还制定了其他少量的法律，而更多的政治和社会生活领域还是靠政策、制度等多元主义的法治模式进行调整。

3. 改革开放："接轨论"下国家法一元主义的复兴

改革开放以来，伴随着关于"人治"和"法治"的大讨论，历史的钟摆又转向了国家法一元主义法治观。一方面，中国法治的建设原则被确定为"有法可依，有法必依，执法必严，违法必究"，这一切都围绕国家法展开，围绕立法工作、建设中国特色社会主义法律体系展开。另一方面，伴随着中国特色社会主义市场经济的建设，在"市场经济就是法制经济"原则的引导下，

---

① 关于"马锡五审判方式"的法治路线探讨，参见强世功在《权力的组织网络与法律的治理化——马锡五审判方式与中国法律的新传统》一文中的讨论。强世功：《法制与治理——国家转型中的法律》，中国政法大学出版社，2003，第78~134页。

中国开始大规模学习和借鉴西方市场经济的法律体系和法律制度，特别是在中国加入世界贸易组织（WTO）的背景下，中国的法律体系和法律秩序必须与西方发达国家的法律体系和法律制度进行接轨，帮助中国市场经济融入全球市场经济体系。正是在这种国家法一元主义法治观的推动下，中国法治建设蓬勃发展，尤其是立法工作取得重大进展。2011年，全国人大宣布中国特色社会主义法律体系已经形成。截至2018年，我国已经有法律269部、行政法规680部、地方性法规8000余部。经过短短30年的努力，中国立法工作走过了西方差不多几百年的立法道路，为中国法治建设奠定了法律基础。然而，这种过度强调国家法一元主义法治观也带来诸多问题。

第一，在国家法一元论的背景下，法治仅仅强调国家宪法的权威，由此产生了将全国人大看作"橡皮图章"的错误论调，有人将"党的领导"与"依法治国"对立起来，甚至提出"党大"还是"法大"这个伪命题。党和国家的关系是什么？党的领导与依法治国的关系是什么？党章和宪法的关系是什么？这些重大理论问题成为中国法治建设必须面对的难题。

第二，在与国际接轨的背景下，国家法一元主义往往强调学习西方的法律秩序，但忽略了对中国历史文化传统的包容性，以致普遍形成国家法与民间习惯法相互矛盾和对立所产生的"秋菊的困惑"①。

第三，国家法律原本是人们行为的底线，然而由于国家法一元主义的法治话语占据了道德制高点，法律标准强于甚至高于道德伦理价值，以致国家法律以外的行为规范或准则，特别是社会主义革命以来逐渐确立的政治信念、道德伦理、风俗习惯被日渐模糊、消解、边缘化，这种情况加剧了社会的道德危机、文化危机和信任危机。② 例如，前些年见义勇为日渐成为一个难题，因为法律对于正当防卫的严格界限导致见义勇为在法律框架内没有空间。在这种背景下，无论国家为见义勇为设置多高的奖励，都没有人愿意见义勇为。直到近

---

① 关于"秋菊的困惑"引发的争论，参见苏力《〈秋菊打官司〉案、邱氏鼠药案和言论自由》，载《法学研究》1996年第3期；强世功：《批判法律理论的谱系——以〈秋菊打官司〉引发的法学思考为例》，载《中外法学》2019年第2期。

② 强世功：《"法治中国"的道路选择——从法律帝国到多元主义法治共和国》，载《文化纵横》2014年第4期。

年随着"于欢刺死辱母者案""昆山反杀案""福建赵宇案"等一系列社会热点案件的出现，最高人民法院开始积极进行案例指导，试图平衡见义勇为、自力救济和防卫限度之间的张力，并决定从 2019 年开始修订相关的司法解释。见义勇为原本作为社会的基本道德价值追求，最终却不得不通过法律途径予以确认。

可见，片面强调国家法的权威地位，会导致党规党法、道德和社会习惯等其他规范面临失灵乃至停摆的风险，导致法治发展与社会失范并行的悖论，越强调法治的权威，越会导致政治权威和道德权威的丧失。

4. 全面依法治国新时代：重返多元主义法治观

党的十八大以后，中国法治建设迎来了全面依法治国的新时代。尤其是以党的十八届四中全会为标志，法治建设着力解决改革开放以来国家法中心主义所带来的上述种种问题，在新中国成立以来开辟的多元主义法治观的基础上，全面建构中国特色社会主义法治。这尤其表现在以下三方面。

第一，将党规党法纳入国家法治体系，从法理上解决了党的领导和依法治国的关系，党的领导不仅具有宪法依据，更具有党章所统帅的党规党纪的依据。全国人大的"橡皮图章"问题也迎刃而解，因为全国人大作为国家最高权力机关依然要在党的领导下运行，这是由中国特色社会主义制度所决定的，由此党的领导成为中国特色社会主义法治的本质特征。党的十九大以后，全国人大修改宪法，把党的领导直接写进宪法第一条的条文里，以国家根本法的方式理顺二者的关系。

第二，明确了法治建设必须坚持多元主义的法治观。综观党的十八届四中全会的决定，其中不仅明确了党规党法体系和国家法律体系相互衔接的二元体系，而且还强调"市民公约、乡规民约、行业规章、团体章程、礼序家规"等社会规范与"社会公德、职业道德、家庭美德、个人品德"等道德规范相互衔接。可以说中国法治形成了党规体系、国法体系、社会规范体系、公民道德体系相互配合的多元主义法治格局。

第三，形成以德治国与依法治国相统一的治理观，打破长期以来德治（人治）与法治、中国古典传统与现代法治建设、道德建设与法治建设相互割裂甚至对立的旧法治观念。在此基础上，中央进一步做出将社会主义核心价值观融入法治建设的决定，① 重新将政治上的理想信念、文化价值观念和社会道德伦理置于法律之上，法律成为执行政治任务和规范道德要求的社会治理工具。

三　未来道路：重建中华法系，探索法治模式

1. 中国法治道路：融合三大传统，重建中华法系

当代中国法治在复杂的历史演变中，经历了复杂的嬗变过程，构成了三种法治传统耦合的复杂体系。

第一，中国古典的礼法传统。从商周时代经过春秋战国到秦汉时代，形成了中华文明所建构的"天下大一统"秩序，在经历佛教和异族统治的影响后，逐渐形成了儒释道互补的格局，共同奠定了中华古典文明秩序的核心价值。而这些核心价值贯穿于儒家的礼制体系和法家的法律体系，从而形成了德主刑辅、礼法互补、道德与法律相互交织、成文法与判例法并重的中华法系传统。这种礼法传统尤其强调道德教化、风俗习惯对于法治秩序的塑造作用，强调领导集体的道德信念、人格楷模对于法治秩序的推动作用。

第二，西方现代强调的国家法一元主义的法治传统。自清末法治改革废除了中国古典法律秩序后，从清政府到国民政府，在法律秩序的构建上一直都注重吸收和移植西方现代国家法主导的法律体系，从而造成中国古典礼法秩序的断裂。改革开放以来的法治体系建设，开始重新全面借鉴国家法一元论的西方法治传统，强调国家立法的主导性、法律规则的内在逻辑性、法律专业集团的自主性和法院审判的独立性和权威性。

第三，新中国成立以来创建的社会主义政法传统。这一传统源于强调政治原则高于法律，法律服务于政治目标，服务于共产主义、集体主义的核心价值观；强调党对法治建设的领导作用；强调政策对于法律实施的重要性；强调法

① 中央近年来出台一系列文件，关注在法治建设中融入社会主义核心价值观问题。如中共中央办公厅　国务院办公厅印发《关于进一步把社会主义核心价值观融入法治建设的指导意见》，载《中华人民共和国国务院公报》2017 年第 2 期。中共中央印发《社会主义核心价值观融入法治建设立法修法规划》，载《人民日报》2018 年 5 月 8 日。

的原则性和灵活性的统一；强调人民群众广泛参与和法律专业化运作的统一；强调司法的法律效果和社会效果的统一。

党的十八届四中全会所确立的中国法治发展道路实际上就是在融合三种传统的基础上，基于党规和国法的多元主义法治理念来重建中华法系。其中"坚持依法治国和以德治国相结合"的法治基本原则就是在吸收中国古代礼法传统的有益要素；强调"公正是法治的生命线"，并按照法律理性化和程序化的内在逻辑来合理配置司法权，这无疑是对西方现代法治传统的积极吸收；强调"法律的权威源自人民的内心拥护和真诚信仰"，强调"党的领导"与"依法治国"相统一，并将"党的领导"看作中国特色社会主义法治的本质特征，坚持人民群众在立法、执法、司法和守法各个环节中的积极参与，则是对社会主义政法传统的发扬光大。

2. 全球法治模式的发展：从"旧法治"到"新法治"

要理解中国法治未来的发展模式，必须区分现代法治发展所形成的三种不同模式。

第一，大陆法系国家立法主导的立法法治国，即由立法机构主导开展法典化的德法模式。中国清末法治改革以来，一直积极学习大陆法系的模式，强调系统化的法典的重要性。改革开放以来的法制建设传统，也是在大陆法系的框架下形成的，特别是民法和刑法等部门法一直倾向于采用欧洲的法律教义学。

第二，普通法系国家法院主导的司法法治国，即由法官造法的判例法起主导作用，法院甚至行使司法审查的英美模式。中国改革开放40多年来，司法系统对于普通法系的法治传统也有吸收，在诉讼法的一些基本原则、模式和案例指导制度等方面，都有普通法系的影子。在公司法、金融法和知识产权等领域，也更多地吸收了普通法的法治成果。

第三，20世纪兴起的行政机构日益扩张形成的法治新模式，凸显行政机构通过行政规章和公共政策来治理国家的行政法治国。20世纪以来，无论是实行大陆法系的德国、法国，还是实行普通法系的英国、美国，议会通过的法律或判例法在社会治理中发挥的作用开始下降，国家治理逐渐依靠大规模的行政规章和公共政策。新中国成立以来，中国的国家治理始终以党和国家的政策为主，20世纪90年代以来，通过授权立法的模式，制定了大量的行政规章，以至于在国家法律体系中行政规章的数量大大超过国家立法的数量。

在这三种不同的模式中，无论是立法法治国，还是司法法治国，都属于18世纪的"旧法治"，这两种法治模式经济上建立在自由资本主义的基础上，政治上建立在严格三权分立的基础上，行政权仅属于执法权。然而，随着20世纪西方在经济上进入福利国家时代，在政治上政党政治开始兴起，新兴的行政法治国模式开始取代传统的立法法治国或司法法治国模式。一方面，政党政治兴起将传统的三权分立变成政党—政府或政治—行政的两权分立，即政治决策权掌握在政党手里，政党通过控制议会，将政党的意志变成法律并颁布，行政机关和法院都是执行政党意志的工具。另一方面，随着社会治理事务的日益庞杂和精细化，议会立法已不能对复杂的社会关系进行精确调控，行政机关事实上通过制定大量的行政规章和规则来实现社会治理。行政机关不仅是一个执行机构，而且变成了立法机关，拥有实质上的决策权、立法权，行政法治国由此成为20世纪以来国家现代化建设中普遍采取的法治模式。可见，20世纪"新法治"就在于政党政治渗透法治所有环节中，治理社会的重任从传统立法机构和司法机关让位于越来越庞大的政党组织和行政官员队伍，所以"行政规章"和"公共政策"取代了传统的"法律"。[①]

3. "政党法治国"：法治的中国方案

面对18世纪"旧法治"和20世纪"新法治"的分野，中国法治模式的建构必须面对一个根本问题：是建设一个三权分立的旧法治，还是建设一个基于政党政治和行政官员及公共政策主导的新法治？严格来讲，清末法治改革以来，包括国民党政权在内，试图追求的法治都是18世纪的旧法治，即立法主导制定法律，在三权分立或五权分立的机制下实现社会治理。

然而，新中国成立后，在中国共产党的领导下，中国的法治发展模式已经走向了政党主导的新法治，它立足中国大地，建设一种政党主导的新型法治模式。特别是党的十八届四中全会决定进一步推动构建了"党的领导""人民当家做主""依法治国"的有机一体关系，在吸收、融合中国古典礼法传统、西

---

① 强世功：《从行政法治国到政党法治国——党法和国法关系的法理学思考》，载《中国法律评论》2016年第4期。

方法治传统和社会主义政法传统的基础上，构建了多元一体的"政党法治国"模式。这一模式有以下特点。

第一，"政党法治国"之所以区别于"行政法治国"就在于中国的社会制度和政党体制与西方的社会制度和政党体制有根本的不同。在西方资本主义制度下，政党类似于公司，仅仅承担选举任务，一旦选举结束，政党就进入国家机器，利用行政规章和公共政策来治理国家，从而形成行政法治国。在中国的社会主义制度下，中国共产党是一个先锋队政党，负有领导国家、治理社会并最终实现共产主义的历史责任。中国共产党必须承担起建设社会主义法治国家的重任。

第二，中国共产党在中国特色社会主义法治建设中发挥着核心领导作用，因此中国特色社会主义法治的本质特征就是党的领导。中国共产党不仅通过政策来确立法治发展的目标、方向，构建法治运行的国家机器，并为法治的实施提供制度、人才、知识等方面的保障，从而构建一套完整的社会主义法治体系。

第三，中国共产党通过自己的政治理念、纪律伦理、路线、方针和政策，确立了一套类似于"高级法"的、对党员干部提出的高于国家法律的政治、道德和伦理标准，从而使党员干部成为护法、守法、推动法治建设的模范。

总而言之，在中华民族五千年文明的历史长河中，中国法治的传统始终是多元的、动态的，且服务于人民大众的精英集团始终在国家法治中发挥主导作用。古代在儒家精英集团主导下形成了礼法传统，现代在中国共产党的领导下形成了政法传统。从全球视野的眼光来观察法治传统的发展，西方法治也从大陆法系和普通法系的"旧法治"模式日益转向行政法治国的"新法治"模式。而中国的法治建设也在探索将党的领导、人民当家做主和依法治国有机统一起来的"政党法治国"模式。这无疑可以看作法治现代化进程中的"中国法治方案"。

第二篇
西方模式的历史演进

帝国、封建和主权国家的知识转型[*]

—— 欧洲法学史的线索

孔 元[**]

一 问题的提出

中国学者对欧洲中世纪和早期近代法学史的研究，在法学和史学交织的尴尬地带徘徊。作为欧洲中古社会的核心命题，封建问题一直是史学界的兴趣点所在[①]，但囿于法学研究的专业性，封建史学研究一直存在"法学缺场"现象，封建概念的法学含义一直未受到充分重视。法学研究以实务为导向，这导致法学史地位日益边缘化。而在一种断裂历史观念的支配下，既有的欧洲法学

* 本文删减版原载《学术月刊》2020年第3期。
** 孔元，中国社会科学院欧洲研究所副研究员。

① 参考中国社会科学院历史研究所等编《封建名实问题讨论文集》，江苏人民出版社，2008；北京大学历史学系世界古代史教研室主编《多元视角下的封建主义》，社会科学文献出版社，2013。

史研究又被破碎的学科意识所肢解。这种研究建立在一种"反封建"的革命意识之上，它通过反对欧洲封建时代政治和经济相统一的领主权力，确立起自己的学科意识。这种学科意识表现为一种分割政治、经济的研究建制，它在国家和社会相对峙的自由主义价值观照下，形成公法、私法无法相互通约的对立情势。

在这个意义上，当代的公法和私法研究传统是法国大革命的产儿，公法研究将自己的理论起点追溯到大革命开启的人民制宪权，私法研究推崇《法国民法典》确立的以私有财产为核心的社会经济原则。公法学者关注国家结构问题，不关心其赖以生存的社会经济条件；私法学者关注财产占有和流通问题，不关心其赖以开展的政治制度环境。受这种学科视野的局限，中世纪公私混合的封建制度成为一个无法被解释的理论怪胎，成为各路学者不得不追溯但又不得不基于自己的学科准则来裁剪的"史前史"。

作为对这种研究路径的反思，本文试图在一种更为整全的方法论视角观照下，通过对中世纪罗马法研究传统的再诠释，呈现欧洲早期近代从帝国、封建的二元结构向主权国家结构转型的法学史。《民法大全》（*Corpus Juris Civilis*，以下简称《大全》）中的条款支持普世皇权，但欧洲现实却被封建秩序分割，意大利法学家通过"曲解"《大全》文本的方式，来弥补合法性和事实性的断裂，从而一方面维持罗马法的至高性，另一方面使其兼容于封建法的现实，完成了帝国和封建的二重法学构造。在文艺复兴时代，这种教义体系被挑战，人文主义法学家"托古改制"，通过一种历史考据的研究瓦解了意大利法学家建构的理论神话，通过发掘绝对的罗马财产权原则为当代主权政治确立了法学根基。

本文问题意识通过一个法学典故展开，欧洲法学史的丰富内容就来自围绕这个典故形成的法学解释传统。在1610年出版的《职务法四论》第二卷开头，法国法学家查理·卢瓦索（Charles Loyseau）对其做了以下经典的复述。

两个著名的法学博士洛泰尔（Lothair）和阿佐（Azo），曾经就长官（magistrats）是否有命令权（le commandement）问题展开一场著名的争论。阿佐认为有，而洛泰尔认为没有。他们以一匹马为赌注，请求亨利四世皇帝做裁判。皇帝认为洛泰尔是正确的，并因此将马判给了他。但阿佐并不认为自己输了，他将自己反对皇帝的论点公布出来，并获得了他那个年代法学博士的一致赞同。于是产生了一个谚语：洛泰尔赢得了一匹马，但阿佐赢得了公正（Lotharius equum habuerat, sed Azo aequum）。

但在我们父辈的年代，伟大的阿尔恰托（Andrea Alciat），那个使由于古代的埋没以及接下来数个世纪无知的漫漫长夜所遮蔽的罗马法重现天日的法学家，却在自己的 Paradoxes 第二卷第六章转而认同洛泰尔的观点，并用强有力的论证支持皇帝的裁决。之后杜摩兰（Charles Dumoulin）又在自己的 Glo. 5, No. 58 中追随了这一观点。[1]

卢瓦索接着指出，至此这个有关权力归属的问题似乎又回到了原点，并因此成为一个悬而未决的难题。对于这个"在古代法学博士看来不仅关切到命令，也就是公权力最重要的方面，而且关切到长官的所有其他公权力"[2] 的问题，尽管几乎古今每一个法学博士都要费尽心力给出一种解释，却没人能给出一个让人信服的答案。也正是受此激发，卢瓦索开始了自己对公权力结构的法学分析。

如果考虑到具体的学术和政治语境，卢瓦索对古今法学博士的评价多少有些苛刻甚至偏颇。因为这些法学博士所信赖和依靠的权威法学文本《大全》，并没有留下多少关于公法概念的文本线索，而残存的关于治权和管辖的细微线索，也早已如卢瓦索自己承认的那样，"随着罗马一起埋没了"（La Vraye signification de ces mots merum, mixtum Imperium, & Iurisdictio, s'est perdue avec L'Estat de Rome）[3]。这给予中世纪法学家们充分自主的学术动力，以释法的名义来行立法之实，而这种话语构建的冲动又切合于每个法学家的时代背景和政治意识，从而使这种文本解读工作呈现高度的结构复杂性和政治敏感性。在这个意义上，卢瓦索所勾勒的这段学说史，就不再是一个可以被轻易否定

---

[1] Charles Loyseau, *Cinq Livres du Droit du Offices* (Paris: veuve d'A. L' Angelier, 1613), p. 178.

[2] Question que les anciens Docteurs ont pensé estre non seulement à esgard du commandement (qui est la plus noble espece de la puissance publique), mais aussi à l' esgard de toute autre puissance publique des Officiers.

[3] Charles Loyseau, *Cinq Livres du Droit du Offices* (Paris: veuve d'A. L' Angelier, 1613), p. 67.

的命题，因为正是透过它所呈现的注解传统，我们得以管窥欧洲法学史脉络中的一个重要问题，它表现为围绕所有权（dominium）—管辖权（iurisdiction）—治权（imperium）三个概念的法学建构，其背后是欧洲从帝国和封建相互构造的大一统向分裂但又集权的主权国家转变的权力史。

二 "封建"及其法学含义

研究欧洲中世纪社会史，"封建"是一个绕不开的概念，但也是一个无法厘清的概念，这种困难一方面来自中西方跨文化语境的干扰，另一方面来自仍然缺乏共识的欧美封建研究状况。[1] 学者建构封建概念的理性努力，无不面临着广泛多样的个别性的挑战，不论这种挑战来自对中世纪欧洲的研究，还是其他地区和社会。[2] 对封建主义的具体内涵的讨论，同样是分歧大于共识，对封建主义的界定被多层悖论[3]所笼罩。

但在广泛的争论之外，封建研究的理论内核仍然比较清晰，那就是无法撼动的封臣封土范式，有学者甚至指出："对封建主义概念的任何修饰、修正、扩大，都事实上在加强封臣—封土范式这一核心。"[4] 在此范式下，封建主义通常被定义为人身依附关系、土地持有关系、支配和管辖关系、多元层级关系

---

① 根据不同的方法论和问题意识，"封建"被先后建构为人类历史的一个阶段、社会形态、经济制度、政府形式、法律关系等，参见侯树栋《论三大封建主义概念》，载《北京师范大学学报》（社会科学版）2008 年第 6 期。比较典型的"封建"定义，参见〔法〕基佐《法国文明史》（第三卷），沉芷、伊信译，商务印书馆，1997，第 23 页；〔法〕费尔南·布罗尔《15 至 18 世纪的物质文明、经济和资本主义》（第二卷），顾良、施康强译，生活·读书·新知三联书店，2002，第 507~508 页；〔法〕马克·布洛赫《封建社会》（下），张绪山等译，商务印书馆，2011，第 704~705 页；〔比〕弗朗索瓦·冈绍夫《何为封建主义?》，张绪山、卢兆瑜译，商务印书馆，2016，第 3 页。Joseph Strayer, "The Two Levels of Feudalism," in *Life and Thought in the Early Middle Ages*, ed., Robert Hoyt（Minneapolis: The University of Minnesota Press, 1967）, p.53.〔美〕汤普逊：《中世纪经济社会史》（上），耿淡如译，商务印书馆，1997，第 302 页。

② Elizabeth Brown, The Tyranny of a Construct: Feudalism and Historians of Medieval Europe, *The American Historical Review*, Vol.79, No.4, 1974, pp.1070-1076.

③ 黄春高：《"封建主义的悖论"与中古西欧封建国家》，载《世界历史》2007 年第 6 期，第 47~59 页。

④ 黄春高：《"封建主义的悖论"与中古西欧封建国家》，载《世界历史》2007 年第 6 期，第 55 页。

这四方面内涵。① 封臣关系体现为以委身和效忠构造的臣服礼②，封土关系体现为伴随着这种臣服的土地封授。封臣关系的人身性③，结成一种道德上的信义和情感关系，在客观上形成一个从首领到从属无限展开的人际关系纽带，并进而决定了封土关系的两个特性。其一是土地封授的终身制④。这意味着封君或封臣任何一方的死亡都将终结采邑的持有，以便对应人身关系纽带的时限性。由于土地不具备继承性，土地有可能在封臣死后被封君收回，或者通过封君和封臣继承人之间新的臣服礼得以继续维持。但这在实践中远为复杂，很有可能在 5~10 世纪，封地的财产状态曾反复表现为任意撤回、暂时特许使用、终身特许使用、世袭特许使用四种，但最终出于土地占有的本性⑤、充分利用土地的便宜考虑⑥而演变为世袭制。

其二是土地占有的私权性质。由于不具备罗马共和传统的公共意识，形成统合了公、私属性的日耳曼法传统，这使对土地的个人占有延伸到对该片土地的管辖和统治，从而使采邑权发展为一个政治权和经济权的结合体⑦，而占有人则成为一个名副其实的领主。如果我们不计较比森的领主权研究所界定的狭隘形式，也不妨将之视为一种"政府权力"⑧。这种重叠使公职也成为可以附

---

① 关于一个典型的定义方式，参见〔英〕梅特兰《英格兰宪政史》，李红海译，中国政法大学出版社，2010，第 94 页。

② 马克垚：《英国封建社会研究》，北京大学出版社、中国人民大学出版社，2016，第 109~110 页。

③ Susan Reynolds, *Fiefs and Vassals: The Medieval Evidence Reinterpreted* (Oxford: Clarendon Press, 1994), pp. 20-21. 〔法〕马克·布洛赫：《封建社会》（下），张绪山等译，商务印书馆，2012，第 702~703 页。

④ 〔法〕马克·布洛赫：《封建社会》（上），张绪山等译，商务印书馆，2012，第 291~292 页。

⑤ 〔法〕基佐：《法国文明史》（第三卷），沅芷、伊信译，商务印书馆，1998，第 37 页。

⑥ 〔法〕马克·布洛赫：《法国农村史》，余中先等译，商务印书馆，2009，第 88 页。

⑦ 〔美〕哈罗德·伯尔曼：《法律与革命：西方法律传统的形成》（第一卷），贺卫方等译，法律出版社，2008，第 383 页；〔法〕马克·布洛赫：《封建社会》（下），张绪山等译，商务印书馆，2012，第 699 页；〔比〕R. van Caenegem：《政府、法律和社会》，载〔英〕J. H. 伯恩斯主编《剑桥中世纪政治思想史：350 年至 1450 年》（上），程志敏等译，生活·读书·新知三联书店，2009，第 262~267 页；马剑银：《中世纪欧洲封建法的前世今生》，载《比较法研究》2015 年第 3 期，第 196 页；Constantin Fasolt, *The Limits of History* (Chicago: The University of Chicago Press), p. 197。

⑧ Susan Reynolds, *Fiefs and Vassals: The Medieval Evidence Reinterpreted* (Oxford: Clarendon Press, 1994), pp. 51-52。

随所有权继承和转让的财产利益①。对此，16世纪的法国法学家杜摩兰曾有过一段经典描述："我们看到当今在很多地方，公职和管辖就像牛羊牲畜一样被出售……农民也能够购买那些属于出售者财产的官职和管辖。每一天我们都看到城堡和地产被买卖，连同着纯粹、混合治权和管辖权，这种习俗战胜了法律。"②

对应于这种社会结构形式，中世纪发展出独特的财产法原则。作为封授关系的附属物，土地在起初产权关系是明确的，它因为不具备完全自主的产权而被称为恩地（beneficium，precaria）③，以便区别于完全无所属的自主地（alod）④。冈绍夫指出，在9世纪，封君一直保留着对土地法律上的所有权，而封臣对恩地仅拥有用益权（benefice），后者构成罗马法中的他物权（ius in re aliena）⑤。但随着9世纪之后封地世袭原则的发展，封臣对土地的代际持有形成一种事实上的所有权，而错综复杂的土地封授关系使绝对所有权原则变得日益稀薄，二者的共同作用形成一种重叠的物权等级，从而使原初的产权关系逐渐沦为形式，而随着时间流逝被逐渐强化的持有权成为一种更为神圣的权利。

作为一个结合了法律和事实因素的财产权概念，合法持有权（seisin，gewere）因其占有状态的事实性而区别于罗马法中的所有权，又因附着于这种事实占有的权利性而区别于罗马法中的占有概念。⑥ 伯尔曼将之界定为一种"继续处于某种实际境况中的法律权利，这种权利来自先前就处于那种实际境况中的

---

① 〔美〕乔治·萨拜因：《政治学说史》（上卷），邓正来译，上海人民出版社，2008，第267页。

② Hodie usurpatu in multis locis quod dignitates & iurisditiones venduntur tanqua haereditarium pecus & ovile…rusticus potest emere dignitates & iurisditiones que sunt proprium patrimonium venditoris, & quod quotidie videmus castra & villas emi & vedi, cum mero & misto imperio, & omnimoda iurisditione, quae consuetudo vincit legem. Charles Dumoulin, *Commentarii in Consuetudines Parienses*, De Feudis, Gloss 5, 63.

③ 马克垚：《西欧封建经济形态研究》，中国大百科全书出版社，2009，第95~96页。

④ 〔法〕基佐：《法国文明史》（第三卷），沅芷、伊信译，商务印书馆，1998，第26页。

⑤ 〔比〕弗朗索瓦·冈绍夫：《何为封建主义？》，张绪山、卢兆瑜译，商务印书馆，2016，第19页。

⑥ 马克垚先生将之界定为一种占有，马克垚：《中国和西欧封建制度比较研究》，载《北京大学学报（哲学社会科学版）》1991年第2期，第5页；冈绍夫认为合法持有权近似于罗马法中的占有，〔比〕弗朗索瓦·冈绍夫：《何为封建主义？》，张绪山、卢兆瑜译，商务印书馆，2016，第160页。关于二者的区别，参见李宜琛《日耳曼法概说》，中国政法大学出版社，2003，第56页。

事实"①。持有状态的延续性，使习惯法②成为裁判土地归属的重要准则，它与重叠的产权关系相结合，发展出日耳曼法的传统主义和团体主义特性，从而排斥了罗马法一物一权的绝对所有权原则，而在封建人身支配关系的投射下，合法持有权又获得私法所有权和公法支配权的双重属性，从而区别于罗马法公私相异的物权原则。③ 也因此，威廉·格鲁（Wilhelm Grewe）将合法持有权理解为"对某种控制土地的权力的事实持有和行使，并基于此获得一种假设的合法性"④。格鲁在此基础上将合法持有权理解为一种包含了主权概念的公法性质和家产制的私法含义，但又不同于这二者的中世纪独有的宪法制度形式，也即中世纪的领主权。在厘定领主权内涵时，学者们往往强调其司法裁判权的属性⑤，但其实际上要宽泛得多，姑且不论其公私不分的特性，仅就其支配权属性而言，它也超越了一般司法裁判权的范畴，而是一个包括行政管理、治安等在内的一般意义上的统治权概念。

　　正是这个极具中世纪特性的领主权概念，在 12 世纪罗马法复兴之后遭遇了解释的难题。凭借其"理性帝国"优势，罗马法迅速发展为支配性知识体系，但由于其所宣示的知识和权力原则无法在欧洲兑现，它的普遍适用又带来了规范和事实的极度不对称。在知识上，罗马法的绝对所有权概念、公私二分原则侧重于司法权的概念，都迥异于封建法的合法持有权。在政治上，罗马法对皇帝普遍所有权或者管辖权的宣示⑥，根本无法驾驭四分五裂的封建秩序，

---

① 〔美〕哈罗德·伯尔曼：《法律与革命：西方法律传统的形成》（第一卷），贺卫方等译，法律出版社，2008，第 308 页。

② 〔法〕马克·布洛赫：《法国农村史》，余中先等译，商务印书馆，2009，第 88~89、151 页。

③ 更详细的比较合法持有权和罗马所有权的区别，参见李宜琛《日耳曼法概说》，中国政法大学出版社，2003，第 68~70 页。

④ Wilhelm Grewe, *The Epochs of International Law*, Michael Byers trans. (Berlin: De Gruyter, 2000), p. 67.

⑤ 〔法〕马克·布洛赫：《法国农村史》，余中先等译，商务印书馆，2009，第 99 页。

⑥ 在 1158 年隆卡利亚会议上，皇帝通过罗马法四博士之笔宣示："所有的管辖权属于皇帝，所有的法官必须从皇帝那里获得自己行使职务的权利，所有人必须根据法律的规定向皇帝宣誓。""Omnis iurisdictio et omnis districtus apud principem est et omnes iudices a principe adminis-trationem accipere debent et iusiurandum prestare quale a lege constitutum est."see Robert L. Benson, Political Renovatio: Two Models from Roman Antiquity, in Robert L. Benson and Giles Constable (eds.), *Renaissance and Renewal in the Twelfth Century* (University of Toronto Press, 1991), pp. 366-367. 由于财产权和管辖权的密切关联，按照这一逻辑，财产权也将同样遵循皇家授予的原则，参见 Susan Reynolds, *Fiefs and Vassals: The Medieval Evidence Reinterpreted* (Oxford: Clarendon Press, 1994), p. 240。

最终沦为空洞的宣传口号。诸多缺陷之下，一个能够完全对应合法持有权的罗马法概念付诸阙如。欧洲的心智已经罗马化了，但它的身体仍然活在封建时代。在此背景下，如何借助罗马法词语来描绘一个对它而言完全陌生的世界，就成为一个颇具挑战性的工作。正是在应对这一挑战的过程中，法学家从罗马法中重建了系统的公法科学，并发展出描绘现代国家概念的基本语汇。

三 帝国与封建的法学建构

（一）分割所有权

已如前述，规范和现实的巨大差异为法律适用带来难题。罗马法规定，"普天之下，莫非王土"，皇帝被理解为"普世君主"，并可以据此要求拥有对整个世界的所有权和管辖权。但现实是，各城市和王国凭借其合法持有的历史事实，拒绝承认皇帝的领主权利，尽管在罗马法一家独大的局面下，它已经无法通过诉诸习惯法来对抗罗马法。这使欧洲成为一个形式上统一的普遍法权和事实上分裂的权力秩序的矛盾体。在此背景下，欧洲中世纪发展出结合了普遍和特殊的哲学和法学观点，试图对此提供解释。它在哲学观念上体现为整体的统一性和部分的特殊性的结合，二者作为一种自然秩序表达着客观世界的确定性，这种确定性最终来源于基督教观念中的造物主的神。它在社会结构中发展出一种有机体的论述，在其中，头作为整体的表现者体现着社会的统一，而身体各器官通过发挥自己的自主功能维护着整体的和谐性。[1] 它在法学观念上体现为分割所有权和管辖权的理智努力，试图在承认各社会实体功能自主性的前提下，维持政治结构的整体统一性，从而形成一种韦伯意义上的"等级制国家"[2]。

开创性的工作是由意大利法学家做出的，他们秉持着教义学的自觉，试图通过对罗马法文本的曲解，弥合它和现实的裂痕。这种注解工作的第一步是厘

---

① 〔葡〕叶士朋：《欧洲法学史导论》，吕平义等译，中国政法大学出版社，1998，第49~51页。
② 〔德〕马克斯·韦伯：《经济与社会》（下卷），林荣远译，商务印书馆，1997，第412页。

定所有权（Dominium）的法学含义。在中世纪语境中，所有权既是法律用语，也是神学和哲学用语①，它在法学领域表达财产和所有权关系，在神学领域表达神对世界的所有权，以及与此相关的神在世上的代理基督教会对精神和世俗事务的统治权的界限②，并且拥有哲学体系的支撑。它的法学含义有一个变迁的过程。尽管古典罗马法乃至《大全》都不存在对所有权的定义，但这并不妨碍对一个绝对、独占、排他所有权③的学理界定，这使所有权在罗马法语境中成为一个绝对纯粹概念。由于中世纪产权的高度分化，日耳曼法④倾向于将一切以实际持有为表征的权利认定为物权，因此附庸对其土地享有的绝非次生的用益或者占有权，而是发展成一种准所有权。两种法系产权观念的差异，使套用罗马法逻辑理解日耳曼的实际变得异常困难，这导致 12～13 世纪的法学语汇对所有权概念的使用庞杂而不确定。⑤ 在罗马法复兴之后，法学家试图借助罗马法的概念重新梳理封建产权关系，它一方面需要将私法意义上的所有权予以扩张性解释，从而能够对应中世纪的领主权结构，另一方面需要稀释所有权的绝对性，从而维持多个产权人财产权的稳定性。

第一个工作只是一个对于概念的自我理解问题，对此布伦纳（Otto Brunner）曾经指出，不管中世纪晚期意大利法学家如何试图严格区分公法的管辖（iurisdictio）和私法的所有（proprietas），他们仍然使用 dominium 指称一个同时包含治权（imperium）和所有权（proprietas）的综合性概念。⑥ 在这里，意大利法学家统合了罗马法所有权（dominium）和治权、管辖权相区分的做

---

① Stephen Lahey, *Philosophy and Politics in the Thought of John Wyclif* (Cambridge: Cambridge University Press, 2003), p. 24.

② J. H. Burns, *Lordship, Kingship, and Empire: The Idea of Monarchy, 1400-1525* (Oxford: Clarendon Press, 1992), pp. 16-39.

③ 汪洋：《罗马法"所有权"概念的演进及其对两大法系所有权制度的影响》，载《环球法律评论》2012 年第 4 期。Peter Birks, The Roman Law Concept of Dominium and the Idea of Absolute Ownership, *Acta Juridica* 1, 1985, pp. 25-29.〔英〕乔洛维茨：《罗马法研究历史导论》，薛军译，商务印书馆，2013，第 183 页。

④ 易继明：《论日耳曼财产法的团体主义特征》，载《比较法研究》2001 年第 3 期。日耳曼法倾向于将一切以实际持有为表征的权利认定为物权，参见金可可《持有、向物权与不动产负担——论中世纪日耳曼法对债权物权区分论的贡献》，载《比较法研究》2008 年第 6 期。

⑤ 〔比〕冈绍夫：《何为封建主义?》，张绪山、卢兆瑜译，商务印书馆，2016，第 166～167 页。

⑥ Otto Brunner, *Land and Lordship: Structures of Governance in Medieval Austria*, trans., Howard Kaminsky and James Van Horn Melton (Philadelphia: University of Pennsylvania Press, 1992), p. 203.

法，将其发展为一个综合性的权力范畴，以对应中世纪的领主权。在此基础上，法学家又发展出分割所有权的概念，以解释封建多重占有的封建产权秩序，它通过将所有权区分为直接所有权（dominium directum）和扩用所有权（dominium utile），将封建社会整合进罗马法的概念框架，从而发展出双重所有权（duplex dominium）或分割所有权（dominium divisum）的新学说。

根据罗伯特·芬斯特拉（Robert Feenstra）的梳理，这一区分可能来自法学家皮利尤斯（Pillius）[①]，它在词源上来自罗马法中的直接之诉（actio directa）和扩用之诉（*actio utilis*），前者根据法律明文规定进行诉讼，后者则在缺乏明文规定的情形下，通过创设新的诉讼类型来对争议案件提供救济[②]，在此基础上扩用所有权就成为在直接所有权之外，通过扩用诉讼予以保护的事实权利。[③] 这种将事实权利人视为所有人的处理方式也并非毫无根据，《大全》D. 9. 2. 11. 10[④] 和将永佃权人作为所有权人对待的 C. 11. 62. 12[⑤] 都提供了文本支撑。根据这一教义，领主和附庸都是采邑的所有者，领主拥有直接所有权，附庸拥有扩用所有权，前者是领主对财产，通常是土地的直接所有权，领主拥有对财产的终极处置权利，后者是附庸对财产使用和收益的权利。这种对财产的直接所有和用益所有，由于包含一种上下级的等级关系，也可被称为上级所有权和下级所有权。它承认上层领主对土地的最终控制，但也确保了附庸对土地的稳定占有，从而实现了对罗马法中的绝对所有权的垂直分割。[⑥]

---

① Robert Feenstra, Dominium and Ius in Re Aliena：The Origins of a Civil Law Distinction, in Peter Birks（ed.）*New Perspectives in the Roman Law of Property*（Oxford：Clarendon Press, 1989）, pp. 112–113.

② 董能：《中世纪法学的扩用所有权学说》，载《环球法律评论》2015 年第 5 期，第 103~104 页。

③ 陈晓敏：《大陆法系所有权建构的两种视角——罗马法和中世纪所有权形式考察》，载陈小君主编《私法研究》（第 11 卷），法律出版社，2011，第 56 页。

④ 用益权人或者有权使用财产的人是否有权适用《阿奎利亚法》？我认为更好的观点是在这种案件下，应当授予扩用之诉。An fructuarius vel usuarius legis aquiliae actionem haberet, iulianus tractat：et ego puto melius utile iudicium ex hac causa dandum。

⑤ 仿佛他们就是那块土地的所有人，cum fundorum sunt domini。

⑥ Thomas Rüfner, The Roman Concept of Ownership and the Medieval Doctrine of Dominium Utile, in John Cairns（ed.）*The Creation of the Ius Commune：From Casus to Regula*（Edinburgh：Edinburgh University Press, 2010）, pp. 127–142.

（二）层级管辖权

类似的逻辑同样出现在对统治关系的讨论中，它体现为对管辖、治权和所有权这三个概念的再定义。通过这种再定义，管辖（iurisdictio）概念突破了《大全》中狭隘的司法含义，变成包含治权和权力（potestas）的内涵，但又超越于二者的能够统合所有权力形式的种概念，由于被等价为所有权①，进而被视为所有领主权利的实质②，管辖又因应于中世纪的封建结构获得一种自主面向，成为一个得以统合、构建中世纪帝国和封建的两个面向的中心概念。借助这种再定义，法学家试图为帝国的权威范围和各城市、领主的自主范围提供一个合理的解释，进而有关管辖的释经学争论就成为围绕帝国主权的本性和范围争论的重要表现③。

通过对《大全》的创造性解释，管辖和治权被建构为公法的基本概念。由于《大全》公法概念和词汇的贫乏，罗马法学家并没有留下任何关于公法的一般理论，对于国家权力的讨论更是零星琐碎。在有限的公法描述之外，治权和管辖在《大全》中主要作为司法用语，用于描述具有较强强制性的惩罚刑事犯罪行为或者其他民事行为。二者之间有个包含关系，治权是个种概念，管辖是个属概念，④ "治权要么是纯粹的，要么是混合的。纯粹治权是为惩罚犯罪人的目的而用剑的权力，因此被称为权力。混合治权指管辖，具体指授予财产占有权。管辖也指任命法官的自由"⑤。根据这一分类，管辖包含一部分治权，

---

① Francesco Maiolo, *Medieval Sovereignty: Marsilius of Padua and Bartolus of Saxoferrato* (Delft: Eburon Academic Publishers, 2007), p. 143.

② Otto Brunner, *Land and Lordship: Structures of Governance in Medieval Austria*, trans., Howard Kaminsky and James Van Horn Melton (Philadelphia: University of Pennsylvania Press, 1992), p. 203.

③ Francesco Maiolo, *Medieval Sovereignty: Marsilius of Padua and Bartolus of Saxoferrato* (Delft: Eburon Academic Publishers, 2007), p. 142.

④ Clifford Ando, *Law, Language, and Empire in the Roman Tradition* (Philadelphia: University of Pennsylvania Press, 2011), p. 101.

⑤ D. 2. 1. 3: Imperium aut merum aut mixtum est. merum est imperium habere gladii potestatem ad animadvertendum facinorosos homines, quod etiam potestas appellatur. mixtum est imperium, cui etiam iurisdictio inest, quod in danda bonorum possessione consistit. iurisdictio est etiam iudicis dandi licentia.

因而有一定强制性，但不包括纯粹治权（merum imperium），尤其是死刑权。① 在这个层级之下，管辖主要指私法和司法诉讼上的权力②，"说法/宣布正义的职权非常宽泛：他能授予或者设立物品占有，为没有监护人的未成年人指定监护人，为诉讼人指定法官"③。管辖权在实际行使中区分两种情形，一种是法律规定的管辖权，另一种是长官权力自带的管辖权，前者不能再转让，后者可以被转让或代理。④ 这种代理行为遵循民法关于代理的一般原则，比如代理可以收回⑤、被代理人必须以代理人名义进行活动⑥、不能再次代理⑦等。

在这个意义上，治权和管辖在《大全》中主要作为司法用语，用于描述具有较强强制性的惩罚刑事犯罪行为，或者其他民事行为⑧。但实践中围绕着皇帝和城市、王国的权力争议，又迫切地需要一个基于法律文本的合理性论证。通过对既有法律文本的再解释，意大利法学家实现了法学概念的创新，它的重要突破点在于颠倒了《大全》中管辖和治权概念的关系，通过将管辖权上升为一个种概念，治权变为一个次生的属概念，他们确立了法学解释的一个新样式。由于管辖权"结合了正当的概念（源自它的词源 ius）和强制力（源自罗马法的定义），这个词从未丢失它原初指代一个司法长官解决法律争议的

① D. 1. 21. 5. 1：看起来，代理给私人的管辖权也是治权，但它不包括纯粹治权，因为没有不包括适度强制的管辖权。D. 1. 21. 1. 1：因为虽然根据习俗，管辖权能被转让，但法律赋予的纯粹治权不能被转让。

② Adolf Berger, *Encyclopedic Dictionary of Roman Law* (Philadelphia: The American Philosophical Society, 1953), p. 523.

③ D. 2. 1. 1.

④ D. 1. 21. 1：任何由法律或元老院法令或皇帝敕令特别授予的，由于管辖已经被代理，它们不能被转让；而那些凭借长官权力获得的，能够被代理。D. 2. 1. 5：根据习俗，他只能转让凭其自身权利享有的管辖权，而不是别人的恩惠。

⑤ D. 1. 16. 6. 1：正如地方总督有裁量权授予或者不授予管辖，它也有权收回所代理的管辖权，但它需要事先咨询皇帝。

⑥ D. 1. 21. 1. 1：那个接受了被代理的管辖权的人，没有任何自己的东西，而必须行使代理人的管辖权。D. 2. 1. 16：Praetor 经常授予管辖权，或者是全部，或者是部分，被授予管辖权的人以授权者的名义而不是自己的名义行使管辖权。

⑦ D. 1. 21. 5：显而易见的是，任何人都不能将自己代理的管辖权再代理给另一个人。

⑧ David Johnston, The Jurists, in *The Cambridge History of Greek and Roman Political Thought*, in Christopher Rowe and Malcolm Schofield (eds.) (Cambridge: Cambridge University Press, 2005), pp. 627-630.

有限含义，但也同时获得了一般意义上更宽泛的统治权的含义"①。这使实践中的管辖概念演化成对于任何形式的正当权力的描述，因此对它的定义变成一个离开治权和权力便无法被理解的名词，从而使有关管辖的讨论就等同于有关权力的讨论②。

对于管辖的初次定义来自注释法学派的奠基人伊尔内留斯（Irnerius），他将管辖界定为"因宣布法和确立横平的必要而引进的权力"（potestas cum necessitate iuris scilicet reddendi aequitatisque statuendae）③，在这之后漫长的学说史演进过程中，管辖的公法意涵逐渐明晰，并在阿佐（Azo）的著作中发展为一种系统性的考察。在《法典评注》（Summa Super Codies）对 C. 3. 13《论所有的管辖权》（De iurisdictione omnium iudicum）做评注时，阿佐界定了管辖的内涵，他拒绝继续沿用《大全》的界定方式，试图将一个简单的司法权重新定义为一个一般的统治权概念。他指出：

> 管辖是由于宣布何为正当和确立公正的必要而引入的公共权力。D. 2. 1. 3 所看到的不是管辖的定义。它将管辖理解为任命法官的自由。因为正如伊尔内留斯所说，这不是种的定义，而是种的谓语，或者是表达属的名字。因为管辖（在词根上）来自统治，也就是权力和合法地/正当地，这似乎是在说它是种正当的权力。④

在此基础上，阿佐对管辖做了四个类别的划分，它们分别是最充分管辖和

① Brian Tierney, Religion, *Law, and the Growth of Constitutional Thought*, *1150–1650* (Cambridge: Cambridge University Press, 1982), p. 31.

② Patrick Lantschner, Justice Contested and Affirmed: Jurisdiction and Conflict in Late Medieval Italian Cities, in Fernanda Pirie, Judith Scheele (eds.) *Legalism: Community and Justice* (Oxford: Oxford University Press, 2014), p. 82.

③ Francesco Maiolo, *Medieval Sovereignty: Marsilius of Padua and Bartolus of Saxoferrato* (Delft: Eburon Academic Publishers, 2007), p. 145.

④ Est autem iurisdictio, potestas de publico introducta, cum necessitate iuris dicendi, & aequitatis statuendae: non autem est definitio iurisdictionis, quod legitur D. 2. 1. 3. Quod enim dicit, iurisdictio est de iurisdictione est, etiam iudicis dandi licentiam. Nam (ut ait Irn.) non definitur genus, sed generis praedicationem, vel nomen speciei ponit. Dicitur autem iurisdictio, a ditione (quod est potestas) & iure: quasi dicat, legitima potestas. Azo, *Azonis Summa in Tertium Librum Codicis* (Lugduni: Fabri Lugdun & Iacobi Stoer, 1596), p. 235.

不完全管辖①，普通管辖和代理管辖②，自愿管辖和强制管辖③，以及纯粹治权、混合治权、适当强制、作为属的管辖权④（iurisdictio in specie sumpta/iurisdictio simplex）。阿佐注意到暴力强度最大的纯粹治权概念，并试图结合《大全》的文本线索，对其做出一个适当的定义。在他看来，纯粹治权是用剑的权力，是对恶人施加惩罚的权力，也被称为权力，正如 D.2.1.3 所示。"animad-vertendum" 特别地指代死亡，因为这种惩罚足以毁灭他人的灵魂。它被称为纯粹治权，因为它涉及对一个自由人或者城市的剥夺。确实它就是 D.48.1.2⑤ 载明的三种刑罚⑥。

在完成对纯粹治权的定义后，阿佐紧接着引出了有关谁拥有纯粹治权的讨论。他指出，很多人认为只有皇帝才拥有纯粹治权，这种权力是纯粹的，不需要依凭其他人的准许，但事实上很多高级长官也拥有这种权力，比如行省的总督（praesides）。在此基础上，阿佐给出了如下关键的论述：

> 我认为仅仅皇帝有最充分的管辖权，因为罗马人民通过霍腾西亚法将

---

① 管辖被划分为最充分管辖和不完全管辖，前者仅仅属于皇帝，后者属于其他长官。其他长官有在更低级长官之前或者在皇帝之后的更充分管辖。Azo, *Azonis Summa in Tertium Librum Codicis*（Lugduni：Fabri Lugdun & Iacobi Stoer, 1596），p. 235.

② 一种是普通管辖，一种是代理管辖。普通管辖是那些被皇帝授予的管辖，它不是适用于一种、两种甚至是十种事由，而是普遍地适用于所有的事由，它发生在某个城市、乡镇或者城堡。代理管辖是受托于皇帝或者其他任何普通长官的管辖，它只适用于单一事由。Azo, *Azonis Summa in Tertium Librum Codicis*（Lugduni：Fabri Lugdun & Iacobi Stoer, 1596），pp. 235-236.

③ 一种是自愿管辖，一种是强制管辖。自愿管辖是在合意基础上行使的管辖，比如释放或者收养等。强制管辖是对不情愿者授予的管辖，比如某人被另一人起诉，这时裁判被给予不情愿的一方面。Azo, *Azonis Summa in Tertium Librum Codicis*（Lugduni：Fabri Lugdun & Iacobi Stoer, 1596），p. 238.

④ 管辖权应如是划分：一种是纯粹治权，一种是混合的，一种被说成是适当强制，它也被称为混合治权……还有一种是作为种概念的管辖，它自己存续。Azo, *Azonis Summa in Tertium Librum Codicis*（Lugduni：Fabri Lugdun. & Iacobi Stoer, 1596），p. 238. 作为属的管辖权在此处文本中并没有被清晰展示，但学者从其他版本中找到了线索，See Vallejo, Power Hierarchies in Medieval Juridical Thought, in *Ius Commune*, 19（1992），p. 8, n. 20。

⑤ 公共判决一些是极刑，一些是非极刑。极刑是指死刑或者流放，这种惩罚移除了城邦的公民身份。还有一种是流放，应被恰当地称为贬黜，这种情形下城邦公民身份得以保留。非极刑是指那些涉及金钱或者对身体的其他强制类刑罚。

⑥ Azo, *Azonis Summa in Tertium Librum Codicis*（Lugduni：Fabri Lugdun & Iacobi Stoer, 1596），p. 238.

所有的治权和权力转让给了他。因此皇帝能够规定一般的横平。但我也承认任何长官都能够在自己的城市出台新法。纯粹治权同样属于任何其他的高级长官。我因此折损了一匹马，这是不公平的。①

可以看出，阿佐对帝国权力的立场在于协调大一统的皇帝权力和去中心的城市权力，它体现为法学解释论中的一个创新，这种创新表现为管辖权和治权的倒置和层级管辖权概念的阐发。通过颠倒《大全》中管辖权和治权的从属关系，阿佐承认了各城市对于强度较高的"治权"的权利，它表现为各城市长官的自主立法权。通过承认皇帝对于最充分管辖权的保有，阿佐发展出一个层级的主权理论，在其中皇帝享有对普遍世界的管辖资格，但它不排除下级长官对自己领地或城市的一般管辖权。皇帝对帝国的权利来自罗马人民的原初授权行为，从而保证了帝国和罗马的历史连续性，以及皇帝法权的正当性，而各城市长官的自主权力则来自城市作为独立法权单位的自主权利。法权来源的对立性使二者相互冲突和解构，但最终又以一种普遍和特殊的关系得以共存。

阿佐的思路被之后的法学家群体承袭，他们发展出更为细密和演进的分类方式，试图对当代的权力事实提供法学解释。② 这些思路最终在评注法学家的集大成者巴托鲁斯（Bartolus）那里被系统化。结合注释法学家的学说，他首次给所有权下了定义——它是处置和主张的权利（ius disponendi vel vendicandi），并且是"对有体物进行全权处置的权利，除非法律禁止"③（Dominium est ius de re corporali perfecte disponendi nisi lege prohibeatur）。但这种类似绝对的所有权定义并非排除多人对同一物的权利，因为巴托鲁斯同样肯定分割所有权学说，故而所有权是个复数的概念，物的真正所有人并不能穷尽

---

① Plenam ergo vel plenissimam iurisdictionem soli principi competere dico, [cum lege Hortensia populus ei, et in eum omne imperium et omnem potestatem transtulit. Sed quod, et ipse solus statuere generalem equitatem possit. Concedo tamen quod quilibet magistratus in sua civitate ius novum statuere potest.] set merum imperium etiam aliis sublimioribus potestatibus; licet ob hoc amiserim equum, set non fuit equum. Quoted from Kenneth Pennington, *The Prince and the Law, 1200-1600: Sovereignty and Rights in the Western Legal Tradition* (Berkeley: University of California Press, 1993), pp. 19-20, n. 47, n. 50.

② Vallejo, Power Hierarchies in Medieval Juridical Thought, in *Ius Commune*, 19 (1992).

③ Peter Garnsey, *Thinking about Property: From Antiquity to the Age of Revolution* (Cambridge: Cambridge University Press, 2007), pp. 197-198.

它对物的所有权利，包括"永佃权人、地上权人以及类似的封臣等权利人，都被吸收进扩用所有权的大网，并进而被认为是所有主"①。

巴托鲁斯同样承认管辖和所有权的等价关系。在一段对管辖附着于领土（iurisdictio cohaeret territorio）的评论中，巴托鲁斯指出，管辖权和所有权都是附属于领主的人身的法律权利，二者的区别在于管辖是对领土的统治权，所有权是对物的占有权。他指出：

> 正如所有权附属于所有主的人身，尽管它是对物的权利，管辖权附属于职权和那个拥有职权的人，尽管它是对领土的权利。因此管辖不是和领土相关的特征，而是和人相关的特征。管辖权和所有权的等同可以证明如下：根据我们前面所说的 D.1.4.1，皇帝拥有所有的管辖权，他因此根据 D.14.2.9 成为世界之主。那么恰如下面 D.27.1.15 所指出的那样，任何司法官被看作城邦或者它所管理的领土的长官（princeps），他也能被视为这整片领土的所有主，正如我在本书第一部分多次提到的关于皇帝的观点那样。由此能够得出一个真实且善美的结论，如果长官（princeps）或某人授予你某个整片领土，他似乎也就授予了你所有的管辖权，因为正如 D.18.1.25 所说，对物的让予也就意味着对该物所有权的让渡，因此对领土的让予也就意味着管辖权的让渡，（对领土的管辖关系）和对某物的所有关系是一样的。②

---

① 董能：《中世纪法学的扩用所有权学说》，载《环球法律评论》2015 年第 5 期。

② Sicut ergo dominium cohaeret personae domini：tamen est in re，ita iurisdictio cohaeret officio，et personae eius qui habet officium：tamen est in territorio，et sic non est qualitas territorij，sed magis personae. Et ista aequiparatio de iurisdictione ad dominium probatur sic. Princeps habet omnem iurisdictionem，ut supra de const. prin. 1. I. et ex hoc dicitur dominus mundi，ut infra ad 1. Rho. de iactu. 1. deprecatio. Sicut quilibet iudex dicitur princeps civitatis，vel territorij cui praeest：ut infra de excu. tut. 1. spadonem. si civitatis & rectae potest dici dominus totius illius territorij universaliter considerati，sicut de principe pluries dixi，et maxime in prima constitutione huius libri. Ex hoc sequitur pulchra consequentia，et vera quod si princeps，vel alius concederet tibi universaliter unum territorium，videtur tibi concedere universaliter iurisdictionem，quia sicut ille qui concedit rem singularem，dicitur dominium rei singularis concedere，ut 1. si ita. in fi. de contrah. emp. ita ille qui concedit universale territorium videtur concedere iurisdictionem，quae est idem quod dominium alicuius rei particularis. See Constantin Fasolt，*The Limits of History*（Chicago：The University of Chicago Press），pp. 186–187.

将这种逻辑延伸到公法领域，每一级别附庸通过对采邑所有权的享有，同时获得与此采邑相关的管辖权。以此类推，层层上升到罗马皇帝对整个世界的所有权和管辖权。在这个前提之下，巴托鲁斯根据中世纪的多元分散的权力格局，对管辖权进行了多层次的划分。在他看来，一般的管辖权（jurisdictio in genere）指公法界定的权力，它基于分配与确立正义和公正的必要，由一个公共人格引进，它被分为狭义的管辖权（jurisdictio simplex）和治权（imperium）。前者指那些雇佣的司法职务，用于私人效用；后者指高贵的司法职务，被区分为纯粹治权（merum imperium）和混合治权（mixtum imperium），纯粹治权指公诉的治权，主要用于公共效用，而混合治权则是用于私人效用的治权。狭义的管辖权、纯粹治权和混合治权又分别可以分为六个级别，最高（maximum）、较高（majus）、高（magnum）、低（parvum）、较低（minus）、最低（minimum）。每一级被分配了特定的职能，其中最高的纯粹治权（maximum merum imperium）指立法权，它只能为皇帝（princeps）或元老享有。通过这一安排，巴托鲁斯默许了各个单独王国和城市对于真实主权的享有，但由于保存了皇帝对普遍世界的所有和管辖权，巴托鲁斯也承认了大一统的必要性。[1]

四　主权政治的法学逻辑

（一）普遍性的破产

综上所述，意大利法学家群体试图在合法性和事实性的二分法中，完成对当代权力格局的法学解释。为了照顾帝国法权的完整性，法学家们制造出两个普遍但却空洞的法学概念——所有权和管辖权，皇帝是普世之主，他附带性地拥有所有的管辖权。但在这种普遍性权力之下，却散布着多个实质性的权力，从而在事实上分割了帝国的主权。与此同时，为了解释不同政治单位不均匀的权力分布，法学家们又根据高低和大小程度对权力做了区分，从而使中世纪的权力观念变得分裂而有层级性。这种贴切实际的处理方式使这些学说尽管在学

---

① 有些版本的著作有管辖权之树（arbor iurisdictionum）的图像，生动展示这种错综复杂的权利格局。参见 Bartoli à Saxoferrato, *Omnia Opera*, Vol. 1（Venice：Apud Iuntas, 1596），p. 45。

理上饱受批评，但仍然成了当时的主流学说。① 在这个意义上，欧洲中世纪的统治不是现代国家抽象且集中的主权结构，而是一个多元共存的、公私不分的领主结构，管辖和所有权的重叠使得每个人都成为相对意义上的领主，因而无法享有排他绝对的主权权力。② 作为这种制度的后果，公共官职也长期成为个人所有权，买卖官职成为包括法国在内的诸多国家的流行做法。③

在 16 世纪及之后，欧洲进入向近代转型的关键时期，中世纪一体多元的帝国传统开始瓦解，欧洲在权力格局和知识体系方面迅速地方化。尽管帝国和封建仍然在神圣罗马帝国的笼罩下苟延残喘，但随着各王国和城市权力的增长，一个对外自主、对内最高的主权国家体系成为新的权力事实，它迫切地要求通过集中权力来铲除维系中世纪帝国的大一统意识及其封建毒瘤。主权国家要求法权上的独立，因而拒绝接受皇帝对普遍世界的所有权和管辖权，哪怕它仅仅是一层形式单薄的面纱，反而允许一个单一法律秩序内部同时存在多重管辖主体，使得公共权威不断片段化和多层级化，并构成处于集权过程中的君主权力的重大阻碍。这使得更适应中世纪封建多元一统主义的意大利学派被抛弃，通过"托古改制"，在古典希腊和罗马法中发现自己的政治和民族意识的人文主义法学家成为新的宠儿，他们在集权君主的荫庇之下，不断著书立说挑战帝国及其法权的正当性。

人文主义法学家否定帝国和封建的二重性构造，主张王国内部的集权化。由于文字学的知识背景和断裂性的时间意识，这种"托古改制"的政治工程在法学研究中首先表现为通过还原罗马法文本的历史原意来拆解意大利法学家人为建构的帝国"意识形态"的学术努力，通过对构成整个帝国和共同法权威的基石治权法（lex imperium）的历史还原，人文主义法学家志在瓦解中世纪帝国

---

① 〔美〕理查德·塔克：《自然权利诸理论：起源与发展》，杨利敏、朱圣刚译，吉林出版集团有限责任公司，2014，第 22 页。

② Dieter Grimm, *Sovereignty: The Origin and Future of a Political and Legal Concept*, trans., Belinda Cooper (New York: Columbia University Press, 2009), p.14.

③ Russell Major, *From Renaissance Monarchy to Absolute Monarchy: French Kings, Nobles and Estates* (Baltimore: Johns Hopkins University Press, 1994), pp. 104 – 106. Howell Lloyd, *The State, France and the Sixteenth Century* (Boston: Allen and Unwin, 1983).

的法律根基。① 这种历史还原体现为两个方面。其一是将管辖和治权还原为古典罗马法中的司法概念，从而破除中世纪法学家的各种篡改和添加。其二是回归古典罗马法关于财产权的基本原则，从而否定中世纪分割所有权的实践。

就前者而言，已如前述，在古典罗马法中，治权无论是纯粹的还是混合的，都不是政治权威的概念，仅仅是古罗马法官的司法活动。纯粹治权更狭窄，仅仅是对刑事判决的执行权。巴托鲁斯学派理解的作为纯粹治权最高形态的立法权，根本在罗马法中找不到基础。而混合治权和管辖仅仅与司法管辖相关，因此它所包含的特权和政治权威完全无关，仅仅是法官的权力。按照这种逻辑，纯粹治权就无法充当一种完满和最高（summum）的公共权力，而只可能被界定为《大全》文本中标示的狭义上的纯粹（purum）权力，也即仅仅指涉刑事程序中施加刑罚的权力（potestas animadvertendi in facinorosos homines）（D.2.1.3），因而和一般管辖没有任何关联。与这种解构相伴随，法学家们还试图清晰界定管辖和治权在司法过程中的位置，从而发展出有关这几个概念的不同理解，其中比较典型的是让·吉洛特（Jean Gillot），他将管辖和治权还原为司法程序的三个阶段：审讯（cognitio）、宣判（sententia）、执行（executio），其中审讯和宣判是管辖权和混合治权的范围，执行是纯粹治权的范围，纯粹治权和司法程序完全无关，因为它只关注执行判决，从而拆解了巴托鲁斯学派建构起来的多元一体的管辖权理论。

与这种拆解帝国管辖权相伴随的是绝对所有权概念的回归。在这方面，人文主义法学家群体由于各自政治处境的差异出现分化，封建和帝国互相构造而成的大一统仍然寄居在神圣罗马帝国皇帝的意识之中，这使任何法学知识的改造和创新最终导向对既定政治结构的维护，继承了人文主义的历史和批判意识的德国法学家，也因此最终回归了巴托鲁斯学派的保守立场。在这方面，乌尔里希·查修斯（Ulrich Zasius）是个典型，尽管他试图将纯粹治权做一个狭窄的定义，但他的法学著述仍然保留了土地保有的层级性②，并在一定程度上允

---

① Guido Rossi, Deconstructing iurisdictio: The Adventures of a Legal Category in the Hands of Humanist Jurists, in PJ Du Plessis & JW Cairns（eds.）*Reassessing Legal Humanism and Its Claims: Petere Fontes?*（Edinburgh: Edinburgh University Press, 2017）, p.84.

② 董能：《中世纪法学的扩用所有权学说》，载《环球法律评论》2015 年第 5 期。

许了长官对于治权的自主所有权①。而诸如法国等王国政治集权的需要要求更为激进的法学立场，它一方面要求打破分割破裂的封建财产关系，通过"一物一主"的绝对所有权原则维系更为安定的财产诉求，另一方面将管辖权和土地所有权分离，并通过将其界定为专属于君主的公共权力，形成统一的国家治理。

在这种意识怂恿下，包括让·弗（Jean Feu）、雅克·居亚斯（Jacques Cujas）、弗朗索瓦·杜阿朗（François Douaren）、雨果·多诺（Hugues Doneau）在内的法国人文主义法学家都反对分割所有权的实践。② 借助文字学的考据功夫，他们指出这种区分方式根本就是评注法学家们的臆造和篡改，不被文本支撑，违背罗马法关于财产权的基本原则。"所有权被阿库修斯（Accursius）划分为直接所有权和扩用所有权，这些词是新造的，并不为古代法所知。因为我们知道，他们希望用这些新词来表达一种近似所有权的权利，比如永佃权，以便授予这种权利扩用之诉，它对应真正所有人的直接之诉。但在一物之上有两个所有权是违背法理的。"③ 有学者指出将采邑看成一种扩用所有权，缺乏文本支撑，因为《封建之书》（Libri Feudorum）将附庸的权利视为一种不关涉所有权的事实占有，而 D. 50. 16. 115 将占有理解为对自己不拥有所有权的财产的使用权④，因而本质上是一种他物权。

（二）绝对所有权的回归

在否定了分割所有权的可行性之后，法学家们试图借助自物权和他物权的区分，来重新划分和界定财产关系。这一区分方式可能承袭了德国法学家约翰·阿佩尔（Johannes Apel）⑤ 的区分意识，他将权利区分为对物权（ius in

① Myron Piper Gilmore, *Argument from Roman Law in Political Thought*, *1200 - 1600*（Cambridge：Harvard University Press，1941），p. 57-62.

② 董能：《中世纪法学的扩用所有权学说》，载《环球法律评论》2015 年第 5 期。

③ François Douaren, Disputationum Anniversariarum Libri Duo, in François Douaren, *Opera Omnia*, Vol. 4（Lucae：Josephi Rocchii，1768），p. 19.

④ John Cairns, Craig, Cujas, and the Definition of *feudum*：Is a Feu a Usufruct? in John Cairns（ed.）*The Creation of the Ius Commune*：*From Casus to Regula*（Edinburgh：Edinburgh University Press，2010），p. 80.

⑤ 〔美〕哈罗德·伯尔曼：《法律与革命：新教改革对西方法律传统的影响》（第二卷），袁瑜珺、苗文龙译，法律出版社，2008，第 121~126 页。

re）和向物权（ius ad rem）①，并将对物权进一步区分为所有权（dominium）、准所有权（quasi dominium）和特殊对物权（ius in re specificum），特殊对物权包括质权或抵押权（pignus vel hypotheca）、地役权（servitus）、留置权（retentio）。芬斯特拉将特殊对物权视为一种限制所有权，并指出法国人文主义法学家雨果·多诺最终在这种精神指引下做出了所有权（dominium）和他物权（ius in re aliena）的区分。按照这种理解，永佃权、地上权、地役权、善意占有、抵押权都变成了他物权（iura in rebus alienis），也就是在他人所有的物上设定的权利，从而一方面构成对原所有人权利的减损，另一方面也剥夺了这些实际占有人对于财产的所有人权利。②

这种划分方式更类似于罗马法中所有权（propieta）和用益权（ususfructus）③ 的划分方式，从而协调了物的实际占有人和权利所有人的关系。根据这一理解方式，所有权是完整的，但也只是名义上的"裸权"（proprietas nuda）④，物的实际占有人虽然不享有物的所有权，但却仍然对物进行支配。在这种精神指引下，封建采邑被法学家界定为一种用益权，居亚斯就指出封建法中的土地授予只关涉权利的出让，并不涉及土地的实际转让，因而采邑权应被视为罗马法中的用益权，而无法被界定为一种所有权。⑤

如果附庸不再因为对土地的事实占有而分享所有权，如果采邑仅仅是一种纯粹的用益权，那它必然能在逻辑上追溯到一个起始和源头，这个源头因此成

---

① 向物权一般指对并没有实际占有的物所享有的权利，比如尚未实际交付的货物。约翰·阿佩尔将向物权理解为债权的一种形态，但向物权本身的历史演变很复杂，并且一度被视为一种物权性权利，具体讨论参见金可可《对人权与对物权的区分理论的历史渊源——从罗马法的复兴到自然法学派》，载吴汉东主编《私法研究》（第4卷），中国政法大学出版社，2004，第460~504页；李飞：《向物权（Ius ad rem）概念之澄清》，载《苏州大学学报》（法学版）2015年第2期。

② Robert Feenstra, Dominium and Ius in Re Aliena: The Origins of a Civil Law Distinction, in Peter Birks (ed.) *New Perspectives in the Roman Law of Property* (Oxford: Clarendon Press, 1989), p. 116.

③ D. 7. 1. 1，用益权是不损害物的实质，而利用和享有其他人物的权利（ususfructus est ius alienis rebus utendi fruendi salva rerum substantia）。

④ 陈晓敏：《大陆法系所有权建构的两种视角——罗马法和中世纪所有权形式考察》，载陈小君主编《私法研究》第11卷，法律出版社，2011，第42~43页。

⑤ John Cairns, Craig, Cujas, and the Definition of feudum: Is a Feu a Usufruct? in John Cairns (ed.) *The Creation of the Ius Commune: From Casus to Regula* (Edinburgh: Edinburgh University Press, 2010), pp. 81–83.

为一个最大的绝对领主。地方王国的国王们，反抗罗马皇帝的普世所有权，但却在自己王国内部追求同样的权力。通过诉诸绝对所有权，他们要求同时收回对土地的所有权和对人口的管辖权，从而将封建采邑权（lehnsrecht）的两个方面整合为以王权为表征的国家权（landesrecht）。① 国家权要求将封建领地制度转化为领土型国家②，将封建个体性的臣服关系转化为对国王所象征的公共权力的共同服从；它追求内部统治的均等化，要求领主和佃农无一例外地成为绝对王权秩序下的"臣民"。③ 如此一来，当代主权概念的两重性找到了自己的逻辑源头：一个是体现为基于公共利益（salus publica）做出具体决断的最终权力，这种决断往往表现为诉诸主权意志的立法权（详见下文）；另一个是这种最终权威在行使上的空间排他性，它表现为对于领土的所有权。④

由于欧洲社会进程的复杂性，这种法学逻辑的展开充满张力，从而使罗马财产权原则的作用更为曲折。佩里·安德森（Perry Anderson）曾指出，16 世纪欧洲经历的是一种双向社会运动，它一方面是政治权力的向上集中，另一方面是社会经济权力的向下移转，两场运动都借用了罗马财产权原则，只不过前者导向了欧洲的绝对王权，后者导向了城乡资本主义的财产权，从而共同终结了政治经济一体的封建领主权力。随着封建制度的衰落，识时务的领主阶级在商品化浪潮中实现华丽转身，和正在成长的资产阶级一道，形成一种新的社会经济力量，他们通过土地集中⑤和收购⑥不断侵吞公有地产，并诉诸罗马法绝对所有权原则，要求成为土地的财产者⑦，从而加速了土地从封建体制的脱离。于是：

---

① 王亚平：《西欧法律演变的社会根源》，人民出版社，2009，第 370 页。

② 〔英〕梅因：《古代法》，沈景一译，商务印书馆，1996，第 58~64 页。

③ 〔美〕詹姆斯·W. 汤普逊：《中世纪晚期欧洲经济社会史》，徐家玲等译，商务印书馆，2009，第 9、33、50、69 页。

④ Friedrich Kratochwil, Sovereignty as Dominium: Is There a Right of Humanitarian Intervention? in Gene Lyons and Michael Mastanduno（eds.）, *Beyond Westphalia? State Sovereignty and International Intervention*（Baltimore: The Johns Hopkins University Press, 1995）, pp. 23-28.

⑤ 〔法〕马克·布洛赫：《法国农村史》，余中先等译，商务印书馆，2009，第 212 页。

⑥ 〔美〕迈克尔·E. 泰格、玛德琳·R. 利维：《法律与资本主义兴起》，纪琨译，上海辞书出版社，2014，第 181 页。

⑦ Herbert Rowen, *The King's State: Proprietary Dynasticism in Early Modern France*（New Brunswick: Rutgers University Press, 1980）, p. 29.

在政权集中于处在社会秩序顶峰的中央集权化君主政体的情况下，作为客观补充，王权之下的各个封建所有权单位在经济上得到巩固。随着商品关系的发展，经济剥削与政治—法律强制基本联系的解体不仅导致后者日益向社会体系中的王权巅峰发展，而且作为补偿，增加了给予前者的头衔以保护其财产。换言之，随着整个封建政体的改组，随着原始采邑制的衰退，土地所有权日益不带有"附加条件"，王权却相应地变得更加"绝对"。中世纪采邑概念的削弱起了两方面的作用，一是它将新的特殊权力交给君主，二是它摆脱了贵族领地的传统羁绊。新时代农村地产悄悄地变成自由地产。贵族阶级中的个人在新时代已日益失掉了政治代表权，同时，作为同一历史进程的另一面，他们获得了经济所有权方面的成果。①

综上可以看出，受绝对所有权意识的影响，封建领主的领地（dominium）向上集中，发展出一种模糊的领土（dominion）意识，而在领土国家内部的双向运动，又促使政治经济相统一的封建秩序产生分化，这种分化沿用罗马法原则，发展出主权国家内部的公私分立体系。于是，"君主的领地（dominium）变成了主权，社会（societas）成为在领土国家管理下的私人领域"②。哈贝马斯（Jürgen Habermas）进一步指出，当彻底改变了主权和社会相互关联的两个过程在 16 世纪的领土国家内部实现时，这一形式法找到了自己的客观条件，它一方面是主权国家政府内部权力的集权化和官僚化，另一方面是资本主义商品贸易的扩张，和在当时仍然局限于家庭生产的生产模式的逐渐转型。③ 而在整场运动中，在旧有制度下受到产权原则保障的农民，同时丧失了土地和自由，成为最大受害者。④

（三）重建管辖权

可以看出，由于封建法下的统治管辖公私不分，财产权附带着管辖权，上

---

① 〔英〕佩里·安德森：《绝对主义国家的系谱》，刘北成、龚晓庄译，上海人民出版社，2016，第5~6页。
② Jürgen Habermas, *Theory and Practice*, trans., John Viertel (Boston: Beacon Press, 1973), p. 49.
③ Ibid., p. 62.
④ 〔法〕托克维尔：《旧制度与大革命》，冯棠译，商务印书馆，1997，第 243 页。

下层级共有，权属关系含混不明，强调财产权的绝对归属势必对整个封建结构形成冲击。在应对这一冲击过程中，思想史脉络出现分化，土地所有主获得财产权利后便遁入私人领域，并将对人的管辖和支配的统治关系交付给了国家。这意味着管辖权开始脱离它和土地的关系，成为一种统一和集中的权力，下级长官不再可能通过和土地的占有关系获得对于管辖权的自始权利，而只能凭借一种公法上的授权关系或者私法中的代理关系而享有管辖权的行使资格。在这种意识作用下，阿佐和洛泰尔关于管辖权的经典讨论被重新提出，但人文主义法学对二者的评价发生逆转，阿佐的观点被否定，洛泰尔的立场获得肯认，纯粹治权逐渐被视为最高君主的排他财产。这种立场在法学研究中具体展开为对《大全》文本中管辖权部分的注解，率先迈出这一步伐的是法国人文主义法学的奠基人阿尔恰托。

在《辩驳》（Paradoxa）第二卷第六章、《学说汇纂评注》D. 1. 21（De officio eius, cui mandata est iurisdictio）和 D. 2. 1. 3（De iurisdictione）处，阿尔恰托讨论了阿佐和洛泰尔的这个老问题。《辩驳》第二卷第六章的标题为"只有君主有纯粹治权，它可以被授予其他普通长官行使，他们不能再授权别人"（Meri Imperii ipsum soli principi competere, eius exercitium etiam caeteris ordinariis communicari; & cur illud delegari nequeat, nova ratio）。阿尔恰托把阿佐和洛泰尔的争论设定为论辩题目。他指出，在那场著名的争论中，洛泰尔获得了皇帝的背书，因而赢得了一匹马，但阿佐却因为捍卫了公正而赢得了舆论，这使皇帝的裁决在后世法学家们的缄默中被遗忘，阿佐的意见成了主流，没有人质疑它的可信性。但在阿尔恰托看来，恰恰是洛泰尔的观点更准确，因为根据《大全》的文本，君主和长官的关系完全是授权关系，他们所拥有的权力不是两个同样具备自主性的权力，长官仅仅有行使纯粹治权的权力，该权力本身只有君主拥有（quod videlicet magistratus solum meri imperii exercitium habent, at ius ipsum in principe resideat）。[1]

阿尔恰托通过对《大全》文本的引用和再解释来支撑这种观点。他指出，

---

[1] Andrea Alciato, *Andreae Alciati Iurisconsulti Mediol Paradoxorum ad Pratum Lib VI*（Basileae: And. Cratandrum, 1523）, p. 33.

《学说汇纂》D. 1. 21. 1① 所辑录的帕比尼安的观点表明，长官对于自己的权力并没有自主处分的权利，因为根据《法典》C. 11. 31 的标题"论公务的管理"（De administratione rerum publicarum），他们的权力仅仅是一种管理权。如前所述，阿佐认为诸如埃及行省总督（praefectum aegypti）等可以凭借自主的治权（pro imperio suo）拥有仅次于皇帝的最高治权（maximum imperium），对此，阿尔恰托指出：

> 这些词似乎在指法本身，除非我们将治权和管辖分为两种，一种是根据法本身（而有的），另一种是根据对法的使用和行使权。应该根据后者来解释它。因为我们说代理管辖是一种他物权，是纯粹的使用……拥有（habere），就其相对于君主的法本身而言，也应被理解为长官的行使权。②

在《学说汇纂评注》中，阿尔恰托进一步将自物权和他物权的区分方式引入对长官管辖权的解释。他把管辖界定为一种使用权，并在此基础上将君主和长官的关系类比为所有者和使用者的关系。这种诠释的文本出发点是D. 1. 21. 1. 1 中的规定：那些获得授权管辖权的人，没有属于自己的管辖权，而只是行使授权者的管辖权（Qui mandatam iurisdictionem suscepit, proprium nihil habet, sed eius, qui mandavit, iurisdictione utitur）。阿尔恰托以此为依据将管辖区分为两种——普通管辖和代理管辖③，前者是一种自始就有的权利，后者不过是一种纯粹的使用④，因而是他物权，而不是自物权⑤，也因此可能在期限结束后甚至随时有可能被所有人收回或者撤销，从而使代理关系归

---

① 那些凭借法律或者元老院决议，比如，惩治通奸的朱利安法或其他类似规定，获得行使（刑事）公审权的长官，认为自己能将管辖权再授权给别人的看法是错误的。

② Andrea Alciato, *Andreae Alciati Iurisconsulti Mediol Paradoxorum ad Pratum Lib VI* （Basileae：And. Cratandrum, 1523），p. 33.

③ 管辖有两种，普通管辖和代理管辖，代理管辖不过是纯粹的使用。Andrea Alciato, *Commentariorum in Digesta* （Frankfurt：Zetzner, 1617），p. 110。

④ Andrea Alciato, *Andreae Alciati Iurisconsulti Mediol Paradoxorum ad Pratum Lib VI* （Basileae：And. Cratandrum, 1523），pp. 32-33. 管辖有两种意义，它要么是固有的权利，要么是对固有权利的使用和行使，……因此当我们说代理管辖时，它依赖于别人的权利，是一种纯粹的使用。

⑤ 代理管辖是他物权，而不是自物权，……代理既没有自身的权利，也没有代理管辖，而仅仅是行使权。Andrea Alciato, *Commentariorum in Digesta* （Frankfurt：Zetzner, 1617），pp. 30-31。

于完结。① 这种授权或者代理关系会追溯到权力的最终所有者，所有的权力来自君主（princeps），只有他拥有完整的所有权，他是所有长官的根、源和发动者（princeps est fons，et origo，et constitutor omnium magistratuum.），从而在学说上终结了中世纪领主的私人司法权。

由于适应了新的权力事实，阿尔恰托的立场逐渐被普及，弗朗索瓦·德埃伦（François Douaren）、雨果·多诺在此基础上慢慢发展出有关权力授予的基本公法原则。德埃伦沿用了阿尔恰托的思路来解释长官的权力，认为它是一种来自于法的授权，因而是次生的（derivative），其管辖权资格也因此是代理管辖（iurisdictio mandata），不是自始就有的（suo iure），而是来自他人的恩惠（alieno beneficio）。多诺则试图在概念进行统合的基础上，提炼出系统的政治原则。在其对《大全》的评论中，他简化了巴托鲁斯主义者关于管辖和治权混乱的划分方式②，并在阿尔恰托有关代理管辖的基础上③，明确将长官创设的主权原则提了出来。在对《大全》的评注中，他将长官界定有拥有公职（honorem gerit）的人，他们因此获得管理公共事务（administrationem reipublicae）的权力，这种管理权限在层级上存在高下之分④，

---

① 一个人被认为属于某人，也就是说只属于他自己，这意味着其他人对该人没有另外的权力。但代理管辖不被认为是自己的，因为普通长官对它有权力，他能够根据自己的意愿收回这项代理。Andrea Alciato, *Commentariorum in Digesta*（Frankfurt：Zetzner，1617），p. 29.

② Hugues Doneau, *Opera omnia：commentariorum de Jure civili*, Vol. 4（Florentiae：Signum Clius，1842），pp. 1132–1133，1135–1136. 管辖是对案件审讯和宣判的权力，连同执行判决的权力，……我们称治权是强制和执行的权力，它是那些发布命令的人所拥有的命令和控制的权力，……没有强制就没有管辖，那么没有治权也就没有管辖。

③ 长官被分为普通长官和代理长官。普通长官是那些根据等级和风俗有公共管辖权的人，代理长官是那些被上级授予管辖权的人。Hugues Doneau, *Opera omnia：commentariorum de Jure civili*, Vol. 4（Florentiae：Signum Clius，1842），p. 1141. 民法所承认的有管辖权的长官有两种权力，一种是自始的权力，另一种是他人授予的权力。拥有自始管辖权的人，由公共宪制所设立，这种权力犹如他们自己的财产，他们行使的是自己的治权，而不是他人的。他们委托这种管辖权，被看成委托自己的管辖权，……被授予管辖权是受那些有自始管辖权的人的委托。被授予管辖权的人没有自始管辖权，而仅有他人管辖权。他们行使这种权力是基于他人授予，使用它需要经过批准。Hugues Doneau, *Opera omnia：commentariorum de Jure civili*, Vol. 4（Florentiae：Signum Clius，1842），pp. 1144–1147.

④ 也会有这种长官，他们拥有法律委托或构造的高级管理权或类似的权力，他们被授予立法的公权力，或者其他附带的、出于服从的需要所规定的公共职务，以便可以凭这种委任来立法或者管理公共事务。Hugues Doneau, *Opera omnia：commentariorum de Jure civili*, Vol. 4（Florentiae：Signum Clius，1842），p. 1154.

它的最完满形式是直接来自能够创设长官的君主或者人民①。

　　而更加旗帜鲜明地在封建法的语境中将这种关系予以阐明的则是查理·杜摩兰。② 在其试图通过对各种习惯的系统化，将分割的管辖权收归到法王手中的《巴黎习俗考》之中，杜摩兰对于封建法所衍生出的领主管辖权进行了最强烈的批判。③ 在该书"论封建法"部分，杜摩兰试图将附着在土地上的管辖区分离出来④，成为不随着土地的转让而转让的一般、恒定的公法概念，因而在起源和效果上都是自足和自存的⑤。在此基础上，杜摩兰用所有权和用益权的关系类比君主和长官的关系，在他看来，"长官不能为自己创立代理或临时代理人，而只能依赖所有人。因为用益人不能为自己设立另一个用益人，正如阿尔恰托说的。因此普通司法官不是管辖的主人，而只是简单的管理"⑥。因此，管辖不能像所有物那样被买卖或赠与，而是通过委托或者代理的方式来行使和执行⑦，长官对管辖不拥有权力或者所有权，因为所有权和占有属于君主

---

① 长官的创设方式有两种，要么是君主，要么是人民。（他们拥有所有的管辖权，长官的权力来自他们，犹如一个经年不息的源泉。）他们比如皇帝、诸王和其他君主，有最高的职位，长官就这样被创设和建构，并因这种治权而存续。因此这种权力就犹如凡是君王所好即拥有法律的力量。Hugues Doneau, *Opera omnia: commentariorum de Jure civili*, Vol. 4（Florentiae: Signum Clius, 1842），pp. 1154–1155.

② Donald Kelley, "Civil Science in the Renaissance: Jurisprudence in the French Manner", *History of European Ideas*, Vol. 2, 1981, p. 264; Donald Kelley, "De Origine Feudorum: The Beginnings of a Historical Problem", *Speculum*, 39（1964），pp. 222–225.

③ 〔英〕昆廷·斯金纳：《现代政治思想的基础》（下卷），奚瑞森、亚方译，译林出版社，2011，第 280~281 页。

④ （地产的）出售或者割让，并不伴随着管辖的转让，而是仍然保留城堡的管辖，因此地产的所有权和管辖权没有共同点。Charles Dumoulin, *Commentarii in Consuetudines Parienses*, De Feudis, Gloss 5, p. 45. 相反的才是真实的，那就是管辖能够自己存续，并且在其实质保持完整的情况下，与城堡、地产及其他封建事务分割开来。Charles Dumoulin, *Commentarii in Consuetudines Parienses*, De Feudis, Gloss 5, p. 44.

⑤ 因此管辖应被视为在起源和效果上是自足和自存的，它不是家产，也不是商品，不能像家产那样被出售或者管理，就像我们区分神圣和世俗、公与私，因为它是一种公法。Charles Dumoulin, *Commentarii in Consuetudines Parienses*, De Feudis, Gloss 5, p. 64.

⑥ Charles Dumoulin, *Commentarii in Consuetudines Parienses*, De Feudis, Gloss 5, p. 58.

⑦ 因此当我们说管辖权的特许时，它不是简单被出售，也不是财产的赠与，而是通过委托或者代理的方式来行使和执行，就好像职务的特许一样。Charles Dumoulin, *Commentarii in Consuetudines Parienses*, De Feudis, Gloss 5, p. 48.

或者其他所有人。长官仅有行使和执行的权力①。

五　结语

通过追溯欧洲中世纪和近代早期法学家围绕所有权—管辖权—治权的学术建构，本文试图呈现其背后从帝国、封建向近代主权国家转变的权力史。为了解释欧洲中世纪帝国的普遍性，法学家们将表征封建领主权两个方面的所有权和管辖权建构为一种普遍而空洞的知识概念，为了解释中世纪封建法的所有和统治结构，法学家们又发展出分割所有权和层级管辖权的法学解释路径，从而维护了帝国和封建的二元性结构。在文艺复兴浪潮之下，这种法学解释体系开始遭遇危机，人文主义法学家的文字学考据瓦解了中世纪法学家建构的理论神话，破除了欧洲帝国的普遍性迷雾。在此基础上，他们试图还原古罗马法所有权概念的绝对性，并希望将封建领主权的所有和管辖这两个方面解释为国王的专属权力。

这种理论建构的结果是初步产生了近代主权概念的两个原则，它表现为对土地的领土所有权和对人口的管辖权，封建所有权最终演变出近代国际法的领土主权原则②和公法学的主权概念，在王权政治时代，它通常被表述为一个集权君主对领地和最高权力的独占权。③ 由于 16 世纪欧洲社会进程的双重性，采邑制度在向国家制度的转化过程中发生分离，又生发出主权国家内部的公私分立原则，一方面是封建财产关系向市民社会财产关系的演化，它终结于一个排他和独占的所有权概念④，另一方面是绝对所有权概念向公法概念的渗透，并由此发展出公法学说有关授权和代理的基本概念，后世理论家借鉴所有权和

---

① Charles Dumoulin, *Commentarii in Consuetudines Parienses*, De Feudis, Gloss 5, p. 57.
② 〔英〕梅因：《古代法》，沈景一译，商务印书馆，1996，第 58~64 页。
③ 〔法〕莱昂·狄骥：《公法的变迁·法律与国家》，郑戈、冷静译，辽海出版社、春风文艺出版社，1999，第 15、18~19 页。
④ 典型的是《拿破仑法典》第 544 条："所有权是对于物有绝对无限制地使用、收益及处分的权利，但法令所禁止的使用不在此限。"《拿破仑法典（法国民法典）》，李浩培等译，商务印书馆，1997，第 72 页。

用益权的区分方式进一步发展出主权和政府①的区分②。在这方面，可以说，主权概念虽然借鉴了绝对所有权的维度，但最终又承认了一个以资产阶级法权名义反对自己的新力量。这种相互性和对立性不禁让人联想到资产阶级法权和近代国家生成的同步关系的两个方面。

---

① Thomas Hobbes, *De Cive*, 7. 16. Toto enim medio tempore, summum imperium (ut Dominium) in populo erat, usus autem, sive exercitium eius tantum in Monarcha temporario, ut usufructuario. 在整个间隙，主权就像所有权一样在人民那里，尽管它的使用或行使暂行在君主那里，就像用益权。中文译本参见〔英〕霍布斯《论公民》，应星、冯克利译，贵州人民出版社，2002，第84页。

② 主权和政府的区分来自于罗马法所有权和用益权的区分。See Kinch Hoekstra, Early Modern Absolutism and Constitutionalism, *Cardozo Law Review*, 34 (2013), p. 1082. 即使在古罗马法中，公法中的授权关系和私法中的代理关系也总是无法区分。David Johnston, The Jurists, in Christopher Rowe and Malcolm Schofield (eds.) *The Cambridge History of Greek and Roman Political Thought* (Cambridge: Cambridge University Press, 2005), p. 629.

通往人民的国家：半殖民世界的构成 与第三世界现代化问题[*]

殷之光^{**}

一　导言

2003 年 3 月，乔治·沃克·布什（亦称小布什）对伊拉克发动了第二次海湾战争。这场战争遭到了诸如法国、德国等战后美国在欧洲传统盟友的坚决反对，这同英国、西班牙等国迅速表态支持美国入侵伊拉克的态度形成了鲜明对比。事实上，伊拉克问题所造成的欧洲分裂的基本结构早在 2003 年初便形成了。2003 年 1 月 22 日，在正式决定对伊拉克采取军事行动之前，美国时任国务卿拉姆斯菲尔德（Donald Rumsfeld）在回答记者提问时，将德法这两个坚决反对美国干涉伊拉克的国家称为"旧欧洲"（old Europe），相反，他将所有支持美国军事行动的国家称为"新欧洲"（new Europe）。拉姆斯菲尔德强调，北大西洋公约组织的欧洲（NATO Europe）重心已经东移。①

就在拉姆斯菲尔德宣判了"旧欧洲"与"新欧洲"的分野之后一周，包括英国（2020 年 1 月 31 日退出欧盟）、西班牙、意大利、葡萄牙、丹麦等欧盟国家，加上波兰、匈牙利以及捷克等当时还未加入欧盟的东欧国家，共同签署并发表了《八国公开信》（The Letter of Eight），宣布"欧洲与美国必须团结一致"。信中表示，将美国与欧洲联合在一起的核心价值是"民主、个人自

---

* 本文部分内容曾以《宰制万物——来自帝国与第三世界的两种现代时间观及全球秩序想象》为题发表于《东方学刊》2020 年第 4 期。

** 殷之光，复旦大学国际关系与公共事务学院教授。

① 拉姆斯菲尔德此次采访的文字稿参见 "News Transcript, January 22, 2002," U. S. Department of Defense, https：//archive. defense. gov/Transcripts/Transcript. aspx？TranscriptID = 1330 ，最后访问时间：2019 年 7 月 12 日。

由、人权以及法治"。① 很快，2003 年 2 月 6 日，维尔纽斯集团（Vilnius Group）也追加了一封公开信，表示支持美国对伊拉克的军事行动。② 公开信首先将美国对伊拉克的军事行动描述为一个"民主国家"反对"暴政"、维护"共同价值观"的道德责任，随后才将行动的合法性诉诸联合国决议。③

从今天的视角回望这一事件，我们会发现，新老两个欧洲的分野与一个由北约东扩而形成的分裂的欧洲战略目标不谋而合，更与这几年来由英国退欧带动的反欧盟国家的形成密切呼应。④ 实际上，2003 年针对美国入侵伊拉克问题而形成的意见冲突，成为欧洲知识分子与政治精英在 21 世纪全球秩序中重新认识并定位自我身份的关键锚点。对于分裂的欧洲这一命题，观察家们多将目光集中在冷战之后的短时段，关心从苏联和华约集团内脱离出来的中东欧国家。这类讨论从一个全球地缘政治的视角出发，站在美国中心主义的立场上，强调"新欧洲"的形成代表了大西洋主义（Atlanticism）步入一个新阶段，这不但意味着欧洲的战略重心会进一步向东移动，也代表了欧洲将会在北约东扩与对俄和对美态度等问题上重新划分新旧与东西的界限。⑤ 还有一类讨论将关注点集中在经济模式的分裂上。这类研究认为，新旧欧洲的分野恰恰是代表着两种不同市场组织形式理念的根本冲突。以盎格鲁—美利坚（Anglo-

① 公开信全文参见 "Europe and America Must Stand United," *Global Policy Forum*, https：//www. globalpolicy. org/component/content/article/168/36565. html，最后访问时间：2019 年 7 月 12 日。

② 维尔纽斯集团国家包括阿尔巴尼亚、保加利亚、克罗地亚、爱沙尼亚、拉脱维亚、立陶宛、马其顿（2019 年 2 月改为北马其顿）、罗马尼亚、斯洛伐克和斯洛文尼亚。上述国家都签署了维尔纽斯公开信，支持美国对伊拉克的军事行动。

③ 声明全文参见 "Statement of the Vilnius Group Countries," Sofia News Agency, https：//www. novinite. com/view_news. php? id=19022，最后访问时间：2019 年 7 月 12 日。

④ 关于伊拉克战争所引发的欧盟危机参见 Inga Grote, "Donald Rumsfeld's Old and New Europe and the United States' Strategy to Destabilize the European Union," *Rivista di Studi Politici Internazionali* 74, no. 3（2007），pp. 347-356。关于在伊拉克战争问题上形成的欧洲意见分歧，以及这一现象与此后发生的欧元区危机等一系列事件之间的联系，参见 Mia K. Davis Cross, *The Politics of Crisis in Europe*（Cambridge：Cambridge University Press，2017），pp. 54-107。

⑤ 兰德公司最早从这个角度发表的观点参见 F. Stephen Larrabee, "'Old Europe' and the New Nato," The Rand Corporation, February 18, 2003, https：//www. rand. org/blog/2003/02/old-europe-and-the-new-nato. html，最后访问时间：2019 年 7 月 12 日。系统性的讨论参见 Geir Lundestad, *Just Another Major Crisis? The United States and Europe since* 2000（Oxford：Oxford University Press，2008），pp. 118-135。

American）为中心的"新欧洲"强调大规模资本的流动性，以及由私营企业控制市场的重要性。而与此相比，"旧欧洲"则更热衷于坚持所有权的集中，同时上市公司在"旧欧洲"所发挥的作用也远无法与它们在"新欧洲"的作用同日而语。① 这两种资本主义组织市场的模式，前者被称为"新美利坚"（neo-American）模式，后者则被称为"莱茵"（Rhine）模式。②

这类讨论再一次将"盎格鲁—美利坚"（Anglo-American）这一跨越大西洋的政治与经济联盟摆在了世人面前。在经济上，这一联盟表现为对新自由主义全球化的坚定推崇，认为"盎格鲁—美利坚"模式是调配全球资源、组织经济生活、管理企业的最有效模式，并且这一模式还强调全球化的唯一路径是自由资本主导的市场化进程的不断发展。此外，这种论点还认为，"盎格鲁—美利坚"模式能帮助从苏联计划经济体制下脱离出来的中东欧国家尽快转型，比起"旧欧洲"的市场组织方式来说，"盎格鲁—美利坚"模式影响下形成的"新欧洲"则更能代表冷战结束后全球化的总体潮流。

事实上，这种对于新旧欧洲的讨论可以追溯至更早。卡尔·施米特（Carl Schmitt）1932 年在对美国"现代帝国主义"的讨论中，便回顾并批评了对"军事帝国主义"和"经济帝国主义"进行二分化理解的弊病。③ 施米特的分析基于一个他认为是源自 19 世纪的迷思，即将经济视为一种"理所当然的"（eo ipso）非政治性的东西。而也正是在这种理解基础上，美国在世界范围内具有"帝国主义性质"的扩张才能够被视为"非政治性的"，更是"和平的"。施米特将这种"合乎法权"（rechtfertigung）的论述视为一种意识形态的障眼法，其目的在于为其扩张编造一套"正当性原则"（legitimitätsprinzip）。施米特的讨论重点在于为德国厘清所谓"帝国主义方法的本质"，即"军事和海洋的装备""经济和金融的财富""从自身出发规定政治和法律概念的内容

---

① Michael Dunford, "Old Europe, New Europe and the USA, Comparative Economic Performance, Inequality and Market-Led Models of Development," *European Urban and Regional Studies 12*, No. 2 (2005), pp. 149-176.

② M. Albert, *Capitalisme Contre Capitalisme*（Paris：Editions du Seuil, 1991）.

③ 〔德〕卡尔·施米特：《现代帝国主义的国际法形式》，载〔德〕卡尔·施米特《论断与概念：在与魏玛、日内瓦、凡尔赛的斗争中（1923~1939）》，朱雁冰译，上海人民出版社，2006，第 162~178 页。

的能力"三者的结合。① 在这个意义上，帝国主义则是国家通过对三方面实力的调配与应用直接建构的全球霸权秩序。在施米特的讨论中，资本与军事能力一样，属于国家能够任意调配的能力。因此，在其对"盎格鲁—撒克逊"自由帝国主义问题的分析中，施米特看到了一个具有明确标志的霸权中心转移。在施米特看来，19世纪末20世纪初"合众国帝国主义"的崛起，不但从形式上超越了19世纪欧洲以海外殖民为主的帝国主义形式，而且更重要的是它创造了一种"完全不同的国际法统治的概念和方法"。②

当代对于美帝国主义的讨论则更从历史层面上凸显了这种跨越大西洋的霸权移动。③ 2003年2月，就在第二次海湾战争开始前一个月，大卫·哈维（David Harvey）在牛津大学的环境与地理学院连续举办了三场"克莱伦登演讲"（Clarendon Lectures）。这一系列演讲随后结集成为其著名的《新帝国主义》（*The New Imperialism*）一书。④ 在书中，大卫·哈维指出"权力的领土逻辑"与"权力的资本逻辑"之间既有矛盾也有纠葛。⑤ 他强调，资本全球流动对地理空间具有强大的塑造性作用，在这一过程中出现的不对称与不平等交换构成了现代"帝国主义"的基本特征。大卫·哈维强调，"尽量持久地保持这种对其有利的非对称交换模式成为国家的一个重要职责"。⑥ 如施米特一样，大卫·哈维也注意到"规定政治和法律概念的能力"在美国实现其全球霸权进程中的作用，但不同的是，哈维将之描述为一种在国际上塑造认同的能

---

① 〔德〕卡尔·施米特：《现代帝国主义的国际法形式》，载〔德〕卡尔·施米特《论断与概念：在与魏玛、日内瓦、凡尔赛的斗争中（1923～1939）》，朱雁冰译，上海人民出版社，2006，第177页。

② 〔德〕卡尔·施米特：《现代帝国主义的国际法形式》，载〔德〕卡尔·施米特《论断与概念：在与魏玛、日内瓦、凡尔赛的斗争中（1923～1939）》，朱雁冰译，上海人民出版社，2006，第164页。

③ 最有代表性的论述参见〔意〕吉奥瓦尼·阿瑞基《漫长的20世纪：金钱、权力与我们社会的起源》，姚乃强、严维明、韩振荣译，江苏人民出版社，2001。

④ David Harvey, *The New Imperialism* (Oxford: Oxford University Press, 2003). 中译本参见〔英〕大卫·哈维《新帝国主义》，初立忠、沈晓雷译，社会科学文献出版社，2009。

⑤ 〔英〕大卫·哈维：《新帝国主义》，初立忠、沈晓雷译，社会科学文献出版社，2009，第26页。

⑥ 〔英〕大卫·哈维：《新帝国主义》，初立忠、沈晓雷译，社会科学文献出版社，2009，第28页。

力。从这个意义上来说，哈维所描述的"新帝国主义"更像是对葛兰西霸权理论的地理拓展。对哈维来说，其他国家与地区对美国生活方式、消费观、文化形态以及政治金融制度的"仿效"更有效地塑造了"新帝国主义"全球霸权。①

哈维采用了阿伦特（Hannah Arendt）对现代帝国主义讨论的历史分期，将以 1870 年第二次工业革命为代表的 19 世纪末视为"资产阶级取得政治统治权的第一阶段"。② 从这一时期开始，资本在全球实践其对政权的塑造能力。③ 然而，本文则希望表明，这种资本对国家政权的塑造以及对全球秩序的重构可以追溯至 18 世纪末 19 世纪初，其表现便是在这一时期英国重商主义的衰落与自由贸易话语的兴起。同时，本文也希望将资本、军事乃至"规定政治和法律概念"的能力放在一个更为复杂的全球网络中来理解。事实上直至今天，当试图描述 19 世纪时，我们会习惯性地将之表述为一个"英国的世纪"，而20 世纪则是一个"美国的世纪"。这仿佛是在暗示两者的主体性不言自明。两者非但在全球化的大背景下作为"主权国家"完成自我变革，甚至能够超越全球化的假设，将"一系列国家和超国家的机体"在"统治的单一逻辑下整合"，形成一个能够在全球范围内实践其主权的新型帝国。④ 实际上，从其诞生伊始，全球化时代便蕴含了工业化国家与农业化国家之间的不平等关系。对绝大多数站在工业化进程开端甚至尚未开始进行工业化的非欧洲国家来说，对19 世纪与 20 世纪更普遍的体验则是在"自由贸易"（free trade）的名义下被迫开放市场的历史记忆。

这个"全球化时代"是本文所有问题的基本历史背景。本文的讨论将围绕着"英帝国"这样一个世界性的权力网络及其世界秩序的构成而展开。本

---

① 〔英〕大卫·哈维：《新帝国主义》，初立忠、沈晓雷译，社会科学文献出版社，2009，第 36 页。

② Hannah Arendt, *Imperialism: Part Two of the Origins of Totalitarianism* (Boston: Houghton Mifflin, 1968), p. 18.

③ 〔英〕大卫·哈维：《新帝国主义》，初立忠、沈晓雷译，社会科学文献出版社，2009，第 37～38 页。

④ 〔美〕麦可尔·哈特、〔意〕安东尼奥·奈格里：《帝国——全球化的政治秩序》，杨建国、范一亭译，江苏人民出版社，2003，第 2～3 页。

文所关注的重点不是维系这一网络的具体机构与政策及法律制度,[1] 也并不会在一般意义上将国家作为讨论"世界秩序"时一个不可分割的基本分析单位,而是希望将管理国家的政治权力同全球化时代的资本力量分开,去考察两者之间在"全球化时代"世界秩序形成过程中的矛盾与共谋。在这个意义上,笔者遵循萨米尔·阿明(Samir Amin)对全球化与资本关系的主张,将全球化视为"资本实现自己的目标"。在这个叙述中,资本成为一个在全球流动并具有独立塑造全球秩序意志但需要不断依附于国家之上的力量。

本文的核心目的是希望将帝国主义问题重新纳入这种资本与现代国家之间依附关系的框架来理解。本文希望表明的一个基本观点是,我们不能简单地用本质化的民族国家秩序框架去理解这种19世纪以来形成的"新帝国主义"全球秩序。通过对19世纪形成的资本主义依附性以及"帝国网络"的分析,本文希望表明"国家意志"是不同力量多方博弈之后的公开政治宣言,在此基础上形成的"新帝国主义"全球霸权秩序,则是19世纪工业革命过程中新兴资本主义力量借助国家机器的协助向全球投射的网络。本文将围绕两个核心主题展开。首先,笔者希望在对19世纪40年代至20世纪40年代英帝国史的讨论中展现资本的依附性这一命题。其次,本文将会有意识地回应近些年从全球史角度书写帝国史时所存在的问题。本文的基本背景是承认19世纪以来的全球化进程与工业化国家的全球贸易扩张密不可分。这种全球贸易的扩张在19世纪中后期伴随着新兴工业资产阶级的崛起及其全球贸易扩张的需要,也迅速变成资本的全球扩张。这种资本化的过程对现代世界的改造极为深远,它不仅改变了前工业与半工业国家与社会,也对业已工业化了的欧洲/西方国家的政治运作与意识形态自我建构造成了不可逆转的影响。在讨论中,本文将视角着重放在贸易商、银行家等这类较少受帝国史研究者们关注的对象上,以鸦片战争为开端,描绘资本在"帝国网络"中对国家的依附与改造,及其在现代世

---

[1] 已经有许多非常优秀的作品对这个问题进行了深入讨论,参见 John Darwin, *The Empire Project, the Rise and Fall of the British World-System, 1830-1970* (Cambridge: Cambridge University Press, 2009); David M. Anderson and David Killingray, eds., *Policing the Empire: Government, Authority and Control, 1830-1940* (Manchester: Manchester University Press, 1991); W. Ross Johnston, *Sovereignty and Protection: A Study of British Jurisdictional Imperialism in the Late Nineteenth Century*, (NC: Duke University Press, 1973)。

界秩序构成过程中的作用。另外，本文还将展现一个与这条"资本自我实现"齐头并进的思想线索。通过对帝国史研究发展脉络的梳理，审视在这个动态的"帝国网络"中帝国自我认知与合法性建构的变化。

波兰尼的"嵌入"（embeddedness）概念是帮助理解全球性的"帝国网络"中资本依附性的一个重要工具，也是帮助本文连接两条叙述线索的逻辑节点。① 从历史叙述角度来看，本文将这种经济/经济活动与政治/政治活动之间的嵌入关系具体化为对 19 世纪早期英国"自由商人"活动网络的描述。在这个庞大的商人、资本家与政治精英的网络中活动的个体有着强大的全球流动能力。他们赞颂并实践着民族国家主权衰落、世界"大同"、市场自主的自由主义全球化乌托邦。在他们身上我们发现，这种对自由的乌托邦已经或是正在变成现实。而对世界上绝大多数人来说，在这种发展模式下所描绘的全球化乌托邦却永远只能是可望不可即的梦想。我们会发现，科幻小说作家威廉·吉布森（William Gibson）所说的那种业已到来但却分配不均的未来，在 19 世纪中期便已经开始在全球范围内形成。

为了更好地描述并理解资本在全球范围内的"嵌入"，本文使用了"半殖民性"来描述在"帝国网络"中民族、国家、资本、市场等多重元素之间所构成的复杂关系。这一方面是为了在不否认殖民与被殖民、中心与边缘、内部与外部这类在现代世界秩序构成过程中实际发生作用的二元观念的前提下，将这些二元关系之间互相缠结的辩证关系引入分析框架。通过视野转向广大的"中间地带"，并在这一"中心与边缘"以及"中间地带"的关系中，探索并开始尝试界定"半殖民性"在世界现代历史进程中的普遍意义。另一方面，从 19 世纪欧洲霸权的全球扩张现实出发，包括中国、暹罗、波斯、奥斯曼乃至俄国等庞大的、未经全面工业化的多民族国家都未曾在法律意义上受到过定居式的白人殖民，但是，这些广大地区所经历的来自欧洲工业国家以及资本主义网络的压迫却是前所未见的，且具有历史共性。此外，在这片广阔的"中间地带"，资本与国家之间出现了最复杂的博弈和共谋。在这里，资本不仅需

---

① 〔英〕卡尔·波兰尼：《大转型：我们时代的政治与经济起源》，冯钢、刘阳译，浙江人民出版社，2007，第 49~58、200~210 页。

要与工业化的欧洲国家产生勾连，还需要处理与这些前工业化国家的关系，甚至面临着来自庞大的地方市场的阻力。也正是在这片广阔的既非殖民者的也从未真正被纳入殖民地这一法律秩序框架的"半殖民地"地区，发生了一系列影响 19 世纪与 20 世纪人类历史的关键性事件。

二　自由贸易与"新帝国主义"

什么是帝国主义？约翰·霍布森（John A. Hobson）在其 1902 年的著作《帝国主义：一个研究》（Imperialism：A Study）中将这个概念与民族主义（nati-onalism）、国际主义（internationalism）和殖民主义（colonialism）视为四个相互关联的同类物。霍布森认为，四者的内涵皆飘忽不定，且互有重合，因此需要现代政治学家们加以认真审视。① 霍布森将英国的帝国主义扩张视为经济政策的产物，是工业革命之后以制造业为基础的贸易商向外寻找更广阔市场的结果。与约翰·希里（John Seeley）对英格兰扩张主义的热情不同，霍布森的视角更多带有现代人道主义的色彩。他认为，这种随着工业革命而来、以自由贸易为核心的经济全球扩张，并不必然能为英格兰所有阶级的民众带来福祉，相反，对自由贸易的推崇更像是英格兰工业革命不均衡发展的负面结果。②

的确，在霍布森所处的年代里，英国作为一个真正现代意义上的世界帝国正式形成，并快速步入其全球霸权的顶峰。在镇压了印度民族起义（The Indian Mutiny，1857～1859 年）之后的近 50 年里，英国通过电报、远洋运输、铁路及军事机器，构建起了一个连接陆地与海洋的贸易网络。在这个世界性网络的形成过程中，并非仅有英国的身影。在 19 世纪最后 30 年里，法国、德国、美国等国家也相继开始了第二次工业革命。科学的进步在这一时期极大地冲击了包括冶金、炼钢、化学等在内的主要工业部门。内燃机的出现彻底改变了动力工业。具有大量资金和庞大产能的垄断性国际工业巨头开始在主要工业

① J. A. Hobson, *Imperialism*：*A Study*（London：George Allen & Unwin Ltd. , 1938）, p. I.

② "Free Trade and Foreign Policy," *Contemporary Review 74*, 1898, p. 168.

国家出现，并与国家力量相互勾连，形成了史无前例的世界性扩张。同时，这一以资本主义市场为动力的巨大变化，在世界的许多角落开启了工业化与城市化的进程，不仅人口增长的速度加快，而且人口迁移的跨越空间越来越大，涉及的人口也越来越多。随着印刷工业和出版业的极速发展，以及基础教育的普及，现代意义上的新闻舆论开始进入更多人的日常生活。诸多巨大变迁都表明，人类历史开始进入了一个"全球化时代"。①

在近些年对帝国问题的讨论中，越来越多的研究者开始将目光投向这种19世纪以来形成的纵横交错的"帝国网络"（imperial network）在世界体系中所发挥的作用。② 城市、贸易网络、群体、阶级、种族、性别等成为理解现代世界秩序的重要单位。非但旧的农业帝国在民族主义觉醒时代岌岌可危，包括19世纪的英帝国在内，其全球扩张也导致被殖民地区的民族主义迅速高涨，并就此埋下了帝国主义自我毁灭的种子。③ 相应的，帝国在这个视角下也从安东尼·派格登（Anthony Pagden）所描述的"由一个种族或部落集团，用某种方式，统治其他种族或部落集团的超大型国家"④，变成了人与人、群体与群体之间跨越地理空间，通过贸易、通信、文化交通网络建立起的身份认同与共同志趣。同时，在后殖民研究的影响下，旧的帝国史研究其合法性越发脆弱，到了近三十年，殖民史也从原先对英帝国制度与道德合法性的研究，转变为对

① 〔英〕F. H. 欣斯利编《新编剑桥世界近代史》第 11 卷，中国社会科学院世界历史研究所组译，中国社会科学出版社，1999，第 1~2 页。

② 关于这一类讨论的代表性作品参见 Tony Ballantyne and Antoinette Burton, *Empires and the Reach of the Global 1870-1945* (Cambridge, MA: Harvard University Press, 2014); Gary Magee and Andrew Thompson, *Empire and Globalisation: Networks of People, Goods and Capital in the British World, C. 1850-1914* (Cambridge: Cambridge University Press, 2010); James Belich, *Replenishing the Earth: The Settler Revolution and the Rise of the Anglo-World, 1783-1939* (Oxford: Oxford University Press, 2009); C. A. Bayly, *The Birth of the Modern World, 1780-1914, Global Connections and Comparisons* (Oxford: Blackwell, 2004); Alan Lester, *Imperial Networks: Creating Identities in Nineteenth-Century South Africa and Britain* (London: Routledge, 2001)。

③ Bayly, *The Birth of the Modern World, 1780-1914, Global Connections and Comparisons* (Oxford: Blackwell, 2004), pp. 227-233; Bayly, *Imperial Meridian: The British Empire and the World, 1780-1830* (London: Longman, 1989), pp. 235-247.

④ Anthony Pagden, "Imperialism, Liberalism and the Quest for Perpetual Peace," in *The New Imperial Histories Reader*, Stephen Howe ed. (London: Routledge, 2010), pp. 437-447.

"不列颠世界"（British world）的讨论。① 在这类殖民史书写下，帝国从一个强有力的权力网络，蜕变为一种隐藏在全球化图景背后、不能被言明乃至需要被彻底抛弃的底色。在这种潮流的影响下，越来越多的帝国史研究彻底走向了帝国史初生时期的反面，成为反对帝国的历史书写，并由此悄然地完成了对帝国问题的去政治化。帝国与帝国主义也随之成为人们羞于提及的恶名。② 当今对英语世界（anglophone world）、法语世界（francophone World）的研究，便是这类回避帝国霸权而专心阐述全球化问题的代表。

然而，去政治化的去殖民研究考察几乎彻底将霸权主义的政治与历史从帝国问题的讨论中剥离。在这种对物质全球化历史的关注中，资本与市场仿佛获得了独立意志，而资本主义的全球扩张则成为历史演进的必然结果。论者们或者将"全球化时代"资本扩张的进程描述为一种市场经济从工业化的世界"中心"向"边缘"扩散的故事，或者向我们阐述一个多中心的、市场经济在全球各个文明区域萌芽的历史。③ 然而，无论从哪个角度叙述这段历史，一个基本共识便是"资本主义"作为一种来源于"西方"的力量，不可逆转地完成了对"东方"的改造，并按照其逻辑将"世界"带入一个截然不同的历史时期。在这类叙述中，"西方"通过"资本"成就了其本体化的过程，成为潜藏在现代"世界"历史，特别是"现代化"历史叙事背后的模本。同时，这类论述还遵循了一个对人类未来发展走向的假设，即资本主义生产的全球分工与交换创造了一个相互依赖的平等网络。这种网络不再有利于权威的树立，它重构了主权国家对"领土"的专属控制，改变了国际间以主权国家为主体的

---

① 关于这方面研究的综述参见 Philip Buckner and R. Douglas Francis, eds., *Rediscovering the British World* (Calgary: University of Calgary Press, 2005); Adele Perry, "Whose World Was British? Rethinking the 'British World' from an Edge of Empire," in *Britishness Abroad: Transnational Movements and Imperial Cultures*, Kate Darian‐Smith, Patricia Grimshaw, and Stuart Macintyre Melbourne eds. (Melbourne University Publishing, 2007), pp. 133‐152。

② 雷蒙·阿隆在 1959 年便将"帝国主义"一词称为"反对者与旁观者们赐予大国外交的污名"，参见 Pagden, "Imperialism, Liberalism and the Quest for Perpetual Peace," *Daedalus*, Vol. 134, 2005, p. 46。

③ 例如：Kenneth Pomeranz, *The Great Divergence: China, Europe and the Making of the Modern World Economy* (Princeton: Princeton University Press, 2000); Andre Gunder Frank, *Re‐Orient: Global Economy in the Asian Age* (Berkeley: University of California Press, 1998)。

互动形式，它会天然地将人类导向自主与自由。① 然而，这种乐观主义态度似乎并未注意到，从 19 世纪至今，这种全球化变革的进程从未带来过真正意义上持续、稳定的平等秩序。

但是，这类看似去中心且重视世界现代秩序形成过程中的物质基础的研究，巧妙地回避了马克思主义者对帝国主义问题最核心的批判，即资本与现代国家之间的依附关系问题。同时，站在资本逻辑内部，我们很难发现资本主义作为一种意识形态对现代化观念，特别是发展的观念所构成的挟制。② 这种挟制也进一步成为我们理解现代世界秩序构成以及全球现代化实践多样性的障碍。我们甚至难于超越这种逻辑来想象世界秩序未来的可能性。

虽然霍布森反对帝国主义，但我们决不能将之与后来马克思主义传统中的"反帝国主义"论述同日而语。霍布森对帝国主义的批评建立在"成本—效益分析基础之上"。③ 作为在南非布尔战争之后完成的作品，霍布森在《帝国主义》一书中明确将帝国主义视为一种破产了的"商业政策"。因为这个"坏生意"调动了大量财力，却仅给市场带来了一些微小、不良甚至不安全的增长，其代价却是少部分人以整个国家的财富为代价为本阶级牟私利，同时，它也助长了整个国家的仇外民族主义情绪。④ 然而，恰是在帝国主义的教条下，许多人相信资本向海外的扩张为国家提供了必要的市场，由这类海外贸易带来的收益则是英国必要的生命线。⑤

霍布森的帝国主义论述让我们看到了一个白人中心主义在经济活动大规模全球化萌芽时期的新模样。霍布森坚信，继以旧的领土扩张为表现的"殖民主义"之后，从 19 世纪 80 年代开始，扩张主义主要由一个小金融家集团鼓吹

---

① Saskia Sassen, *Losing Control? Sovereignty in an Age of Globalization* (New York: Columbia University Press, 1996), pp. 1-32.

② 萨米尔·阿明一直强调，发展观念是一个后发的意识形态概念，它的构成取决于发展进程，理解现代世界的现实发展则必须回到资本主义扩张的历史动态中。参见〔埃及〕萨米尔·阿明《全球化时代的资本主义对当代社会的管理》，丁开杰译，中国人民大学出版社，2013，第118~126 页。

③ 关于这一点参见 Anthony Brewer, *Marxist Theories of Imperialism, a Critical Surbey*, 2 ed. (London: Routledge, 1990), pp. 73-87.

④ J. A. Hobson, *Imperialism: A Study* (London: George Allen & Unwin Ltd., 1938), p. 46.

⑤ Ibid., p. 28.

并操控，形成了一种"新帝国主义"。许多互相竞争的欧洲帝国均采用了这种经济政策。作为一种经济政策的"新帝国主义"，在政治上表现为欧洲列强对非洲的瓜分。由于这类新兴欧洲"帝国"都以民族国家为中心，这种帝国主义政策使欧洲不同民族国家从原先"有促进意义的有益竞争"转变为"帝国之间残酷的斗争"。① 这种为少部分人服务且互相竞争的帝国主义政策不但牺牲了西方工人阶级的利益，助长了排外的民族主义的散播，也损害了亚洲与非洲国家自我发展的可能。

作为一名自由主义左翼人士，霍布森给出的解决方案是大规模缩减富有工业国家向海外的投资，减少对海外市场的依赖，将资源全部转向国内，实行社会改革，促进社会平等。② 他设想的乌托邦与约翰·罗斯金（John Ruskin）那种维多利亚时代中晚期小资产阶级自由主义社会想象类似。随着收入的增加，大众会逐渐对标准化的工业产品丧失兴趣，这类产品多数依靠海外廉价劳动力进行大规模生产。与之相比，大众会更乐意购买就近生产、量小价高但却独特的"手工制品"。③ 在霍布森的想象中，由于发展程度不一，随着人口增长与经济发展，各国会出现不同的新需求，因此跨国贸易并不会彻底消失。

列宁在他 1916 年写就的《帝国主义是资本主义的最高阶段》中将"帝国主义"视为"资本主义的最高阶段"。与之前对帝国主义问题的认识不同，列宁描绘了一个能够超越民族国家范畴在全球范围内流动的"新帝国主义"秩序。列宁认为，"资本主义已成为极少数'先进'国对世界上绝大多数居民实行殖民压迫和金融扼杀的世界体系"④。在这本小册子里，列宁提出了一个对 20 世纪初"帝国主义"性质的经典判断，即"帝国主义"标志了以自由竞争为特征的资本主义过渡到了以垄断为特征的资本主义。垄断成为主要资本主义

① J. A. Hobson, *Imperialism: A Study* (London: George Allen & Unwin Ltd., 1938), pp. 8 – 10, 19–22.

② 这个想法在霍布森早期文章中就有表述，参见 J. A. Hobson, "Can England Keep Her Trade," *National Review* 97, 1891, p. 11。

③ 关于霍布森的发展观以及他与罗斯金思想的联系，参见 P. J. Cain, "International Trade and Economic Development in the Work of J. A. Hobson before 1914," *History of Political Economy* 11, No. 3 (1979), pp. 406–424。

④ 《列宁全集》第二十七卷，人民出版社，2017，第 327 页。

国家的普遍现象，并替代了 19 世纪上半叶的自由竞争主张，成为全球资本主义经济生活的普遍现象。通过对英、法、德三个主要欧洲国家银行业发展的讨论，列宁向读者们说明了资本主义向垄断的转变，不但改变了国内政治社会局面，更对"世界上大多数民族和国家"形成了压迫和剥削。到了 20 世纪初期，自由贸易最发达的英帝国，其"食利者的收入竟比对外贸易的收入高 4 倍"。① 列宁的讨论首次明确指出了"帝国主义"是一种寄生性资本主义全球流动的产物。

在接下来的讨论中，本文希望将这种"新帝国主义"的诞生追溯到 19 世纪上半叶。我们将会看到，即便在垄断形成之前，在"自由商人"（free trader）② 诞生之初，金融、工业与跨国贸易资本便开始有意识地进行联合。当我们仔细考察 19 世纪英国全球贸易的发展时，便能发现，贸易与资本向全球的扩张并不完全取决于英国作为一个主权国家的意志，更多时候是随着"自由商人"在不同地区不同条件下的商业需要在不断进行调整。随着"自由商人"在 18 世纪末 19 世纪初的崛起，他们也积极地塑造英国政治及其帝国主义政策。因此，我们可以看到，自 18 世纪末以来，英国在世界范围内经常同时推行自由贸易与保护主义政策。针对不同地区、不同货品、不同政府，其政策选择均有差异。这种功利主义态度指导下政府与资本的共谋在巴麦尊勋爵（Viscount Palmerston）臭名昭著的"炮舰外交"政策中体现得淋漓尽致。在多重力量博弈过程中表现出的帝国主义秩序同时也受到地缘政治的影响。在毗邻欧洲的中西亚与非洲，欧洲霸权对安全的担忧更多时候超越了其对利益的诉求。诸如欧洲国家对非洲的瓜分、英俄在伊朗境内通过金融资本进行的博弈，以及英国在奥斯曼中亚地区的军事扩张等，均是国家主导资本配合达成国家安全战略目标的案例。而在距离欧洲更遥远的亚洲，资本逐利的需求则占据了更大的空间，国家更多时候需要配合甚至依赖资本。新兴工业与金融资产阶级在 19 世纪上半叶的崛起从根本上影响了所谓"第二大英帝国"时期的帝国主义政策。理解"自由商人"的活动及其对全球性网络的影响，能够帮助我们进一步理解"新帝国主义"的内涵。

---

① 《列宁全集》第二十七卷，人民出版社，2017，第 412 页。
② 也被称为"私人散商"，与东印度公司的商人相对。

三 对华鸦片贸易与 19 世纪英帝国的政治变迁

1839 年 9 月 30 日，40 名来自英格兰曼彻斯特的商人联名向外交大臣巴麦尊勋爵递交了一份请愿书，指责"近来中国政府的侵略行径"。指控者声称，这种"侵略行径"正在"剥夺"那些"居住在广东的英国臣民们"的"自由"。同时，中国政府的"非法行径"甚至还"危害"了他们的生命与财产安全。因此，这些商人"督促"英国政府对"中国政府"采取"及时、有力以及果断的行动"。他们提出了两点要求。首先，中国政府"非法"限制英商的人身自由、扣留他们的私有财产，他们因此蒙受的损失必须得到相应的赔偿。其次，商人们要求，"我们与中国的商业关系自此以后必须建立在一个安全、可靠而且长久的基础之上"。①

这项签名活动的带头人是来自曼彻斯特的布商约翰·麦克维卡（John MacVicar，1795~1858 年）。《1833 年特许状法案》（The Charter Act of 1833，也称《印度政府法案》或《圣赫勒拿法案》）彻底终结了英属东印度公司对远东贸易的垄断权。② 法案还新设了印度总督（governor-General of India）。这就使曾经主导了整个英帝国重商主义时代跨印度洋贸易的东印度公司从一个集贸易、军事、行政、立法、司法以及外交等多项大权于一身的印度实际主宰者，变成了一个辅助性的行政性机构。③ 而类似于麦克维卡的新兴英国商人则

---

① *Memorials Addressed to Her Majesty's Government, by British Merchants Interested in the Trade with China, Presented to Both Houses of Parliament by Command of Her Majesty*, August 1840（London：T. R. Harrison，1840），pp. 1~2.

② 在此之前，《1813 年特许状法案》（The East India Company Act 1813）已经取消了英属东印度公司除茶叶外的对印度贸易垄断。1813 年的特许状 20 年期满之后，《1833 年特许状法案》则将公司的所有贸易（主要是对华贸易）彻底剥离。截至 1812 年，东印度公司为英帝国创造的利润极为可观。18 世纪晚期的一些评论甚至认为，东印度公司的活动使英国得以在美国独立以及与法国长期争夺海外殖民地的斗争中生存下来，甚至可以说从经济上保证了英国本土工业革命的开始。关于东印度公司在英国 18 世纪末期经济中发挥的作用，参见 H. V. Bowen，*The Business of Empire：The East India Company and Imperial Britain，1756~1833*（Cambridge：Cambridge University Press，2006），pp. 260~275。

③ Brian Gardner，*The East India Company，A History*（London：Rupert Hart-Davis，1971），pp. 203~205.

是终结东印度公司垄断的重要推手，也正是这群"自由商人"在 1833～1839 年的活动直接导致鸦片战争的爆发。

事实上，早在 18 世纪中后期，东印度公司便开始不断遭到各方挑战。其中最著名的便是沃伦·黑斯廷斯（Warren Hastings）担任印度总督时期与埃德蒙·伯克（Edmund Burke）的争论。① 作为一名老辉格党保守主义者，伯克认

---

① 1773 年，英国议会辉格党人支持通过了《东印度公司法案》，黑斯廷斯从威廉堡总督变为印度高级总督。虽然名义上这一职位仍由东印度公司指派，但在此基础上，英国政府要求增设一个由皇室指派的四人委员会来通过任命。这就使东印度公司在印度的活动直接置于英国国家监管之下。关于 1773 年《东印度公司法》参见 Arthur Berriedale Keith, ed., *Speeches and Documents on India Policy*, *1750-1921*, vol. 1（Oxford：Oxford University Press, 1992），pp. 45-59。前任东印度公司股东埃德蒙·伯克对公司的指控也出现在这种政治氛围之下。1783 年，伯克支持查尔斯·詹姆士·福克斯（Charles James Fox）向议会提交了《福克斯东印度公司法案》（Fox's East India Bill），并于同年 12 月 1 日发表了他著名的关于印度问题的讲话。讲话参见 Edmund Burke, *Mr. Burke's Speech*, *on the 1st December 1783*, *Upon the Question for the Speaker's Leaving the Chair*, *in Order for the House to Resolve Itself into a Committee on Mr. Fox's East India Bill*（London：J. Dodsley, 1784）。《伯克—福克斯法案》提出了一个激进的改革方案，希望将东印度公司的政治与商业权力全部移交英属印度政府的行政长官（commissioners），由此将英国在印度的所有活动收归立法机关监管。《伯克—福克斯法案》最后由于东印度公司的游说而未能获得通过。辉格党与托利党（Tory）组成的福克斯—诺斯联合政府（Fox-North coalition）也随之解体。托利党人小威廉·皮特（William Pitt the younger）随后赢得大选，开始了其长达 20 余年的英国首相生涯。1784 年，小威廉·皮特政府通过了一份对东印度公司极为有利的新法案，保障了东印度公司的商业特权。关于这段历史参见 Frederick G. Whelan, *Edmund Burke and India*, *Political Morality and Empire*（Pittsburgh：University of Pittsburgh Press, 1996），pp. 42-44。关于小威廉·皮特政府与乔治三世联合在处理东印度公司地位问题上同辉格党人的争端，以及这种议会政党政治对英国帝国政策造成的影响参见 James M. Vaughn, *The Politics of Empire at the Accession of George Iii*, *the East India Company and the Crisis and Transformation of Britain's Imperial State*（New Haven & London：Yale University Press, 2019），pp. 165-200。作为一名辉格党人，伯克在支持福克斯的法案时表示，东印度公司的特许状是一份"保障了垄断，创造权力"的法案。这与《大宪章》"限制权力与打破垄断"的精神相左。伯克的论述围绕着"权力"问题展开，并以此论述了东印度公司的法律地位问题。他认为，福克斯的法案的目的是"成为印度斯坦的《大宪章》"以及印度三大宗教与封建邦国之间的《威斯特伐利亚条约》。他希望通过该法案将印度从东印度公司的"践踏"下收回到国家权力的管辖下。伯克的这段论述参见 Burke, *Mr. Burke's Speech*, *on the 1st December 1783*, *Upon the Question for the Speaker's Leaving the Chair*, *in Order for the House to Resolve Itself into a Committee on Mr. Fox's East India Bill*, pp. 3-9。这项议案失败后，伯克开始将攻击的矛头指向黑斯廷斯。1786 年，伯克向议会提出要弹劾黑斯廷斯。他指控黑斯廷斯在印度滥用职权，并且"收受贿赂、肆意敛财、掠夺、残酷压迫"，是一个"情绪不稳定、傲慢无理的暴君"。参见 *Articles of Charge of High Crimes and Misdemeanors against Warren Hastings*（London：J. Debrett, 1786）。

为，由于长期不受监管地在印度活动，黑斯廷斯已经被东方的"专制主义"影响，抛弃了他的英国宪法与人文主义的价值取向，屈从于"地域性的道德观"。伯克强调，东印度公司已经"不再为英国商业活动延伸服务，而成为英国派往东方的一个完整的权力与主权"。因此，东印度公司必须被视为一个"从属（于英国权力）的主权力量（a subordinate sovereign power）"。① 伯克认为，在以往的帝国扩张历史上，首先建立的秩序是一个"联邦共荣"（Commonwealth）的政治体，随后贸易才能在这种有政治保护的前提下跟进。而在印度问题上，这个过程被反过来了，通过设立东印度公司，贸易首先发展起来。随着贸易的推进，在公司的基础上，一个帝国逐渐被建立起来。② 伯克将东印度公司称为一个"装扮成商人的国家"、一个"装扮成账房的政府"，而黑斯廷斯则是这个独立王国里的"暴君"。伯克对这种不受国家监管的权力表示莫大的担忧。他认为，东印度公司对印度的占领不是一般意义上由外族入侵而产生的权力交替。东印度公司不是一个"民族"（nation），而是一个"官僚的培训学院"。所有前往印度的英国人都必须服务于东印度公司，这就使在印度的英国人构成了一个"官吏的国家"、一个"没有人民"的"共和国"和"联邦"。这也就使黑斯廷斯掌管的东印度公司拥有了不受任何制约的权力。③ 伯克还担忧，服务于东印度公司的年轻人，在那种"危险的独立"、"过渡的期望"与"不受任何制约的权力"环境下成长起来，就像"没有导师的学生"和"没有监护人的未成年人"一样，对英国的未来毫无裨益。④

面对来自议会的指控，黑斯廷斯为自己做了具有强烈实用主义色彩的辩护。他将自己比作受国家委派在外征战的将军，确保成功完成任务是最核心的使命。他用东印度公司的贸易收益来佐证自己统治的合理性。黑斯廷斯强调，

① "On the Impeachment of Warren Hastings, 15 – 19 February 1788," in *Imperialism & Orientalism*, *a Doc-umentary Sourcebook*, Barbara Harlow and Mia Carter, eds. （Oxford：Blackwell Publishers, 2000），p. 33.

② 伯克这里指的是1670年查尔斯二世期间，东印度公司得到皇家授权，获得了铸币、征用土地、蓄养军队、发动战争以及签订合约等重要权力。

③ Burke, "On the Impeachment of Warren Hastings, 15 – 19 February 1788," in *Archives of Empire*, Vol. 1, Mia Carter, Barbara Harlow eds. （Duke University Press, 2003），p. 143.

④ Ibid. , p. 35.

在印度贸易的成功必须有和平的政治环境作为前提，东印度公司保有军队与签订合约的权力则是维持这种和平环境的前提。此外，印度连续三年遭受饥荒，作为总督，黑斯廷斯必须尽快做出应对，以保障商业利益不受影响。[①] 对黑斯廷斯的调查一共持续了将近 7 年。最终上议院于 1795 年认定黑斯廷斯无罪，并由东印度公司向黑斯廷斯支付每年 4000 英镑的赔偿金。[②]

虽然黑斯廷斯安然度过了这次弹劾事件，但是他所代表的重商主义时代及其政治势力在之后的数十年间不断遭到来自"自由商人"持续不断的挑战，并最终在这场新旧的斗争中走向衰亡。随着辉格党推动的《1832 年改革法令》（Reform Act 1832）的颁布，随着工业革命而崛起的英国新兴城市在下议院中获得了政治代表权，由旧贵族把持的所谓"腐败选区"（rotten borough）席位被挤占。[③] 事实上，就在伯克对黑斯廷斯指控结束不久，新兴中产阶级便开始在政治上崭露头角，尝试通过地区议员对政府施加影响。1812 年，一批来自利物浦、曼彻斯特、格拉斯哥、普利茅斯等英国工业革命主要城市的"自由商人"开始不断向下议院陈请，要求终结东印度公司对贸易的垄断权。这类反东印度公司的声音则与伯克这些老一辈辉格党人的观点截然不同，"自由商人"们与新辉格党以及托利党中支持他们的势力联合，将注意力集中在打破东印度公司的商业垄断上。伯纳斯特·塔尔顿（Banastre Tarleton）[④] 提交的一

---

① Geoffrey Carnall and Colin Nicholson, eds., *The Impeachment of Warren Hastings: Papers from a Bicentenary Commemoration* (Edinburgh: Edinburgh University Press, 1989), pp. 23–28.

② 关于黑斯廷斯对印度的统治，特别是英国国内对东印度公司统治印度期间的反应，参见 Andrew Porter, ed., *The Oxford History of the British Empire: The Nineteenth Century*, vol. 3 (Oxford: Oxford University Press, 1999), pp. 399–404。

③ Catherine Hall, "The Rule of Difference: Gender, Class and Empire in the Making of the 1832 Reform Act," in *Gendered Nations: Nationalisms and Gender Order in the Long Nineteenth Century*, Ida Blom, Karen Hagemann, and Catherine Hall, eds. (Oxford: Bloomsbury, 2000), pp. 107–135.

④ 伯纳斯特·塔尔顿曾经参与镇压美国革命，其政治生涯充满着投机色彩，而且由于沉迷赌博，深陷财务危机。1782 年从北美回到英国后，塔尔顿进入辉格党人查尔斯·詹姆士·福克斯等的社交圈子。虽然尝试代表辉格党参与竞选利物浦议员，却并未成功。随后他前往法国躲债。1790 年，在重回英国两年后，塔尔顿终于成功当选，进入议会下院。塔尔顿虽然是辉格党议员，但实际上更忠诚于他选区内的"自由商人"。例如，在 18 世纪末 19 世纪初关于废奴问题的讨论中，塔尔顿便站在了辉格党的对立面，坚决反对废奴。这主要是由于利物浦作为一个贸易城市，其财政可能会受到废奴带来的负面影响。在 1807 年议会再次举行大选时，塔尔顿已经转投托利党门下，并代表托利党击败了辉格党的候选人，再次当（转下页）

份来自利物浦商人的陈情书表示，东印度公司对整个印度洋贸易线的控制不但"限制了（"自由商人"们的）商业技能，妨碍了他们用他们的资本为己谋利、为国效劳，更损害了他们作为英皇臣民从事自由贸易这一与生俱来的自由权利"。[①] 在这段叙述里，我们几乎能看到麦克维卡 1839 年请愿书里的基本逻辑，自由贸易被商人们描述为服务国家的方式，也是他们"自由权利"的一部分。

与老一辈反东印度公司的人不同，麦克维卡属于伯克所描述的倚靠东印度公司成长起来的那一批肆无忌惮的年轻人。随着《1833 年特许状法案》的颁布，东印度公司的商业职能被彻底剥离。在伦敦，东印度公司的商船、港口、仓库及货品被拆分出售。从商船船长到品茶员乃至货仓劳工等与公司商业活动相关的人也都遭到解雇。[②] 一批由前东印度公司职员建立的商行开始加入茶叶贸易。[③] 这批被从东印度公司剥离出的优良资产与有经验的从业人员，也成为这些"自由商人"能够迅速填补东印度公司留下的真空和开展茶叶贸易的重要基础。《1833 年特许状法案》为"自由商人"们带来的另一个利好是对华商务总监（First Chief Superintendent）职务的设立。在东印度公司时代，所有对华贸易问题都由东印度公司全权与中国十三行商处理，这也是清政府较为熟悉也长期认可的对外贸易模式。

东印度公司时期，对华茶叶贸易的模式是东印度公司根据英国及欧洲市场

（接上页）选利物浦议员，进入议会下院。参见 Stephen, Conway "Tarleton, Sir Banastre, Baronet (1754-1833), Army Officer and Politician," *Oxford Dictionary of National Biography*, April 22, 2019, https://www.oxforddnb.com/view/10.1093/ref: odnb/9780198614128.001.0001/odnb - 9780198 614128-e-26970, 最后访问时间：2019 年 4 月 30 日。

① Hansard HC Deb. Vol. 22 cc. 119, March 23, 1812, https://api.parliament.uk/historic-hansard/ commons/1812/mar/23/petition-of-the-trustees-of-the, 最后访问时间：2019 年 4 月 30 日。

② Alain Le Pichon, ed., *China Trade and Empire*, *Jardine, Matheson & Co. And the Origins of British Rule in Hong Kong 1827-1843* (Oxford: Oxford University Press, 2006), p.235.

③ 1834 年之前的茶叶出口贸易主要由英国与美国把持。1831 年，英国占所有出口份额的 70%，美国则占了 30%。到了 1832 年，英国份额下降到 58%，美国份额则上升至 42%。在所有的英国茶叶贸易额中，90% 的中国出口茶叶被东印度公司买走，而剩下的 10% 则由类似怡和洋行这类同东印度公司有关系的"英国私人"买走，并以礼物的形式运回英国国内，提供给客户或朋友。关于这一段历史，特别是东印度公司在 1833 年前后的茶叶贸易垄断地位的变化，参见 "From Monopoly to Free Trade: How the Introduction of Competition in the Tea Export Trade of China Heralded the End of the Hong System, 1833-1838," *Journal of the Royal Asiatic Society Hong Kong Branch 54* (2014): pp.131-155。

需求变化，在每年年初向中国行商预订当年的采购量。中国行商则根据这一预订额再向中间商购买。同时，行商还向茶叶中间商预付一定数额的茶款，中间商则将这笔款项部分支付给茶农，用以支付茶农种植过程中所需的一切开销。这笔款项对茶叶生产至关重要。行商用来预支给茶叶中间收购商的钱款一般是他们以12%的利率从驻广州的外国代理商那里借入。[①] 然而，随着东印度公司的商业职能被剥离，"自由商人"大批介入。[②] 新来的商人对原有的贸易模式极为不满，并尝试绕开十三行商，直接与茶叶中间商进行交易。为了处理这一情况，英国政府设立了商务总监职位。总监一方面监管在华"自由商人"，另一方面也是更重要的则是承担起领事与外交职能，协助英国在华"自由商人"与中国方面谈判并调停争端。这一职位从其设置伊始就极大地受制于"自由商人"。第一任商务总监第九代纳皮尔勋爵律劳卑（William John Napier, 9th Lord Napier）的主要任务是帮助"自由商人"尝试与中国政府直接谈判，试图绕开十三行商进行茶叶贸易。[③] 同时，相比东印度公司垄断时期，在"自由商人"的贸易开始之后，政府几乎很难做到对来源繁多的商船进行监管。因此，无论是在实际执行中，还是在英国政府的指示下，商务总监并未严格执行对在华英国"自由商人"的监管职能。而更多的是调用政府资源，帮助英商打击海盗、走私及与中国政府谈判。[④] 换句话说，商务总监职位的设立无疑能够让

---

① 〔美〕马士：《东印度公司对华贸易编年史》第四、五卷，中国海关史研究中心组译，中山大学出版社，1991，第272~273页。这一贸易模式也说明，当时在广州的外商已经开始在华开展金融业务。

② 中国方面，1834年（道光十四年）8月3日的一份奏折就注意到，"近来外洋贸易货船日多英吉利公司散局"。而对这些"散局"的管理方式应当"遵照旧章办理"。这里的"旧章"指的是两广总督李鸿宾1831年颁布的《防范外夷八条章程》。参见佐佐木正哉编《鸦片战争前中英交涉文书》，（台北）文海出版社，1977，第3页。

③ Hansard HC Deb. Vol 225 cc571-622, June 25, 1875, https: //api. parliament. uk/historic - hansard/commons/1875/jun/25/india-and-china-the-opium-traffic，最后访问时间：2019年5月1日。

④ 1834年巴麦尊给律劳卑的一封信便指出，律劳卑的注意力必须放在"与北京的清朝廷建立直接联系"上，但要求在行事过程中"必须特别小心谨慎，以免……触犯它的偏见，并且不要因匆忙试图扩大交往机会，而使现有的交往机会甚至遭到危险"。同时，巴麦尊还指示律劳卑对中国沿海进行勘测。对那些"为了贸易的目的试图考察中国沿海的船只"，巴麦尊表示对它们应当采取"特别谨慎的态度"。虽然巴麦尊不希望律劳卑"鼓励这种冒险行为"，但他也特别强调，律劳卑"无权干涉或阻止它们"。《英国档案有关鸦片战争资料选译》（上册），胡滨译，中华书局，1993，第2页。

"自由商人"将双边贸易中的风险与维护贸易区域安全的职能全部推给英国政府，却将贸易的巨额利润据为己有。

由东印度公司前职员威廉·渣甸（William Jardine）与詹姆士·马地臣（James Matheson）1832 年创办的怡和洋行（Jardine，Matheson & Co.）是 1833 年后崛起的"自由商人"中最为重要的一员。1833 年之后，怡和洋行迅速取代东印度公司，成为对英茶叶贸易的"龙头"。其重要性不但体现为它在商业方面的成功，也体现为其强大的关系网络以及在此网络基础上建立起来的对政治及外交的影响。律劳卑在广东的活动极大程度上受制于乃至听命于怡和洋行的幕后指示。① 其影响力还通过类似于麦克维卡这类新兴代理商延伸到英国议会。

与东印度公司一样，怡和洋行这类"自由商人"设立的贸易公司也要通过在英国的代理商销售其货品。麦克维卡最初从事的便是这类代理商生意。在 19 世纪的洲际贸易活动中，供货商、贸易商以及分销商形成了一个复杂且微妙的关系网络，三者之间的关系受到货品价格、销售网络以及货品类型等多方面因素的影响。在三者中间，诸如怡和洋行这类在东亚、南亚、北非、北美、南美等地活动的贸易商受到的关注最多。它们掌握着大量资本、运输船队以及收购网络。但是，由于其地处英帝国网络的"边陲"，需要仰赖在伦敦与英国本土其他主要城市的分销商来帮助它们销售货品、订购最新商船。这类有影响的分销商还协助海外贸易商对英国政府商业、税务及殖民地政策等方面施加影响。同时，在进行纺织品买卖时，这些在英国本土的分销商还承担采购商的业务，从利物浦、曼彻斯特、格拉斯哥等地的纺织厂主那里收购布匹，提供给海外贸易商运送到世界各地销售。也正是这一新兴的城市工商业资产阶级，成为《1832 年改革法案》颁布之后在议会下院中迅速崛起的一股新势力。

参与签署 1839 年请愿书的商人绝大多数来自棉纺织业。对华贸易是他们重要的出口业务，也是新兴工业城市曼彻斯特的核心经济来源。19 世纪上半叶，英国棉纺织业正面临着来自欧洲大陆与美国厂商的压力。来自这些地方的

---

① 在怡和洋行的两个合伙人中，渣甸多从事幕后工作，而马地臣由于其过往的从业经历，则经常出现在台前，并负责处理洋行与在广英文媒体、英国本土议会以及印度殖民官员之间的关系。关于这部分内容参见 Richard J. Grace, *Opium and Empire, the Lives and Careers of William Jardine and James Matheson*（Montreal：McGill-Queen's University Press，2014），pp. 79-105。

棉纺织品挤压着英国产品的传统市场。这也迫使英国厂商开始迫切地扩大市场、寻找出路。① 在 1830 年前后游历过新加坡、孟买、槟城和广东等地之后，麦克维卡注意到，这些地方都有可能成为英国棉纺织品的市场。② 他最初从事棉织品贸易的合作伙伴是怡和洋行。从渣甸与麦克维卡的通信中可以看到，渣甸经常性地为麦克维卡提供何种棉织品在中国市场受欢迎的信息。③ 麦克维卡也会使用怡和洋行在广州的合作伙伴兴泰行作为他货品在中国的分销商。19世纪 30 年代中期，麦克维卡在中国市场已经有近四十万英镑的投资，这些投资均由渣甸协助其管理。但是，麦克维卡与怡和洋行之间很快就产生了芥蒂。他一方面认为怡和洋行故意延缓向他传递市场信息，另一方面也抱怨怡和洋行有时会拖欠其货款。1838 年，麦克维卡终于决定自己在广州成立贸易行。④ 互相利用采购与分销网络进行全球贸易，是这类新兴"自由商人"采取的非常常见的合作形式。他们的合作伙伴也不仅局限于同一国籍的商人，不同国家商行的合作以及"自由商人"从不同国家的贸易活动中相互抽利乃至人员流动，都非常常见。⑤

随着大量"自由商人"的介入，中国行商的活动也发生了变化。1834 年 4 月 23 日，渣甸从广东给在伦敦的托马斯·卫丁（Thomas Weeding）⑥ 去信，提及 4 月 24 日将会有三艘装载着茶叶的货船从广东出发驶向格拉斯哥、霍尔

---

① Michael Greenberg, *British Trade and the Opening of China 1800-1842* (Cambridge: Cambridge University Press, 1970), pp. 1-17. 关于欧洲与美国棉纺织品厂商的崛起，参见〔美〕斯文·贝克特《棉花帝国》，徐轶杰、杨燕译，民主与建设出版社，2019，第 8 章。

② Philip K. Law, "Macvicar, John (C. 1795-1858/9)," *Oxford Dictionary of National Biography* (2004), https://www.oxforddnb.com/view/10.1093/ref: odnb/9780198614128.001.0001/odnb-9780198614128-e-60314? rskey=L0b64K&result=1.

③ 转引自 Richard J. Grace, *Opium and Empire, the Lives and Careers of William Jardine and James Matheson* (Montreal: McGill-Queen's University Press, 2014), p. 141。

④ Ibid., p. 198.

⑤ 例如苏格兰人马地臣在与渣甸创立怡和洋行之前，为了绕过东印度公司的垄断，曾于 1821 年担任过丹麦驻广州领事，这可以让其参与的商船以丹麦的名义"合法"地从事茶叶贸易。参见 Richard J. Grace, "Matheson, Sir (Nicholas) James Sutherland, First Baronet (1796-1878)," *Oxford Dictionary of National Biography* (2004), https://www.oxforddnb.com/view/10.1093/ref: odnb/9780198614128.001.0001/odnb-9780198614128-e-37746? rskey=OzOGqi&result=2.

⑥ 托马斯·卫丁曾是东印度公司的伦敦代理商，也是渣甸弃医从商的导师与早期合作伙伴。参见 "Jardine, William (1784-1843), Physician and Merchant," https://www.oxforddnb.com/view/10.1093/ref: odnb/9780198614128.001.0001/odnb-9780198614128-e-37595.

和利物浦。这是《1833 年特许状法案》颁布后第一笔由东印度公司以外的英商合法交易的茶叶买卖。所载的茶叶主要是东印度公司采购的工夫茶。如果没有《1833 年特许状法案》，这批茶叶则会在 1834 年 11 月离港。[①] 也就是说，这批茶叶的供货商主要来自华人行商。然而，随着"自由商人"全面接管茶叶贸易，中国行商的地位很快遭到打击。对清政府而言，华人行商的重要职能是为洋商提供担保，也是清朝"以商治夷"监管体制的重要组成部分。[②] 然而，英国"自由商人"则更乐意与茶叶收购商打交道，甩开大行商代理，并压低差价。由于大量"自由商人"介入，吸引了茶叶收购商直接与之交易，大行商面临着无茶可收的局面。而面对突然增加的英国"自由商人"的需求，原本受到大行商限制的中国茶叶收购商也开始选择进行"自由"贸易，违反清政府规定，直接与英国收购商接恰，并抬高茶价。多方挤压的结果便造成 1835 年和 1836 年茶价激涨，大行商面临破产。对于怡和洋行这类占据市场份额巨大的"自由商人"来说，这一局面并不乐观。渣甸最初的应对方式是鼓励中国大行商与茶叶收购商进行对抗。1836 年底，在马地臣的建议下，大行商开始与茶叶收购商直接合作。截至 1837 年，怡和洋行从中国茶叶收购商手中直接购买茶叶的金额就达到 272.8121 万西班牙银元。[③]

四　作为贸易战的鸦片战争

19 世纪以来崛起的"自由商人"与国家之间维持着一种松散的关系。他

---

① Jardine, Matheson & Co. Archive: Letter of William Jardine in Canton to Thomas Weeding in London, dated 20 and 23 April 1834. 转引自 Pichon, "From Monopoly to Free Trade: How the Introduction of Competition in the Tea Export Trade of China Heralded the End of the Hong System, 1833–1838," Journal of the Royal Asiatic Society Hong Kong Branch, 2014, Vol. 54, p. 143.

② 王尔敏：《五口通商变局》，广西师范大学出版社，2006，第 99~100 页。关于清政府对本国商人对外运销茶叶、生丝的规定以及"以商治夷"的体制，参见陈尚胜《论清朝前期国际贸易政策中内外商待遇的不公平问题——对清朝对外政策具有排外性观点的质疑》，载《文史哲》2009 年第 2 期。

③ Jardine's Archive-127-A1/35，转引自 Pichon, "From Monopoly to Free Trade: How the Introduction of Competition in the Tea Export Trade of China Heralded the End of the Hong System, 1833–1838," Journal of the Royal Asiatic Society Hong Kong Branch, 2014, Vol. 54, p. 154.

们资本积累的活动大多数并不局限在特定国家的领土范围之内。19 世纪中后期英国的许多帝国主义政策，特别是巴麦尊勋爵为保障英国在全球范围内进行"自由贸易"（free trade）而推行的"炮舰外交"很大程度上是英国这些海外"自由商人"影响的结果。在 1839 年因鸦片贸易而起的冲突之前，英国"自由商人"已经尝到了巴麦尊"炮舰外交"带来的甜头。1838 年签订的《盎格鲁—奥斯曼条约》[又称《巴尔塔·李曼条约》（Treaty of Balta Liman）]便是通过英国政府向外国政府施加压力，以条约形式为英国"自由商人"在海外谋取特权的典型案例。《盎格鲁—奥斯曼条约》废除了奥斯曼帝国政府用立法来削减原材料出口以满足奥斯曼帝国国内需求的政策，有效地解除了奥斯曼帝国政府对当地消费者和工商业的保护，取消了奥斯曼帝国政府对出口的垄断权力，并且容许英国商人进入奥斯曼帝国境内任何地方进行直接采购。该条约甚至还免除了英国商人应缴纳的许多税款，同时通过最惠国条约，这种超国民的税收优惠待遇也被同样赋予了奥斯曼帝国境内其他西方国家的商人。①

19 世纪 30 年代的中国面临着与奥斯曼帝国相似的境况。"自由商人"在终结了东印度公司的垄断之后，开始不遗余力地试图绕过中国政府对贸易的"垄断"，并试图从政策上改变中国对外贸的监管模式。② 同时，对从事对外贸易的中国商人来说，"自由商人"的出现为他们提供了更多绕过监管对抗大商行的机会，他们对本土市场的了解甚至给予他们以一定程度的议价权。从终结东印度公司对茶叶贸易的垄断权到第一次鸦片战争爆发，一个由贸易活动编织起来的全球性资本网络逐渐形成了影响行政、立法、市场价格等多方面要素的能力。如果说《1833 年特许状法案》的颁布是"自由商人"通过议会政治对本身所属的主权国家政治施加影响的结果，那么从 1839 年开始的围绕鸦片贸易的一系列争端，则充分体现了这一全球性网络与主权国家之间

---

① 关于这一条约及其深远的影响，参见〔美〕斯塔夫里亚诺斯《全球分裂：第三世界的历史进程》（上册），迟越、王红生等译，商务印书馆，1995，第 208~211 页。
② 吴义雄对清朝广州行商体制的研究很好地展现了英国"自由商人"集团 1833~1839 年对清朝广州行商及外贸管理制度造成的影响，这导致清政府管理政策的变化。参见吴义雄《商人集团与中西关系建构：鸦片战争前中西关系体制的再认识》，载《史学月刊》2012 年第 3 期。

的"嵌入性"关系，并开始呈现如列宁所描述的那种资本主义的"寄生性"特点。

1839 年 10 月 1 日，巴麦尊收到了一封来自"伦敦商人"的请愿书。带头签署请愿书的是约翰·奥贝·史密斯（John Abel Smith）。史密斯是奇切斯特区（Chichester）与米德赫斯特区（Midhurst）的议员，也是一名"自由商人"，是迈克尼卡—史密斯公司（Magniac，Smith & Co.）的合伙人。这家位于伦敦的公司的另一个合伙人名为赫林华斯·迈克尼卡（Hollingworth Magniac）。迈克尼卡的生意"几乎主要是在中国……贩卖鸦片"。^① 该公司最初由迈克尼卡的父亲——法国加尔文教徒弗朗西斯·迈克尼卡（Francis Magniac）和苏格兰鸦片商人贝勒兄弟［托马斯·贝勒（Thomas Beale）和丹尼尔·贝勒（Daniel Beale）］合伙于 1814 年前后创立，创立时公司名为贝勒—迈克尼卡公司。^② 18 世纪末期，在广东附近活动的英国商人发现，如果加入其他欧洲国家的国籍并担任领事职务，就不但可以绕开东印度公司的监管与垄断，还能钻清政府政策的空子，免除一年一度被清政府强制离境的麻烦。丹尼尔·贝勒和托马斯·贝勒先后在经营贝勒—迈克尼卡公司时兼任普鲁士驻广东领事。托马斯·贝勒退休之后，将其普鲁士领事的职务交给赫林华斯·迈克尼卡的哥哥查尔斯·迈克尼卡（Charles Magniac）。而在担任领事职务的同时，迈克尼卡兄弟继承了他们的父亲弗朗西斯·迈克尔卡的生意，主要从事鸦片贸易。1825 年，渣甸从迈克尼卡兄弟手中接管了生意。1827 年，渣甸将公司与马地臣的公司合并，同时渣甸接替马地臣担任丹麦驻广州领事。^③ 赫林华斯·迈克尼卡退休回到英国后，与约翰·奥贝·史密斯合伙成立了迈克尼卡—史密斯公司，主要从事金融服务，并专门代理怡和洋行的相关事务。19 世纪 30 年代中期，公司协助怡和洋行度过了几次严重的财政危机。渣甸回到英国之后，该公司又改名为迈克尼卡—渣甸公司，但约翰·奥贝·史密斯和他的表兄托马斯·查尔斯·史密斯（Thomas Charles Smith）直至 1847 年仍作为合伙人留在

---

① Greenberg, *British Trade and the Opening of China 1800-1842*, p. 107.

② Lindsay Ride and May Ride, *An East India Company Cemetery*, *Protestant Burials in Macao* (Hong Kong: Hong Kong University Press, 1996), p. 17.

③ Ibid.

该公司。①

1839 年由史密斯参与的给巴麦尊写的一系列请愿书共有 100 余个公司与个人联署，它们勾勒出一个连通广东与伦敦、利物浦的庞大贸易与金融网络，更让我们能够窥探到一个跨越国境，由鸦片贸易商、金融服务商与政治代理人在 19 世纪中期新兴资产阶级崛起时通过议会政治而建立起来的"深层政府"（Deep state）的运行模式。这些请愿书将矛头对准当时的商务总监义律（Captain Charles Elliot）。请愿者指责义律办事不力，要求英国政府出面干涉中国政府当时"破坏自由贸易"的举动。② 实际上，作为代表英国政府的商务总监，义律与他的前任律劳卑一样，始终扮演着"自由商人"保护伞的角色，并试图代表国家直接同中国政府进行交涉。然而，中国方面自律劳卑上任以来便始终坚持"天朝命官，从不经理贸易细事"的原则，强调贸易相关事宜必须通过行商处理。③

英国方面显然对这种安排不满。一个小细节非常能说明问题。1839 年 5 月 10 日（道光十九年三月二十七日），中国方面发布公告，宣布所有参与鸦片买卖的外国人均会被处以死罪，并要求他们离境。这份公告在发布之前便通过行商送交义律。但是，义律表示来函并非官方形式，因此拒收。④ 义律此举虽然表面上是出于外交礼节的考量，但是实际上他的做法与英国"自由商人"一直以来希望绕开行商直接进行贸易的商业野心不谋而合。而在此之前，1839 年 3 月 27 日，中国政府向外国商人发出声明，表示以交出鸦片为恢复正常贸易的条件。义律决定出面，向在广州的所有英国商人发表公告，"代表英国女王陛下政府"要求"目前在广州的所有女王陛下的臣民，为了英国女王陛下政府的利益，立即把属于他们所有的全部鸦片或在他们管理下的英国鸦片交

① Jacob M. Price, "Smith, John Abel (1802–1871)," *Oxford Dictionary of National Biography* (2004), https：//www.oxforddnb.com/view/10.1093/ref：odnb/9780198614128.001.0001/odnb–9780198 614128–e–25854？rskey = jh7wXT&result = 1.

② *Memorials Addressed to Her Majesty's Government, by British Merchants Interested in the Trade with China, Presented to Both Houses of Parliament by Command of Her Majesty*, August 1840 (London：T. R. Harrison, 1840), p. 3.

③ 〔日〕佐佐木正哉编《鸦片战争前中英交涉文书》，（台北）文海出版社，1977，第 7 页。

④ 参见《鸦片战争史料选译》，广东省文史研究馆译，中华书局，1983，第 151 页。

给我"。① 此举便已经将禁毒这一中国政府的内政事务转变为国家之间的外交事件。至此，一场由鸦片引起的英国对华贸易战争便拉开了序幕。②

在英国政府内，巴麦尊是最积极支持武力干涉的人。巴麦尊与渣甸之间的通信表明，1839 年 1 月，就在渣甸准备退休回国、林则徐前往广州赴任前夕，渣甸便开始与巴麦尊就中国贸易事宜通信。两人的信件往来一直持续到 1840 年。渣甸在信中建议，英国政府应当动用军事力量控制中国至少一个岛屿，以帮助英国商人进行贸易活动。他还在这个思路基础上，为巴麦尊提供了与中国政府和谈的思路，即中国政府如果需要禁止鸦片贸易，则须给英国商人提供自由贸易的岛屿，且准许英商在华进行"自由贸易"。③ 这些想法在后来的《南京条约》中都得到了实现。1839 年 8 月，巴麦尊命令时任印度总督奥克兰伯爵（George Eden, 1ˢᵗ Earl of Auckland）派遣载炮 28 门的皇家海军"窝拉疑"号（H. M. S. Volage）前往九洲洋进行干涉。与此同时，来自英国的"自由商人"集团一边在中国的英文媒体上积极造势，指责中国政府禁烟之举实质是破坏自由贸易，一边向英国政府施压。④ 加上巴麦尊所坚定实行的"炮舰外交"政策，因此，到了 1840 年 6 月，事态迅速升级，英国从印度派遣军队，抵达广州附近海面。⑤

在英国政府正式决定向中国大规模派兵之前，游说英国政府的商人一直坚

① 《英国档案有关鸦片战争资料选译》（上册），胡滨译，中华书局，1993，第 382~383 页。

② 有证据显示，早在 1837 年，义律便已经开始向巴麦尊建议，以英国政府的名义，全面介入并保护英国在华的商业利益。参见 Greenberg, *British Trade and the Opening of China 1800 - 1842*, p. 204。

③ 渣甸与巴麦尊的通信是波德兰档案（Broadlands Archives）的一部分，藏于南安普顿大学。关于巴麦尊的档案材料涵盖了 1809~1865 年所有的半官方性质的通信。Jardine to Palmerston, 5 Dec 1839, Broadlands Papers, MM/CH/5.

④ 关于在华英商的媒体宣传攻势，参见 Song-Chuan Chen, *Merchants of War and Peace, British Knowledge of China in the Making of the Opium War* (Hong Kong: Hong Kong University Press, 2017), pp. 82-102。关于东印度公司和"自由商人"站在不同角度对中国形象的描述，参见 Hao Gao, "Going to War against the Middle Kingdom? Continuity and Change in British Attitudes Towards Qing China (1793-1840)," *The Journal of Imperial and Commonwealth History 45*, no. 2 (2017): 210-231。

⑤ 关于当时英国政府及社会内部针对是否进行干预进行的争论，以及巴麦尊对动用国家力量维护英国海外"自由商人"商业利益的态度，参见 John Lowe, *Britain and Foreign Affairs, 1815-1885* (London: Routledge, 1998), pp. 49-52。

持将他们的商业利益与英国的国家利益与尊严进行捆绑。他们强调，贩卖鸦片是一个"需要另行讨论"的问题，当务之急是需要"提醒女王政府"，"对华贸易"对英国的"商业与制造业利益"具有"极端重要性"，也影响了"全英帝国人的个人福祉"。因此，鉴于对华贸易的重要性，"自由商人"强烈建议英国政府"尽快实施干预"。① 从"自由商人"集团一系列舆论中可以看到，他们始终回避鸦片贸易的合法性问题，也未同当时英国国内反对鸦片贸易的宗教势力进行任何正面争论。"自由商人"始终坚持英国政府应当对中国政府干扰"自由贸易"的行为实施干涉。这种干涉不但是"正义的"，而且还"维护了我们国家的尊严"。② 而在 1840 年英国政府开始干预之后，"自由商人"的诉求就开始转向法律问题，他们一方面指责中国行商及政府腐败，另一方面指责义律在整个事件中行事不力，由此要求中国政府与英国政府共同对他们的经济损失进行赔偿。③

五 结语：自由贸易与半殖民性的全球兴起

"自由商人"在 19 世纪上半叶围绕着鸦片走私以及"自由贸易"权利而展开的一系列政治、经济与舆论行动开启了全球史的新时期。④ 在这一时期，

---

① *Memorials Addressed to Her Majesty's Government*, *by British Merchants Interested in the Trade with China*, *Presented to Both Houses of Parliament by Command of Her Majesty*, August, 1840（London：T. R. Harrison, 1840），p. 3.

② 来自不同团体的请愿书都表达了类似的意见。

③ 关于商人提出的赔偿要求陈述，参见 *Statement of Claims of the British Subjects Interested in Opium Surrendered to Captain Elliot at Canton for the Public Service*，（London：Pelham Richardson, 1840）。关于"自由商人"对英国和中国政府提出赔偿要求问题在下议院进行的讨论，参见 *Hansard HC Deb.*, Vol. 61, pp. 759-797, March 17, 1842, https：//api. parliament. uk/historic-hansard/commons/1842/mar/17/address-to-the-crown-compensation-for，最后访问日期：2019 年 4 月 30 日。

④ 在这一浪潮中，在茶叶、鸦片贸易方面，英美商人的活动最为积极。其中，怡和洋行和颠地洋行（Dent & Co.）在 19 世纪基本垄断了中国鸦片价格。直至 1850 年，这两家英商也占据了中国沿海鸦片市场。参见 W. Tyrone Power, *Recollections of a Three Years' Residence in China*（London：Richard Bentley, 1853），pp. 110-115。另外，美商琼记洋行（Augustine Heard & Co.）以及更早成立的旗昌洋行（Russell & Co.）也在同一时期参与生丝、茶叶、鸦片的贸易。诸如罗素（Russells）、娄氏（Lows）、福布斯（Forbes）、斯达吉士（Sturgis）等重要的美国商业政治家族通过对华贸易获得了巨额资产。参见 Stephen Chapman Lockwood, *Augustine Heard and Company*, *1858-1862*, *American Merchants in China*（Cambridge, MA：Harvard University Asia Center, 1971）。

这些从重商主义时期全球贸易中诞生的新兴资产阶级"自由商人"敲响了重商主义贸易及其政治的丧钟，并从根本上开始改变帝国的政治及全球秩序。① 较之他们的前辈，新一代从事全球贸易的"自由商人"更接近现代世界主义（cosmopolitanism）理想所描绘的"世界公民"（world citizen）。② 他们在全球范围内自由行动的能力优于绝大多数人，他们有充足的个人资产，并能够支配一个具有强大影响力的巨大人际关系网络。他们是最具动力也是最有可能推动自由主义理想世界市场的一群个体。③

在这张全球网络的影响下，英帝国开始逐渐从原先的直接殖民者转向了一个"非正式帝国"（informal empire）。④ 而在世界其他地区，特别是印度洋贸易沿线的绝大多数非殖民地地区里，随着全球贸易与资本的流动，半殖民色彩越发严重。在鸦片战争之后的二十余年里，新兴资产阶级在英国政治中的影响

---

① 帝国史研究者也注意到这一历史性的转变，H. G. 霍普金斯将那些采取通过国家军事力量支持商业扩张模式的国家称为"军事—金融国家"。他注意到，18 世纪末，几乎所有欧洲的军事—金融国家都面临危机。也就是在这一时期，英帝国失去了北美殖民地，将重心转向印度。这标志着英帝国进入了全新的"世界主义"时代，伦敦成为全球化帝国的中心，诸如边沁等英国知识分子开始采用"全球"视野来思考问题。霍普金斯认为，在这一时期，"帝国"从原先所指的主权国家，扩展到指称不列颠力量所及的、具有多样性的庞大全球网络。参见 A. G. Hopkins, *American Empire, a Global History* (Princeton: Princeton University Press, 2018), pp. 64-70。

② 这里所使用的是从国际关系与政治哲学理论脉络中发展起来的"世界主义"观念。克里斯·布朗（Chris Brown）明确地将现代世界主义者与斯多葛主义者区分开来。他认为与斯多葛主义对"世界"政府的想象不同，现代的世界主义者拒绝承认任何形式的政治结构，并否定现存政治结构能够成为价值的最终源泉。参见 Chris Brown, *Internaitonal Relations Theory: New Normative Approaches* (New York: Harvester Wheatsheaf, 1992), p. 24。关于"世界主义"与"世界公民"在道德哲学领域内的脉络，参见 Nigel Dower, *World Ethics: The New Agenda* (Edinburgh: Edinburgh University Press, 2007), pp. 76-98。

③ 在自由主义框架下所设想的世界公民观念具有超越沙文主义、种族主义、民族主义等"狭隘"观念的主体意识。关于世界公民与世界主义观念在不同思潮与历史时期的变化及其特性，参见 Wim Vandekerckhove and Stan van Hooft, "Introduction," in *Questioning Cosmopolitanism*, Wim Vandekerckhove and Stan van Hooft, eds. (New York: Springer, 2010), pp. xv-xxviii。关于自由主义理想中的世界公民想象以及对其的批判，参见 Timothy Brennan, "Cosmopolitanism and Internationalism," in *Debating Cosmopolitics*, Daniele Archibugi, ed. (London: Verso, 2003), pp. 40-50。彼得·葛万更是直接指出，"新自由主义世界主义"是一种服务于美国全球霸权利益的意识形态，参见 Peter Gowan, "The New Liberal Cosmopolitanism," pp. 51-64。

④ John Gallagher and Ronald Robinson, "The Imperialism of Free Trade," *The Economic History Review*, New Series 6, No. 1 (1953), pp. 1-15.

日渐稳固。到了第二次鸦片战争与太平天国运动时期，一个联通全球的资产流动与贸易保障网络基本形成。1869 年，就在太平天国起义被镇压之后第五年，从第二次鸦片战争期间开始施工的苏伊士运河正式开通。至此，从欧洲至亚洲的贸易线短了近一半的航程，越来越多的小型贸易商随之兴起，贸易成本与风险被压缩。同时，一个由英国人把持的中国海关已建成，并在第二任总税务司赫德（Robert Hart）主导的改革下运行了 6 年。此时的中国海关，是一个逐渐形成的独立于英帝国与中国之外的政治空间。它不但可以越过清朝海关监督直接与总理衙门协商，也可以越过各国驻华领事直接与伦敦这一新帝国主义的霸权中心进行沟通。① 在更广阔的世界范围内，这股流动的力量在欧洲之外许多并非传统欧洲殖民地的地区建立了类似的机构。1876 年，埃及财政破产，在法国与英国政府的推动下建立了债务委员会（Caisse de la Dette），监管埃及政府解决债务问题。1878～1879 年，努巴尔·帕夏（Nubar Pasha）的内阁直接任命了两名欧洲内阁官员，他们专门负责监督政府预算，并督促埃及政府用重税来偿还债务。在这种情况下，所有埃及本土以及来自其他中东地区的穆斯林商人遭到重创，本土的手工业与工商业也受到极大压制。相反，在埃及活动的欧洲商人则享有免税的特权，并得以将欧洲工业产品进一步投放到埃及市场。②

　　这种由贸易而建立起来的全球生产分工，一方面将西方工业国家转变为"世界工厂"，并由这些国家的新兴资本家扮演商品批发商与放贷银行的角色，而世界其他绝大多数地区则成为这一网络中的倾销市场、原材料产地与债务人。另一方面，在这张资本全球网络中，在非工业化国家出现了剧烈的社会分层。在中国，随着鸦片走私、茶叶及生丝贸易而崛起的一批商人不遗余力地尝试对国家进行影响。作为行商的竞争者与替代物，买办既是在"中国传统经济制度的框架中发展起来的"，也是在全球贸易特别是鸦片战争之后在与"自

---

① 关于赫德治下的中国海关，特别是初期赫德对李泰国（Horatio Nelson Lay）建立的总税务司所进行的改革等内容，参见〔英〕方德万《潮来潮去：海关与中国现代性的全球起源》，姚永超、蔡维屏译，山西人民出版社，2017，第 85～136 页。

② Juan R. I. Cole, *Colonialism and Revolution in the Middle East*, *Social and Cultural Origins of Egypt's Urabi Movement* (Cairo: The American University in Cairo Press, 1999), pp. 91-95.

由商人"进行贸易的过程中出现的机会主义产物。① 不过，与英国新兴资产阶级的命运不同，19 世纪中国的新兴商人虽然与官员之间保持着密切的联系，但并未建立起广泛的合作，更未能形成英国那样的政商之间的依赖关系。② 即便如此，通过家族与裙带关系网络，买办阶层仍旧能够在地方形成一股垄断势力，并对地方政务乃至官僚任命产生巨大影响。③ 同样，在奥斯曼帝国，这种不平等的全球贸易促生了一个强大的既得利益阶层。部落酋长、城镇望族、官僚与军官等逐渐垄断了由苏伊士运河带来的贸易红利，从珍珠、棉花、椰枣、动物皮毛等各类奢侈品、粮食与工业原材料的出口贸易中获取大量资本，也正是这一群体成为欧洲烈酒、钟表、火器、家具等奢侈品的重要消费者。④

　　随着第二次鸦片战争的结束，这张由"自由贸易"构建的全球网络开始走向新的阶段。1863 年，怡和洋行在上海设立怡和钱庄，开始正式介入金融市场。也就在这一时期，西方对华贸易的模式发生了巨大变化。在获得内河航运通行权与内地市场的贸易权之后，洋商发现，政府对市场的监管与"垄断"并不是阻碍他们盈利的唯一壁垒。虽然他们可以通过炮舰与条约获得一系列特权，但是政策的变化并无法改变市场的取向，更无法增加中国民众对昂贵洋货的购买力。因此，在 19 世纪 60 年代之后，主要的西方洋行开始演变为管理性机构，将重点放在了诸如航运、保险、基础设施以及银行等全球贸易的保障性行业。同样，在北非、中亚、黎凡特、大约旦地区，西方资产阶级的兴趣开始

① 〔美〕郝延平：《十九世纪的中国买办——东西间桥梁》，李荣昌、沈祖炜、杜恂诚译，上海社会科学院出版社，1988，第 2~3 页。

② 〔英〕勒费窝：《怡和洋行——1842~1895 年在华活动概述》，陈曾年、乐嘉书译，上海社会科学院出版社，1986，第 14 页。关于买办与清朝官员、殖民政府及当地社群之间的关系，参见 Kaori Abe, *Chinese Middlemen in Hong Kong's Colonial Economy, 1830 - 1890* (London: Routledge, 2018), pp.97~118；〔美〕郝延平：《十九世纪的中国买办——东西间桥梁》，李荣昌、沈祖炜、杜恂诚译，上海社会科学院出版社，1988，第 167~178 页。

③ 李培德：《19 世纪买办的垄断地位和延伸网络》，载《国家航海》2012 年 12 月第三辑，第 64~73 页。

④ 〔美〕斯塔夫里亚诺斯：《全球分裂：第三世界的历史进程》上册，迟越、王红生等译，商务印书馆，1993，第 213~215 页。另外，关于奥斯曼帝国新兴商业资产阶级对西方奢侈品消费的增长，参见 Fatma Müge Göçek, *Rise of the Bourgeoisie, Demise of Empire: Ottoman Westernization and Social Change* (New York and Oxford: Oxford University Press, 1996), pp.108~116。

转移到运河开凿，铁路、港口与公路建设，以及水电煤气等基础设施保障方面。而用于这些设施建设的资金则全部来自英、法、德、俄以及后来的日本银行贷款。在半殖民地地区，批准并支配这些贷款的是来自那些在 19 世纪上半叶全球贸易中崛起的既得利益阶层，一个由贸易开启的新帝国主义全球化至此步入了金融时代。

世界多极化进程中的"门罗主义"话语遗产[*]

章永乐^{**}

"世界是平的"(The World is Flat),这是美国新闻评论家托马斯·弗里德曼(Thomas L. Friedman)在 2005 年出版的一本畅销著作①的标题。当时,后冷战时期的全球化正在高歌猛进,无论是在美国还是中国,许多知识人都在想象一个资本、商品与技术知识自由流动的、日益均质化的全球空间,并有意无意地淡化对于"这一空间究竟处于何种霸权支配之下"的探讨。

三年之后,英国学者马克·莱昂纳德(Mark Leonard)出版了《中国怎么想?》(*What Does China Think?*),该书针对托马斯·弗里德曼的"平的世界"概念,将作者所采访的一系列中国思想者对世界秩序的想象概括为"有墙的世界"(the walled world)。②然而,莱昂纳德当时大概无法想象,在 10 年之后,是美国而非中国,变成一个最热衷于"修墙"的国度。美国时任总统特朗普(Donald Trump)的标志性主张就是在美国与墨西哥边境修建一堵围墙,防止拉丁美洲难民/移民的涌入。也是这位总统,发动了对包括美国盟友在内的许多国家的贸易战,在科技、金融领域对中国进行施压,退出《伊朗核问题全面协议》,用自身的金融霸权迫使一系列欧盟国家放弃与伊朗做生意。美国政府利用经济与产业的依赖关系来打击一些国家,其结果是迫使它们重新考虑这种相互依赖关系,调整产业供应链,建造非美元的国际货币结算系统。在此背景之下,我们已经清楚地看到,"世界不是平的",许多旧的边界和围墙正在

---

* 本文部分内容发表于作者专著《此疆尔界:"门罗主义"与近代空间政治》,生活·读书·新知三联书店,2021。

** 章永乐,北京大学法学院长聘副教授。

① Thomas L. Friedman, *The World Is Flat*: *A Brief History of the Twenty-first Century* (New York: Farrar, Straus and Giroux, 2005).

② Mark Leonard, *What Does China Think?* (London: Fourth Estate, 2008).

不断加固,一些新的边界和围墙还在不断出现。

正是这种边界不断加强的趋势引发本文对于"门罗主义"（Monroe Doctrine）的关注。"门罗主义"是一个源于19世纪美国的被用于设定特定空间边界的概念与符号,并派生出种种与这些边界的正当性相关的理论,乃至"区域国际法"（regional interntional law）的实践。在冷战时期,美国以排除"共产主义威胁"为名,对拉丁美洲国家实施"门罗主义",干涉许多国家的内政。冷战的结束使得这一干涉主义的借口淡出历史舞台,但是,业已确立单极霸权的美国对其全球帝国具有前所未有的信心,而拉丁美洲不过是其全球帝国所支配的区域之一,其特殊性正在消退。当美国致力于通过某种"多边主义"姿态为其霸权维持普遍主义外观时,在拉美大肆宣传"门罗主义"并不是最为有效的话语策略。于是我们看到,2013年11月,美国奥巴马政府时期的国务卿克里（John Kerry）在美洲国家组织总部发表演讲时公开表示,"门罗主义"的时代已经终结,美国将不再致力于干涉美洲其他国家的事务。[①]

然而,仅仅五六年之后,"门罗主义"大旗重现江湖。2018～2019年,特朗普政府采取了一系列重新加强美国对西半球支配力的外交政策:推翻奥巴马政府与古巴的缓和战略,重新寻求古巴的政权更迭;指责中国的"一带一路"倡议给一系列拉丁美洲国家带来"债务陷阱";指责俄罗斯对委内瑞拉马杜罗政府的支持;在委内瑞拉、玻利维亚扶植反对派,推动政权更迭;以召回大使的方式,对多米尼加、萨尔瓦多和巴拿马等拉美国家自主决定与中国建交的做法表示不满。特朗普政府更是在2018年10月签署的《美墨加贸易协议》（USMCA）中塞入了一个"毒丸"（poison pill）条款,规定协议中的任一成员国如与"非市场经济国家"达成自由贸易协定,其他成员国可以在六个月后退出。这一条款意味着,如果加拿大或墨西哥与中国达成自贸协定,美国就可以单方面退出《美墨加贸易协议》,这对加拿大与墨西哥的对外贸易权力构成实质性的限制（尽管加、墨两国在形式上同意了这一协议）。这些做法无一不体现美国将美洲（或西半球）视为专属势力范围的意识。

---

① Keith Johnson, "Kerry Makes It Official: 'Era of Monroe Doctrine Is Over'", *The Wall Street Journal*, November 18, 2013.

特朗普政府不仅在行动上重新加强对美洲国家的支配，在话语上也毫不隐晦。2018 年 2 月 1 日，时任国务卿蒂勒森在得克萨斯州奥斯汀的一场演讲中赞扬 1823 年提出的"门罗主义"是一个显而易见的成功，称这一原则在当下仍然与它刚刚问世的时候一样具有现实相关性，并指责中国"国家引导的发展模式"（state-led model of development）是对西半球的"威胁"。① 2019 年 3 月 3 日，美国有线电视新闻网（CNN）主持人在采访美国国家安全事务助理博尔顿（John Bolton）时提出这样的问题：美国一边把委内瑞拉的马杜罗形容为"独裁者"，却又一边在全球支持其他"独裁政权"，这是否自相矛盾？博尔顿给出否定的回答，称因为委内瑞拉位于"我们的半球"，对于委内瑞拉美国不惮使用"门罗主义"这个表述。② 4 月 17 日，博尔顿在宣布针对古巴、委内瑞拉与尼加拉瓜实施制裁时评论称："门罗主义依然存在，而且生机勃勃（the Monroe Doctrine is alive and well）。"《经济学人》（The Economist）评论认为，此话针对的正是俄罗斯与中国在拉丁美洲的影响力。③ 美国纽约州宾汉姆顿大学（Binghamton University）荣休教授詹姆斯·佩特拉斯（James Petras）撰文指出，特朗普政府正在推行一种"新门罗主义"（Neo-Monroe Doctrine），试图重建美国对拉丁美洲的全面支配。④

---

① Robbie Gramer & Keith Johnson, "Tillerson Praises Monroe Doctrine, Warns Latin America of 'Imperial' Chinese Ambitions," February 2, 2018, https://foreignpolicy.com/2018/02/02/tiller-son – praises – monroe-doctrine-warns–latin–america–off–imperial–chinese–ambitions–mexico–south–america–nafta–diplomacy-trump-trade-venezuela-maduro/，最后访问时间：2019 年 10 月 6 日。

② Interview with U. S. National Security Adviser John Bolton, March 3, 2019, http://edition.cnn.com/TRANSCRIPTS/1903/03/sotu. 01. html，最后访问时间：2019 年 10 月 6 日。

③ "John Bolton and the Monroe Doctrine," The Economist, May 9, 2019, https://www.econo-mist.com/leaders/2019/05/09/john-bolton-and-the-monroe-doctrine，最后访问时间：2019 年 10 月 6 日。

④ James Petras, "Latin America in the Time of Trump: US Domination and the 'Neo – Monroe Doctrine'," April 23, 2018, https://www.globalresearch.ca/latin – america – in – the – time – of – trump-us-domination-and-the-neo-monroe-doctrine/5637399，最后访问时间：2019 年 10 月 6 日。但其实，"新门罗主义"（New Monroe Doctrine）的概念，在历史上曾经多次出现。笔者使用 proquest 美国报刊数据库发现，下列美国英语报刊在以下年份发表过标题中包含 "New Monroe Doctrine" 字样的文章：Bankers' Magazine（1911 年第 2 期）；The Graphic（1896 年第 1 期）；Outlook（1898 年 8 月 27 日，1905 年 2 月 11 日）；Advocate of Peace（1896 年第 2 期）；The North American Review（1905 年第 4 期）；The Youth's Companion（1916 年第 1 期）；International Marine Engineering（1917 年第 5 期）；The Living Age（1921 年 12 月 10 日）；The Spectator（1896 年 1 月 25 日）。至于正文中包含 "New Monroe Doctrine" 字样的报刊文章，更是数不胜数。"门罗主义"概念在历史上不断获得新的解释，使"新门罗主义"的讨论在各个时代都有发生的可能。

在冷战结束近三十年后，美国的单极霸权逐渐松动，世界秩序的多极化已是显而易见的趋势。我们会听到德国的理论家呼吁德国在欧盟发挥更大的领导作用，并增强欧盟在美国主导的跨大西洋联盟中的自主性[1]；我们会看到俄罗斯的理论家举起"欧亚主义"旗帜，并寻求"欧亚主义"与中国"一带一路"倡议的对接。[2]在这一背景之下，"何种多极化"的问题也变得比以往更具有紧迫性。在当下，世界各地越来越多的国际事务思考者将眼光投向中国，希望聆听中国思想者的国际秩序主张。然而这些眼光并非总是积极和正面的。在"门罗主义"业已声名狼藉的今天，一些评论者经常用这个词来给中国的一些政策贴标签，比如说，称中国的"一带一路"倡议是一种"门罗主义实践"，其意图是将美国的影响力"排除出"相关区域。[3]有趣的是，许多评论家在将"门罗主义"用到美国自己身上时，视之为一个具有正面意义的词语，而一用到中国身上，就成了有负面意义的词语。"门罗主义"意义的丰富性由此可见一斑。而中国的理论工作者要回应这样的评论就面临着一个先决问题：什么是"门罗主义"？

回答这个问题并不像表面上看起来那样简单。尽管"门罗主义"这一符号本身保持着稳定，但对其的解释无论是在美国本土还是在美国之外，都经历了惊人的变迁，以至于我们必须问：当我们讨论"门罗主义"的时候，我们究竟是在讨论什么？答案可能会随着具体的情境而变化，但各种答案之中或许会有一个比较稳定的维度，那就是政治空间以及从政治空间中产生的"空间政治"。

---

[1] Herfried Münkler, *Macht in der Mitte: Die neuen Aufgaben Deutschlands in Europa* (Hamburg: Edition Körber-Stiftung, 2015).

[2] 2018年12月12日下午，俄罗斯学者亚历山大·杜金在北大发表演讲《欧亚地缘政治语境中的"一带一路"》，涉及这一主题。讲座文字报道参见 https://user.guancha.cn/main/content?id=65568，最后访问时间：2019年10月6日。

[3] 有代表性的论述，如 Steven F. Jackson, "Does China Have a Monroe Doctrine? Evidence for Regional Exclusion," *Strategic Studies Quarterly*, Vol. 10, No. 4 (Winter 2016), pp. 64–89; Changhoon CHA, "China's Westward March: Strategic Views of One Belt, One Road," *The Korean Journal of International Studies*, Vol. 15, No. 3 (December 2017), pp. 483–500.

一 "门罗主义"与政治空间的三个层次

先来看"门罗主义"的诞生地。"Monroe Doctrine"一词出现于 19 世纪 50 年代，是对美国詹姆士·门罗（James Monroe）总统在 1823 年所发表的国情咨文中主张的美国外交政策原则的追溯式命名。[①]然而，在这一命名出现之时，美国政府对于门罗总统政策的解释就已经与门罗总统的原初表述有所不同。19 世纪 50 年代以来，"门罗主义"概念更是经历了 150 多年的演变，被不同的政治力量赋予了丰富多彩甚至光怪陆离的含义。

美国 19 世纪的"门罗主义"使用的常用口号是"America for the Americans"[②]（美洲是美洲人的美洲），强调美洲区域空间的自主和对外部势力干涉的排斥，就此而言，"门罗主义"具有某种区域防卫的意涵。然而，在这一空间内部，"门罗主义"可以成为某个霸权力量扩张的利器——它通过强调"外部威胁"的存在，唤起空间内其他成员的恐惧感，以共同防御的名义对空间内的其他成员进行支配。"门罗主义"甚至可以被用于支持越出既有的空间边界，在更大的空间里进行扩张和干涉的做法。在一战结束之前，"门罗主义"在美国已经完成了这三个阶段的演变。

而在"门罗主义"传播到其他国家之后，产生的用法五花八门：一战后的泛欧主义者开始讲"欧洲是欧洲人的欧洲"；德国公法学家卡尔·施米特（Carl Schmitt）提出了"大空间"（Großraum）理论，为德国在欧洲的扩张提供论证；日本的理论家提出"亚洲门罗主义"或"东洋/东亚门罗主义"，以支持日本在朝鲜、中国乃至东南亚的扩张；意大利在巴尔干半岛主张自己的"门罗主义"，中国报刊称之为"巴尔干门罗主义"[③]；在苏联，托洛茨基曾批

---

① 关于"Monroe Doctrine"一词出现的具体时间，参见 Paul Dickson , *Words from the White House：Words and Phrases Coined or Popularized by America's Presidents* （New York：Walker Books，2013），p. 106。

② John Bassett Moore，"The Monroe Doctrine," *The Annals of the American Academy of Political and Social Science*，Vol. 96，*The Place of the United States in a World Organization for the Maintenance of Peace*，Jul. 1921，pp. 31-33.

③ 《意大利也倡门罗主义》，载《中央周刊》1928 年第 26 期。

评"一国建成社会主义"的主张为"社会主义的门罗主义";①印度的尼赫鲁针对南亚次大陆—印度洋提出"印度门罗主义";②还在殖民地时期,澳大利亚针对南太平洋就有自己版本的"门罗主义"。③而在近代中国,不仅有诸多针对美国与日本版本的"门罗主义"的评论,也有"中国是中国人的中国""广东是广东人的广东""湖南是湖南人的湖南"这样的口号,它们都与源于西半球的"门罗主义"具有深刻的家族亲缘关系。这些现象可以表明,"门罗主义"式的话语,可能会在不同层面的政治空间发挥界定边界的作用。

近代国际秩序的观念基石是具有清晰领土边界的主权国家。以此为锚点,我们可以将政治空间划分为国家(state)、超国家(supra-state)与次国家(sub-state)三个层面,如果我们进一步从"超国家"层面再分出"全球空间"与"区域空间"两个层面,那也可以说存在四个层面的政治空间。这些层面都可以运用"××是××人的××"这样一个"门罗主义"的典型句式。本文对史料的呈现将证明,这些层面的空间意识经常会相互启发、相互支持。然而,从总体上说,"门罗主义"主要被运用于"超国家"与"次国家"层面。

在历史文献中,"德国是德国人的德国""法国是法国人的法国"这样的口号通常不会被称为"门罗主义",其原因在于,在"门罗主义"话语诞生之前,国家层面已经有一种强有力的主权(sovereignty)话语,它起到划定国家政治空间边界、排除外部干涉的作用。主权话语是欧洲一系列王国在与神圣罗马帝国皇帝和罗马天主教教皇的普世管辖权进行斗争的过程中发展起来的,④它否定了封建秩序下同一片土地上重叠交叉的管辖权,支持一个国家的中央政府在一片领土之上确立统一和排他性的管辖权。在欧洲三十年战争之后,独立

---

① Richard B. Day, *Leon Trotsky and the Politics of Economic Isolation* (Cambrdige & New York: Cambridge University Press, 1973), p. 167.

② James R. Holmes and Toshi Yoshihara, "India's 'Monroe Doctrine' and the Gulf," Jefferey R. Macris & Saul Kelly, *Imperial Crossroads: The Great Powers and the Persian Gulf* (Annapolis: Naval Institute Press, 2012), pp. 147-166.

③ Neville Meaney, *The Search for Security in the Pacific, 1901-1914* (Sydney University Press, 2009), p. 16.

④ Walter Ullmann, "The Development of the Medieval Idea of Sovereignty," *English Historical Review* 64 (1949): pp. 1-33.

的主权国家被广泛接受为国际法体系的基本单位，而主权的对外排斥功能被视为理所当然的现象。接下来，封建时代流传下来的国家是君主的"dominium"传统观念。受到法国大革命的强力冲击，君主纷纷将自己统治的正当性建立在民众的同一性上，于是，"法国是法国人的法国""德国是德国人的德国""美国是美国人的美国"就成了常规的国家观念的表达。而国家既然已经拥有"主权"这一强大的符号，就不需要额外的符号来证明自身对领土边界之外势力侵入的抵抗和排斥。

如果有争议的话也主要发生在民族的文化边界和国家的政治边界不统一的条件之下，那些不认同既有的国家边界的族群，是否有权利创设自己的主权国家，或加入一个邻近的、由本族群人统治的主权国家？19世纪，随着神圣同盟捍卫的君主制—王朝主义的正当性不断衰落，民族（nation）的正当性不断上升，民族边界与国家边界之间的紧张状况也日益凸显。比如说，在波兰被普鲁士、奥地利与俄国瓜分之后，波兰人是否可以宣布"波兰是波兰人的波兰"，从而将他们的普鲁士、奥地利与俄国统治者驱逐出波兰旧土？捷克与波兰大量讲德语的德意志人是否可以带着他们所居住的土地加入德国？在这种情况之下，人们仍然会诉诸"主权"概念，只是认为"主权"最终归属于民族共同体，应该从民族居住的边界出发重新划定国家的领土边界。

以"主权"为概念基石的近代欧洲经典国际法被传播到世界各地，被奉为重组国际秩序的圭臬。在这一视野下，非西方的族群只需要将"主权"概念与自身的边界诉求结合起来，就可以生产出领土空间的对外排斥性，无须诉诸其他理论。因而，19世纪以来，"门罗主义"这一符号适用的空间斗争主要是在两个层面展开，一是"超国家"（regional）的区域乃至全球（global）层面，二是"次国家"的省域层面。

不过，值得指出的是，"超国家"或"次国家"层面的"门罗主义"话语并非与"主权"话语绝缘。在很大程度上，"主权"的话语是"门罗主义"话语的参照物。在欧洲产生的经典的近代国际公法以主权国家为基本单位，"主权"所包含的对内支配力和对外排斥力受到欧洲列强的广泛承认，享有极高的正当性。如此，国家层面的"主权"话语与实践，就能够为其他空间单位争取自主性的行动提供一种范例——通过扩张"超国家"的区域有可能被整合为一个主权国家单位,而通过分离主义运动省域也可能会变成新的国家。

二 "门罗主义"的传播及其解释的演变

"门罗主义"在诞生之初,就与"美洲""西半球"或"新世界"的空间单位意识紧密关联在一起,它是对欧洲列强刚建立不久的以君主制—王朝主义为正当性原则的维也纳体系的反抗,是对神圣同盟干涉拉丁美洲革命的拒斥。而美国也正是通过不断强调外来干涉的危险性唤起拉美国家的恐惧感,从而在西半球建立自身的霸权。从 19 世纪上半叶到 20 世纪初,从"美洲是美洲人的美洲"中逐渐生长出"美洲是美国人的美洲",1903 年梁启超在读到西奥多·罗斯福总统在芝加哥发表的关于"门罗主义"的演讲时,即敏锐地觉察到"门罗主义"正在向着"世界者美国人之世界"方面演变。[①]不久之后,威尔逊总统在这个方向上做出了更为大胆的尝试,将"门罗主义"解释为一种无空间限制的政治原则,从而为美国的全球影响力提供了正当性论证。

从"美洲人的美洲"到"美国人的美洲",再到"美国人之世界",美国的"门罗主义"话语经历了极大的演变,但在话语形式上保持了一个稳定的特征——划分空间范围,界定越过边界的入侵力量,进而以抵抗和排斥入侵力量的名义来扩张本国的国家利益。"门罗主义"话语的掌舵者们避免称美国为"帝国"(empire),避免赤裸裸地谈论美国的帝国野心,而是将扩张打扮成"自我防卫",或对区域内其他国家和民族的利益与共同价值观的"捍卫"。即便是在美西战争之后,美国事实上已经成为一个领土型殖民帝国,美国仍然在话语上强调自己反对殖民主义和帝国主义,将对菲律宾的统治和对古巴的控制打扮成帮助被监护者成长的"文明教化事业"。就这一否定性的话语模式而言,美国确实与西班牙、荷兰、英国、法国、德国等欧洲列强存在着区别。而这一否定性的话语模式,也推动美国不断地界定其试图主导的政治空间内的同质性和异质性,尤其是通过认定和排斥异质性的因素,不断重新生产出政治空

---

① 梁启超:《新大陆游记节录》,载《梁启超全集》第二册,北京出版社,1999,第 1155 页。

间内的同质性，并让其认定的"敌人"承担为自己辩护的举证责任。"门罗主义"的话语演变史，是一部美国在国际秩序层面不断区分敌友的历史，同时也记录了美国在这方面极其丰富的经验。

第一次世界大战结束之后，尽管威尔逊主导建立国际联盟的计划在美国国内遭受挫折，美国未能加入国联和国际常设法院，但美国在欧亚两洲的强大存在已经是客观事实，欧亚两洲的列强均处于美国的干涉压力之下。对于欧亚两洲的区域霸权建构者而言，美国的"门罗主义"演变史不仅提供了一个绝佳的区域霸权成长范例，更提供了一套在美国面前自我辩护的话语。在德国，卡尔·施米特（Carl Schmitt）致力于为德国的重新崛起进行理论论证，对美国的"门罗主义"进行重新解释，从中区分出一个致力于排斥域外干涉的源初阶段，以及一个偏离"门罗主义"之"初心"的帝国主义—干涉主义阶段，并号召德国学习更为源初的"门罗主义"，以对抗正在流行的帝国主义—干涉主义形态。施米特在此基础上提出其"大空间"理论，将西半球或美洲解释为美国的"大空间"，美国作为一个主导国（Reich）以自身的政治原则辐射"大空间"，而德国将在欧洲谋求类似的地位，并排斥域外势力的干涉。按照施米特的设想，随着时势的发展，整个世界有可能会重组为若干个"大空间"，以主权国家为基础的国际法也将转化为另一种不同的形态。

早在19世纪末，倡导"大亚洲主义"的日本政治精英就已经在模仿美国的"门罗主义"，寻求在东亚确立日本的势力范围。然而日本国力不足，加之英日同盟的牵制，日式"门罗主义"长期处于一种闪烁其词的状态。第一次世界大战爆发后，日本趁着欧洲列强无力东顾，将其"东亚门罗主义"部分转化为日本的对华政策，先强迫袁世凯政府签订"二十一条"，后通过"西原借款"来影响段祺瑞政府。在战后的华盛顿会议上，日本对中国的支配遭到了欧美列强的削弱，日式"门罗主义"转入低调阶段。1931年"九·一八事变"后，日式"门罗主义"甚嚣尘上，在遭到英美等国的反对后，日本于1933年3月退出了国际联盟，进而更为公开地谋求对中国的支配。在第二次世界大战爆发后，日式"门罗主义"的关注区域从东亚进一步扩展为包含了东南亚乃至南太平洋地区的"大东亚共荣圈"。二战期间日本的国际法学家们汲取施米特的"大空间"理论，推进自身"广域国际法"的发展，在"大空间"或"广域"内部各国关系这一议题上做出了新的论述。然而德日两国的失败也标志着区域霸权模仿美国"门罗主义"重构全球秩序的尝试折戟沉沙。

中国曾经是一个古老的亚洲区域国际秩序的中心，在 19 世纪下半叶，清廷外交官员一度试图将朝贡体系与"亚洲"的话语结合起来。然而，欧洲列强的入侵与日本的崛起摧毁了这个体系，中国自身也沦为列强的半殖民地。在领土频遭入侵、主权高度不完整的情况下，中国的政治—文化精英无法设想由当下积贫积弱的中国来保护一个更大的区域空间（尽管有些人设想了这样的未来前景）。于是，"门罗主义"在中国的传播和应用出现了两个不同的方向。

第一个方向是将"门罗主义"运用于次国家的空间——省域。在世纪之交，梁启超领导的《清议报》编辑团队密切关注美国征服菲律宾的战争，在其刊物上介绍美国"门罗主义"的发展与菲律宾抗美民族独立运动的走向。"××是××人的××"这一句式，被《清议报》团队同时用到超国家、国家与次国家层面。尤其是编辑团队中的欧榘甲，通过撰写《新广东》，推广了"中国人是中国人的中国"以及"广东是广东人的广东"两个"反满"口号，影响了其他省份的留日精英的"反满"论述。辛亥革命以各省份自立的方式，推翻了清王朝，但同时并没有建立新的强有力的中央政权，"省域门罗主义"在许多省份从一种口号变为一种制度现实。袁世凯试图重新推动中央集权，其种种努力最终因称帝所引发的地方实力派反弹而付诸东流。1917 年，连民国的法统都出现了分裂，南北两个政府均自称"中央政府"，相互对峙，军阀之间战争不断。在此背景下，1917 年美国总统伍德罗·威尔逊从"民主""自治"的角度对"门罗主义"进行重新解释，去除其空间限制，这在中国产生了很大的影响。1920～1921 年，中国兴起"联省自治"运动，许多省份都试图制定本省"宪法"，推行自治，并宣称要在未来联合产生新的中央政府。1936年，毛泽东在对美国记者埃德加·斯诺谈话时曾指出，1920 年，他曾经是美国"门户开放"和"门罗主义"的追随者。①

---

① 刘朋主编《中共党史口述实录》（第一卷），中国古籍出版社，2010，第 3 页。

在威尔逊总统那里，"门罗主义"与"门户开放"确实是统一的，因为两个口号都致力于为崛起中的美国消除扩张的障碍——先是脱下"西半球"这件"紧身衣"，然后要求其他国家对美国资本与商品开放。然而，威尔逊对"门罗主义"进行去空间限制的解释，在中国激发的却是对省域空间边界的强调——在这里，"省域门罗主义"恰恰与"门户开放"形成对立。那些试图通过"省域门罗主义"推进大众政治参与的青年很快发现，"省域门罗主义"的真正主导者还是旧军阀、旧官僚，他们经常用"自治"的口号来对抗实质的国家统一，更不可能给真正的参与式平民政治留出空间。随着国共两党在20世纪20年代走上通过社会革命统一全国的道路，"省域门罗主义"的声誉日益趋于负面，它与军阀的割据、排外、抗拒统一关联在一起。

当然，日本在侵华过程中不断强化"门罗主义"符号，也对"门罗主义"这一词语形象的"黑化"产生了很大影响——人们倾向于认为，在侵略性的"亚洲门罗主义"之前，"省域门罗主义"对于狭隘的地方利益的过度考虑最终只是助长了侵略者的野心。

第二个方向是对美日两国的"门罗主义"尤其是日本仿照美国"门罗主义"打造的"亚洲门罗主义"做出回应。不少中国旅日精英都经历过先被日式"门罗主义"感召后又祛魅的过程。康有为在1898年底流亡日本时曾试图借助"亚洲主义"话语来寻求日本政府的帮助，但没有取得任何实质性进展，并很快在各种压力之下离开日本，这一经历让康有为对日本的评价一落千丈。滞留日本的梁启超运用"亚洲主义"话语的时间比康有为更长一些，但世纪之交美国征服菲律宾所带来的震撼，将梁启超引向了对"帝国主义"的关注，在20世纪初即认识到美日两国的"门罗主义"均是一种帝国主义话语。相比之下，孙中山在"反满"革命、"二次革命"以及后续的"三次革命"中，都对日本官方与民间的支持有所期待，摆脱日式"门罗主义"话语经历了更为复杂的过程。在"倒袁"成功之后，日本政府长期支持北洋政府而非与北洋政府对立的孙中山，最终将孙中山推到对立面。1924年孙中山在神户发表的以"大亚洲主义"为题的演讲，决定性地否弃了日本主流的"亚洲门罗主义"论述。

在全面抗战打响之后，面对日本的"亚洲门罗主义"，一些论述者（如蒋介石)从"均势"原则出发,试图引入美国的势力来制约日本,为了实现"联美"的目的,不惜刻意对美国的"门罗主义"与日本的"门罗主义"进行区分,并对前者进行一定程度的美化。抗战中的文化流派"战国策派"借助斯宾格勒的文化形态史观,参照中国春秋战国的历史经验,将当下命名为"战国时代",预测未来的前景是全球各区域经过统合产生若干"大力国",并最终走向世界一统。洪思齐还希望中国能够以"亚洲联邦"的形式,实现对朝贡体系下旧藩属的整合。[①]

然而最令人惊异的还是李大钊。早在东渡日本之前,李大钊就已经是日式"门罗主义"的尖锐批判者,一战期间日本的对华政策进一步坚定了李大钊的批判态度。我们也可以注意到,与同盟会—中华革命党长期在日活动不同,李大钊所参与缔造的新式政党从来没有期待从日本获得资源支持,在对日认识上一开始就保持着高度的独立性。由此来看,国共两党在 20 世纪 30~40 年代对日政策的差异,可谓"冰冻三尺,非一日之寒"。

三 不确定的全球秩序前景

20 世纪上半叶,欧亚两洲曾经涌现出关于"门罗主义"的理论探讨,其背后的驱动力是某种"多极化"的全球秩序主张,本文对于"门罗主义"传播史的梳理,最终仍不可避免要回到对"多极化"主张的探讨上来。在当下,世界各地越来越多的国际事务思考者将眼光投向中国,希望聆听中国思想者的国际秩序主张。然而这些眼光并非总是积极和正面的。在"门罗主义"业已声名狼藉的今天,一些评论者经常用这个词给中国的一些政策贴标签,比如说,称中国的"一带一路"倡议是一种"门罗主义"实践。[②]

无论是从历史还是从当代实践来看,这种评论都是很不公正的。历史上的

---

① 《战国策》第 10 期(1940 年 8 月 15 日),转引自洪思齐《释大政治》,载曹颖龙、郭娜编《战国策派》,长春出版社,2013,第 359 页。

② 有代表性的论述,如 Steven F. Jackson, "Does China Have a Monroe Doctrine? Evidence for Regional Exclusion," *Strategic Studies Quarterly*, Vol. 10, No. 4 (Winter 2016), pp. 64 – 89; Changhoon CHA, "China's Westward March: Strategic Views of One Belt, One Road," *The Korean Journal of International Studies*, Vol. 15, No. 3 (December 2017), pp. 483–500。

丝绸之路从来都是各民族和各种文明的互联互通之路，中国的中原王朝在最强盛的时候只能够对西域有所影响，而将整条丝绸之路视为中原王朝势力范围的观点本来就是不合史实的。甚至"丝绸之路"这个名称，都源于19世纪德国贵族费迪南·冯·李希霍芬（Ferdinand von Richthofen）的命名。当代的"一带一路"不是一个可以在观念上界定的封闭空间，它的重点是"带"与"路"，是穿越不同地缘政治空间的交通线，它强调的是开放、连接和沟通，而不是封闭和排他性的控制。"一带一路"是一个"互联互通"的倡议（initiative），而中国在其中的角色更确切地说是首倡者，而不是支配者。

事实上，"一带一路"连接的某些空间恰恰是某些区域强国的敏感区域。比如说，俄罗斯的欧亚主义者（eurasianists）长期将中亚视为俄罗斯的排他性势力范围，如果"一带一路"是一个"门罗主义"计划，那么在中亚马上就会发生中国与俄罗斯对于排他性支配的争夺。然而恰恰相反，中俄两国近年来在地缘政治上有很多合作，中国对于俄罗斯在中亚的传统影响保持着高度的尊重。而中国的东方与东南方被从冲绳到樟宜的一系列美国军事基地所包围，从地缘政治上说，美国在这些地方的军事控制力不言而喻。然而，显而易见，"一带一路"倡议并没有以"亚洲"的名义直接质疑美国在亚洲的军事存在。

大英帝国在20世纪初也曾经模仿美国的"门罗主义"，宣布自己版本的"门罗主义"。但因为大英帝国是一个全球性海洋帝国，一度拥有全球最强的海军，它的"门罗主义"首先关注的并不是像"美洲"这样的有边界的大陆空间，而是海洋上的交通枢纽，如苏伊士运河、马六甲海峡、博斯普鲁斯海峡和达达尼尔海峡，等等，英国海军如果能够控制这些交通枢纽，就能够保证整个帝国的安全。[①]因此，英国对任何威胁其海军对于这些枢纽的控制的行为都非常敏感。在英国的海上帝国衰落之后，美国是其唯一的后继

---

① 当然，正如曾担任大英帝国印度总督的寇松在20世纪初所指出的，英国不仅是当时世界上最强的海洋国家，而且也拥有最广阔的陆地领土疆界，是世界上最大的陆地强权。〔英〕乔治·纳撒尼尔·寇松：《论疆界》，载张世明等主编《空间、法律与学术话语：西方边疆理论经典文献》，黑龙江教育出版社，2014，第157~158页。不过，着眼于大英帝国不同的陆上领土相互之间的联结方式，大英帝国的海洋性仍然是第一位的。

者，当代世界的主要海上交通枢纽，在很大程度上处于美国军事基地的力量辐射之下。

而在其他一些更为抽象的空间冲突中，中国诉诸的也是防御性的主权原则，而不是具有扩张性的"门罗主义"。比如在网络空间，中国以"网络主权"来对抗美国的全球网络信息霸权，在司法问题上，中国以"司法主权"来批评美国法院帝国式的"长臂管辖"（long-arm jurisdiction），这都是基于传统的"主权"观念而提出的防御性主张。而在全球金融领域，美国主导的环球同业银行金融电信协会（SWIFT）与纽约清算所银行同业支付系统（CHIPS）控制着最为重要的金融通信网络系统，以美元进行国际贸易结算，很难被绕过，但这两个系统早就已经是美国对他国金融与贸易活动建立"长臂管辖"的常用工具。一系列欧洲国家发起建立贸易往来支持工具（INSTEX）结算机制，以防止受到美国对伊朗制裁法令的"长臂管辖"；中国也建设了人民币跨境支付系统（CIPS），以保持人民币跨境支付结算的独立性。这些努力是针对金融霸权、保障国家金融主权的防御性行动。如果说金融通信网络是一个空间的话，那么它并不是一个总量上限被定死的空间，而是一个具有很大的弹性，各个国家都可以建设基于自身货币的独立结算机制，从而为国际金融与贸易的从业者提供了多种选项。

这里需要指出的是，美国特朗普政府也大讲"主权"原则。然而，特朗普所讲的"主权"原则是将美国在过去两个世纪中建立起来的大量帝国式的域外管辖权（extra-territorial jurisdiction）都纳入"主权"的范畴，用国内法来管辖国际事务早已成为美国法律运作的常态。因而其"主权"话语根本不具备"主权平等"的意涵，其实际用意是利用"主权"话语的对外排斥功能，甩掉美国过去所承担的大量国际义务，但同时又不减损美国在国际体系中的种种特权地位。相比之下，中国所讲的"主权"原则更具平等意涵，对于国际礼让（comity）原则有着更大的尊崇。

我们更需要理解的是，指责中国是"门罗主义"的种种话语恰恰贯彻了美国一贯以来的"门罗主义"思维逻辑：界定异质性的因素并加以排斥。在这些评论者看来，中国在自己主权范围内实行的政治、经济与社会模式本身就已经干扰了美国试图在全球建立的同质性秩序，如果中国胆敢划出一个"超国家"的空间并推广自己不同于美国的政治、经济与社会实践，那更是证明中国是全球空间中的"异质分子"，这种指责要求中国承担为自己辩护的举证责任。这种总是"先发制人"进行话语攻击的策略，恰恰是传统上喜欢讲"和为贵"的中国所一直不太习惯的。不过，基于本文对于"门罗主义"演变史的研究，我们可以放心地说，在当下倡导"新门罗主义"的是美国而非中国。中国所倡导的是"人类命运共同体"，这一理念既不同于以人类普遍利益和"国际社会"代表自居、动辄指定人类"公敌"的帝国主义—干涉主义，也与基于"势力范围"意识的"门罗主义"大相径庭。

中国的国际主张与中国自身的复兴经验有着密不可分的关系。正如汪晖教授所总结的那样，中国改革开放所取得的巨大成就，乃是建立在"自主性开放"① 的基础之上的——中国通过 20 世纪漫长的革命与艰苦的建设，打造出强有力的国家主权，并在此基础上对外开放，由于开放的程度与步调是中国自主可控的，中国得以在开放的过程中避免重新陷入"依附"的境地。基于"己所不欲，勿施于人"的精神，中国在对外交往时也非常强调尊重各个国家的平等主权，并倡议在此基础上相互开放，互联互通，尊重文明的多样性，倡导文明之间互相借鉴。

"人类命运共同体"的思维承认，任何国家无论大小都在一定的区域拥有并发挥自身的影响力，这是一个经验事实，但影响也是相互的，区域内的国家相互之间存在一种"共生"关系。各国影响力的发挥需要尊重区域内的其他国家、民族与文明，其底线要求是对主权的尊重。比如说，商业贸易的影响力不能建立在"强买强卖"的基础之上，更不应用强制力限制区域内国家与其他国家的正常交往。一个区域的国家在平等、自愿的基础之上联合成为类似欧盟这样的超国家的政治单位，不失为一种发展方向。人们需要警惕的是这样的区域整合计划蜕变成区域霸权的"门罗主义"计划——大国限制与违反区域内国家的意愿，阻碍后者与域外国家的正常交往。

如果说以上视角强调的是主体的主观能动性，对于国际关系的现实主义者

---

① 汪晖：《中国崛起的经验及其面临的挑战》，载《文化纵横》2010 年第 2 期。

而言缺乏说服力,那么我们接下来可以切换到一种更具现实主义色彩的视角:中国迄今仍然是一个未能实现国土完全统一的国家,仍然是一个被美国军事基地包围的国家。在遥远的国度寻求超经济的强制,这种手段本身就会引起难以应对的反弹,因而是自我挫败的。而从产业结构上来说,"全产业链"的中国无论是与发达国家还是与发展中国家,都可以有大量合作点。即便仅仅着眼于中国本国国力的继续增长,推动与各国共赢式的合作,也是最有效的手段。但同时我们也要指出,这种冰冷的现实主义视角无法把握的是历史经验和记忆对于一个国家行为方式的深刻塑造。

当然,全球秩序的演变是不同力量互动的结果,并非哪个国家能够单方面决定。当下美国一部分执政精英推动中美"脱钩"可能带来什么样的后果,我们还不能完全预料。2019 年 9 月 24 日联合国秘书长古特雷斯在联合国大会上表达了自己的忧虑:"我担心可能出现'大分裂',世界分裂成两个阵营,地球上两个最大的经济体建造两个独立的、相互竞争的世界,每个都有自己的主导货币、贸易和金融规则、自己的因特网和人工智能能力以及自己的零和地缘政治和军事战略。"①二战之后,人类曾目睹过两极化的"冷战"秩序,中国是"冷战"的亲历者,并在 20 世纪 70 年代成为推动两极对立秩序走向终结的重要力量。一种新的两极对立秩序绝非中国想要的全球秩序形态,中美两国在过去数十年中所发展起来的诸多合作关系,也不是那么容易被美国某些政客斩断的——毕竟,中国是世界上最大的单一消费市场,更是全球独一无二的全产业链国家,美国有诸多企业既需要中国的消费市场,也离不开中国的产业配套能力。如果美国某些政客想要动员各种类型的美国资本放弃与中国既有的合作关系,服务于他们所设定的国家利益,这必然需要一种与以往大相径庭的国家政权与资本关系。不经过某种剧烈的政治秩序改革,这样一种新型的国家政权与资本关系并不可能形成,而这就为中国与世界各国的多边主义提供了发挥作用的时间与空间。

冷战终结之后,世界没有真正变成平原,边界与围墙依旧到处存在。在一

---

① 《联合国秘书长古特雷斯:提请各国警惕中美出现"大分裂"》,https://www.guancha.cn/internation/2019_09_25_519175.shtml,最后访问时间:2019 年 10 月 6 日。

个被资本与军事力量"夷平"的世界里，人类文化与生活方式的多样性与丰富性必将难以保障，但严分畛域、高墙林立更非我们所期待的和平与繁荣的人类文明的特征。疆界分出人群并保持他们之间的差异，但疆界也可以成为促成沟通与共同演化的接触线。在多极化时代全面到来之时，我们希望这个时代不至于完全重蹈历史上"势力范围"与霸权逻辑的覆辙，让国家、民族与文明之间的疆界成为同时保持差异和沟通交流的黄金线。

作为制度的国家：美国现实
保守主义的政治视野[*]

欧树军^{**}

引 言

十多年前，弗朗西斯·福山（Francis Fukuyama）在塞缪尔·亨廷顿（Samuel P. Huntington）的学术墓志铭上这样写道："亨廷顿堪称美国世纪的最伟大政治学者。"① 亨廷顿浸淫美国政治六十余年，见证了美国在二战洗礼中崛起又在冷战终结后渐显衰颓的全过程，其论著覆盖政治学的所有关键领域，还培养了整整一代在政治学各个分支领域各有建树的政治学者，比如华盛顿大学的乔尔·米格达尔（Joel S. Migdal）、哈佛大学的斯蒂芬·罗森（Stephen Rosen）、斯坦福大学的弗朗西斯·福山（Francis Fukuyama）和斯科特·萨根（Scott Sagan）、普林斯顿大学的阿伦·弗雷德伯格（Aaron Freidberg）、杜克大学的唐纳德·霍罗威茨（Donald L. Horowitz）和彼得·费维尔（Peter Feaver）、约翰斯·霍普金斯大学的埃利奥特·科恩（Eliot Cohen）和斯蒂芬·戴维（Steven David）、斯沃斯莫尔学院的詹姆斯·库尔思（James Kurth）、南加利福尼亚大学的阿贝·洛温塔尔（Abe Lowenthal）、美国《新闻周刊》（*Newsweek*）主编法拉德·扎卡利亚（Fareed Zakaria）、美国《外交事务》（*Foreign Affairs*）

---

　* 本文曾以《作为制度的国家：亨廷顿政治视野的整体性考察》为题发表于《学术月刊》2018
　　年第 9 期。略有编辑和删改。

　** 欧树军，中国人民大学国际关系学院政治学系副教授。

　① Francis Fukuyama, "Samuel Huntington, 1927–2008," https：//www.the-american-interest.com/
　　2008/12/29/samuel-huntington-1927-2008/.

主编吉迪恩·罗斯（Gideon Rose）等。① 这个盖棺定论对他来说或许并非过誉。

亨廷顿在身后备享哀荣，生前却充满争议。他既是政治上的"新政"自由主义者，曾为民主党总统候选人阿德莱·史蒂文森（Adlai Ewing Stevenson II）撰写演讲稿、为民主党总统林登·约翰逊（Lyndon Baines Johnson）担任外交政策顾问，为民主党总统吉米·卡特（James Earl Carter）担任国家安全顾问，又是文化保守主义者，其学术作品大都散发着浓郁的保守主义气息。他既坚持思想和学术上的保守主义，又主张保守主义并没有自己的乌托邦，保守主义在冷战情境中必须保守自由主义；② 他坚持保守自由主义，主张"美国信念"的政治原则仍然是自由主义的，却被人冠以"权威主义者""军国主义者"，甚至他的患难好友兹比格涅夫·布热津斯基（Zbigniew Brzezinski）也送给他一顶"民主的马基雅维利"的帽子；他推崇现代性，却反思现代化；他终身为美国的国家利益服务，却又早在三十多年前就主张现代化不等于美国主导的西方化，③ 更在五十多年前就主张世界各国也许很快就需要为美国的盛极而衰做好准备；④ 他坚信政治学者必然追求公共的善，又批评道德主义缺乏现实主义；他认为民主是一个好东西，却又主张秩序也是一个好东西，甚至是分析所有政体的核心维度；⑤ 他主张软权力是硬权力的衍生品，又强调柔软的文明差异可能导致坚硬的权力冲突。

亨廷顿思想中的这些冲突对立是否不可调和？亨廷顿不同时期的政治理论有没有一条纵贯线？亨廷顿的学术影响力究竟来自其多变还是其不变？亨廷顿一生致力于关注政治世界的重大问题，作为政治学理论中枢的"现代"国家

---

① Michael C. Desch, "A Scholar & a Gentleman," *The American Conservative*, Vol. 8. Issue 2, January 26, 2009.

② Samuel P. Huntington, "Conservatism as an Ideology," *American Political Science Review*, 51. 2 (1957), pp. 454~473.

③ 〔美〕塞缪尔·亨廷顿：《发展的目标》，载〔美〕塞缪尔·亨廷顿等《现代化：理论与历史经验的再探讨》，罗荣渠主编，上海译文出版社，1993，第331~357页。

④ Samuel P. Huntington, "Political Development and the Decline of the American System of World Order," *Daedalus* (1967), pp. 927~929.

⑤ 〔美〕塞缪尔·亨廷顿：《第三波：20世纪后期的民主化浪潮》，刘军宁译，上海三联书店，1998，前言。

问题不仅当然在其视野之内，甚至可以被视为其政治理论图景的门户所在。进而，由于亨廷顿的学术生涯贯穿了美国的兴衰全程，厘清亨廷顿如何在现代政治世界中安放国家，有助于更深入地把握其思想的变与不变，也有助于更真切地探索大国的治乱兴衰之源。

一　国家的出场

"现代"国家问题贯穿了亨廷顿的主要学术论著，使其政治理论具有了一致性和整体性。亨廷顿学术生涯的第一个十年（1946~1956 年）主要处理了政党政治①、官僚政治②和军政关系③三个主题，1957 年的《军人与国家：军政关系的理论与政治》（*The Soldier and the State*, *the Theory and Politics of Civil-Military Relations*，下文简称《军人与国家》）是这个阶段的集大成之作，也使之成为美国军政关系研究的主要开创者。1968 年的《变化社会的政治秩序》（*Political Order in Changing Societies*）是其学术生涯第二个十年的代表作，他主张区分政治体系的差异与政体的差异、"政府的形"与"政府的度"、"在统治"和"不在统治"，进而区分国家的有效性与正当性，最终区分国家与"现代"国家。在亨廷顿的政治思想图景中，政党制度、官僚制度、军政制度都是国家的顶梁柱。

五十多年前，在写作《变化社会的政治秩序》之际，亨廷顿正是沿着这条清晰的国家问题意识展开叙述的。他批评并在很大程度上扭转了二战后至20 世纪 60 年代中期美国政治学也即现代政治学流行的、简单化的直线性现代化理论，他主张政治现代化并非经济—社会现代化的必然产物，正在进行现代

---

① Samuel P. Huntington, "A Revised Theory of American Party Politics," *American Political Science Review*, 44.3 (1950), pp. 669 – 677; Samuel P. Huntington, "The Election Tactics of the Non-partisan League," *The Mississippi Valley Historical Review*, 36.4 (1950), pp. 613 – 632; Samuel P. Huntington, "Strategic Planning and the Political Process," *Foreign Affair*, 38 (1959), p. 285.

② Samuel P. Huntington, "The Marasmus of the ICC: The Commission, the Railroads, and the Public Interest," *The Yale Law Journal*, Vol. 61, No. 4 (Apr., 1952), pp. 467–509.

③ Samuel P. Huntington, "Civilian Control and the Constitution," *American Political Science Review*, 50.3 (1956), pp. 676–699, 以及〔美〕塞缪尔·亨廷顿：《军人与国家：军政关系的理论与政治》，李晟译，中国政法大学出版社，2017。

化的国家或曰变化社会在一定条件下也可以实现政治稳定，因此，政治学者应该像经济学者分析经济发展和国民财富的聚散那样，讨论政治发展和政治权力的集中、扩大与分散，探索通过政治制度的发展走向政治秩序的方式方法，而不论人们对于政治秩序的正当性和可取性有什么样的分歧。① 正是在某种"权力的物理学"基础上，"作为制度的国家"出场了。

《变化社会的政治秩序》的首章首节首段首句堪称亨廷顿国家观的凝练表达，即："国与国之间最重要的差异不在于政府的形（form of government）而在于政府的度（degree of government）"。② 亨廷顿在这里把"政府"用作双关语，在"政府的形"中作名词用，指静态的、形式化的权力结构；在"政府的度"中作动词用，指动态的统治水平、例行化的制度过程。生活·读书·新知三联书店的中译本将这句话中的"政府的度"译为"政府的有效程度"，从而把亨廷顿定位为流行的社会意见所认为的"国家主义者"。或许也正因此，20 世纪 70 年代末 80 年代初"回归国家范式"的主要开拓者西达·斯考切波（Theda Skocpol）认为，亨廷顿、莫里斯·贾诺威茨（Morris Janowitz）、詹姆斯·威尔逊（James Quinn Wilson）等人突破了多元主义、结构功能主义所坚持的"社会中心论"，延续了两次世界大战和大萧条期间反映英美霸权更迭的"国家中心论"，后者的代表作包括哈罗德·拉斯韦尔的《卫戍国家》（*Garrison State*）和卡尔·波兰尼的《大转型》（*The Great Transformation*）。③ 而乔尔·米格达尔更是把亨廷顿和卡尔·波兰尼并称为"回归国家范式"的

① 〔美〕塞缪尔·亨廷顿：《变化社会的政治秩序》，张岱云等译，上海译文出版社，1989，前言。

② 除注明外，本文的讨论主要基于《变化社会的政治秩序》的英文版，出版于 1968 年，亨廷顿邀请福山作序，2006 年再次出版。Samuel P. Huntington, *Political Order in Changing Societies* (Yale University Press, 2006). 2006 版正文内容没有变化，只增加了福山的序。此书有两个中文版，分别是王冠华等翻译的《变化社会中的政治秩序》，生活·读书·新知三联书店，1989，这个版本于 2008 年由上海人民出版社再版；张岱云等翻译的《变化社会的政治秩序》，上海译文出版社，1989，1990 年由台北时报文化有限公司出版了繁体字版。

③ Theda Skocpol, "Bringing the State Back in: Strategies of Analysis in Current Research," in Peter B. Evans, Dietrich Rueschemeyer & Theda Skocpol (eds.), *Bringing the State Back in* (Cambridge: Cambridge University Press, 1985), pp. 3–38. 〔美〕西达·斯考克波：《找回国家》，载〔美〕彼得·埃文斯、迪特里希·鲁施迈耶、西达·思考克波编著《找回国家》，方力维等译，生活·读书·新知三联书店，2009，第 2~52 页。

真正开创者。① 但是，问题在于，"有效程度"这个译法本身其实缩减了亨廷顿的国家思考。

亨廷顿区分了两对重要的学术概念，一对是"政府的形"与"政府的度"，一对是"政体的差异"与"政治体系的差异"，亨廷顿强调的是后者，即不同国家间的"政府的度"和"政治体系"的差异，而非"政府的形"和"政体"的差异。亨廷顿认为，不同国家在下述政治品质上的差异大于其"政府的形"的差异：共识、共同体、正当性、组织、效率、稳定，这就是说，"政府的度"意味着一个国家是否具备这些积极的、正面的政治品质，这些政治品质决定了"政府的度"，也即统治水平。这六大政治品质分别指向"正当性"与"有效性"，由共识、共同体、认同所构成的"正当性"，不同于由组织、效率和稳定所构成的"有效性"。尽管冷战时代美国、英国、苏联的政府形式不同，但它们的政治体系都具有这些政治品质，从而都是强大而非无能的，它们的政府都"在统治"。

接下来，亨廷顿进一步解释了所谓"在统治"意味着什么。首先，每个国家都是这样的政治共同体，其人民对政治体系的正当性有压倒性的共识，这个论断包含了三个重要的政治品质："共识性"、"共同性"与"正当性"。随后，亨廷顿再度强调了共识的重要性，即每个国家的公民对社会的公共利益和政治共同体赖以建立的诸传统和原则，秉持基本相同的判断、想象、视野或愿景。美国、英国、苏联这三个国家之所以拥有正当性，又是因为它们都拥有强大的、有适应性的、有凝聚力的、自主的和复杂的"政治制度"。这是"政治制度"这个词在全书中第一次出现，而且是复数形式的，对国家而言至关重要的制度包括：有效的官僚机构、组织完善的政党、民众对公共事务的广泛参与、文官对军队的有效控制体系、政府在经济领域中的广泛活动，以及规制政治继承和控制政治冲突的合理有效的程序。此外，这三个政府还都能谋求、要求、拥有、赢得公民的忠诚，进而有效地征税、征兵、征役以及创制并执行政策。如果政治局、内阁、总统做出了决策，那么通过政府机构付诸实施的可能

---

① Joel S. Migdal, "Studying the State," *Comparative Politics: Rationality, Culture, and Structure* (1997), pp. 208–235.

性都很大。在这里，亨廷顿将指向正当性的谋求公民忠诚的能力，视为指向有效性的政治能力的前提。

但是，需要指出的是，到目前为止，亨廷顿所讨论的都是国家而非"现代"国家，在亨廷顿看来，在这些重要的国家政治制度和政治能力中，只有政党才是现代政治的产物，只有政党制度才是"现代的"，官僚制、代表大会和议会、选举制度、宪法法律和法院以及内阁和行政委员会都不是现代政治体系所特有的。更重要的是，政党不是现代政治的辅助组织，而是现代政治正当性和权威性的根源所在，是国家主权、人民意志或无产阶级专政的制度体现。政党最重要的政治功能就是组织，组织政治权力的过程就是创造政治权力、走向政治稳定和政治自由的过程。进而，"在进行现代化的世界里，谁组织政治，谁就控制了未来，在现代化世界中，谁组织政治，谁就控制了当下"。① 因此，正是政党让国家像个国家，也是政党让国家变得"现代"了。亨廷顿认为，美国、英国、苏联都拥有现代的政党制度，都堪称"现代"国家。亚洲、非洲、拉丁美洲正在进行现代化的国家往往在经济和社会方面缺乏很多东西，但它们更缺乏的是享有共识性认同的政治共同体以及从中获得正当性的有权威的强大政府，左右这些国家政治局势的是"政治衰败"而非"政治发展"。② 总之，如果一个国家的政府没有统治能力，根本不"在统治"，那么它就算不上是"现代"国家。

二 "现代"国家的"非现代性"与"政治变化理论"

亨廷顿致力于分析重大问题并提出不流俗的可能方案，这让"现代"国家问题在其思想谱系中的出场与众不同。在 1971 年的《求变之变》③ 长文中，

---

① 〔美〕塞缪尔·亨廷顿：《变化社会的政治秩序》，张岱云等译，上海译文出版社，1989，第 96~100 页。

② 〔美〕塞缪尔·亨廷顿：《变化社会的政治秩序》，张岱云等译，上海译文出版社，1989，第 2~5 页。

③ Samuel P. Huntington, "The Change to Change: Modernization, Development, and Politics," *Comparative Politics*, 3.3 (1971), pp. 283~322. 〔美〕塞缪尔·P. 亨廷顿：《导致变化的变化：现代化，发展和政治》，载〔美〕西里尔·E. 布莱克编《比较现代化》，杨豫、陈祖洲译，上海译文出版社，1996，第 37~91 页。

亨廷顿阐明了反主流问题意识，他把美国二战后的政治理论分为三个阶段，不同阶段有不同的理论重心，第一个阶段的重心是现代化理论，第二个阶段的重心是政治发展理论，第三个阶段的重心是他针锋相对地提出的"政治变化理论"，这些观点集中体现在《变化社会的政治秩序》一书中。

现代化理论与政治发展理论存在内在的关联，现代化理论用传统—现代的社会二分法来解释西方社会和非西方社会的差异，认为西方化是现代化的唯一方向，政治发展理论也接受了这个方向并把自己建立在现代化理论的基础之上。对此，亨廷顿表达了不同意见。在他看来，政治现代化的绝大多数定义都是围绕现代政体与传统政体的差异建立起来的，政治现代化被视为包含权威的理性化、职能的分化和参政的扩大化三大方面的政体转变，但是，权威的理性化、职能的分化和参政的扩大化并不等于现代化。政治现代化虽然涉及传统政治体系的变化，但这种变化带来的往往是崩溃，而不一定是走向政治秩序。①亨廷顿认为，只有典型的"韦伯主义者"才会把政治体系的最终目标的特性等同于政治体系的变化过程和功能的特性。他认为，现代国家与传统国家的最大区别在于人民在大规模政治组织中的参政和受政治影响的程度都扩大了。非西方国家的现代化与西方国家的现代化在目标、模式和道路上都非常不同，前者在现代化的起始阶段就面临中央集权、国家整合、社会动员、经济发展、政治参与和社会福利等诸多亟待解决的问题，它们希望学习西方国家的现代经验，但在思想和实践层面都遭遇巨大挫折。它们所面临的全局性挑战在于经济发展加剧了不平等，社会动员又降低了经济不平等的正当性，二者叠加导致政治失序。②所以，亨廷顿强调不能把现代化等同于现代性，不能把过程等同于结果，没有哪个国家真正排斥现代性，但现代化往往增加传统群体与现代群体彼此之间和各自内部的冲突，现代性产生稳定性，而现代化却产生不稳定性，向现代性变化的速度越快，政治的不稳定性也就越大。因此，每个希望追求现代性的国家都需要强有力的政治制度和政治能力，需要在不同的发展目标、发

---

① 〔美〕塞缪尔·亨廷顿：《变化社会的政治秩序》，张岱云等译，上海译文出版社，1989，第35~43、101~152页。

② 〔美〕塞缪尔·亨廷顿、琼·纳尔逊：《难以抉择：发展中国家的政治参与》，汪晓寿等译，华夏出版社，1989。

展模式和发展道路之间做出权衡抉择，① 调节、控制现代化的速度以提高人民在政治、经济、社会和文化等方面的平等程度为要务，而不是丢弃自主性去盲目追求西方化的现代化。

正是在意识到现代化理论和政治发展理论无法涵盖不同发展水平的社会的政治变化、无法处理更复杂的变量及其彼此之间的广泛关系之后，亨廷顿提出了自己的"政治变化理论"，将焦点放在各种政治因素及其相关性上，充分灵活、高度包容地囊括政治体系在国内外环境下的变化根源和模式。② 在现代化和政治发展理论中，重要的不是国家而是"现代"，而要成为"现代"国家，重要的不是政治，而是经济和社会因素；重要的不是过程，而是西方化的现代化这个方向；重要的不是在不同发展目标之间进行选择、排序、权衡，而是仅认准其中一个政治目标。在亨廷顿的"政治变化理论"中，重要的不是"现代"而是国家，重要的不仅是经济社会因素更是政治因素，重要的不是方向而是出发点和过程，重要的不是某个目标而是必须兼顾多重目标并做出轻重权衡。对于任何国家而言，发展的目标都是多样的，不仅包括西方化所意指的自由民主，也包括发展中国家所必须追求实现的经济增长、公平平等、国家自主以及安全稳定。在亨廷顿看来，稳定和秩序对于任何政体而言都是最为重要的核心维度。因此，"政治变化理论"强调现代性与现代化在供给稳定性上存在云泥之别，强调西方化并不是现代化的唯一目标，强调非西方社会应该建构适合自身的"美好社会"模式，强调政治体系的政治品质、政治质量的重要性。③ 归根结底，一个国家是否具备最为基本的政治制度和政治能力，决定了它是否"在统治"、有没有自主性、能否实现两个以上的发展目标，以及是走向政治秩序还是走向政治衰败。

概言之，亨廷顿把"作为制度的国家"视为政治世界万千变化中的不变。据此，亨廷顿的学术生涯可以分为两个阶段，前后各三十年左右。在第一个约

---

① 国家—市场关系是其中尤其值得审慎对待的，参见欧树军《国家—市场关系的两种取向》，载《中国政治学》2018 年第 1 期。

② 〔美〕塞缪尔·P. 亨廷顿：《导致变化的变化：现代化、发展和政治》，载〔美〕西里尔·E. 布莱克《比较现代化》，杨豫、陈祖洲译，上海译文出版社，1996，第 79~80 页。

③ 〔美〕塞缪尔·亨廷顿：《发展的目标》，载〔美〕塞缪尔·亨廷顿等著《现代化：理论与历史经验的再探讨》，罗荣渠主编，上海译文出版社，1993，第 331~357 页。

三十年（1948~1976 年）中，亨廷顿的重心放在官僚制度、军政制度、政党制度所指向的国家的有效性上。在 1949 年写作完成的博士学位论文《孱弱的州际贸易委员会》中，亨廷顿处理的是政府监管机构在经济领域的专业性与自主性之间的关系。① 流行的学术意见认为，监管机构的专业性越高自主性就越强。但是，亨廷顿通过梳理州际贸易委员会的发展史，并比较了它与交通委员会和海军委员会的专业性与自主性，得出了相反的结论，在美国的利益集团政治机制下，专业性越高自主性反而越弱。在 1957 年的《军人与国家》中，亨廷顿反复追问一个自由主义社会如何提供军事安全，什么样的军政关系有利于维护国家安全，在比较了欧洲和美国军事专业化的不同道路之后，他主张职业化的军官群体是国家官僚体系的组成部分，军事制度是国家的政治制度，自由主义社会同样需要权威，服从文官控制的职业化军官群体和保守主义军队是维护国家安全的必要条件。② 在 1968 年的《变化社会的政治秩序》中，他反复强调政党是唯一的现代政治制度，并把传统政体的政治变化、军事专制政体的政治转型、通过革命的政治现代化以及阶层分化重组带来的不同改革战略的重心，都寄托在政党身上。③ 在政党对于现代政治的意义上，亨廷顿和韦伯的观点很接近，韦伯同样认为，政党是代议制下通过选举来组织政治生活的不可或缺的关键要素。在 1976 年的《民主的危机》（The Crisis of Democracy）中，亨廷顿处理了民主制国家的统治能力问题。④ 总体而言，尽管亨廷顿并没有直接提出"国家能力"和"国家自主性"等"回归国家研究范式"的核心概念，但他所阐释的统治水平、统治能力、政治制度的自主性等"现代"国家问题已经充分处理了这两大理论支点。

---

① 亨廷顿的博士学位论文全文没有公开出版，但其中部分内容发表在下述文章中：Samuel P. Huntington, "The Marasmus of the ICC: The Commission, the Railroads, and the Public Interest," *The Yale Law Journal*, Vol. 61, No. 4 (Apr., 1952), pp. 467-509.

② 参见〔美〕塞缪尔·亨廷顿《军人与国家：军政关系的理论与政治》，李晟译，中国政法大学出版社，2017，第 17~52、71~86、148~173、199~239、356~402 页；以及欧树军《美国军政关系的变与不变》，载《读书》2017 年第 7 期。

③ 〔美〕塞缪尔·亨廷顿：《变化社会的政治秩序》，张岱云等译，上海译文出版社，1989，第 85~100、334~371、428~496 页。

④ 〔法〕米歇尔·克罗齐、〔日〕绵贯让治、〔美〕塞缪尔·亨廷顿：《民主的危机》，马殿军、黄素娟、邓梅译，求实出版社，1989。

如果说官僚制度、政党制度、军政制度所指向的国家的有效性，正是亨廷顿学术生涯的第一个约三十年（1948~1976 年）的思考重心的话，那么，亨廷顿第二个三十年（1977~2007 年）的主要精力无疑是放在国家的正当性上，他 1981 年的《美国政治：失衡的承诺》①（以下简称《美国政治》）、1991 年的《第三波：20 世纪后期的民主化浪潮》②（以下简称《第三波》）、1996 年的《文明的冲突与世界秩序的重建》③ 和 2004 年的《我们是谁：美国国家特征面临的挑战》④（以下简称《我们是谁》）都把重心放在政治共同体的共识性、共同性和正当性以及不同国家之间的相关竞争上。他认为，共同性对于一个政治共同体而言极为重要，在二战后民主化运动风起云涌的美国政治中，新教伦理支撑的"美国信念"根深蒂固，年轻一代人质疑的是老一代人的统治能力而非体制的正当性；在 20 世纪最后四分之一的转型政治中，在转型初期，程序的正当性大于绩效的正当性，在转型中后期，绩效的正当性决定程序的和体制的正当性；在后冷战时代的世界政治中，世界上的几大主要文明及其核心国家都在追问"我们是谁"，都以自身政治共同体的共同性为标准划分他我、敌友，文明的差异可能引发文明的冲突；在 21 世纪初美国国内的文明冲突中，美国国族认同的正当性危机源于 1965 年开始的文化民主主义和文化多元主义所导致的"去美国化"，在国家存亡的危急时刻重塑正当性需要充分重视美国的"英国性"，因为美国的所有政治制度都可以从英国新教革命时期找到根源。

贯通亨廷顿前后两个三十年的正是国家的正当性与有效性之间的辩证关系。统治水平低、统治能力弱等国家的有效性及其引发的正当性问题，不仅是二战后第一个二十年新生发展中国家的普遍问题，也是西方民主制国家自 20

---

① 〔美〕塞缪尔·亨廷顿：《美国政治：失衡的承诺》，周端译，东方出版社，2005；〔美〕塞缪尔·P. 亨廷顿：《美国政治：激荡于理想与现实之间》，先萌奇、景伟明译，新华出版社，2017。

② 〔美〕塞缪尔·亨廷顿：《第三波：20 世纪后期的民主化浪潮》，刘军宁译，上海三联书店，1998。

③ 〔美〕塞缪尔·亨廷顿：《文明的冲突与世界秩序的重建》，周琪等译，新华出版社，2002。

④ 〔美〕塞缪尔·亨廷顿：《我们是谁：美国国家特性面临的挑战》，程克雄译，新华出版社，2005。

世纪 70 年代初就同样遭遇的重大困境，更是第三波转型国家普遍面临的转型困境、情境困境和系统困境。转型困境主要是指如何处理转型前业已存在的文官群体和军官群体。对于前者，亨廷顿之所以建议采取消极的无为原则："不起诉，不惩罚，不宽恕，不遗忘"，是因为在他看来，官僚体系恰恰是国家的共同性和正当性的根基所在。对于后者，他的主张是其 1957 年的《军人与国家》和《变化社会的政治秩序》第四章核心主张的自然延伸，区别只是《军人与国家》发掘的是文官控制军官的理性化模式，而《变化社会的政治秩序》和《第三波》则描述了这个理性化模式的反面，这个反面就是很多发展中国家普遍存在的军人干政困境。情境困境考验的是一个国家在经济社会领域中的发展能力、转型能力和干预能力。系统困境如果长期得不到解决就会导致人们失去对"政府的形"的信心，无论民主制还是所谓威权制，都将因为统治能力的孱弱而失去正当性。

也正是因为秉持国家的正当性与有效性之间关系的辩证观，亨廷顿的政治变化理论才可以解释现代化理论和政治发展理论所提出的"现代"国家范式无法解释的一个悖论，这个悖论就是美国究竟是一个"新社会、旧国家"，还是一个"旧社会、新国家"。[1] 亨廷顿似乎单枪匹马挑战了联邦党人、托克维尔和"美国世纪"的政治学界与外交决策者所坚持的文化与政治上的"新政治科学"、"民主世界主义美国论"和"美国例外论"。联邦党人的"新政治科学"认为，美国意味着人类社会实现了从小国寡民的古典共和向广土众民的现代共和的转变，美国因此是一个新国家、一个全新的现代国家。托克维尔则认为，美国没有经历欧洲式的社会革命，却享受了社会革命的政治成果，美国新大陆与欧洲旧大陆之间的最大差异在于，以身份平等为前提的民主制与以等级制为前提的贵族制之间的分野，美国代表着民主这个不可逆转的世界潮流。"美国例外论"则认为，美国是理性化的现代国家楷模，美国的政治制度、政治能力和政府形式以及正当性和有效性都是非现代国家学习的典范，这一点与美国人作为"上帝选民"、美国作为"世界帝国"的政治神学互相证

---

① 〔美〕塞缪尔·亨廷顿：《变化社会的政治秩序》，张岱云等译，上海译文出版社，1989，第101～152 页。

成。按照亨廷顿的思路，这三种看法都意味着美国和美国人把自身的独特性当成了普遍性，从而把希望其他国家变得和自己一样之类的政治条件作为美国对外政策的主轴。亨廷顿对这几种不同样态的"美国例外论"进行了釜底抽薪式的反驳，即：美国既不是一个"新国家"，也不是一个现代国家；既不是一个欧洲式的民族国家，也不是一个理性化的现代国家，美国事实上、实质上是一个"新社会、旧国家"。

亨廷顿这个"新社会"的提法受到了托克维尔的影响，但是二者的"新"之为"新"又相当不同。在《变化社会的政治秩序》中，亨廷顿直接借用了托克维尔的说法，即美国是一个身份平等的"新社会"，但他并没有深入探究这个"新社会"除了政治之外还有没有其他根源。在《美国政治》中，亨廷顿完成了这个工作，"旧国家"是相对于欧洲大陆国家而言的，即美国并不具备欧洲近代民族国家的"国家性"，美国的所有政治制度都有孤悬于欧洲大陆之外的英国新教革命时代的根源，"美国信念"的诸多政治原则都根源于英国新教革命，新教革命虽然没有在英国本土取得成功，却在英国的美洲殖民地开花结果，所谓"新社会"实质上是新教社会，这是亨廷顿与托克维尔的差异所在。同时，各殖民地继承的是英国中世纪晚期的"都铎政体"，美国在诞生时就已经有了一个政府、一个政治秩序，英帝国对它们来说已经是一个巨大的权力和权威，因此，美国人所擅长的不是创建一种拥有极大权力和权威的政治体系，而是限制权威和分割权力，也正因此，美国是一个"旧国家"而非"新国家"，美国的政治架构不是"现代"的而是传统的。

可以看出，亨廷顿之所以强调"政府的度"而非"政府的形"的重要性，恰恰是意识到美国政府形式中根深蒂固的传统性、保守性和反现代性。从美国建国到1968年，这一点基本上始终没有发生重大的变化。在1968年《变化社会的政治秩序》出版至今的五十多年中，这一点也没有什么实质性的改变。如果用新与旧来区分现代和传统，美国显然不是一个"现代"国家，但它却又拥有现代的政治制度，亨廷顿认为，美国是政党制度这个"唯一的"现代政治制度的真正发源地。

对亨廷顿而言，只有揭示"现代"国家本身的"非现代性"，才能超越现代与传统二分法，形成新的理论视野。他之所以提出不同于现代化理论和政治发展理论的"政治变化理论"，就是为了剥去笼罩在国家身上的现代外衣，使国家从政治现代化和政治发展理论中被经济社会因素左右的被动状态中走出来，获得自主性，凸显国家在政治世界中的至关重要性。进而，他认为必须区分政治变化的目标和方向，重视通往现代性的道路和过程。国家可能走岔道、走弯路、走错路，这主要是因为不同国家的统治能力千差万别，这一差异超越了政治的、宗教的和文化的意识形态。亨廷顿的这一洞见不仅提升了政治变化及其过程本身的重要性，更揭示了国家的政治制度、政治能力和统治水平对于政治生活治乱兴衰的现实意义与理论意义。

三 "政治变化理论"之后

美国历史学者约瑟夫·斯特雷耶（Joseph R. Strayer）认为，现代人已经无法想象一个没有国家的社会。① 但在亨廷顿看来，美国之所以成为现代国家的例外，国家对现代人之所以重要，恰恰不是因为"现代"，而是因为"作为制度的国家""作为诸政治制度集合体的国家"所蕴含的公共美德。亨廷顿认同托克维尔所指出的，"如果人想保持为文明人，或成为文明人，就必须随着人们境遇平等的增长，同步提高和改进共处一体的艺术"。但是，亨廷顿的重心是国家建构而非托克维尔的民主建构，他进一步指出，保持共同性的统治技艺就是政治的制度化，也即"作为制度的国家"的现代化，如果参政的扩大速度大大超出共处一体的艺术，如果政治制度的发展落后于社会经济的变化，就会产生不稳定。

对亨廷顿来说，国家的发展意味着政治的制度化，制度化的水平表现在组织和程序的适应性、复杂性、自主性和内聚性，适应性越强、越复杂、自主性越高、凝聚力越强，制度化的水平就越高，国家的现代化水平也就越高。② 但

① 〔美〕约瑟夫·R. 斯特雷耶：《现代国家的起源》，华佳等译，上海人民出版社，2011，第59页。

② 〔美〕塞缪尔·亨廷顿：《变化社会的政治秩序》，张岱云等译，上海译文出版社，1989，第13~26页。

是，"作为制度的国家"的重要性并不仅仅是因为与权力结构关联的有效性，更是因为与伦理道义关联的正当性；不仅仅是因为"力"与"利"，更是因为"信"与"义"。如果没有强有力的政治制度，一个社会就没有能力约束个人欲望，就没有界定和实现共同利益的手段，其政治生活就会成为不同社会力量无情竞争的"霍布斯世界"。在他看来，伦理道义需要信任，信任涉及可预期性，可预期性需要规则化和制度化的行为模式，创建政治制度的能力也就是创造公共利益的能力。进而，制度化水平低的政府不仅无能而且腐败。亨廷顿指出，这是因为政府最重要的职能就是统而治之，无能且没有权威的政府是不道德的，正如枉法的法官、怯懦的军人或无知的教师那样不道德。政治制度的道德基础植根于人在复杂社会中的需求，因此，他认为总统或中央委员会都是一种职位，都是一种能够赋予公共利益以实质的政治制度，都是独立于社会力量的权威。有没有这样的政治制度是政治发达与不发达社会的区别，是伦理共同体与非伦理共同体的区别。① 在这里，亨廷顿改造了潘恩的政治观念，把政府从必要的恶转变成为必要的善，从而和联邦党人保持了某种思想上的联系。

亨廷顿认为，发展中国家普遍缺乏权威的状况让共产主义运动取得了成功，因为共产主义政府有能力实行统治，提供有效的权威和意识形态的正当性，党的组织提供了制度性的组织机构，可以动员群众支持和执行政策，共产党人为正在进行现代化、饱受社会冲突和暴力折磨的国家带来了建立政治秩序的信心。② 因此，亨廷顿主张，一个好的政治体系应该具有好的政治品质，不同的政治制度各自蕴含着内在的价值追求。民主及其所蕴含的自由当然是人类社会的公共美德，但这仅仅是现代人更加偏爱的一种公共美德而已。换言之，不仅民主是个好东西，秩序也是个好东西，而具备基本的政治制度、有统治能力的国家正是连接民主与秩序两种价值目标的关键。没有政治制度和政治能力，人类社会就无法变得更美好。正如亨廷顿在1987年就任美国政治学会主

---

① 〔美〕塞缪尔·亨廷顿：《变化社会的政治秩序》，张岱云等译，上海译文出版社，1989，第26~35页。

② 〔美〕塞缪尔·亨廷顿：《变化社会的政治秩序》，张岱云等译，上海译文出版社，1989，第8~9页。

席时的主旨演讲中所说的那样,① 政治学是饱含"信念激情"的进步运动时代的产物, 政治学和政治学者事实上都试图追求实现某种美好的价值目标, 而非绝对的价值中立。

对亨廷顿来说,"政府的度"或曰统治水平既包括统治的有效性, 也包括统治的正当性, 进而也可以说亨廷顿的国家理论包含民主理论。在亨廷顿这里, 通常意义上的"政体"并不那么重要,"现代"与否也不那么重要, 重要的是彼此之间存在辩证关系的国家的有效性与正当性。就此而言, 亨廷顿的国家思考和马克斯·韦伯 (Max Weber) 的国家思考比较接近。韦伯没有提出系统的国家理论。但他对国家的定义深刻影响了其后的国家理论。韦伯把政治视为"对国家的领导和对这种领导所施加的影响", 把现代国家的起源视为一个有效性问题, 即对特定领土之上的人口通过垄断合法暴力的使用权所进行的支配, 这是在霍布斯的利维坦式国家观基础上强调国家的中立性。不过, 这也必然需要超越契约论的服从理论, 韦伯因此马上处理了支配的正当性问题, 即"被支配者在什么情况下服从、为什么服从以及这种支配依据什么样的内在道理和外在手段"。正是基于这一考虑, 韦伯提出了支配正当性的三种心理学依据或曰理想型: 传统型、超凡魅力型和法理型。② 当然, 韦伯所说的支配正当性也与有效性密切关联而非截然二分, 有效性与正当性的关系事实上是复杂的、动态的。

韦伯的国家视角着眼于国家的实际构成, 在这个意义上亨廷顿的确可以说是一个"新韦伯主义者"。韦伯的国家概念是对霍布斯国家理论的再次抽象, 即把暴力和对暴力的恐惧转化为对正当权威的服从, 而亨廷顿则进一步将合法暴力的垄断转化为军官群体受文官群体有效控制的军政关系, 他不再把暴力和对暴力的服从视为现代国家唯一重要的起点, 而是把国家的制度构成问题复杂化了。亨廷顿认为, 正是在追求建构国家的九种重要制度上, 不同政体的国家具有很大的共性, 西方国家内部的制度共性远远大于非西方国家之间的制度差异, 西方国家的政治现代性也比非西方国家更为显著。因此可以说, 亨廷顿和社会学者迈克尔·曼 (Michael Mann) 都是典型的"制度主义国家论者", 他

① Samuel P. Huntington, "One Soul at a Time: Political Science and Political Reform," *American Political Science Review*, 82. 1 (1988), pp. 3-10.

② 〔德〕韦伯:《学术与政治》, 钱永祥等译, 广西师范大学出版社, 2004, 第195~201页。

们都把国家视为多种基本政治制度的集合体，①都在韦伯的基础上扩大了"现代"国家的有效性、正当性、多样性和包容性。

"现代"国家理论通常认为，在现代国家的兴起时期，国家建设包含民主建设；在第二次世界大战以来的第一个三十年中，国家建设与民主建设互相扶持；而在此后的近五十年来，民主建设开始和国家建设分道扬镳，这似乎是美国、苏联和第三世界国家的普遍政治趋势。随着冷战对峙格局的结束，民主建设压倒国家建设。在这个意义上，亨廷顿的"现代"国家理论是反主流的，他把民主化过程中的国家建设的重要性凸显了出来。

在亨廷顿的国家问题域中，民主建设与国家建设的关系是一条纵贯线。对于非西方国家来说，政治现代性也许是"无中生有"；而对于西方国家来说，政治现代性可能是"得而复失"。只有在超越传统与现代二分法的国家理论视域中，才能理解这种"得而复失"，才能理解亨廷顿为什么用《美国政治》、《我们是谁》和《文明的冲突与世界秩序的重建》这三本书处理政治信念、国家认同和文明冲突问题。简言之，五十年来，美国的国家认同之所以受到挑战，恰恰是因为美国谋求公民忠诚、建构共同性和正当性的统治能力在下降。如果说国家建设和民主建设始终是进行时而非完成时的话，那么1965年以来的"去美国化"进程实际上就是民主化运动对国家建构过程的冲击。

在亨廷顿的"政治变化理论"之后，政治理论似乎并未形成新的范式。"回归国家研究范式"认为可以把国家视为核心的解释变量，把政治变化作为因变量，国家及其统治能力作为自变量，这可以说是亨廷顿"政治变化理论"的拓展。"民主化范式"或者"转型范式"更多是在试图解释政治变化，某种意义上也可以被视为亨廷顿"政治变化理论"的局部延伸。21世纪以来，民主质量研究逐渐促使人们关注国家的有效性问题，这似乎又回到了50年前亨廷顿"政治变化理论"的开端。对其本人而言，除了一些被贴上"民主的马基雅维利"标签的论断之外，民主建设和国家建设之间的关系始终需要相对

---

① 参见〔英〕迈克尔·曼《社会权力的来源》（第二卷），陈海宏等译，世纪出版集团、上海人民出版社，2015，第50~107页。

持中地审慎处理。

纵贯而言，亨廷顿兼顾了加布里埃尔·阿尔蒙德（Gabriel A. Almond）所界定的"发展的政治经济学"的两个核心维度，即国家的发展和民主的发展，[1] 并且从统治水平、政治品质、政治制度、政治能力这些核心概念出发，把民主发展放到了国家发展的理论框架中。他把民主的目标界定为发展的目标之一——一个在人类追求的各种价值中十分重要的目标，但同时还存在许多其他目标，对于西方国家尤其是非西方国家而言，这些目标包括国家整合、民族独立、革命变迁、政府效能、社会渗透、军事实力、经济增长、公平平等、广泛民主、安全稳定、生态环保和国家自主，等等。

亨廷顿的好友埃里克·诺德林格（Eric A. Nordlinger）[2] 说，亨廷顿最喜欢的哲学家是埃德蒙·伯克（Edmund Burke）。亨廷顿对"美德"政治内涵的论述表明，他并没有彻底与联邦党人和托克维尔决裂，他事实上回到了联邦党人和托克维尔的立场上，将现代政治理论与古典政治哲学紧密联系在一起，这也许正是其政治理论创造力的源泉。亨廷顿试图告诉我们，现代人之所以已经无法想象一个没有国家的社会，最根本的原因或许在于，只有蕴含古典政治德性的政治制度才是现代的政治制度，只有具备古典政治德行的国家才能称得上现代国家。在这个意义上，亨廷顿堪称二战后现代政治世界的埃德蒙·伯克。

四　永恒的探索：政治兴衰之源

现代政治学是世界时势巨变的产物，如果说"国家中心论"是英美霸权更迭之际的理论反映，那么亨廷顿的"作为制度的国家理论"也可以说

---

[1] 〔美〕加布里埃尔·阿尔蒙德：《发展的政治经济》，载〔美〕塞缪尔·亨廷顿等著、罗荣渠主编《现代化：理论与历史经验的再探讨》，上海译文出版社，1993，第358~373页。

[2] 埃里克·诺德林格（1940~1994），美国政治学者，著有 Eric A. Nordlinger, *Soldiers in Politics: Military Coups and Governments*（Prentice Hall, 1977），中译本为《军人与政治：亚非拉国家的军事政变》，洪陆训译，（台湾）时英出版社，2002；以及 Eric A. Nordlinger, *On the Autonomy of the Democratic State*（Harvard University Press, 1982），中译本为〔美〕埃里克·A. 诺德林格《民主国家的自主性》，孙荣飞等译，凤凰出版传媒集团、江苏人民出版社，2010。

是英美霸权更迭之后美国先是对西方世界后是对非西方世界的支配地位的理论反映。与对美国崛起为"新罗马（共和国/帝国）"的乐观主义不同的是，亨廷顿坚持从现实主义和保守主义出发，探究人类社会的统治技艺乃至统治艺术，他反思了西方化的政治现代化与政治发展理论，把探寻治乱兴衰的本源视为政治学的要义，构建了一套独特的、系统的、统一的政治理论。对他来说，国家就是不断变化的经济社会条件下不变的政治要素，国家的有效性和正当性是一个政治共同体治乱兴衰的关键所在，二者并非非此即彼、二元对立，而是彼此之间紧密关联、相互影响，因此，重要的不是国家是否"现代"，而是国家的实然构成。国家对于政治学和现实政治世界而言都不可或缺，正如政治学者西奥多·洛伊（Theodore J. Lowi）所说的，国家始终在场、从未退场。[①]

只有在高度开放的"现代"国家问题域中，国家理论与民主理论、民主建设与国家建设、"国家的发展"与"民主的发展"之间关系及其模式的变化，才把亨廷顿政治理论的不同支点连成一线，并成为其政治思想的一条纵贯线。正是因为其思想的包容性和开放性，因为他始终坚持在变化中探寻不变，因为他在"美国世纪的政治学"的关键领域所扮演的"扳道工"角色，在经历了冷战终结与"转型范式"的乐观主义高潮之后，人们才开始重新认识到亨廷顿政治理论的深刻性。

今天，重新描绘亨廷顿的政治思想图景，当然不是为了停留在这个图景之上。向后看终究还是为了向前看。亨廷顿不仅属于已经成为过去的"美国世纪"，也属于或许正在成为未来的世纪。理解亨廷顿的政治理论，既有助于我们走向未来，也有助于我们回望过去。

三十多年前，生活·读书·新知三联书店出版的《变化社会的政治秩序》中译本将"政府的度"译为"政府的有效程度"，笔者认为这种译法既是又不单单是一个词语的误用。不无夸张地说，正是这个词语的误用奠定了整个时代的思想基调，给此后包括中国在内的非西方国家贴上了一个政体"符咒"。同

[①] Theodore J. Lowi, "The Return to the State: Critiques," *American Political Science Review*, 82.3 (1988), pp. 885–891.

样不无夸张地说，只有告别碎片化的理解，找到亨廷顿不同思想的接缝，拼出其不同理论的全景，才能真正理解亨廷顿，进而才能像亨廷顿思考"多文明社会"中的美国与世界的关系及其相应的重大问题那样，思考同样处在"跨体系社会"中的中国与世界的关系及其相应的重大理论与实践命题。

当然，这或许又首先需要让亨廷顿及其所描绘的"美国政治"、所见证的"美国世纪"、所建言的"美国内外政策"、所展望的"美国与世界"，在走向世界的中国思想中真正有助于中国人探究人类政治生活治乱兴衰的根源。也许只有如此，人们才会形成更坚定的文明自觉，进而开启中国政治学的新篇章。

第三篇
全球秩序的危机与重建

脱欧、"黄马甲"运动与欧洲模式的危机[*]

魏南枝[**]

2018 年底在法国爆发的"黄马甲"运动是一场轰轰烈烈的全民性社会抗议，其口号与诉求也具有全民性。有的反对垄断金融资本权力膨胀，有的反对经济全球化，有的反对精英政治，有的抗议媒体霸权，有的提出摒弃选举制采用抽签制，有的提出废止代议制民主采用公投制，甚至出现了同属"黄马甲"运动抗议者的极左翼群体和极右翼群体相互斗殴的极端事件……这些庞杂诉求的背后是自法国大革命以来多种民主原则内部张力甚至冲突的延续。"黄马甲"运动的发展态势表明，法国的共和主义传统正在遭遇根本性危机——统一与平等这两大原则的现实基础正在趋于瓦解，令人不由疑惑"法国大革命

* 本文部分内容曾以《法国大革命的内在矛盾与"黄马甲"运动》为题发表于《文化纵横》2019 年第 2 期。略有编辑和删改。

** 魏南枝，中国社会科学院世界政治研究中心研究员。

仍在持续"?

如托克维尔在他的《旧制度与大革命》中形容自己的法兰西民族所言，"这个民族的日常思想和好恶又是那样多变，以至于最后变成连自己也料想不到的样子"。① 的确，仅在法国大革命以来的二百多年间，法国经历了第一共和国至第五共和国、第一帝国和第二帝国以及大革命初期的君主立宪和七月王朝，更有昙花一现但在人类历史上留下浓重一笔的巴黎公社等。这些制度绝非线性发展的简单过程，而是充满了"革命—复辟—再革命—失衡—继续革命……"的曲折往复。为什么法国会如此反复革命？为什么法国如此数百年充满革命激情？

在津津乐道"自由、平等、博爱"是法国大革命最重要的口号之时，我们往往忽略了，一如今天的"黄马甲"运动提出了纷繁复杂的诉求，法国大革命时期也曾经涌现出大量革命口号。与此同时，发表了被誉为法国大革命"圣经"——《论特权 第三等级是什么？》的西耶斯曾充满豪情地宣称："如今，所有人都感到有必要……建立社会统一体……"后来，罗桑瓦龙也认为，"统一与平等从革命进程启动之时就被视作不可分割的两大原则"。② 正是因为对"统一"原则的追求在实践中并未能将各种革命目标和口号真正实现"一致化"，追求"平等"也就成为不同社会群体乃至全民性不断革命的最好理由。于是，理解法国的革命性与多变性，应当看到法国自身历史所描绘的两个截然不同的法国：一个是思想的历史，强调中央集权传统与人民主权的绝对化相联系；另一个是社会的历史，充满了现实与原则之间的冲突以及由此产生的妥协和重组。③ 探究不同革命目标之间的内在矛盾以及革命理想与现实之间的冲突妥协等，让人不由得思考，是否这就是不可能完成的革命？

法国大革命：什么都没有改变？！

众所周知，英国从有选择性的领地代表制（被代表的是财产或地位）转

① 〔法〕托克维尔：《旧制度与大革命》，冯棠译，商务印书馆，1992，第24页。
② 〔法〕西耶斯：《论特权 第三等级是什么？》，冯棠译，商务印书馆，1990。
③ 〔法〕皮埃尔·罗桑瓦龙：《法兰西政治模式》，高振华译，生活·读书·新知三联书店，2012。

向普遍性的个人代表制，是基于避免革命的目的以小步缓慢改良的渐进方式实现的，因而英国的公民身份被 T. H. 马歇尔（Thomas Humphrey Marshall）区分为三个阶段（18 世纪、19 世纪和 20 世纪）和三种实现形式（民事权利、政治权利和社会权利）。法国则是以革命的形式试图实现新与旧的巨大断裂，在"第三等级就是一切"的革命激情之下，实现个人政治平等是推翻专制主义、摧毁特权（基于身份）的标志，也就是政治普选在原则上得到认可是经由革命一下子带入政治领域的，1789 年的法国革命者们甚至期望一蹴而就地同时实现英国用三个世纪才逐步实现的三种权利。

法国大革命所产生的摧枯拉朽的力量可以摧毁旧制度的很多东西，但这场资产阶级革命并不是胜利者曾经为之欢呼的理性的胜利，也并没有迅速建立起革命理想所期待的理性政府。除旧却未能有效推新，这种巨大的断裂背后是法国大革命的一对根本矛盾——指导法国大革命的思想（以统一和平等为原则）与参与法国大革命的个人（以个体的自由自主为追求）之间的矛盾。

法国是启蒙运动的核心，一度牢牢掌握着西方世界的话语权。指导法国大革命的思想大都源自启蒙时代理性主义的政治文化，它们基本是针对法国的旧制度而提出的，反过来又与旧制度有着千丝万缕的联系。例如，托克维尔认为，法国大革命所强调的平等主义实际上源于旧制度的"国王之下众生平等"的概念。[①] 又如法国的共和理念将"国家"（Etat）视为"普遍利益"（interest général）的代表和维护者。"国家"这个词被冠之以大写字母以示其区别于其他法语词语的特殊地位，是 17 世纪的黎塞留（法国专制制度的奠基人）、博须埃主教（"君权神授"与国王绝对统治权力宗教的宣扬者）和路易十四（法国专制王权的代表人物）等频繁使用的结果。"国家"由此变为一个在共同统治者（专制君主）之下生活而且有统一情感的共同体，对国家的忠诚取代了对教会或王朝的忠诚。[②] 而垄断了立法权的国王作为国家法律的唯一来源，建立起"法国君主—主权—国家"三位一体结构，是普遍利益的最高代表。再如法

---

① Michel Pertue, La Révolution Française est – elle terminé? *Annales Historiques de La Révolution Française*, 1982, Vol. 54, No. 3, p. 331.

② 〔美〕塞缪尔·亨廷顿：《变革社会中的政治秩序》，李盛平、杨玉生等译，华夏出版社，1988，第 93～94 页。

国大革命所推崇的"大一统"原则也是实施绝对君主制的路易十四时代"一个国王、一种法律、一个信仰"(un roi, une loi, une foi)一统局面的衍生品。[①]

卢梭的"社会契约"论和"人民主权"说被奉为法国大革命的理论纲领和《人权宣言》的重要思想来源,对法国打破旧制度、建立和发展共和政体等影响深远。针对君主专制,卢梭提出真正的社会契约是人民同自己结成的政治共同体订立契约,社会契约的本质在于人民作为整体来说是主权者,主张建立基于"人民主权"的民主共和政治制度等。[②]

卢梭所描绘的这幅政治蓝图的前提,是把人民作为一个整体想象成与君主相对的"单数"形式的概念。基于革命的共识或以革命为名的个人诉求的表达,人民可以共同推翻旧制度,但是人民(people)本身是一个"复数"名词,是多数个人的集合体。法国大革命形式上打破了旧制度的等级制、结束了君权神授的国王专制统治,但并未能按照统一与平等两大原则改变千差万别的个人,更没有把他们有机地组织成整体,相反,在《乌合之众》的作者勒庞笔下,革命人群陷入易于被统治者利用以建立和巩固自身统治的"盲目""冲动""狂热""轻信"的群体行为。[③]

所以,人民主权理想的提出和1789年法国大革命的实践都未能解决如下问题。首先,如何以及由谁来将千差万别的个人结成政治共同体?这个问题的实质依旧是精英与平民之间的矛盾。其次,应该根据什么原则来确定作为整体的人民的意志?共同意志(volonté générale,又译作公意)如何区别于多数人的意思表达(大众意志)——这就涉及资产阶级革命者与生俱来的对"多数人暴政"的恐惧。再次,如果共同意志可以形成对个人自由的限制,而追求平等和统一的"人民主权"原则必然与追求个人自主的自由主义诉求之间产生矛盾——这就既关乎平等与自由这两个最基本的革命追求之间的张力,又关乎统一原则与自由追求之间的矛盾,这又该如何协调?

因而,在法国大革命中,一方面是各种革命理想的不确定性、分歧和内部张力,另一方面是肩负实现革命理想的革命者的个人追求——二者的共同作用

---

① Joël Cornette, *Absolutisme et Lumières 1652-1783*, Paris: HACHETTE Supérieur, 2008, p. 41.

② 〔法〕卢梭:《社会契约论》,李平沤译,商务印书馆,2011。

③ 〔法〕古斯塔夫·勒庞:《乌合之众》,万琳译,译林出版社,2016。

使得突然在政治领域赢得至高无上地位的个人（主要指第三等级的个人），尽管大体接受且"只能接受一个合法性源自法兰西人民与法兰西民族的共同意志的政权"①（认同"大一统"原则），但是并不都支持、理解甚至了解这些革命理想背后的理性主义政治文化。相反，法国大革命的领导者和参与者都曾是旧制度下的个人，带着深刻的旧制度烙印，他们通过各种革命口号或目标，抑或直接以追求个人自由为名来表达自己对新制度的利益诉求。于是，建立理性政府的革命理想与表达革命（或利益）诉求的个人激情之间的相互影响、冲突（甚至暴力与血腥）与妥协等，共同构成了法国大革命的底色。

这样的底色使法国"公民文化"和政治术语中"左"和"右"的概念几乎同时产生，使革命政治口号中具有普遍性的公民权成为事实上的精英特权——选民资格的获得需要满足严格的财产、性别、年龄和识字能力等标准，"积极公民"与"消极公民"的划分之下后者不享有选举权及各种间接选举制等。1789 年法国大革命无疑是伟大的世界历史事件，也涌现出一批伟大的思想家与革命者。它虽然赋予了包括劳动阶级在内的法国人民以革命的权利与自由，但事实上大革命的结果是资本所有者才是公民权利的真正享有者，一切公民权利的基础来源是财产权而不是口号所示的人民性。这不仅让托克维尔在1852 年哀叹"（1789 年大革命以来）没有什么或几乎没有什么被改变"，而且使法国走上了不断革命的征程：法国人民要实现革命理想，但是，革命本身是旧制度社会演进的结果，又试图与旧制度决裂。正如马克思在《路易·波拿巴的雾月十八日》一文中所说的，"人们自己创造自己的历史，但是他们并不是随心所欲地创造，并不是在他们自己选定的条件下创造，而是在直接碰到的、既定的、从过去承继下来的条件下创造"。②

人民主权：未完成的民主

1789 年法国大革命崇高宏大的革命理想超出了阶级和社会等级，经历了

---

① Lynn Hunt, "Review of Penser la Révolution française, by François Furet," *History and Theory*, 1981, Vol. 20, No. 3, p. 317.

② 〔德〕马克思：《路易·波拿巴的雾月十八日》，中共中央马克思、恩格斯、列宁、斯大林著作编译局编译，人民出版社，2018，第 9 页。

制宪会议、立法议会、雅各宾专政、"热月政变"、左右摇摆的督政府等，大革命被"雾月政变"终结，其结果是"给法国资产阶级社会在欧洲大陆上创造一个符合时代要求的适当环境"①，革命理想与革命结果似乎大相径庭。但时至今日，这些革命理想、《人权宣言》的基本诉求，特别是法国人民对于人民主权的想象等，仍然是法国人民不断革命的理由——也是 2019 年 "黄马甲"运动的正当性依据所在。这些理想、信条和赋予人民的想象等，反过来成为法国大革命最经久实在的内容，因为历经后来二百多年的各种革命、复辟和政体变迁，坚持人民主权、坚持平等和统一相结合原则的共和主义传统已经渗透到法国社会政治秩序的肌体之中。

于是，我们发现一组双重矛盾几乎贯穿 1789 年法国大革命以来的法国历史。第一重矛盾是追求一致原则、实现共同意志的理想与法国的"分裂"现实之间的矛盾。共同意志背后是对"人民拥有最终的权利"的认可，但是，谁是人民？保皇派、共和主义者、自由主义者、保守主义者、社会主义者……不同社会群体、不同意识形态的人们在不同历史阶段有着各自不同的回答。

第二重矛盾是追求平等原则、保护普遍利益的理想与社会公平缺失的现实之间的矛盾，因为"财产是神圣不可侵犯的权利……任何人的财产不得受到剥夺"与"在权利方面，人们生来是而且始终是自由平等的"是《人权宣言》的重要内容，但《人权宣言》并未能回答如何平等地实现财产拥有者与无产者之间的自由，也未能阐释资产阶级的保护私有财产权和实现普遍利益之间的关系。1789 年法国大革命所提出的平等仅是从道义出发的而并非经济意义上的平等，所以阶级差别和阶级矛盾并没有因 18 世纪资产阶级革命而减少，反而在 19 世纪的无产阶级革命中凸显，在 1830 年、1848 年特别是在 1871 年无产阶级从"自在阶级"转变为"自为阶级"，不同阶级之间和同一阶级内部的阶级冲突不断复杂化。

在这双重矛盾推动下，19 世纪以来的法国经历了拿破仑的崛起与第一帝国的兴亡，经历了波旁王朝的复辟和七月王朝的金融贵族统治，经历了从第二

---

① 〔德〕马克思：《路易·波拿巴的雾月十八日》，中共中央马克思、恩格斯、列宁、斯大林著作编译局编译，人民出版社，2018，第 9 页。

共和国向第二帝国的嬗变，经历了战火中诞生的第三共和国和"19 世纪的最后一次革命"巴黎公社，经历了资产阶级共和制最终确立之后的重重矛盾，经历了 20 世纪两次世界大战的巨大考验，经历了维希法国和抵抗的法国的对立，经历了短暂的第四共和国，直至全民投票产生的第五共和国。即使是法兰西第五共和国，也经历了从左右对立到左右共治再到减少左右共治等的变化历程——难怪布罗代尔的未竟之作《法兰西的特性》的第一章以"法兰西以多样性命名"作为标题！

这样充满多样性的法国现代史，实际上反映的是资本主义的多种乌托邦理想相继破灭、各种理想与现实冲撞之下不同群体不断较量和妥协的历程。

首先是资本主义"市场万能"乌托邦的破灭。18 世纪商业社会的发展催生了市场观念，希望在市场制度之下整个社会实行自我调节，即市场中的个人应当遵循个人责任原则并通过劳动获得财富，通过一只"看不见的手"实现自发调节权力的非人格化。然而，资本主义经济产生的结构性失业和贫富悬殊等动摇了这一乌托邦的根基，大多数法国人并未因为资本主义而变得富足，相反 19 世纪末法国绝大部分工人阶级处于贫困之中。

20 世纪 80 年代以来，市场神话随着新自由主义主导的经济全球化浪潮再度席卷法国，60 年代贫困人口逐渐减少的趋势被迅速逆转，尽管在福利国家政策之下最贫困人口没有变得更加贫困，但是越来越多的人从中产阶级生活水准跌落，法国中产阶级占大多数的橄榄形稳定社会结构逐渐瓦解，法国社会贫富分化一直在加剧。2018 年的《法国贫困报告》显示，以家庭收入仅为国民收入中位数的一半作为贫困家庭的标准，20 世纪 60 年代贫困家庭数量占比为12%，而到了 2017 年增加到 30%。如今，中产阶级的阶层向下流动是促使大量中产阶级走上街头参与"黄马甲"运动的重要原因。

其次是"一人一票、票票等值"政治普选权乌托邦的破灭。个人对自由的追求使得政治平等是法国公民权斗争史的核心内容，法国人曾经认为只要实现了"一人一票、票票等值"的资本主义政治民主，就能够确保每个人可以独立地拥有财产、获得安全，这甚至被视为开启将个人和法兰西民族打造成为一个整体的"万能钥匙"。从 1789 年普选权在原则上得到法国大革命认可，到 1848 年创立普遍选举制度，再到 20 世纪中叶普选权获得真正推广，名义上的大众民主逐渐建立起来。

但是,大众民主与精英政治、"财产是神圣不可侵犯的权利"的理念等是天然存在冲突的。20 世纪 80 年代以来,随着新自由主义逐渐掌控意识形态主导权,选举本身的作用在相对化和庸俗化,如罗桑瓦龙所说:"选举只不过是证明选定政府的方法的有效性。"① 法国革命理想激励下的公民权斗争的诉求具有多元性,但这些多元诉求被浓缩为形式意义上选举权的平等,并通过各种制度设计保障精英政治的实质不发生改变。因此,无论是左翼还是右翼政党候选人赢得选举,拥有选举权的公民都无法对胜选者领导下的政策合理性进行先验性证明,甚至有"黄马甲"运动抗议者提出"我们选出的代表投票做出的是反对我们利益的决策"。"黄马甲"运动是一场"不分左右政治立场"的全民性街头抗议运动,其所提出的各种"超越左右"诉求的目的就在于用"精英—大众"之间的对立或者隐喻的阶级对立进行最广泛的社会动员,共同反对法国现行的精英统治体系和政权、资本与媒体等建制性权力。

再次是福利资本主义乌托邦的破灭。法国工会曾经致力于政治权利斗争而反对福利国家制度,认为福利政策是对为个人权利奋斗的革命精神的收买。第二次世界大战之后法国开始全面建立福利资本主义制度,试图在一定程度上缓和不同社会阶层之间的矛盾。尽管该制度设计的目标是建立"统一、一致与平等"的制度体系,但实际上不同的福利制度碎片化地适用于不同的社会群体,事实上已经成为各"碎片"制度背后的社会群体实现和维护其自身利益的经济乃至政治工具。这种碎片化福利制度,一方面瓦解了传统大工会的实力,降低了不同行业的工人为了共同利益形成团结机制的可能;另一方面,过度依赖通过福利制度进行财富分配,反过来扭曲了劳动力市场并产生了负激励作用。20 世纪 80 年代以来,新自由主义思潮夸大这种负激励作用,给社会经济权利冠以"福利陷阱"或"福利奶酪"的污名。

由此,法国的精英阶层将法国目前的债务危机归咎于过重的福利社会负担,也就是对穷人补贴过重,而"黄马甲"运动的参与者和中低阶层的法国人,大都将债务危机归咎于金融权力的膨胀,也就是法国中央银行失去了货币

---

① Pierre Rosanvallon, *La légitimité: Impartialité, reflexivité, proximité*, Paris: Seuil, 2008.

发行权导致法国政府债台高筑。这种泾渭不同的理解背后是法国社会的精英与大众之间分裂的进一步加剧，这究竟是新自由主义初次分配制度的错，还是福利国家制度所惹的祸？

对上述问题的不同回答正在撕裂法国社会。此时，人民主权在哪里？在街头的抗议人群中，还是在经由选举产生的政治官员、议会代表中？或者是在选举背后的各种特殊利益集团中？或许唯一可以肯定的是，法国不断革命所力图实现的人民主权，迄今仍是未完成的民主！

统一与平等：现实基础的瓦解

从 1789 年到 2019 年，二百多年来人民主权始终是法国未实现的革命理想与未完成的民主目标。"黄马甲"运动参与者提出的许多激进口号，从不同角度形成了对统一与平等两大原则的否定，也昭示着这两大原则的现实基础正在松动与瓦解。

首先，法国的国家（Etat）能力与金融资本跨国扩张之间的结构性矛盾不断激化，社会不公和社会分裂持续加重。

作为"社会团结"这一政治概念的诞生地，法国的共和理念将共同意志视为最高权力，将国家视为普遍利益的代表和维护者……这些充满理想化色彩的基本政治理念是法国大革命的产物。为了避免总统由间接选举或者议会产生，避免总统有可能成为某个政治阶层或者利益集团的代表，1961 年法国公民投票决定法兰西第五共和国总统由"一人一票"的直接普选产生，总统一人掌握着任免和解散议会的权力，这被一些学者称为"总统君主制"。基于上述理念，法国的国家（或者说国家元首即总统）有义务不断增强其国家能力，强有力地确保社会凝聚力和实现为所有人所共享的普遍利益。

20 世纪 70 年代，包括法国等在内的发达资本主义国家相继陷入经济停滞期，资本从这些国家市场获得的回报率和盈利能力持续低迷。其结果是，一方面，法国的金融资本从规模到权力快速增长并形成垄断，削弱了国家（Etat）的地位，精英政治将削减福利制度视为增强国家能力的有效手段，将市场树立为人们共同福利的缔造者；另一方面，为了应对发达国家消费萎缩使资本收益率下降，跨国资本推动经济全球化，将制造业转移到劳动力价格更低廉的发展中国家，将普遍性垄断不断向世界范围扩展。随着经济全球化浪潮的不断扩展，法国深陷产业空心化和贫富两极分化等困境，跨国资本特别是金融资本摆脱包括法国政府在内的多国政府的监管，甚至"有力量将国际体系中的每一个成员置于它自己的'法律'（商业规则）约束之下"①。

法国的主权国家能力受到日益膨胀的跨国资本力量的约束，国家实力陷入下滑趋势，这使得主权国家的权力追求和金融资本的跨国扩张之间的结构性矛盾不断激化。中下阶层民众对国家提供保障或救助的需求因"中产下流"而不断膨胀，国家能力却因生产环节的外移和资本权力的膨胀而不断萎缩，并且，精英政治掌控下的国家政策的制定日益采用"减少穷人福利、对富人减税"的"劫贫济富"方式。

当法国公民认为政策制定是不同的人适用不同的规则时，不平等的感觉便尤为强烈。这种不平等感正在将法国社会切割成两个部分：一部分是认为被剥夺和遭遇不公的人，他们因共同的愤怒而结为一体；另一部分是那些越来越富裕的精英，他们因共同的利益而结为一体。这就促使前者基于法国社会深层的反抗精神传统而走上街头，成为"黄马甲"运动的一员。"黄马甲"运动与法国现有的政党、议员、工会等都没有直接关联，反过来印证了这是一场针对后者的全民性抗议运动，它正在将日益失衡的劳资关系、日益恶化的社会分裂、被长期掩盖和虚化的阶级话语等再一次推上政治舞台。

其次，法国的代议制民主政治和左右翼传统政党政治处于信任危机之中，精英政治与大众民主、政治体制与街头政治之间的矛盾已经激化到有可能引发法国宪政危机的程度。

基于法国的共和主义传统，坚持人民主权原则被视为现代政治秩序和代议制民主政治的必要组织原则，但是，在实际运行过程中这一原则却不断被削弱：经济全球化的膨胀、欧洲一体化的加速、法律作用的增强、非选举性监管机构权力的扩大、宪法委员会更积极的作用……上述发展变化正在

---

① 〔意〕杰奥瓦尼·阿瑞基：《漫长的20世纪》，姚乃强、严维明、韩振荣译，凤凰出版传媒集团、江苏人民出版社，2011，第82页。

共同破坏人民主权原则以及与此相连的共同意志与普遍利益的既定目标和实现方式。①

自 2008 年国际金融危机以来，法国民众对左翼和右翼传统政党都表示失望。马克龙以自称"不左不右"的政治新人形象，突破了法兰西第五共和国数十年来左右建制派政党轮流执政的传统，赢得了 2017 年法国总统选举。如果说马克龙当选是法国精英政治利用"超越左右"的民众诉求和大众民主机制进行精英内部的竞争，那么"黄马甲"运动表明精英政治利用了民意，但并未真正解决民意背后的矛盾与诉求。法国的代议制民主政治制度难于修正日益尖锐的经济与社会冲突，西方世界里极具特色的中央集权民主政治体制的躯壳仍在，但当致力于实现社会团结的法国共和主义传统和合作主义精神已经逐渐被新自由主义所侵蚀，当前法国的经济社会政策有可能进一步激化精英与大众之间的冲突。

"黄马甲"运动对法国现政权和整个统治结构进行全面质疑，明确指出代议制民主和其他建制性权力的虚伪性，它们所试图采用的解决问题的政治手段仍未超越代议制民主的范畴，既缺乏明确的方向性，也没有通过既有的或者其他革命性政治手段实现诉求的路线图。但是，该运动的持续发展有可能引发法国新一轮宪政危机，建立怎样的"法兰西第六共和国"正在成为法国社会各界的热点议题之一。

法国追求一致和平等目标的现实基础正在趋于瓦解，但 1789 年的革命理想仍在指引着法国人民不断革命，法国人民对人民主权的梦想仍然是未完成的民主……革命胜利的曙光似乎仍然遥不可及，对此的回答，不妨借用托克维尔的一句话，"我们如此长久寻找那块坚实的土地是否真正存在，或者我们的命运是否注定就是永远与大海搏击"②。

---

① Pierre Rosanvallon, *La Démocratie inachevée*: *Histoire de la souveraineté du peuple en France*, Paris: Collection Bibliothèque des Histoires, Gallimard, 2000.

② 〔法〕托克维尔：《1848 年法国革命回忆录》，李秀峰、王文艺、崔金英译，东方出版社，2015，第 241~242 页。

"逆全球化"的背后：新自由主义的危机及其批判[*]

张超颖[**]

从 2016 年至今，国际社会不断释放逆全球化信号，我国国内对"逆全球化"问题也极为重视。"逆全球化"虽然是新近被广泛关注的一个热门话题，但实际上它并不是一个新事物，作为全球化的一个阶段性事件或特征，它的"身影"在全球化的历史上曾经出现过——在 1914 年至 1946 年的两次世界大战期间，就产生过"逆全球化"的浪潮。但以往的"逆全球化"问题并未引起国内外学术界的注意，以致在本轮"逆全球化"浪潮奔涌而至之时，学术界一方面对其颇感兴趣，另一方面却并未提供更多与之相关的系统性的材料以做研究之用，因此当前对该话题的讨论具有重要的理论价值与时代意义。

在近三年关于"逆全球化"问题的学术研究中，有的学者将"逆全球化"的成因归结为全球化受益群体与受损群体之间的矛盾，即"赢家"与"输家"间的结构性分歧；[①] 有的学者将"逆全球化"产生的原因归结为资本主义内在危机的全球蔓延；[②] 有的学者从多种角度对"逆全球化"问题的产生原因做出概括，比如国家治理危机、个别大国的霸权任性与责任缺失、国家间发展的不平衡加深、自由主义国际秩序陷入危机、世界经济长期低迷、技术进步迟

---

  * 原载《当代经济研究》2019 年第 3 期。略有编辑和删改。

 ** 张超颖，中国人民解放军军事科学院军队政治工作研究院助理研究员。

  ① 魏勇强、王宏伟：《逆全球化与我国经济》，载《现代管理科学》2018 年第 1 期，第 72~74 页；郑春荣：《欧盟逆全球化思潮涌动的原因与表现》，载《国际展望》2017 年第 1 期，第 34~51 页。

  ② 张志：《马克思主义中国化的空间视域》，载《学术论坛》2013 年第 9 期，第 6~9 页。

缓、收入不平等加剧、全球经济增长缺乏包容性等；① 有的学者从传统的经济因素与政治思潮"右转"、多元文化冲突加剧、民主政治极端化等新情境因素方面分析"逆全球化"的成因；② 有的学者认为，二战后形成的"中心—外围"结构及与之相适应的国际经贸规则的固有矛盾必然导致全球失衡，最终引发"逆全球化"问题的出现。③ 通过对"逆全球化"问题的追踪溯源可以发现，国际金融危机的爆发及全球蔓延是导致"逆全球化"问题产生的直接原因，而通过对国际金融危机爆发的原因的探析不难发现，新自由主义"效率"与"公平"失衡所导致的危机是产生这一切祸端的"罪魁"。本文立意一方面对"逆全球化"的表现做出简要描述，另一方面从新自由主义危机分析与批判的角度对"逆全球化"问题的产生做出系统、全面的分析。

一 "逆全球化"的表现

总的来看，"逆全球化"问题主要在经济领域和政治领域有较为突出的表现。经济领域中的以美国为代表的贸易保护主义的复兴是"逆全球化"的核心表现。面对国内财政与贸易双赤字的不断扩大、贫富差距以及由此引发的一系列政治、社会问题的不断激化，特朗普上任后高调提出"美国优先""制造业回归"等一系列贸易保护政策，推动贸易保护主义的复兴。贸易保护主义从本质上讲是新重商主义，通过关税等方式对国外进口商品进行限制，其根本目的是保证本国同类产品在国内市场的垄断地位，是忌惮与遏制计划，是民族国家利益冲突与对抗的反映。

自 2017 年 8 月 18 日美国贸易代表办公室正式对我国启动 301 调查至今，中美之间的贸易摩擦历经几个回合，在本文写就之际，贸易摩擦早已经不仅局

---

① 吴志成、吴宇：《逆全球化的演进及其应对》，载《红旗文稿》2018 年第 3 期，第 32~34 页；冯新舟：《经济全球化新形势与中国的战略选择》，载《经济问题》2018 年第 3 期，第 1~6 页。
② 廖晓明、刘晓锋：《当今世界逆全球化倾向的表现及其原因分析》，载《长白学刊》2018 年第 2 期，第 28~37 页。
③ 王跃生、李宇轩：《新型全球化下国际经贸规则新趋势与中国对策》，载《中国特色社会主义研究》2017 年第 2 期，第 28~33 页。

限于中美之间，欧盟、日本等这些美国的盟友也难逃特朗普贸易摩擦"大棒"的打击，美国同加拿大、俄罗斯、墨西哥等国局部的、小规模的贸易摩擦也时有发生。此外，如土耳其这样发展更缓慢的国家以及其他欠发达国家也面临着美国贸易代表对其的重新评估。在当前经济形势不明朗的情况下，特朗普以创造"让美国企业公平竞争的环境"为由，不吝于展示其继续扩大战火的计划，世界经济环境呈现动荡不定的局面。众所周知，贸易逆差通常是引发贸易摩擦问题的借口。在美国历史上，其与英国、德国、欧盟、日本、苏联等之间的贸易摩擦无不以逆差问题开始，但没有任何一次是以美国的贸易"由逆转顺"而结束。一国的经常项目收支出现顺差还是逆差，受到供需、投资决策、人口等多方面因素的影响。特朗普所谓的对中国的贸易逆差如果放到一个更宏观的背景下，各方因素的消长很容易就使表面上的逆差成为实际的顺差。贸易逆差问题并非当前美国经济问题的症结所在，美元的国际货币地位在某种意义上使逆差成为对美国来说合理甚至有益的存在，相反，同各国的贸易摩擦反而会使逆差进一步扩大。

美国贸易保护主义从本质上讲是重商主义的新形态，即新重商主义。美国新重商主义的特征可以概括为以下四个方面。第一，随着美元霸权地位的确立，利用债务型美元获取金融霸权，以维护国家利益。第二，贸易保护政策更加全面，其防御性与攻击性并存，并逐步走向隐秘化和普遍化，且具有较强针对性，运用各种政治、经济、法律政策对贸易行为做出间接保护。第三，更加重视高新技术产业、高端产业的发展，对这些产业实施绝对垄断和控制，同时，不仅推动美国产业结构布局的变动，促使其国内政治力量发生变化，而且进一步增强金融资本的势力。第四，进入金融帝国主义时期，利用各种金融工具掠夺全球财富。

从 2008 年开始，由美国次贷危机引发的国际金融危机已经逐步演变成一场全球性危机。危机导致各国经济下滑、衰退。为刺激并振兴本国经济，一向鼓吹自由经济贸易的美国实施大量的保护主义措施，大多数国家将关注的重点转向国家内部，以致贸易摩擦、贸易保护主义以及各种排外性举措不断出现，使国际经贸秩序动荡不已。在美国，贸易保护主义有特殊的地位，虽然美国的学院派人士始终坚持自由贸易的主张，但政治家们从未放弃过贸易保护主义，相反，贸易保护主义由于曾为美国的崛起做出巨大贡献而成为国家记忆，尽管对其批判的声音不绝于耳，但它仍然成为一种战略性手段，在形势需要之时便被美国政治家加以利用。随着全球化 20 世纪 80 年代以来在世界扩张推进，几乎每十年就会爆发一次世界性的金融危机或主权债务危机，这些危机在一定程度上根源于美国新重商主义政策。美国的贸易逆差问题不断膨胀，于是鼓吹政府干预经济以削减逆差，并在政治上以贸易逆差作为借口，打压贸易伙伴的声音持续高涨。当前美国贸易保护主义是美国重商主义的新形态，它并非真正主张全面削减实体经济贸易逆差，而是借此维护其优势产业尤其是金融产业。在 500 亿美元的征税清单中，美国对中国的征税集中在通信、信息、航空等技术和机械领域，而这些也正是中国的重点产业，因此可以说，美国以"缩小贸易逆差"为幌子的贸易摩擦的实际指向是中国制造的产业升级与结构调整，是在国际竞争日趋深化的背景下对新兴大国的忌惮与遏制计划，是民族国家利益冲突与对抗的反映。

在国际经贸交往中，一国采取贸易保护主义等举措极易引发其他国家的报复性竞争。每一个国家都希望通过贸易保护政策和产业政策减少对别国的依赖，或者通过对外援助和贸易特许政策增加别国对自己的依赖。从经济思想史的角度分析，保护主义政策使美国取得了巨大的经济成就，促进了美国的崛起，为美国的发展提供了重要的支撑，具有不可磨灭的"功勋"。在守成阶段，保护主义不仅是特殊形势下美国扶危救困的重要抉择，而且也是美国借以打压战略竞争对手的重要工具。但从政治后果看，依托保护主义崛起的美国并未成为维护世界稳定发展的积极力量，相反成为导致国际纷争、对立与冲突的策源地。

实际上，在 2008 年国际金融危机爆发之后，为加快本国经济复苏、降低失业率、刺激出口，美国等世界主要资本主义国家就已经开始采用绿色贸易壁垒、技术壁垒等各种隐藏性高的非关税壁垒对本国贸易进行保护。美国当前经济问题的关键在于，过去的 20 年到 40 年里，在新自由主义经济政策下，美国经济的实际运行方式、无节制的消费方式、低储蓄率等综合因素所导致的结构性赤字引发全球化"赢家"与"输家"之间的分歧。面对以中国为代表的新兴经济体的快速成长，美国作为曾经的全球化的倡导和维护者，却反其道而行之，高调拥护贸易保护主义，不惜抛弃其历经半个世纪、在所谓的"民主""法治""自由"等原则基础上建立起的"自由主义国际秩序"，表面上看是为了平衡全球化带来的"负面影响"、平复反全球化者的情绪，实际上是其伪善性的表现。美国始终是全球化的受益者，贸易保护是特朗普政府遏制中国发展、防止霸权转移的计划的一部分，这是发达资本主义国家试图继续保持其在国际社会中的优势地位所发出的经济诉求。特朗普的商人思维使其将贸易视为零和博弈，而贸易保护主义明显是一个武断的决策，贸易双方国家"你来我往"的报复性举措只会加剧世界范围内的衰退趋势，使世界经济陷入持续低迷而复苏乏力的境地。美国的单边主义行为是对国际规则的破坏，有可能造成全球经济治理体系的动荡乃至崩溃。

罗伯特·吉尔平（Robert Gilpin）认为，如果重商主义持续发挥作用，则"曾经为跨国公司提供适宜环境的那个相互依赖的世界经济即将终结。随着美国权力的相对衰落、资本主义经济体之间冲突的增多以及石油和资源出口国等新经济权力的出现，不利于跨国公司的新国际政治秩序即将来临"。[1] 并且，"当代重商主义的本质是民族经济和政治目标优于全球经济效益"。[2] 这就使每一个主权国家都竭力追求能够最大限度地反映本国国内经济需求和外部政治雄心的经济政策，从而使国际竞争加剧且越来越具有破坏性，为国际经济政治发展注入不稳定因素。也正如尤尔根·哈贝马斯（Jürgen Habermas）所言，在全球化时代，"有两种做法已经根本不可能：保护主义和退回到以需求为取向的经济政策。只要资本运作还在控制范围之内，那么，在现有的世界经济条件下，对本国经济采取保护主义措施所付出的代价将很快达到难以容忍的程度"。[3] 在经济全球化的时代背景下，"'一国范围内的凯恩斯主义'已经失去了意义。比较有前途的政策是让自己的国家投身到全球性的竞争当中，而且要积极、灵活和稳妥"。[4]

与这种经济上的"逆全球化"相伴相生的是政治上的右翼民粹主义复兴

---

[1] 〔美〕罗伯特·吉尔平：《跨国公司与美国霸权》，钟飞腾译，东方出版社，2011，第185页。
[2] 〔美〕罗伯特·吉尔平：《跨国公司与美国霸权》，钟飞腾译，东方出版社，2011，第186页。
[3] 〔德〕尤尔根·哈贝马斯：《后民族结构》，曹卫东译，上海人民出版社，2002，第63页。
[4] 〔德〕尤尔根·哈贝马斯：《后民族结构》，曹卫东译，上海人民出版社，2002，第63页。

和国际交往中的孤立主义盛行。

民粹主义是现代化的产物，它不仅是一种社会思潮，还是一种概念界定模糊、呈现形式多样、复杂且反复出现的社会政治现象。欧美国家民粹主义的兴起是民粹主义第四波浪潮在 21 世纪兴起的表现，这一波民粹主义具有强劲的生命力，其力量已经从边缘上升到国家政权层面。民粹主义不仅是一种竞选策略，而且也是已经开始向政治议程渗透并影响国家政策的实践。在欧美政治生态中，以反精英、反建制、反全球化、反移民、排外主义、推崇民族主义等为特征的右翼民粹主义抬头，对英国脱欧以及美国特朗普上台执政具有重大影响。

英国脱欧公投是欧洲民主政治民粹化的一个典型例证，它不仅是右翼民粹主义在欧洲的又一次胜利，而且也带动世界范围内反全球化与民粹主义浪潮的再一次盛行，进而引发欧洲和世界范围内政治经济发展的剧烈动荡。2016 年底，奥地利自由党总统候选人诺贝特·霍费尔凭借反移民主张进入第二轮总统大选，得票率高达 46.7%，但最终绿党的总统候选人范德贝伦险胜赢得大选。在 2017 年欧洲的"大选年"，高调宣扬反移民、脱欧的荷兰自由党在竞选中成为第二大党；鼓吹贸易保护主义的法国国民阵线候选人玛丽娜·勒庞在总统大选中以 21.3% 的得票率进入第二轮，只比最终当选的马克龙低 2.7 个百分点；德国另类选择党在德国大选中首次进入联邦议会且获取第三大党地位。在 2018 年的意大利大选中，五星运动和北方联盟分别夺取第一、第二大党地位。这些大选结果明显反映出各国政党为迎合民众诉求而提出各种反传统的政治主张，是民粹主义在欧洲盛行的体现。

在这里，民粹主义在欧洲的"胜利"并不必然以其是否取得执政地位来衡量，而取决于其对主流政党政策主张的影响力。虽然从宏观上讲，民粹主义的第三次浪潮主要以亚太地区最为瞩目，但作为第三次民粹主义浪潮一个重要组成部分，欧洲民粹主义的兴起与发展对欧洲有着重大影响。保罗·塔格特（Paul Taggart）将民粹主义看作诊断政治体系是否运转良好的"晴雨表"，民粹主义在欧洲国家的兴起也的确与这一时期国际社会经济与政治的危机和动荡密切相关。20 世纪 70 年代爆发的经济危机、80 年代的劳动力危机以及福利国家危机使整个社会笼罩在各种危机的氛围中。到 20 世纪 80 年代末 90 年代初，东欧剧变、苏联解体之后，世界政治力量对比失衡，民族主义与激进主义、资本主义与社会主义等不同意识形态与思潮相互碰撞、异常活跃，右翼民粹主义在欧洲抬头。20 世纪 90 年代之前，西欧右翼民粹主义政党的力量还相对薄弱，处于国家政治舞台的边缘，90 年代之后，随着奥地利自由党、意大利北方联盟、荷兰富图恩名单以及自由党等在各自国家与中右翼政党联合组成政府，一些右翼民粹主义政党有机会参与部分政治事务，逐渐在国民议会和各级议会中发展壮大。随着资本主义经济全球化与欧洲一体化的深入推进，西欧各国社会贫富分化问题日益严峻，各种社会矛盾与危机频发，不断加剧西方政党制度与民主体制的信任危机，这些都为右翼民粹主义的存在与发展奠定了坚实的基础。从某种意义上讲，右翼民粹主义政党是普通民众发泄不满情绪、对主流政治做出反抗的一个有效渠道，右翼民粹主义宣称代表"人民"利益，公然反精英、反建制，制定的政治纲领与竞选策略更能代表普通人利益，因此更能赢得广泛的支持。但在西式选举政治中，主流政党为赢得选举胜利，对其他政党的政治纲领与政策主张格外警惕，对于右翼民粹主义政党得到较多选民支持的主张，主流政党会通过自我调整将其变为本党纲领，从而争取选民支持。虽然这些右翼民粹主义政党的政治影响力并不稳定，一些无法摆脱政治边缘地位的右翼政党甚至最终解体，但右翼民粹主义政党主要通过对其他政党、主流政党造成竞选与执政压力的方式而影响欧洲政治发展，在欧洲政坛发挥了重要作用。

进入 21 世纪之后，随着 2008 年国际金融危机的爆发，民粹主义在世界范围迅速复苏，而英国选择脱欧的理由也并不难找出。首先，作为历史遗留问题，英国与欧洲大陆有着几百年的利益纠葛，英国加入欧盟后并未获得预期利益，这种缺乏"真情实感"维系的"婚姻"在现实的考验面前不堪一击。其次，欧盟体制内建制派的官僚主义助长英国民族主义与之对抗，加之在英国国内由精英主导的传统政党在危机之后并未切实为普通民众解决问题，新兴政治力量成长壮大并不断发表具有煽动性的偏激言论，而广大民众也更易于被这些言论或情绪所影响。再次，最近一波民粹主义浪潮兴起于全球化这一宏大的时代背景之下，欧洲一体化是全球化的一个重要环节，为世界经济的繁荣发展注入强劲的动力，但新自由主义全球化也使"富者愈富，贫者愈贫"的两极分化局面成为一种常态。2008 年国际金融危机爆发之后，世界经济发展整体遭遇重创，欧洲陷入长期的社会分化和经济停滞的局面，中产阶级的财富大大缩水，底层民众的生活更加贫困，这种强烈的挫败感成为他们对现状不满、对精英憎恶的最直接诱因，他们将不满情绪直接指向由精英阶层推动和倡导的欧洲一体化。最后，中东难民的大量涌入，给本来就问题重重、自顾不暇的英国带来诸多经济、政治与社会安全问题，加剧了民众的不满。从公投的投票情况可以看出，投"脱欧"票的选民大部分分布于英格兰北部经济长期萧条、萎靡不振的工业区，可以说是英国工业发展的"锈带"，而投"留欧"票的选民大多分布于伦敦等繁华的大城市，公投结果反映出普通草根民众与精英阶层的分裂。精英认为脱欧则必然使英国承担巨大的经济与政治损失，但居于社会底层的普通民众却不会考虑那么长远，他们只能"用脚投票"来表达来自底层的愤怒，这一结果导致民粹主义在欧洲肆虐。

右翼民粹主义宣称代表民意，但脱欧公投结果明显反映出非理性、情绪化因素的影响，民众简单而极端的情感认知使他们在面对政治问题时倾向于将复杂问题简单化。与此同时，用公投的方式将一国政治前途交给公众抉择，在某种意义上也是政治家失职的表现。公投是"民主原教旨主义"的产物，把本该由政治家处理的问题推给民众，容易激化社会矛盾。英国公投折射出西式民主完全无法经受民粹主义和极端民族主义的考验，反而容易被它们所利用，对于投出"脱欧"票的多数英国民众来讲，他们投出的选票可能无关乎经济与政治，而是不满情绪的最直接的发泄。民意是流动的，民粹主义的"无根性"使其政策主张可以根据民众的需求、心理状态以及时下的突出问题与流行观点做出相应的包装与回应。但是，也正是这种流动性使民粹主义缺乏一种稳固的意识形态基础，由此造成民粹主义具有较高的不确定性。

在美国，特朗普的成功当选是美式政治右翼化与民粹化的重要体现，他高呼"使美国再次伟大"，简单、粗暴地将美国国家内部矛盾转移至全球化、非法移民等问题上，将罪责归咎于全球化的失衡发展以及华盛顿精英的自私贪婪，将自己包装成民众利益的"代言人"，提出一系列本土保护主义口号，赢得核心选民的支持选票。

在美国传统中，主流政客从不避讳利用民粹主义为自己造势，安德鲁·杰克逊（Andrew Jackson）是美国历史上第一位平民总统，是美国这种民粹主义传统的第一人。杰克逊从小生活在边远地区，边区人传统中的好斗、排外思想对他有重大影响。他以“普通人”自诩，高调提出反建制，这在美国是史无前例的。在《阿尔比恩的种子：美国文化的源与流》中有这样一段描述：“他的政治风格强调个人的领袖地位，在追随者中极力塑造个人崇拜，要求极端的个人忠诚，并且对任何不赞成他的人都采取敌视的态度。”① 这段话听起来很像是在写特朗普，但实际上写的是杰克逊。他们二人的共同点不是具有相似的个性这么简单，而是他们背后暗含着美国一个共同的精神传统——本土主义、极端排外主义。杰克逊总统以做派强硬著称，他的各种政策举措坚持平民主义价值观，强调本土主义，推崇国家主义的荣誉感，这与特朗普团队为其塑造的竞选形象以及政策方针如出一辙。本土主义强调身份认同，这在美国历史上由来已久，这种本土主义源于他们对外来者的恐惧，为防止工作机会被争夺、本土固有的思想理念被挑战，他们竭力排斥外来人员与事物。尽管美国在发展的过程中不断强调开放、包容、多元，但根深蒂固的盎格鲁—撒克逊本土主义的文化传统始终在美国社会以及国家的内政与外交中有着不可忽视的影响。在特朗普最初的政治理念中，他的个人主义色彩极其鲜明，对平民利益的重视、对精英阶级的反对并不深刻。随着首席战略顾问史蒂夫·班农等人对其政治理念与方针的重新规划与设计，杰克逊总统的诸多民粹主义思想被借鉴。此外，对“沉默的大多数”（silent majority）的利用也来自美国传统。“沉默的大多数”最早是罗纳德·威尔逊·里根（Ronald Wilson Reagan）提出的，尼克松在1969年的著名演讲中试图用“沉默的大多数”的说法分化民众，指责那些公开表达对越南战争持反对态度的人，褒奖没有发声而选择沉默的人们，“沉默的大多数”被冠名为美国价值与美国利益的坚决捍卫者和真正守护者，这次演讲使美国当局扭转了在对越战争问题上的舆论困境，尼克松本人也赢得了更多的支持。“沉默的大多数”被特朗普巧妙地用作一种分化话语，主要代表中下层普通民众、边缘群体等在新自由主义经济全球化发展中利益受损但没有机

---

① 〔美〕大卫·哈克特·费舍尔：《阿尔比恩的种子：美国文化的源与流》，王剑鹰译，广西师范大学出版社，2018，第129页。

会表达诉求的人，他把这些人说成真正的"人民"，而他们的艰难处境正是精英阶层的阴谋，特朗普本人则是真正代表"人民"发声的，"人民"不可能是错的，所以特朗普也必然是代表"正义""正确"的。

在总统大选中两党候选人为赢得支持，套用民粹主义策略与话述是重要的"备选之道"。尽管民粹主义具有"变色龙"的特质，但它是否可能构成一种自我维持的意识形态——不一定与政治光谱中的某个特定空间有关，而是与一系列显著的情感触发因素和认知信念有关，右翼民粹主义政党通常依靠有魅力的领导人，即"卡里斯马型"领导人的群众影响力，促使政治认同中的情感维度在选举中发挥作用。右翼民粹主义代表一种与"腐败"精英作战的"道德政治"①，在这种道德框架下，右翼民粹主义者认为只有他们可以代表"人民"，即使无法赢得百分之百的选票，但是他们认为被他们代表的普通民众是百分之百的优秀，"沉默的大多数"被他们拿来作为"人民"的缩写，用来指责"腐败"的精英，他们为社会大众提供一种理解——如果民粹主义的领导人不能在竞选中胜出，那么这个制度一定有问题。民粹主义政治家及其团队擅长将自己描述成"受害者""人民"的同行者，提出简短而便于普通民众理解、接受的口号，故意展现自己粗俗的举止，以拉近与"人民"的距离。他们有鲜明的个性特点，不循规蹈矩，刻意与"腐败"的精英相区别，对于持异见者他们会果断将其从"人民"的阵营中分离出去。审视特朗普上台之后的执政风格，除了明确的反建制、反精英之外，特朗普政权的一个重要特征即表现出凌驾于民主党与共和党两党之上的强势态度。

右翼民粹主义的复兴与新自由主义经济政策引发的经济、社会问题密切相关。新自由主义经济政策的全球化推进不断加剧经济发展与社会运行中的不平等，造成国民人口中一个数量不容忽视的群体的边缘化，同时又导致越来越多的资本部门集中在某些地区与群体之中，这种新自由主义化对一些最根深蒂固的社会不平等和不公正的现象产生极大影响。特朗普的当选就是巧妙利用了人们对经济状况的不满，他本人及团队虚拟出"沉默的大多数"这样一个团体

---

① Cas Mudde, Cristobal Rovira Kaltwasser, Populism and（Liberal）Democracy: A Framework for Analysis, In C. Mudde and C. Rovira - Kaltwasser（eds.）, *Populism in Europe and the Americas*（Cambridge: Cambridge University Press, 2012）, pp. 1-26.

形象，"以退为进"，赢得情感上的认同，使"沉默的大多数"的"沉默"成为无声却最为有力的支持，特朗普代表这些人发声，对生活于社会中底层、出离愤怒的普通美国人以及受全球化冲击最严重的"锈带"民众的诉求做出回应，由此引发右翼民粹主义的回潮。

此外，难民危机、全球恐怖主义袭击事件频发、美国霸权衰落以及后发国家崛起对其造成的威胁等各种事件与情绪相伴相生，在欧美国家掀起新一轮孤立主义浪潮，孤立主义的抬头是欧美国家经济受挫后试图退回保守主义的表现。进入21世纪，国际金融危机的重创尚未缓解，全球化的推进日趋深入。随着全球化的推进，劳动力的跨国流动与大批难民、非法移民的涌入，使欧美国家低薪工人的就业机会与薪酬待遇受到严重冲击。同时，新自由主义全球化加剧了发达国家的产业空心化，大量工作机会流失，工薪阶层的权益受到严重损害。大批廉价劳动力的涌入加之产业外迁，使发达国家中低收入群体的生活雪上加霜。表面上看，不管是英国脱欧公投还是特朗普的"美国优先"，都是从广大底层民众利益出发、为边缘化的弱势群体发声的体现，但从根本上看，这些带有民粹主义非理性色彩的孤立主义事件，反映的是英美大国经济实力渐衰及其全球责任与担当意识的减弱。

二 新自由主义的危机是"逆全球化"的根源性因素

2008年国际金融危机的爆发给世界经济发展注入诸多不稳定因素，发达资本主义国家的危机应对表现以及危机后长时间的萧条，使人们开始对自20世纪80年代以来被奉为圭臬的新自由主义经济政策做出反思。"逆全球化"不是单一的问题或现象，无论是贸易保护主义的抬头还是民粹主义的复兴，都只是其中的一个侧面，而每一个侧面从根本上讲都体现着新自由主义经济失衡诱发的深刻危机。

1. 新自由主义"效率"与"公平"的失衡

20世纪80年代以来，在西方经济出现"滞涨"而凯恩斯主义应对乏力之际，新自由主义打着反对国家干预的"市场原教旨主义"旗号，主张私有化、自由化、制度化，在撒切尔夫人和里根的极力推崇下，伴随全球化的推进，新自由主义的影响力从北大西洋、西欧各国的学术团体和精英圈子向全球急剧扩展，逐渐成为资本主义社会的主流经济学，也是起始于此时，新自由主义成为资本主义的经济范式。新自由主义经济政策通过减税、赤字财政等政策应对经济停滞问题，通过紧缩的货币供给政策应对通货膨胀，这些政策在短时期内抑制了物价的上涨，使经济增长率有所提高，使以英美为代表的西方资本主义国家走出经济滞胀的梦魇，新自由主义在西方经济发展中的主导地位得以确立。虽然新自由主义代替凯恩斯主义把资本主义从滞胀的漩涡中拉了出来，但与之有关的噩梦并未结束，而只是刚刚开始。进入 21 世纪以来，尤其是国际金融危机爆发之后，资本主义经济社会所呈现的一系列问题，使世界范围内对新自由主义批判的声音不绝于耳，新自由主义经济政策导致"效率"与"公平"失衡，引发资本主义社会广泛而深刻的危机，成为诱发"逆全球化"问题的"罪魁祸首"。

追求经济增长是新自由主义经济政策的首要目标。新自由主义全球化在 20 世纪 80 年代以来遵循的发展逻辑是：要创造出更多的财富并且在更大的范围内分配财富，所以要加快增长，在必要情况下可以以加大不平等、增加贫困为代价实现增长的提速，新自由主义的发展目标与资本主义的发展方向空前一致。在 2008 年国际金融危机爆发之前的几十年里，世界经济以有史以来最快的速度扩张，部分原因在于货物、资本和民众的更大的行动自由，但这也在一定程度上使许多西方国家的社会结构受到"磨损"，国际金融危机暴露出新自由主义经济理论在"效率"与"公平"问题上的缺陷。通常对资本主义的辩护从两个方面进行。"效率"——资本主义一个最重要的特征就是其带动劳动生产率的提高，这是资本主义保持活力的源泉，不平等的存在是提高效率的一大推动力。"延迟获利"——这表现在两方面：一方面，在资本主义发展史上，劳动生产率的提高的确使社会取得前所未有的发展与进步，即使资本主义始终如一地保持其剥削的"品质"，但其社会成员中最贫困的部分人群的收入也在增加，购买力在增强，生活水平在提高，在此基础之上的资本主义在某种程度上使整体不平等的程度有所减缩；另一方面，即使此时的不平等是客观存在，但经过一定时间之后，人们终将从不平等中获利。这种对资本主义的辩护有一定的客观依据做支撑，然而不可否认的实际情况是，最贫困的社会成员在经济增长中获得的益处远远不及特权阶层，尤其在新自由主义经济范式确立之后，不平等程度减缩的趋势出现逆行，不平等趋势日益明显。约瑟夫·斯蒂格利茨（Joseph Eugene Stiglitz）在为《大转型：我们时代的政治与经济起源》作序时曾指出："在今天，任何有声望的知识分子都不会去支持这样一种看法，即市场本身就是有效率的，而不必去考虑它在公平上产生的后果。"①

为挽救不平等对经济增长的阻滞，新自由主义在解除管制、开放市场和私有化等方面采取了一系列举措，然而对金融化管制的放松却进一步推动了金融化的扩张，从而造成更大的不平等与不公正。新自由主义是当代资本主义金融化的指导思想，经济高度金融化导致实体经济与虚拟经济比例的严重失衡，导致日益严重的社会财富与收入分配危机，导致国际金融危机的爆发。资本逻辑是新自由主义经济模式的核心，也是导致资本主义社会危机爆发的重要原因。在危机之后，资本主义国家经济受到重创，危机之前在收入分配、人民生活等方面形成的相对均衡的局面被打破。在英美国家，新自由主义全面放松国家对经济的干预，并进一步对富人、企业减税，从而使这些国家再次陷入社会的分化与不平等之中，这一阶段新自由主义在增长、平等、稳定等经济社会生活各方面的溃败成为不争的事实。经济合作与发展组织（OECD）的研究发现，与其他群体的收入相比，顶层群体由于对商业周期的变化更敏感，其收入受经济扩张或收缩的影响而更加明显地上下浮动。在国际金融危机爆发的前两年，最富有的1%人群的实际收入跌幅较大，但在2010年，一些国家的高收入阶层的收入已经开始回升，2010年收入最高的1%人群的实际收入平均增长4%，而收入较低的90%人群的实际收入却依然停滞不前。② 托马斯·皮凯蒂（Thomas Piketty）在对比1910~2010年美国的收入不平等状况时发现，居于收入"金字塔"顶端10%人群的收入占总收入的比重在20世纪70年代不足35%，进入21世纪以后则上升到近50%。然而，前10%人群的收入比重自20世纪70

---

① 〔英〕卡尔·波兰尼：《大转型：我们时代的政治与经济起源》，冯钢、刘阳译，浙江人民出版社，2007，第2页。

② OECD, *Focus on Top Incomes and Taxation in OECD Countries：Was the Crisis a Game Changer*？http：//www.oecd.org/social/OECD2014-FocusOnTopIncomes.pdf.

年代以来的上升，基本可归因于其前 1% 人群的收入贡献。① 而世界银行研究部门的人员，通过整理出美国自 1960 年到 2010 年（每隔 10 年）的数据，对美国的总体不平等以及穷人和富人之间的不平等对收入分配不同百分位数的增长率的影响进行评估，结果发现，总体上的高度不平等会降低穷人的收入增长，富人群体则毫发无损，但美国反而将这种不平等当作自身发展的利好因素，于是这种经由不平等的刺激而形成的增长方式进一步加剧了这种不平等模式的固化。当研究涉及底层和顶层的不平等时，研究者们通过数据对比发现顶层的不平等阻碍底层经济的增长，富人通过各种方式游说政府出台有利于自己的政策，但最终却对穷人的增长机会产生限制。② 正如大卫·哈维（David Harvey）所言，新自由主义实际上是通过加剧不平等进一步重建上层阶级的经济力量，并且，新自由主义化以其在国际资本主义重组、重建资本积累的条件并恢复经济精英的权力方面的优势，成为解决资本主义社会秩序危机的一个潜在方案，并在公共政策中长期占有重要的一席之地。③

纵观资本主义的发展历程，其中蕴含的不平等趋势总体是在增强的。米歇尔·于松（Michel Husson）认为，新自由主义的全球化在带动全球经济发展、使国家间的不平等缩小之际，却使国内的不平等程度不断扩大。④ 当前"逆全球化"问题的产生与新自由主义全球化导致的全球失衡密切相关。新自由主义全球化的不均衡发展同时带动金融化与技术变革的全球推进，从而使社会愈发形成鲜明的两极"分层"。从顶层来看，高度金融化促使金融收入得到大幅增长，上层精英群体获益最多。从底层来看，全球化的高速推进以及信息技术的发展与变革，促进全球性市场的形成以及劳动者技术水平的提高，劳动力市场的竞争增强，工资被压缩，那些最优秀的员工与在技能方面排名略低于他们

① 〔法〕托马斯·皮凯蒂：《21 世纪资本论》，巴曙松等译，中信出版社，2014，第 297 页。

② Roy van der Weide and Branko Milanovic, *Inequality Is Bad for Growth of the Poor*, https://www.gc. cuny. edu/CUNY_GC/media/LISCenter/Branko%20Milanovic/vdWeide_Milanovic_Inequality_bad_ for_the_growth_of_the_poor_not_the_rich_2018. pdf.

③ 〔美〕大卫·哈维：《新自由主义简史》，王钦译，上海世纪出版集团、译文出版社，2010，第 23 页。

④ 〔法〕米歇尔·于松：《资本主义十讲》，沙尔博图，潘革平译，社会科学文献出版社，2013，第 56 页。

的员工之间存在巨大的工资差距。于是这些处于底层的、文化与技术水平较低的民众日益成为社会发展的边缘群体，不仅受本国精英的压制，而且还要受外来移民的冲击，他们对全球化愈发不满。国际金融危机之后以美国为代表的发达资本主义国家的经历恰好反映出"新自由主义转向在某种程度上与经济精英力量的恢复或重建密切相关"①。

新自由主义的效率是资产阶级的效率，必然会带来社会不公。在欧洲和美国，右翼民粹主义正是利用全球化"输家"的不满、工人阶级的挫败感，把他们的困境归咎于全球化、归咎于移民，利用来自底层的愤怒、"沉默的大多数"的力量的爆发，无视国际社会发展大局，引导国内政治"右转"。从根本上讲，新自由主义经济发展中"效率"与"公平"的失衡，加剧了资本主义社会广泛而深刻的结构性危机，危机借全球化扩散，使人们对新自由主义经济的不满转变为对全球化的反对，从而引发"逆全球化"问题的产生。

2. 新自由主义经济失衡揭示出"自由""民主"的伪善

"自由""民主"是新自由主义意识形态的基本价值遵循，也是资本主义热衷于对外宣扬的所谓"普世价值"的重要组成部分。20世纪80~90年代，经济全球化在世界范围内快速推进，1990年，以贸易自由化、国企私有化、金融自由化、利率市场化、放松政府管制为主要内容的"华盛顿共识"的达成，标志着全球化的新自由主义阶段的开启。自20世纪80年代以来新自由主义的全球化为世界经济发展带来机遇的同时，也使一些国家的经济遭遇危机，如1994~1995年墨西哥金融危机、1997年亚洲金融危机、1999年巴西金融危机，进入21世纪之后，尤其是2008年国际金融危机的爆发使更多研究与批判的焦点聚集到新自由主义全球化引发的国际金融危机上。国际金融危机的爆发及其后资本主义国家深陷危机泥淖而复苏乏力的事实，是新自由主义经济失衡的体现，暴露出新自由主义经济理论与实践的缺陷。奉行"自由""民主"原则的新自由主义的失衡暴露出其深刻的内在矛盾性和机会主义特征，展示出其伪善本质，并引起国际社会一系列"逆全球化"问题的出现。

新自由主义的内在矛盾性体现在其总是假借"自由""民主"之名行遏

---

① 〔美〕大卫·哈维：《新自由主义简史》，王钦译，上海译文出版社，2010，第22页。

制、干涉之实。以往对新自由主义伪善本质的批判已经有很多，有研究者将新自由主义比喻成"鸡尾酒"，除了其一以贯之对市场优越性的坚定信念之外，新自由主义还是诸多不能"搬上台面"的其他因素的统一体，如保护主义、国家干预、对外国投资的管制，等等。在《新自由主义与全球秩序》一书中，诺姆·乔姆斯基（Avram Noam Chomsky）对以美国主导推动的新自由主义是如何在经济、政治等领域虚伪渗透的相关问题展开批判。乔姆斯基认为，首先，新自由主义在经济上并不自由——它实行的是高度的垄断，并非其对外宣扬的自由。"市场规则只对你，不对我；除非'游戏场'正好向着有利于我的方向发生偏斜，而这种偏斜在典型情况下是国家大规模干预的结果。"[1] 可以说，新自由主义对自由市场有极其虚伪的偏爱。其次，新自由主义在政治上并不民主——它推行强权政治，打着"民主"的旗号却从未停止其推行干涉、控制之实的步伐，通过"制造同意"控制民众思想。在这样一个"民主"的社会，"民众有权表示同意，除此之外就没有任何权利了"[2]。由此可见，新自由主义的制度与政策只是发达国家愚弄发展中国家甚至愚弄本国普通民众的"幌子"，大量关于世界经济发展的史料记载都清晰地证明新自由主义的所谓"好制度""好政策"并没有被发达国家切实地好好利用，发达国家擅长"宣传的是一套，但做的却是另外一套"。卡尔·波兰尼（Karl Polanyi）通过对20世纪初资本主义的发展历史的梳理与分析指出，一方面"发达工业国家在教导不那么发达的国家避开保护主义和政府补贴的邪恶，而另一方面他们却并不怎么乐意向代表发展中国家比较优势的商品和服务开放市场，尽管它们强硬要求发展中国家开放自己的市场"[3]。虽然波兰尼在触发世界体系崩溃、混乱的原因方面与马克思对资本主义经济危机爆发的原因分析并不一致，但他对资本主义宣扬的自由市场神话之伪善本质的极力论证与批判是深刻而中肯的。

---

① 〔美〕诺姆·乔姆斯基：《新自由主义和全球秩序》，徐海铭、季海宏译，江苏人民出版社，2000，第49页。

② 〔美〕诺姆·乔姆斯基：《新自由主义与全球秩序》，徐海铭、季海宏译，江苏人民出版社，2000，第28页。

③ 〔英〕卡尔·波兰尼：《大转型：我们时代的政治与经济起源》，冯钢、刘阳译，浙江人民出版社，2007，第3页。

新自由主义的机会主义主要体现在：新自由主义坚信市场和贸易的自由可以保障个人自由与社会福利，宣扬坚决捍卫民主，但面对当前各种发展困境、经济失衡问题扩大化，进而衍生出复杂的政治、社会问题时，新自由主义的积极倡导者却大张旗鼓地进行贸易保护，在难民危机面前罔顾道义与责任，采取自私地退回以维护自身利益为先的保守主义。纵观资本主义的发展历史，表面上高呼贸易自由化、市场化，实际上为保护本国经济采取各种形式的贸易保护主义、关税政策、国家干预是其惯用伎俩，而在其获得发展之后便"踢开梯子"，通过向贫穷的发展中国家鼓吹自由市场、自由贸易攫取更多发展红利，这是明显的双重标准。新自由主义全球化的推进虽然促进全球资源的优化配置，促进经济总体的发展，但这种经济增长与社会公平失衡之间的鸿沟却极大地加剧了资本主义国家内部的贫富分化，这也是美国作为曾经自由贸易的倡导者而如今不顾国际责任公然实行贸易保护主义的一个重要原因。同时，作为发达资本主义国家的代表，美国也最擅长利用"民主"的旗号为其各种干涉主义背书。难民问题缘起于 2010 年，美国妄图借由"阿拉伯之春"推动中东地区的"颜色革命"，这实际上是为其在中东国家实施"民主改造"战略的企图服务，这场打着"自由""民主"旗号，加之以履行"保护责任"为借口的典型"美式干涉主义"持续发酵，成为难民问题产生的导火索。然而，面对移民、难民问题，美国却发布"禁穆令"，采取各种措施控制移民、修建边境墙，将资本主义体制性问题引发的国内矛盾转嫁给外部因素，夸大移民、全球化带来的外部威胁，从而煽动广大民众的民粹主义情绪，操纵民意，诱导资本主义国家内部对全球化的抗议，为全球化的发展制造人为挫折。

3. 新自由主义经济失衡展现出"人道主义的自由主义"的虚伪

众所周知，美国和欧洲国家被称为移民国家，倡导开放与多元、提倡包容与平等是它们长期以来一致对外宣称的价值追求。美国人口普查局截至 2016 年底的数据显示，美国移民人口已达 4370 万，占美国人口总数的 13.5%，如果将移民二代也统计进去，移民人口达 6000 万，即每 5 名美国人中就有 1 名移民。欧洲的数据更为惊人，数据显示，欧洲大城市 50% 的人口是来自世界各地的外来移民。美国是由不同种族构成而不是由不同民族构成的，在美国，种族性与民族性是分离的，从一开始，种族多样化就客观存在，从 18 世纪

"第一次移民潮"到 19 世纪中期的第二次移民潮和 20 世纪初的第三次移民潮，美国移民人口的数量不断增加，种族的多元性也不断扩大。移民可以通过三种方式成为美国人。第一种，通过完全被同化于盎格鲁—撒克逊新教白人社区与文化而变成美国人；第二种，通过熔炉过程（melting pot process），即种族通婚和文化互渗而变成美国人，这样将会出现一类反映着美国移民多元性的新型美国人；第三种，移民只要接受并认同美国社会、经济、政治价值和体制就能成为美国人。① 但是，在美国信念抑或美国精神中，对于文化或意识形态并没有形成一种严密的论证方式，它们分散成各种杂乱无章的目标与价值，并不成体系。因此，美国文化与价值、信念的表现方式以多元化为主，并且在这所有理论中不存在一种可以将各种不同的理论进行勾连、梳理的理论，也不存在可以在理论层面上解决这些信念、价值的内在冲突的理论。"在其他社会，意识形态赋予某种价值较其他价值以优先地位；而在美国，所有的价值在理论上共存共荣，尽管它们在实践上可能彼此冲突。"②

在美国的信念与价值取向中，"人道主义的自由主义"是自启蒙运动至今其理想信念的核心，尊重每一个人的尊严，坚决捍卫自由、平等、公平机会的权利等是其不言而喻的共识。这些共识被普遍认为构成了美国的政治理想，美国就是基于此建立起来的。冈纳·马代尔（Gunnar Myrdal）曾说："美国人无论来源于何种民族、何种阶级、何种信仰、何种肤色，其共同点即是：一种社会精神，一种政治信念。"③ 20 世纪中期，关于这种说法有了准确的数据支撑，民意调查显示，美国人对自由、民主信念等主要价值的支持率超过人口的 75%。塞缪尔·亨廷顿（Samuel Phillips Huntington）指出，"大家基本上都同意，美国是根据某种政治理想构建出来的，并受着平等承诺或梦想的鼓励。这些政治理想是美国国民认同的核心，在推动美国政治演进和发展中发挥着关键性的作用"④。回顾美国的建国史可以发现，从根源上讲，"美利坚合众国源发于一种自觉的政治行动，源发于对一些基本政治原则的维护，源发于对基于这

① 〔美〕塞缪尔·亨廷顿：《失衡的承诺》，周端译，东方出版社，2005，第 66 页。
② 〔美〕塞缪尔·亨廷顿：《失衡的承诺》，周端译，东方出版社，2005，第 18 页。
③ 〔美〕塞缪尔·亨廷顿：《失衡的承诺》，周端译，东方出版社，2005，第 20 页。
④ 〔美〕塞缪尔·亨廷顿：《失衡的承诺》，周端译，东方出版社，2005，第 11 页。

些原则的宪政约定的坚守。我们可以说，一套政治理念构成了'美国主义'，但在同样的意义上，我们无从谈起'英国主义'、'法国主义'、'德国主义'或'日本主义'"①。因此，从某种意义上讲，"美国"并不是一个单一的、狭隘的国别的界定，它是由一些拥护美国共识的人组合而成的，这种共识使人们对美国的文化体系所描绘的包容、多元的文化图景与理想蓝图无比向往，这也是美国文化吸引力之所在。

20世纪60年代由美国黑人民权运动领袖马丁·路德·金概括的"美国梦"即"美国的社会理想"（The American Dream），得到不同种族、不同阶层、不同政治信仰和不同宗教信仰的人们的一致拥护，"梦想它、相信它、实现它"鼓舞着成千上万从世界各地来到美国实现自我价值的精英，美利坚合众国成为世界各民族的"熔炉"。微观上的"美国梦"是物质层面的，是基础，是走向精神层面的一个基点。宏观上的"美国梦"代表一种社会秩序，代表所有人都有发挥自身潜能的机会。但"美国梦"从根本上是有缺陷的，它是在二战结束后由美国将所有竞争者都摧毁的情况下基于一个临时世界秩序的基础而建立的，随着竞争者实力的恢复，"美国梦"受到极大的威胁与挑战。奥巴马在总统卸任告别演说中提及三个会对美国社会团结造成威胁的方面：一是收入和机会不平等造成的社会分裂；二是种族不平等问题；三是社会孤立隔绝造成交流对话的欠缺。② 资本主义全球化为发达资本主义国家的世界扩张提供强大的动力，但是在新自由主义政策指导下，资本主义经济"效率"与"公平"的严重失衡引发社会矛盾的不断激化，经济问题成为政治、文化、社会问题尖锐化的根本，而资本主义全球化在鼓励文化多元性的宽容的同时，却未能解决好传统价值与民族文化所造成的剧烈身份危机，并协调好在非经济议题上的价值对立。

斯坦利·霍夫曼（Stanley Hoffmann）认为，"美国特性是由移民造成的种族多样性这一'物质特点'和美国的自由民主信念这一'意识形态特点'二

---

① 〔美〕塞缪尔·亨廷顿：《失衡的承诺》，周端译，东方出版社，2005，第29页。
② 寿慧生：《奥巴马，美国最后的理想主义总统?》，载《世界知识》2017年第3期，第36～37页。

者结合而成的独特产物"①。美国信念与美国的社会现实是一组矛盾的存在，"在美国，信念将人们组合成一个民族却又将其分化成不同人群，这是美国人特有的命运。同样的美国信念既是国民认同的源泉，也是政治不稳定的根由"②。冈纳·马代尔在关于美国种族关系的经典研究中明确指出"一种美国困境"："美国信念对自由、平等、个人主义深信不疑，而美国社会对黑人却不公对待。"③ 实际上这一个困境只是美国理想与社会现实失衡的一种表现，也是美国整体困境的一个缩影。在美国，对政治体制稳定构成威胁的不是根深蒂固的分歧，而是来自人们感情深处的共识，"美国人如果不信奉美国信念就不成其为自己，如果信奉美国信念就必定反对自己。美国人愈是投身于自己民族的政治信念，就愈发对自己的政治体制充满敌视，就愈发愤世嫉俗。这种理想与体制的裂痕，导致美国政府的合法性与美国政治理想的信奉相反相成"④。

而在欧洲，作为以基督教文明为主体的白人社会，在历史上本就有向外移民的传统。二战之后，由于战争的影响，社会劳动力极其匮乏，欧洲各国开始转向实施吸引移民的宽松移民政策。从 20 世纪 70 年代开始，欧洲成为移民净移入地，移民、难民基于地理、政治、经济以及申根机制所提供的条件等因素较多选择欧洲作为目的地。移民的大量涌入，极大地改变了移入国民众的种族、宗教信仰以及文化等方面的结构。欧洲各国当前经济发展的具体情况各异，经济发展整体低迷，移民、难民的移入无疑将加剧原有的社会矛盾和族群矛盾，刺激各国保守势力抬头，使欧洲以基督教文明为主体的白人社会不可避免受到强烈冲击。部分国家强化边境控制，作为一体化基石的申根机制在实际运行中已经名存实亡。英国等国内部反一体化和反移民的激进势力从中获利，助长欧盟内部原有的脱离欧盟倾向，欧洲一体化面临前所未有的倒退风险，欧洲社会对控制移民甚至"零移民"的呼声高涨。欧洲的文化多元主义得益于其移民与种族的多元化，然而这种"多元"并非真的包容所有、开明开放，

---

① 〔英〕艾瑞克·霍布斯鲍姆：《断裂的年代：20 世纪的文化与社会》，林华译，中信出版社，2014，第 29 页。

② 〔美〕塞缪尔·亨廷顿：《失衡的承诺》，周端译，东方出版社，2005，第 39 页。

③ 〔美〕塞缪尔·亨廷顿：《失衡的承诺》，周端译，东方出版社，2005，第 46 页。

④ 〔美〕塞缪尔·亨廷顿：《失衡的承诺》，周端译，东方出版社，2005，第 48 页。

而是为了维持欧洲大陆不同群体之间的和谐共存，以尊重多样性为前提，努力塑造一种共同的身份认同、承担相应的社会责任并获取一定归属感的社会环境。但它具有较强的暂时性以及不稳定性。正如哈贝马斯所说，"各种亚文化之间看起来是同质的，但它们有着相互隔膜的趋势"①。因此，多元文化带来的更多是矛盾、冲突与文化本质的失落，这种多元文化主义在本质上体现的是一种归一思想，是同化。

纵观当前国际舞台上的复杂情况，我们看到的是人道的自由主义、文化的多元主义共识与现实之间的裂痕。新自由主义经济全球化的推进使西方发达国家社会的贫富差距分化愈益明显，中底层民众在全球化进程中获益较少且自身权益受损严重，不满情绪高涨。这已经远远超出经济范畴，它直接影响人们对"美国梦""美国信念"的坚持。移民、难民大量涌入严重挤占发达资本主义国家白人的就业机会，社会福利减少，人们的生活水平下降，在欧美国家内部本土民众产生强烈的被剥夺感，出现文化认同、身份认同危机。此外，近年来相继发生的恐怖主义事件、"颜色革命"、乌克兰危机等，对发达国家内部的稳定发展也产生了不小的影响。所有这些情况导致欧美国家中底层民众对理想与现实失衡的失望与无奈，他们对经济前景不抱希望，对利益分配不均感到不满，对身份认同的危机感到迷茫焦虑，对外来移民和难民的排斥、怨愤被民粹主义裹挟，这一切直接导致他们在选举、公投中做出不理性选择。欧美国家的政治失序与民众行为的非理性没有及时被受益的精英阶层所顾及，中底层民众反而继续遭受变本加厉的剥夺，于是他们反全球化、逆全球化的情绪被进一步激化。

三 结论与启示

自地理大发现至今的全球化是随资本主义的发展而推进的全球化，因此也被广泛认定为是资本主义的全球化。资本主义的全球化以资本逻辑为主导，逐渐形成一种无止境追求资本积累的体系，它通过国际分工将世界范围内的整套

---

① 〔德〕尤尔根·哈贝马斯：《后民族结构》，曹卫东译，上海人民出版社，2002，第88页。

生产过程加以整合，并且像大部分历史体系一样，通过一种周期性的扩张与收缩模式保持体系运转，这种周期性的形成与资本主义的发展需要阶段性地调整自身，以化解体系所积累的矛盾与问题是密不可分的。资本主义通过在世界范围内拓展体系发展的地理疆界，不断创造新的生产地和产品销售市场，使更多地区被纳入其主导的国际分工体系，从而既可以转移资本积累导致的国内危机，又能更大限度地攫取世界范围内的剩余利润。资本主义体系逐渐从欧洲体系发展为世界体系。但资本主义体系又是一种两极分化的体系，内含着导致社会分化的因素，这是其自身固有的发展桎梏，虽然它在一定程度上为世界经济的发展起到助推作用，并推动世界范围内愈益密切的交往与联结，但是随着新自由主义经济范式与意识形态的确立，资本主义内在的分化因素不断被激化、放大，从而导致国际金融危机的爆发以及一系列政治、文化、社会问题的产生。总的来讲，资本主义体系是一个以最大限度进行资本积累为特定逻辑基础的历史的体系，因为是历史的，所以它有自己的运行周期，它以无限扩张为目标追求，但当其无力解决自身矛盾时，它也有停滞乃至停止的可能。

当代世界"逆全球化"问题的产生是新自由主义全球化导致全球失衡的结果。新自由主义全球化不可避免地导致由贸易、储蓄与投资引发的全球失衡，从而导致一国之内财政系统的崩溃，并进而引发世界范围内积累已久的不稳定风险。正如保罗·梅森（Paol Mason）所言："当前的全球化形式有一个设计缺陷：它只能通过加速非持续性的扭曲来产生高增长，而这种局面又只能被金融危机纠正。为了减少'扭曲—失衡'，你必须抑制新自由主义经济增长的正常形态。"① 他指出："在新自由主义的指引下，美国通过使自己的公民致贫而增加利润。"② 尤其在国际金融危机之后，资本主义国家精英抱团，将危机的成本转嫁到普通工人、中底层民众、靠养老金度日者和穷人身上，资本主义主导的全球秩序以一种弱化的形式"苟延残喘"，拯救全球化的代价被残酷地转移到这些国家的普通民众身上。当民众意识到这些问题并拒绝为这种不

---

① 〔英〕保罗·梅森：《新经济的逻辑：个人、企业和国家如何应对未来》，熊海虹译，中信出版社，2017，第 43 页。

② 〔英〕保罗·梅森：《新经济的逻辑：个人、企业和国家如何应对未来》，熊海虹译，中信出版社，2017，第 39 页。

公正的经济政策发展埋单时，全球化的共识便破裂、全球化分崩离析、世界秩序走向动荡与分化。由于新自由主义政策失败导致的西方社会阶层结构的对立化、资本主义福利体制失效诱发的社会民粹化，以英美为代表的发达国家民主政治便逐渐走向程式化与极端化，从而使西式民主失序、失灵。文化与共识作为人们的精神联结，为欧美国家的发展提供重要的精神支撑与情感动力，如今在分化与失衡成为资本主义社会主要问题的现实面前，这些共识成为"失衡的承诺"，"文明的冲突"成为资本社会动荡以及棘手的逆全球化问题产生的重要方面。斯蒂芬·霍金（Stephen William Hawking）在《这是我们星球最危险的时刻》中指出，英国脱欧公投和特朗普当选美国总统的事实，都代表着那些自认为被领导人抛弃的民众的怒吼，这些民众拒绝了所有专家、精英的建议和指导，而精英须以谦逊之心看待民粹，切实弥补贫富差距。① 英国脱欧公投、特朗普当选美国总统、极右势力抬头冲击欧美政治生态、贸易保护、边境修墙、控制移民等从不同角度折射出"逆全球化"问题在西方世界的蔓延，同时也暴露出资本主义在经济发展模式、民主政治、多元文化等诸方面存在的各种问题与危机，当代世界"逆全球化"问题的产生是资本逻辑下资本主义结构性失衡引发的经济危机、政治危机以及文化危机共同作用的结果。

尽管当前由发达资本主义国家主导的全球化面临国家主权维护、区域合作、利益分配等的影响而滋生出逆转力量，但全球化是世界历史发展的必然趋势，符合人类社会发展的客观规律，全球化总体向前的趋势是客观的，但在全球化推进过程中人为地进行意识形态构建，或强行将全球化打造成某种国家化则会使全球化主观化。"逆全球化"是全球化曲折发展进程中的阶段性表现，是全球化进程中的"减速路障"，无论是马克思主义经典作家还是西方马克思主义理论研究者，都从历史与现实、理论与实践的对比分析中对"逆全球化"的阶段性特征给予翔实的理论论证。美英等发达资本主义国家将全球化作为实现本国利益的工具，要么虚伪推进，要么任性操纵，当前的"逆全球化"是

---

① 〔英〕斯蒂芬·霍金：《这是我们星球最危险的时刻》，载《卫报》2016 年 12 月 1 日，https：//www.theguardian.com/commentisfree/2016/dec/01/stephen-hawking-dangerous-time-planet-inequality。

其无视全球化客观性的狭隘自私表现。"全球化并不以公平的方式发展，而且它所带来的结果绝对不是完全良性的。"① 因此，全球化的核心问题不是对其好坏优劣做出区分，"逆全球化"所暴露出的新自由主义危机及其对世界人民利益的危害，意味着全球化的转型迫在眉睫。正如丹尼·罗德里克（Dani Rodrik）所言，当前的全球化还是资本主义在世界范围内的延伸，我们应当把全球化的逆转当作一个解决全球市场和国家职责之间失衡问题的机遇，"一个全球化的经济需要全球化的治理"②，而当前是加强、完善全球治理的最好时机。全球化发展至今，已经走到发展的"瓶颈"或"十字路口"，全球政治与经济秩序也在经历转折，欧美国家右翼民粹主义的复兴、退回国家主义的保守举措、在移民和难民问题上的不合作态度体现出其深刻的经济、政治、文化矛盾。发达资本主义国家的一系列逆全球化行动是对资本主义经济发展的周期性调整，其目的是以退为进，以期争取更多的发展机遇、垄断更多的发展市场，壮大自身力量，继续维持其对世界秩序的控制力。我们对全球化运转方式的认知需要保持与时俱进，"全球化本身既不好也不坏，它具有产生巨大利益的力量"③。但是，如果一个国家在全球化中无所作为，那么不能将责任归咎于全球化本身，而是因为国家政府未能承担、履行好责任，没有很好地参与全球化。当前欧美一些国家的"逆全球化"举措是西方经济、政治乃至文明日趋衰败的表现，从而使发达资本主义国家陷入理想共识与社会现实的失衡与对立。在此时，"如果身处幻灭和暴怒之中的西方世界不能抵制诱惑，而选择了不切实际的解决方案，那么战后全球经济和政治秩序赖以存在的知识和制度基础就都有可能被摧毁"④。

参与全球化的国家大多是受益者，在全球化过程中没有完全的"输家"，只是受益程度不同。全球化不是零和博弈，无论是发达国家还是发展中国家，如何使本国经济、政治等在日益开放的国际环境中实现平衡发展是其要思考的

---

① 〔英〕安东尼·吉登斯：《失控的世界》，周红云译，江西人民出版社，2001，第 10 页。

② 〔美〕丹尼·罗德里克：《全球化的悖论》，廖丽华译，中国人民大学出版社，2011，第 219 页。

③ 〔美〕约瑟夫·E. 斯蒂格利茨：《全球化及其不满》，夏业良译，机械工业出版社，2004，第 24 页。

④ Martin Wolf, "The Long and Painful Journey to World Disorder", https://www.ft.com/content/ef13e61a-ccec-11e6-b8ce-b9c03770f8b1.

关键问题。全球化进程中的问题需要解决，但不是通过反全球化，更不是通过"逆全球化"。无论是反全球化还是"逆全球化"，都带有极强的主观性，它们表面上是代表全球化进程中的利益受损者发声，但全球化的进程一旦受挫，利益受损者的生活只会雪上加霜。全球化的确具有一定的风险性，不管你是否认可，它都是我们这个时代必须面对并接受的客观现实，抱怨、批判无济于事，如何对其进行积极影响、全面挖掘、有效利用、推广发展才是当务之急。"全球化应该是帮助社会实现目标的工具，这些目标一般是：繁荣昌盛、稳定、自由和高质量的生活。"① 新兴经济体的迅速发展是 21 世纪世界经济格局中的一个显著变化。发达资本主义国家经济去工业化为新兴经济体的发展提供发展契机，这些国家利用后发优势，积极引进发达国家的资金以及技术支持，推动自身产业结构的升级、生产效率的提升，为经济持续健康发展提供保障。2008年国际金融危机使世界经济普遍遭受打击，新兴经济体同样未能幸免于难，但由于危机主要发生在发达资本主义国家，因此新兴经济体所受的冲击相对较小。随着新兴经济体迅速而强势的复苏，其在世界经济秩序中所占的分量也将日益加重，它们一方面会为世界经济发展做出更多贡献，另一方面也会对发达资本主义国家的霸权统治起到一定的牵制与抗衡作用。

中国作为新兴经济体，进入 21 世纪以来在国际贸易与投资领域取得不小的成就，对全球化具有深刻而积极的影响。"全球化可以被重塑，当它被重塑时，就有可能创立一种崭新的全球经济，在此经济中，不仅增长是更加可持续和较少变化的，而且这一增长的果实是被更加平等地得到分享的。"② 中国是重塑开放、包容的新型全球化的重要推动力量，致力于推动世界经济朝着平等互利、互惠共赢的方向发展。中国立足于全人类的发展大局，顺应时势以及全球化的客观发展大势，提出"一带一路"倡议和推动构建人类命运共同体的理念，致力于更加开放、包容、普惠、平衡、共赢的新型全球化理念，为全球化注入新的发展活力。

---

① 〔美〕丹尼·罗德里克：《全球化的悖论》，廖丽华译，中国人民大学出版社，2011，第 222 页。

② 〔美〕约瑟夫·E. 斯蒂格利茨：《全球化及其不满》，夏业良译，机械工业出版社，2004，第 15 页。

欧洲如何使非洲欠发达：一项
国家能力的研究

马汉智[*]

引　言

　　国家越来越成为理解后发展国家发展的关键因素，尤其是国家在引导发展中的能力受到越来越多学者的关注。格申克龙（Gerschenkron）观察到，国家越后发展就越需要强组织力干预经济，国家的产业组织的规模就会变得越大。[①] 按照格申克龙的说法，对于后发国家来说，强大政治机构的推动和领导是后发国家发展的充分条件。《国家与经济发展——一个比较及历史性的分析》一书认为，强经济需要强国家，相对强大的国家无论过去还是将来都是一个决定该国在国际经济中比较性工业地位的主要机制。[②] 阿尔蒙德（Gabriel A. Almond）和鲍威尔（G. Bingham Powell Jr.）对近代以来国家对社会发展的作用做过简要的总结：从第一个实现现代化的国家英国来看，国家起了一种推动作用；对于欧洲大陆西部第二批发展起来的法国、德国而言，国家在经济和社会的现代化过程中发挥了更为重要的作用；而在后来成功实现现代化的日本，国家的作用占了主导地位。[③] 约翰·齐斯曼（John Zysman）在比较了英、法、德、日、美的经济表现之后指出，国家能力越强的国家应对经济冲击的能

---

[*]　马汉智，中国国际问题研究院发展中国家研究所助理研究员。

①　〔美〕亚历山大·格申克龙：《经济落后的历史透视》，张凤林译，商务印书馆，2011，第9~38页。

②　〔澳〕琳达·维斯、约翰·M.霍布森：《国家与经济发展——一个比较及历史性的分析》，黄兆辉、廖志强译，吉林出版集团有限公司，2009，第3~4页。

③　〔美〕加布里埃尔·A.阿尔蒙德、小G.宾厄姆·鲍威尔：《比较政治学：体系、过程和政策》，曹沛霖等译，上海译文出版社，1987，第419页。

力越强。① 中国学者朱天飚也认为，凡是成功克服阻力实现工业化的原住民国家都发挥了国家组织的重要作用，因为资本集团自身无法克服这一阻力，所以必须借用国家的力量来实现突破。② 尽管在霍布斯和韦伯的著作中包含着国家能力对经济发展至关重要的观点，但国家能力的概念由于对"东亚奇迹"的分析而开始引起更多关注。约翰逊（Chalmers A. Johnson）③、安士登（Alice H. Amsden）④、韦德（Robert Wade）⑤、埃文斯（Peter Evans）⑥ 认为，东亚经济体取得经济成功的关键在于它们都拥有能力很强的国家。其他的学者如赫布斯特（Jeffrey Herbst）⑦ 和森特诺（Miguel Angel Centeno）⑧ 等将非洲或拉丁美洲国家的经济失败归结为国家能力有限。森纳奥利（Nicola Gennaioli）和雷纳（Ilia Rainer）的研究进一步证实了更强大的前殖民政治机构促使殖民地和后殖民地非洲政府更好地实施农村地区的现代化计划。⑨ 米切洛普洛斯（Stelios Michalopoulos）和帕帕约安努（Elias Papaioannou）的研究也证实了非洲前殖民统治时期的部族政治集权程度（pre-colonial ethnic political centralization）与区域发展之间的紧密联系。⑩ 中国学者王绍光指出，中国过去四十年的经济快速增长，除了改革开放以外还需要一个因素，就是具备基础性国家能力的有效

① John Zysman , *Government, Markets and the Growth* （New York：Cornell University Press，1983）．

② 朱天飚：《历史与国际视野下的发展问题》，载《清华政治经济学报》2013 年第 0 期。

③ Chalmers A. Johnson, *MITI and the Japanese Miracle：The Growth of Industrial Policy 1925 - 1975*（Stanford：Stanford University Press，1982）．

④ Alice H. Amsden, *Asia's Next Giant：South Korea and Late Industrialization* （New York：Oxford University Press，1989）．

⑤ Robert Wade, *Governing the Market* （Princeton：Princeton University Press，1990）．

⑥ Peter Evans, *Embedded Autonomy：States and Industrial Transformation* （Princeton：Princeton University Press，1995）．

⑦ Jeffrey Herbst , *States and Power in Africa：Comparative Lessons in Authority and Control* （Princeton：Princeton University Press，2014）．

⑧ Miguel Angel Centeno, *Blood and Debt：War and the Nation - State in Latin America* （Princeton：Princeton University Press，2002）．

⑨ Nicola Gennaioli and Ilia Rainer, "The Modern Impact of Precolonial Centralization in Africa," *Journal of Economic Growth*, Vol. 12, No. 3 （Sep. , 2007），pp. 185 - 234.

⑩ Stelios Michalopoulos and Elias Papaioannou, "Pre - Colonial Ethnic Institutions and Contemporary African Developmentz," *Econometrica*, Vol. 81, No. 1 （January 2013），pp. 113 - 152.

政府。① 从理论脉络上，有学者强调殖民统治及其制度对非洲今天欠发达的影响，② 有学者强调前殖民统治时期，非洲的部族政治机制对今天非洲发展的影响。总之，从国家能力出发理解非洲发展问题成为理论的热点。

从实践来讲，20 世纪民族解放运动后各个"边缘国家"发展呈现的巨大差异性，尤其是以苏联和中国为代表的社会主义国家的快速发展，都越来越说明国家自主性及其能力在经济发展中的巨大作用。再加上"9·11"事件以来普遍增多的关于"失败国家"的讨论等诸多因素使得国家在经济发展中的作用被关注和重视。无论是关于"找回国家"的国家主义，还是"国家找回来，但不踢走社会"的新国家主义，或是"发展型"国家的讨论，都体现了国家的自主性及其调动资源的能力在经济发展中的巨大作用。事实上，无论是作为经济发展和社会再分配的促进者，还是在跨国关系中或是与社会的冲突中，国家都扮演着重要角色。③ 当今世界，国家软弱是世界上很多最严重问题的根源，如贫穷、艾滋病、恐怖主义、毒品等。④ 发展等事业及其世界观在国家性的讨论中被赋予新内涵。在旧有的观念中，发展主要包括转移资源（援助）、刺激贸易或重塑政策（例如结构调整政策）。现在，发展被取而代之地理解为制度建设（building institutions）。⑤ 回到非洲，非洲联盟就如何实现《非洲2063 年议程》文件中确定了几个变革的驱动力来实现这一愿景，创建胜任的"发展型"国家居于核心位置。⑥ 联合国非洲经济委员会发布的《非洲治理报告》认为，非洲国家必须努力建立强大有效的制度结构，以规划和实施健全

① 王绍光：《改革开放、国家能力与经济发展》（上），爱思想网，2018 年 11 月 18 日，http://www.aisixiang.com/data/113465.html。

② 如 Crawford Young, *The African Colonial State in Comparative Prespective* (New Haven : Yale University Press, 1994)。

③ 〔美〕彼得·埃文斯、迪特里希·鲁施迈耶、西达·斯考克波编著《找回国家》，方力维、莫宜端、黄琪轩等译，生活·读书·新知三联书店，2009。

④ 〔美〕弗朗西斯·福山：《国家建构：21 世纪的国家治理与世界秩序》，郭华译，学林出版社，2017，第 7 页。

⑤ Charles T. Call, " The Fallacy of the ' Failed State '," *Third World Quarterly*, Vol. 29, No. 8, 2008, p. 1493.

⑥ 〔赞比亚〕恩琼加·迈克尔·穆里基塔、〔中〕舒展、粟江涛：《在非洲创建胜任的发展型国家：实现非洲 2063 议程的基本动力》，载《非洲研究》2015 年第 1 卷。

的发展战略，管理其自然资源，从而产生更具影响力的发展成果。① 强大的国家（上层建筑）并不只是经济基础的派生物，而且其自身具有推动经济发展的自主性和能力。强大的国家能力不仅是西方国家崛起的重要支撑，也是后发国家实现现代化的前提条件。

如何理解非洲国家能力的性质及能力？首先，须考察前殖民统治时期非洲政治结构的发展规律和特点；其次，须考察殖民统治怎样影响了现代非洲的国家能力；最后，须考察后殖民统治时期影响非洲国家能力的因素。本文将从国家能力的概念出发，试图回答如今非洲国家能力屡弱的原因，着重强调欧洲的殖民统治、欧美主导的新自由主义结构调整如何全面削弱非洲的国家能力。

一 国家能力的概念

上层建筑的独立性和自主性是其能够反作用于经济基础的重要前提，但是，一个国家即便有很高的自主性，如果没有政策的执行能力也无济于事。国家自主性意味着作为对一定领土和人口实施控制的组织，国家能够追求自身的利益与目标，这些目标能否实现依赖于国家实施政策的各种能力。② 因此，学术界在讨论国家自主性的同时，也考察国家的能力。关于国家能力的概念，西达·斯考克波（Theda Skocpol）将国家能力界定为国家执行其正式目标的能力。她认为，主权完整与国家对特定领土的稳定的行政—军事控制，是一切执行政策之国家能力的前提条件。任何国家能力的研究都需要涉及国家财政收入的来源和数量，以及国家聚集并调度这些财源的可能的弹性程度。③ 斯考克波关于国家能力的定义是完全"国家中心"的，即把国家作为一个独立的行为体，从国家的意愿和目标出发，国家如何实现自身的目标。斯考克波这种国家中心的观点，也深刻影响了中国学者的研究。例如，黄宝玖将国家能力定义为

---

① UNECA, Africa governance report V, 序言。
② 〔美〕彼得·埃文斯、迪特里希·鲁施迈耶、西达·斯考克波编著《找回国家》，方力维、莫宜端、黄琪轩等译，生活·读书·新知三联书店，2009，第10页。
③ 〔美〕彼得·埃文斯、迪特里希·鲁施迈耶、西达·斯考克波编著《找回国家》，方力维、莫宜端、黄琪轩等译，生活·读书·新知三联书店，2009，第21~22页。

统治阶级通过国家机关行使国家权力、履行国家职能，有效统治国家、治理社会，实现统治阶级意志、利益以及社会公共目标的能量和力量。① 这种关于国家能力的理解忽视了国家和社会的互动结构，往往将国家能力绝对化。

"回归国家学派"从国家中心的角度来理解国家能力，而以社会为中心的学者则以社会为本位考察国家能力。马克思主义认为，国家具有"一经获得便逐渐向前发展的相对独立性"，但更强调"国家都不是一个具有独立发展的独立领域"，"它的存在和发展归根到底都应该从社会的经济生活条件中得到解释"。② 米格代尔（Joel S. Migdal）认为国家能力是受制于社会结构的，国家是社会中的一个蔓生机构。国家能力为一国中央政府"影响社会组织、规范社会关系、集中国家资源并有效地加以分配或使用的能力"。③ 具体包括以下内容：渗入社会的能力、调节社会关系、提取资源以及以特定方式配置或运用资源四大能力。强国家是指能够完成这些任务的国家，弱国家则处在能力光谱的低端。④ 显然，将国家视为社会的蔓生机构，使得国家与社会的二元划分从根本上来说不能成立，国家行动最后化约为社会的结构。这种对于国家能力的理解使其忽视了国家的自主性和独立性。

借鉴国家中心和社会中心的分析，越来越多的学者将国家和社会视为相对独立的领域，分析国家与社会互动中的国家能力。迈克尔·曼（Michael Mann）把国家权力分为专制权力（despotic power）和基础性权力（infrastructural power）。⑤ 前者指的是国家动用强制力（如警察、军队等）来达到目的的能力，后者指的是国家通过与社会建立稳定的沟通渠道（如税务系统、金融系统等）来达到目的的能力。其中，专制权力是以国家暴力机器为基础，而基础性权力是以国家与社会的持续互动为基础。借鉴迈克尔·曼关于国家权

---

① 黄宝玖：《国家能力：涵义、特征与结构分析》，载《政治学研究》2004 年第 4 期。

② 《马克思恩格斯选集》（第四卷），人民出版社，2012，第 609、258 页。

③ Joel S. Migdal, *Strong Societies and Weak States: State-Society Relations and State Capabilities in the Third World* (New Jersey: Princeton University Press, 1988), pp. 4-5.

④ 〔美〕乔尔·S. 米格代尔：《强社会与弱国家：第三世界的国家社会关系及国家能力》，张长东等译，江苏人民出版社，2009，第 5 页。

⑤ Michael Mann, The Autonomous Power of the State: Its Origins, Mechanisms and Results, *European Journal of Sociology*, Vol. 25, Issue 2, November 1984, pp. 185-213.

力的分类，维斯（Linda Weiss）和霍布森（John M. Hobson）认为，那些逐步寻求与公民社会建立更制度化和合作关系的国家会提升国家的渗透能力、汲取能力和建制性权力。同时，作者认为，国家能力的内涵是不断变化的，强国家的国家能力要求也不是一成不变的。协调能力具有重要意义。[①] 迈克尔·曼的分类也深刻影响了中国学者关于国家能力的讨论。例如，时和兴认为，国家能力包括国家的政治统治能力与政治管理能力，具体分为社会抽取能力（获取财政支持和人力服务）、社会规范能力（对社会的制度化规约）、社会控制能力（以强制性手段对社会进行控制）、社会适应能力（制度创新和政策创新）。[②] 其中国家统治能力属于专制权力的范畴，而管理能力则属于基础性权力的范畴。中国学者王绍光十分重视国家基础性能力对于一国的重要性，他根据国家职能的变化，将当代国家的基础能力概括为：强制能力、汲取能力、濡化能力、国家认证能力、规管能力、统领能力、再分配能力、吸纳和整合能力。[③] 而关于国家能力的具体内涵是什么，是一个见仁见智和不断发展的进程。一般认为，汲取能力、强制能力等必不可少，也是国家之所以存在的基础。随着时代的发展，国家能力被赋予越来越多的内涵，例如，现代社会中国家的协调能力、经济管理能力越来越重要，因此将这两项能力纳入国家能力的考察。也有学者认为，国家在国际体系中维护自身利益的能力越来越必不可少，因此，国家能力应该含有国家应对他国竞争与挑战的能力。[④]本文认为，无论是以"国家为中心"的国家能力观，还是以"社会为中心"的国家能力观，抑或是国家—社会互动意义上的国家能力观，都忽视了世界经济的结构对国家能力的制约。

从世界经济理解国家能力。在世界体系理论家沃勒斯坦（Immanuel Wallerstein）看来，国家间体系和世界经济是分析当代资本主义经济的两个重要单

---

① 〔澳〕琳达·维斯、约翰·M. 霍布森：《国家与经济发展——一个比较及历史性的分析》，黄兆辉、廖志强译，吉林出版集团有限公司，2009，第 5 页。

② 时和兴：《关系、限度、制度——政治发展过程中的国家与社会》，北京大学出版社，1996，第 147~194 页。

③ 王绍光：《国家治理与基础性国家能力》，载《华中科技大学学报》（社会科学版）2014 年第 3 期。

④ 黄清吉：《论国家能力》，中央编译出版社，2013，第 38 页。

位，国家间体系的存在是世界经济得以存在的必要条件。从根本上来说，国家及其形成的国家间体系是顺应资本主义的扩张而变化的。在沃勒斯坦看来，世界市场是一个社会结构，是由众多社会力量共同作用而创造的，其中最重要的是国家结构。但是仅有国家结构是不够的，还应包括国家间体系，以及众多本土的和跨国的非政府组织。在历史资本主义的结构中，政治调整的最有效的杠杆是国家结构，它创建了自身，是历史资本主义主要的制度成就之一。① 在资本主义世界体系内，国家的政治权力垄断职能一是能够限制直接生产者施加给国家的政治压力；二是与资本主义世界经济共存的国家间体系要保持足够弱，从而对真正的世界市场的垄断无能为力；三是国家还要足够强大，从而帮助企业克服实现价值规律的障碍。② 因此，沃勒斯坦理解的国家能力既不是以社会为中心，也不是以国家为中心，而是受制于世界经济的结构。

综上，要得出一个令人满意的关于国家能力的概念并非易事。本文借鉴迈克尔·曼、米格代尔等从国家/社会关系理解国家能力的思路，并借鉴王绍光和米格代尔关于国家能力的分类，基于非洲的实际，认为理解非洲国家能力应至少含有四个维度：汲取能力、合法化能力、行政能力和强制能力。其中，汲取能力是国家动员吸取全社会资源的能力，是国家能力的核心，是国家实现其他能力的基础。③ 如果一种政治制度能够从社会中汲取丰富的资源，然后把这些资源集聚到国库中并用于国家目的，则它必定是有效的。④ 合法化能力是指国家运用政治符号在属民中制造共识，进而巩固其统治地位。⑤ 合法化能力与合法性密切相关，本文中这两个概念的内涵并没有区别。而按照韦伯的观点，现代国家的核心是一套具有高度理性化的官僚机构。一套有效的官僚机构是解

---

① 〔美〕伊曼努尔·沃勒斯坦：《历史资本主义》，路爱国等译，社会科学文献出版社，1999，第 26 页。

② Terence K. Hopkins, Immanuel Wallerstein, Reşat Kasaba, William G. Martin and Peter D. Phillips, "Incorporation into the World - Economy: How the World - System Expands," *Review* (Fernand Braudel Center), Vol. 10, No. 5/6, (Summer-Fall, 1987), p. 765.

③ 王绍光、胡鞍钢：《中国国家能力报告》，辽宁人民出版社，1993，第 9 页。

④ 胡鞍钢、王绍光、周建明主编《第二次转型：国家制度建设》，清华大学出版社，2003，第 322 页。

⑤ 王绍光、胡鞍钢：《中国国家能力报告》，辽宁人民出版社，1993，第 6 页。

开国家干预能力之谜的钥匙。[①] 现代国家庞大的官僚机构及其成千累万的官员共同构成了现代政府的核心。[②] 因此，官僚集团的行政能力是衡量国家能力的重要内容。国家强制能力是国家运用暴力或暴力威胁来达到其他目的的能力，对于非洲来说，国家能够垄断和有效使用强制能力是社会稳定和政治秩序的重要保障。

二 前殖民统治时期非洲的国家能力

考察非洲当代的国家能力，必须理解前殖民统治时期非洲国家的成长和能力。帕特里克·查巴尔（Patrick Chabal）认为，对于非洲而言，殖民统治时期的插曲比较短暂，有必要研究前殖民统治时期的政治和现代政治之间的连续性。[③] 福山也认为，非洲国家能力的缺陷，不仅要追溯到殖民遗产，而且要追溯到殖民统治之前非洲社会的性质。[④] 赫布斯特（Jeffrey Herbst）认为，理解非洲的国家巩固（state consolidation）需要把前殖民统治时期、殖民统治时期、后殖民统治时期统一起来，理解其延续性。他认为，可以用三个动态的指标来理解非洲的国家巩固，即领导人扩展国家权威的成本、国家建立的缓冲机制（领土边界）的性质、地区国家间体系的性质。当国家权威扩展的成本、缓冲机制和国家间体系之间的相互作用能够被理解时，就能更好地理解非洲的国家巩固。例如，领土扩张的成本可以被国家通过改变国际社会对控制领土的理解来加以控制。同样，特定类型的缓冲机制可以增加或减少领土扩张的成本。国际体系的性质也影响到各国可以建立何种缓冲机制。[⑤]

---

① 〔美〕彼得·埃文斯、迪特里希·鲁施迈耶、西达·斯考克波编著《找回国家》，方力维、莫宜端、黄琪轩等译，生活·读书·新知三联书店，2009，第69页。

② Carl J. Friedrich, *Man and His Government*: *An Emperical Theory of Politics* (New York : McGraw-Hill Book Company , 1963), p.464.

③ Patrick Chabal, *Political Domination in Africa*: *Reflections on the Limits of Power* (Cambridge: Cambridge University Press, 1986), p.3.

④ 〔美〕弗朗西斯·福山：《政治秩序与政治衰败——从工业革命到民主全球化》，毛俊杰译，广西师范大学出版社，2015，第265页。

⑤ Jeffrey Herbst , *States and Power in Africa*: *Comparative Lessons in Authority and Control* (Princeton: Princeton University Press, 2014), pp.26-28.

在西方殖民统治确立之前，氏族、部落等这些原生形态和次生形态的共同体是非洲普遍和基本的政治单位。尽管一些非洲黑人社会已经建立起接近国家的组织，如古代马里、桑海帝国等，但是，总体而言，非洲这些实行君主制或酋长制国家的政治体制属于传统集权结构，并未发展到现代性质的国家结构。因此，有学者认为，非洲是一个由松散定义的政治体系组成的大陆群岛，是一个社会构成的世界而不是国家。在非洲，人类学比国际关系更容易识别。[①] 关于传统非洲为什么没有能够发展成为所谓的现代国家，这既与非洲的自然环境有关，也与非洲的经济基础相关。

在前殖民统治时期，非洲的重要特点是土地数量多、人口稀少，与欧洲、中国等形成鲜明对比，这给非洲的政治结构带来至关重要的影响。由于土地数量多、人口稀少，对土地的竞争很少成为非洲绝大多数地区的政治核心议题。土地数量多、人口稀少使得在任何重要距离上不断施加权威变得如此困难，统治者只是对政治的核心地域（范围非常有限）进行正式控制，这一范围是由扩展权力的基础设施发展状况所决定的。不同于政治中心地区，统治者对于政治统治基础设施能力范围之外的边远地区并不十分感兴趣，并没有试图去控制边远地区人们的日常生活。因此，权力往往在日益遥远的边远地区消失（尽管这些地区名义上由一个遥远的中心控制），权力控制的断裂不是以尖锐的地理分裂为特征。即使是 14 世纪马里这样的著名王国也保持着一种被称为"与帝国遥远地区的松散政治关系"。相应地，很多被殖民统治前的非洲国家是十分动态化的。许多边远地区发现自己可以轻易地逃脱统治者的统治。[②] 根据韦伯的分析，欧洲国家建立的过程最重要的就是由于土地稀缺，建立在基于控制土地基础上的国家权威是国家建设的重要内容。对于非洲而言，正是基于国家必须与一定的领土边界相联系的理论假设使得很多学者将前殖民统治时期的非洲称为"无国家"社会。

自给自足的自然经济导致非洲国家生成现代国家的动力不足。非洲的农

---

① Robert H. Jackson, *Quasi - states: Sovereignty, International Relations and the Third World* (Cambridge: Cambridge University Press, 1990), p. 67.

② Jeffrey Herbst, *States and Power in Africa: Comparative Lessons in Authority and Control* (New Jersey: Princeton University Press, 2000), pp. 42-43.

业是广泛的，在任何一块土地上的固定投资都很低，集约化农业的基本工具——犁——在整个欧亚大陆上传播，却从未到达过非洲（除埃塞俄比亚之外）。由于经济的自给自足导致不同族体间的经济联系相当匮乏，以血缘为核心的部族认同始终占据着非洲人的生活，众多分散弱小的族体始终没有经济动力凝聚成为统一强大的民族。由于货币经济的匮乏，前殖民统治时期的非洲国家没有官方货币，通过货币经济而连接起来的国家权力控制和扩展并不存在。而根据查尔斯·蒂利（Charles Tilly）的经典论述，战争塑造国家，对于古代非洲来说，地广人稀的特点导致任何为土地财富而展开的竞争都没有意义。正是因为没有生存的压力和安全的威胁，通过国家垄断暴力、汲取资源的动力就大大减弱。同样，与中华文明等不同的是，由于天然农业发展，对于土地的固定投资就不是必要的事情，国家大规模的基础设施建设也没有必要。因此，从这个意义上来说，非洲在殖民统治前的政治体是自给自足生产力的写照。当然，即使在这样的情况下，仍有部分政治体逐步走到了封建国家的边缘。因此，站在历史维度主义的观点上，资本主义世界体系的扩张和殖民统治的建立给非洲留下了一个现代国家的框架，这是需要肯定的。同时，世界体系的扩张和殖民统治在非洲的广泛建立的确破坏了非洲国家自然生长的进程。

需要注意的是，非洲在殖民统治建立以前，国家结构正在扩张。这种扩张本身与世界体系理论所描述的一个地区被纳入世界经济必然会引起政治结构的变化相一致。19世纪在非洲国家的扩张，既有内因也有外因，但更重要的是外因。首先，是非洲逐步被纳入世界贸易体系的事实。许多国家的扩张是因为它们有能力参与由于欧洲在非洲沿海地区不断增长而产生的越来越多的国际贸易。其次，是枪支的引入使非洲统治者可以有能力控制相对低价值的边远地区，同时也加强了中心地区的权力。尽管贸易和枪支的引进可能使非洲各国在19世纪扩大了它们的政治权力范围，但是，在扩大和巩固国家权力方面没有出现规则、不同的做法和传统。非洲19世纪出现的大国和帝国都似乎无法发展出根本不同的制度以统治其腹地，从而可以扩大更正式的控制范围。欧洲对非洲的征服是在枪支引入不久后发生的，因此可能根本没有足够的时间。与此同时，人口密度如此之低以至土地价值与欧洲和亚洲根本不同的基本事实并没有改变。[①]

综上，前殖民统治时期非洲国家的生成和发展有自己的路径。这一路径既不同于欧洲国家生成的思路，也不同于中国等文明古国的发展历程。按照欧洲的经验，先有统一强大的民族认同才会有国家，但对于非洲来说，殖民统治前的非洲既没有统一的民族认同，也没有现代国家的框架。这一点与中国等国家不同。中国古代成熟的农业文明造就了全面渗透入社会的国家，无论是国家对边远地区的控制能力还是国家的集中统一管理能力，中国都远远高于非洲。无论如何比较，真正意义上的现代国家（国家能力）对非洲而言依然遥不可及。对于非洲而言，真正奠定非洲国家结构/能力基础的是欧洲的殖民统治遗产。殖民统治时期遗留的政治、经济、文化管理制度很大程度上塑造了非洲的政治结构、文化心理等。

三　欧洲殖民统治与非洲"弱"国家的形成

（一）关于殖民统治的争论

殖民统治到底怎样塑造和影响了独立后非洲国家的性质和能力是一个需要认真对待的重大命题。2017 年，美国波特兰州立大学副教授布鲁斯·吉利（Bruce Gilley）在《第三世界季刊》发表文章《殖民主义的案例》，认为应当纠正"殖民主义在任何时候都是坏事"的观点，强调殖民主义的作用基本"正面"，并称当代第三世界发展迟缓的原因之一是"殖民者过快撤离"。这篇文章在学者的联合抵制下被撤稿，但其背后的学术争议是真实的。也有学者认为，不应该过分夸大殖民统治对当代非洲国家能力和性质的影响。例如，杰克逊（Robert H. Jackson）对殖民主义的描述几乎是温和的："在大多数情况下，殖民地政府只不过是基本的官僚机构，人员和财政有限，殖民地政府更像欧洲的农村政权（rural country governments），而不是现代的独立国家。"[②] 其中，

---

① 参见 Jeffrey Herbst, *States and Power in Africa: Comparative Lessons in Authority and Control* (New Jersey: Princeton University Press, 2000), pp. 50-51。

② Robert H. Jackson, "Sub-Saharan Africa," in *States in a Changing World: A Contemporary Analysis*, edited by Robert H. Jackson and Alan James (Oxford: Clarendon Press, 1993), p. 139.

在关于殖民主义正面因素的讨论中最多的观点就是，欧洲为非洲带来了一个理性化的官僚体制。打破帝国体系，建立有独立主权的"国家体系"是欧洲殖民体系在政治上对世界历史的一大贡献。① 但也有学者认为，殖民统治虽然在很多非洲国家只维系了不到一个世纪，这在历史的长河中只是一个瞬间，但是它完全重构了非洲的政治空间、社会等级制度和彼此的割裂。欧洲的殖民主义给独立后的非洲政治结构带来了深刻的影响。殖民国家就像碎石机一样，短时间内成功地对目标社会进行强有力的控制，并打击其抵抗力量。② 著名非洲研究专家马哈默德·马姆达尼（Mahmood Mamdani）也认为，当代非洲国家和政治实质，尤其是独立后的普遍"独裁"倾向和"专制"是殖民统治留下的体制遗产（institutional legacy）的结果。③ 娜奥米·卡赞（Naomi Chazan）等认为，非洲后殖民国家的基础是殖民地国家。④ 克劳福德·杨（Crawford Young）也指出，现代非洲的许多"病态"可以追溯到非洲殖民主义的特殊性。⑤ 正如比利时—刚果精英（Belgian-Congolese Elite）在 1956 年宣称的那样，"在刚果历史上，过去的 80 年比在他们之前的千年更为重要"。⑥

殖民统治到底怎样塑造和影响了殖民统治时期及其独立后非洲国家的性质呢？马克思在《不列颠在印度的统治》、《东印度公司，它的历史与结果》和《不列颠在印度统治的未来结果》等文献中，提出了英国殖民主义在印度的"双重的使命"。在《不列颠在印度统治的未来结果》一文中，马克思提出："英国在印度要完成双重的使命：一个是破坏的使命，即消灭旧的亚洲式的社会；另一个是重建的使命，即在亚洲为西方式的社会奠定物质基础。"⑦ 由于

① 王正毅：《世界体系论与中国》，商务印书馆，2000，第 17 页。

② Crawford Young, *The African Colonial State in Comparative Perspective* (New Haven: Yale University Press, 1994), p. 139.

③ Mahmood Mamdani, *Citizen and Subject: Contemporary Africa and the Legacy of Late Colonial* (Priceton: Princeton University Press, 1996).

④ Naomi Chazan et al., *Politics and Society in Contemporary Africa* (Boulder, CO: Lynne Rienner, 1988), p. 40.

⑤ Crawford Young, *The African Colonial State in Comparative Perspective* (New Haven: Yale University Press, 1994), p. 9.

⑥ "Manifesto of the Belgian-Congolese Elite, 1956," reprinted in *The Political Awakening of Africa*, Rupert Emerson and Martin Kilson, eds. (Englewood Cliffs, NJ: Prentice-Hall, 1965), p. 99.

⑦ 《马克思恩格斯文集》第二卷，人民出版社，2009，第 686 页。

殖民统治的"双重的使命"，很多学者将马克思关于殖民统治在印度的观点普遍运用到对所有殖民地的分析上，认为殖民统治具有"建设"和"破坏"的双重作用，不能片面谈"破坏"，这也引起国内外美化殖民行为的思潮。前文提到的布鲁斯·吉利的文章就是一例。叶险明的研究认为，对于马克思的"双重的使命"论需要历史的、具体的分析，而不能泛化。一是，马克思的"双重的使命"论只适用于 19 世纪 60 年代以前的英国与印度的关系，而不适用于英国与其他殖民地国家的关系，更不适用于其他宗主国与殖民地的关系。二是，资本主义殖民者在一定的殖民地播下"新社会的因素"的程度取决于该殖民地能够为其提供所需要的经济资源的程度。三是，不同时期的殖民主义的作用也是有区别的。① 事实上，马克思在其晚年对英国殖民主义在印度的作用只有否定意义上的评价。基于上述分析，本文认为，对于欧洲的殖民统治到底怎样影响了非洲国家的性质需要历史的、具体的分析。

（二）殖民经济与非洲国家的汲取能力

殖民时期，非洲国家的剩余价值通过不平等交换流向"母国"。殖民统治的经济过程使得非洲的经济体系完全建立在欧洲的需求之上，与非洲普通人民毫无关联。殖民者将获取的利润返回给"母国"，从非洲的观点来看，这就是由非洲劳动力利用非洲资源生产的剩余价值的持续性外流。欧洲发达资本主义国家正是通过这种"不等价的交换"获得了非洲的剩余价值，使得非洲处于边缘和依附的地位。以英国在尼日利亚的殖民统治为例，为了保护英国工业，英国不在尼日利亚建立会形成竞争的工业部门；农民不得不生产更多的出口作物，而不是当地需要的粮食；新的变化必须有利于对外贸易；必须允许外国商人不受限制地进行贸易。② 然而，出口的实质是财富从尼日利亚转到欧洲。来自出口的收入被用于维持政府运转，并作为储备存放于英国，特别是第二次世界大战期间英国货币走软的时候。③ 事实上，整个殖民统治时期，非洲主要的

---

① 叶险明：《马克思思想发展逻辑研究中的一个"问题源"》，载《马克思列宁主义研究》2012年第 10 期。

② 〔美〕托因·法洛拉：《尼日利亚史》，沐涛译，东方出版中心，2015，第 72 页。

③ 〔美〕托因·法洛拉：《尼日利亚史》，沐涛译，东方出版中心，2015，第 73 页。

矿产开采的所有权、生产和控制的权力都掌握在以欧洲或南非为基地的公司手中〔如几内亚的铝矾土、塞拉利昂的铁矿石、黄金海岸（1957 年改称加纳）的金矿、比属刚果的铜矿、西南非洲的矿石和铀矿〕。欧洲殖民地国家甚至没有采取最低限度的政府干预行为来促进工业发展，如提供贷款、支持技术转移和保护"幼稚工业"、投资技术和商业学校以及/或者启动公共投资以支持工业化努力。舒运国教授认为，在进入垄断资本主义后，西方再也不能容忍殖民地、半殖民地的国家走资本主义发展道路，实现工业化，为自己树立新的竞争对手。西方国家在国内要垄断，在世界上也要垄断。[①] 因此，殖民统治时期非洲国家的财富被不断地转向宗主国，支撑了宗主国的经济发展。但是，对于非洲而言，剩余价值被大量剥削，国家无法完成自身的原始资本积累。

独立后，殖民统治时期形成的单一外向型经济体制成为制约非洲国家汲取能力的根本性障碍。殖民统治时期，为了顺应宗主国需求而形成了单一经济，如"花生王国""棉花之国""可可之国""咖啡之国"等。第二次世界大战后，在殖民者的开发和推动下，南非、津巴布韦成为黄金生产国、扎伊尔（1997 年改称刚果民主共和国）成为金刚石生产国，赞比亚则成为铜生产国，其产值占各自国家国内生产总值的 50% 和国家出口总值的 90% 以上，形成最典型的单一矿业经济。独立后，非洲国家继承并延续依靠一种或几种农矿产品出口以换取外汇的单一经济结构，而欧洲作为这些原料的最重要买家牢牢控制着这些大宗商品的价格，通过压低价格、转嫁危机使得非洲只能处于被剥削的依附状况。1974~1975 年和 1979~1982 年，西方国家两次遭受经济危机的打击。为转嫁危机，西方国家在国际市场蓄意压低农矿产品价格，制造关税壁垒，限制非洲产品进入西方市场。[②] 1972 年非洲用 38 吨剑麻或 7 吨棉花可换回一辆卡车，1980 年 138 吨剑麻或 28 吨棉花才可换回一辆卡车。[③] 强大的汲取能力是国家干预经济发展的基础条件，尤其对于后发国家来讲，汲取能力越

---

① 艾周昌主编《亚非发展中国家和地区现代化研究》，上海辞书出版社，2009，第 19 页。

② 李安山主编《世界现代化历程·非洲卷》，凤凰出版传媒股份有限公司、江苏人民出版社，2013，第 116 页。

③ 李安山主编《世界现代化历程·非洲卷》，凤凰出版传媒股份有限公司、江苏人民出版社，2013，第 132 页。

强，国家在工业化进程中发挥的作用就越大，因为只有依靠国家的力量才能在短期内集中巨额资金为工业化奠定基础。因此，强大的汲取能力是国家成功实现经济干预的充分条件。大部分学者根据税收占国民收入/国内生产总值的比率来衡量国家的汲取能力。根据福山的研究，税收占 GDP 的百分比与人均 GDP 有着紧密的正相关关系。① 国际货币基金组织 2018 年 5 月的数据显示，尽管撒哈拉以南非洲地区国家做出多方努力提高税收，其税收占国内生产总值的比重仍为全球最低。② 迈克尔·曼也认为，非洲国家腐败且效率低下，其权力基本上都非常小，仅能征收到占国内生产总值 10% 的税收，而先进国家能够征收到 30%～50%。这意味着非洲国家缺乏基本的医疗、教育、通信基础设施以及现代国家必不可少的法院和警察机构。③ 而一个国家的汲取能力归根结底是本国生产力发展水平的写照，国家的强汲取能力建立在经济的强发展上，非洲独立后一直延续至今的单一经济结构既使得国家获得稳定的财政收入常常面临不确定性，也使得国家在干预经济发展方面捉襟见肘。2014 年下半年以来，全球大宗物品价格下跌导致尼日利亚等大宗物品出口国开始面临严重的财政危机，国家从石油税收汲取资源的能力受到极大的制约。单一经济体制导致的国家汲取能力屡弱，一方面导致非洲在经济发展中始终面临着资金不足的困境，另一方面也直接影响了非洲国家的基础设施投资和发展环境的改善。

非洲国家能力弱的经济根源是资本主义世界体系的结构性制约。事实上，对于非洲这样的资本主义世界体系的"边缘"地区而言，其本身就处在劳动分工和全球价值链的最低端，国家从世界经济活动中所能汲取的资源非常有限，而且这些有限资源的使用过程存在着巨大的浪费。于是，面对着比其他国家更弱的国家结构，同时又面临着资源少且浪费的事实，国家的弱是可以预见的，这就是非洲国家弱的结构性根源。理论上讲，赋税收入使国家能够有更大规模、更有效的文职官僚和军队，这反过来又带来更多的

① 〔美〕弗朗西斯·福山：《国家建构：21 世纪的国家治理与世界秩序》，郭华译，学林出版社，2017，第 31 页。

② 陈辞：《撒哈拉以南非洲地区国家税收占国内生产总值比重为全球最低》，http://mg.mofcom.gov.cn/article/jmxw/201805/20180502749516.shtml。

③ 〔英〕迈克尔·曼：《社会权力的来源（第四卷）：全球化（1945～2011）》，郭忠华、徐法寅、蒋文芳译，上海人民出版社，2018，第 222 页。

税收——这是一个以螺旋形持续的过程。而对于非洲而言，国家赋税收入少的事实向另外一个方向发生作用——国家机器弱小者变得更加弱小。因此，如果不理解资本主义世界体系的结构性制约，就很难理解非洲的"弱"国家性。沃勒斯坦认为，"边缘"地区合并到资本主义世界体系的社会劳动分工只是第一步，第二步就是纳入现代的国家体系。资本在核心地区的积累提供了相对强大的国家机器的财政基础和政治动机，其能力之一就是确保边缘地区的国家机器相对弱小或维持相对软弱的状态。[①] 而在那些国家机器弱小的国家里，国家管理者不能起到协调复杂的工业—商业—农业机制的作用。它们对全体人没有什么可以宣称的合法权威。[②] 阿明（Samir Amin）也认为，外围的经济制度本身无法从自身去理解，因为它与中心的关系是至关重要的，外围的社会结构是一种残缺的结构，只有将它作为世界社会结构的一个要素才能正确理解。[③] 因此，我们可以这样理解非洲等"边缘"国家的"弱"国家性，它是"中心"国家维持高资本积累的必然要求，是"中心—边缘"的结构性表征。二战后，资本主义世界体系的中心由欧洲变为美国，但是，资本主义世界体系对非洲弱国家能力的体系塑造却从未终止过。即便如此，本文依然认为，世界体系内的国家的有限自主性及其实现自身目标的能力是需要认真对待的事。

（三）殖民政治与"弱"国家能力

1. 殖民国家的性质

殖民国家的性质是完全服务于欧洲利益的，而不是服务于非洲人民利益的。克劳福德·杨认为，欧洲对非洲的殖民统治大致经历了三个阶段，最终使非洲成为殖民国家。第一阶段，即从瓜分非洲（以 1884 年柏林会议为起点）开始到第一次世界大战前夕。这一阶段殖民者的主要目标是构建一种统治机

---

① 〔美〕伊曼纽尔·沃勒斯坦：《历史资本主义》，路爱国等译，社会科学文献出版社，1999，第15页。
② 〔美〕伊曼纽尔·沃勒斯坦：《现代世界体系》（第一卷），郭方、刘新成、张文刚译，社会科学文献出版社，2013，第429~430页。
③ Samir Amin, *Accumulation on a World Scale* (New York: Monthly Review, 1974), p. 360.

器，使非洲从军事政治上从属于欧洲统治。到第一次世界大战结束，殖民者霸权的基本上层结构已经形成，殖民占领者之间的殖民地空间分配已完成，殖民统治的领土格局得以固定下来。① 第二阶段，即两次世界大战期间，是强化的阶段。殖民统治的上层建筑已经机制化、合理化、常规化。第三个也是最后一个阶段是非洲殖民地国家的管理者逐渐重新认识到，他们不能无限期地将外在的正式统治延续下去。日益增长的非洲民族主义迫使宗主国不情愿地接受主权移交和正式的非殖民化。② 也就是说，殖民国家从建立的动机到最后被允许独立完全是出于欧洲自己的利益计算。事实上，也正是由于对成本收益的计算，欧洲对统治非洲的态度极为矛盾。尤其是英国、法国等大国，由于管理成本高、回报率低，它们不愿意在非洲发展广泛的管理网络。③ 因此，整个 19 世纪，欧洲在非洲着眼于通过"自由贸易帝国主义"扩大该地区的市场，而不是建立国家保留（national reservations）。19 世纪末，随着帝国主义之间竞争的加剧，获得大量原材料和市场的需求使得在殖民地建立必要的国家机器符合欧洲资本的利益。但需要记住的是，殖民国家的性质完全是服务于欧洲资本掠夺的。马姆达尼认为，西半球奴隶制的终结强调了需要组织新的强制制度的需要，只不过这一次是在新获得的非洲领土上。随着奴隶制的结束，欧洲人需要在非洲本土对非洲人民进行殖民，以便他们可以为"撒旦工厂"种植棉花。④ 特别能说明欧洲在非洲殖民统治利己性质的是非洲殖民时期的首都选择。到了1900 年，殖民统治地区 44 个首都中有 28 个位于海岸，这表明首都建立的第一考量是与欧洲的运输和通信便利，而不是向内陆拓展权力。更能说明问题的是，欧洲人创建的首都远离了非洲传统的权力中心，这些中心具有控制周围领土和实施权力影响的功能。因此，拉各斯成为尼日利亚的首都，而不是伊巴

---

① Crawford Young, *The African Colonial State in Comparative Perspective* (New Haven: Yale University Press, 1994), p. 138.

② Crawford Young, "The End of the Post-Colonial State in Africa? Reflections on Changing African Political Dynamics," *African Affairs*, Vol. 103, No. 410, Jan., 2004, pp. 10-11.

③ Jeffrey Herbst, *States and Power in Africa: Comparative Lessons in Authority and Control* (New Jersey: Princeton University Press, 2000), p. 67.

④ Mahmood Mamdani, *Citizen and Subject: Contemporary Africa and the Legacy of Late Colonialism* (Princeton: Princeton University Press, 1996), p. 37.

丹、伊法或索科托；阿克拉成为黄金海岸（1957 年改称加纳）的首都，而不
是库马西；巴马科（与塞内加尔海岸有着良好的联系）是马里的首都，而不
是廷巴克图（亦称通布图）。一些殖民国家的首都，如卢萨卡、内罗毕、索尔
兹伯里（现津巴布韦首都哈拉雷）、温得和克都是在原有的政体之外重新建立
起来的，以满足白人征服者的后勤和健康需求。还有许多首都，包括阿比让、
班珠尔、达喀尔和金沙萨，也是殖民主义者新建立的，但很快流于形式，未能
充分发挥首都的作用。非洲国家首都的选择与欧洲国家模式不一致的极端例子
是，在殖民时期，毛里塔尼亚和"贝专纳保护地"（现博茨瓦纳）实际上是由
其名义边界以外的"首都"（分别是圣路易斯①和马菲肯）统治。②

2. 殖民国家的政治遗产——后殖民国家

1960 年，大多新独立的非洲国家加入国家间体系，新独立的国家被学术
界普遍称为进入了一种"后独立"的状态。从非洲民族主义的角度来看，独
立的实现是一个决定性的历史时刻，是史诗般斗争的高潮。作为"新国家"，
非洲政体似乎摆脱了殖民地的"蚕蛹"，但是随着时间的推移，学术界开始用
"后殖民"的话语研究非洲。于是，非洲被学术研究从"后独立"（post-
independent）的话语转向了"后殖民"（post-colonial State）的叙述。这种转
变是由于随着独立后非洲国家问题的凸显，对于正式的主权和反殖民斗争意义
的讨论逐步让位于对当代非洲国家殖民起源的探讨，同时，也由于"后独立"
的非洲国家保留了大量殖民地国家的惯例、做法和心理。③ 的确，后殖民主义
研究成为 20 世纪 80 年代"后现代"学术话语中一个有影响力的潮流。④ 对于
殖民统治的遗产，中国学者张宏明认为，殖民化的政治遗产包括以下方面。首
先，形成现代非洲各个独立国家的地理形状或"政治空间"本身就是殖民化

---

① 圣路易斯从 1673 年起成为法国殖民统治下塞内加尔的首府，直至 1960 年独立。1920~1957 年
亦作为相邻殖民地毛里塔尼亚的首府。

② 参见 Jeffrey Herbst, *States and Power in Africa: Comparative Lessons in Authority and Control*（New
Jersey: Princeton University Press, 2000），pp. 16–17。

③ Crawford Young, "The End of the Post-Colonial State in Africa? Reflections on Changing African
Political Dynamics," *African Affairs*, Vol. 103, No. 410, Jan., 2004, pp. 23–49.

④ Crawford Young, "The End of the Post-Colonial State in Africa? Reflections on Changing African
Political Dynamics," *African Affairs*, Vol. 103, No. 410, Jan., 2004, p. 24.

的产物，即当代非洲国界的划定反映了殖民地分割时的行政界限。其次，殖民地国家本身的性质是殖民制度的产物。殖民地国家是按照宗主国的意愿，即是作为使其统治制度化的结构而组织起来的。再次，殖民体系向非洲绝大多数地区引进了宗主国的司法制度和文官制度，这两种制度在非洲独立后基本上存续下来。最后，职业军人和常备军也是殖民化的产物。[1] 因此，独立后的非洲国家是殖民国家的延续。非洲国家的疆域是直接从殖民当局管辖范围转变为民族国家的，而大量的殖民地边界（后来独立的国家边界）完全是人为划定的。20 世纪 60 年代，多数非洲国家虽然获得了政治上的独立，但是这种独立并没有代表着与过去的"决裂"，也不是"新的开始"，相反，就政治力量斗争、种族、地区和宗教关系紧张以及资源的分配与获取上的竞争而言，可以看出清晰的延续性。因此，独立后的非洲国家只是地理单位，缺乏种族和语言学上的逻辑，也没有深厚的历史根基。[2]

从本质上讲，后殖民国家的性质是服务于当地城市精英和宗主国的利益的。无论是殖民后期的民族解放运动还是独立后的政治结构都将广大农民和农村排除在外，殖民国家的这种属性决定了统治阶级的主要根基是城市，广大农村和农民被忽视。殖民国家的这一性质为日后非洲不断兴起的暴力运动和反抗提供了土壤。从根本上来说，殖民国家完全是外国资本家和本国城市精英统治的工具，而独立的非洲国家继承了这样一种性质，虽然对于非洲人民来说具有巨大的历史进步意义。新生的国家从根本上来说与人民是脱节的，是有利于广大政治精英和城市有产者的，因此，国家从一独立就面临着新世袭主义的危险。新世袭主义国家虽有现代国家的外表，在这些国家里，政府官员倾向于将公共资源当作他们的家传物品来使用。这些国家不是真正意义上的现代、法理型国家。在既有条件下，追求具体任务目标与能力被个人和特殊组织利益反复破坏。阿图尔·科利（Atul Kohli）认为新世袭主义国家类型囊括了绝大多数非洲国家。在新世袭主义的背景下，国家既没有足够的能力动员和汲取社会资源从而支持国家的工业化，也没有足够的强制能力维护社会稳定，避免种族冲突和内战，更

---

[1] 张宏明：《多维视野中的非洲政治发展》，社会科学文献出版社，1999，第 209~210 页。

[2] 〔英〕理查德·雷德：《现代非洲史》（第二版），王毅、王梦译，上海人民出版社，2014，第260 页。

没有治理社会冲突、平衡各方利益的行政能力。杰弗里·赫布斯特（Jeffrey Herbst）认为，所有后殖民非洲的新家族制政府，无论大小和权威类型，最重要的特点都是骨子里面的软弱。[1] 殖民主义确实奠定了非洲自独立以来累积的负外部性和不连贯性的基础，这些外部性和不连贯性的结果是倾向于弱化而不是加强国家。[2] 后殖民国家从 20 世纪 70 年代中期开始遭遇严峻的危机，广大非洲人民独立初期对于新生国家的期待和愿望逐步化为泡影。约翰·阿约德（John Ayoade）称非洲的后殖民国家经历了"从特蕾莎修女（Mother Theresa）到卧病不起的历程"。[3]

3. 理解殖民国家/后殖民国家的能力：官僚政治的视角

殖民统治导致独立后非洲官僚集团的软弱。前文已经提到，强大、自主的官僚集团对于后发国家来说具有重要的意义。官僚集团的能力和性质是解释国家成功干预经济发展的关键因素。正如非洲开发银行行长卡贝鲁卡（Donald Kaberuka）所指出的，非洲国家公共部门管理能力不足是阻碍非洲国家实现减贫目标的主要障碍，如果不加强执政和管理能力的建设，不管投入多少发展资金都只会成效甚微。而独立后非洲国家官僚集团的孱弱是殖民统治有意为之的结果。以英国在尼日利亚的殖民统治为例，1914 年，英国殖民部将不同民族、不同宗教信仰的北尼日利亚保护地、南尼日利亚保护地和拉各斯殖民地强行合并为单一的尼日利亚殖民地和保护国。虽然尼日利亚的原材料对于英国具有重要的意义，但是英国的殖民者不愿在治理尼日利亚上耗费资源，也不想耗费任何能量使其殖民的初级政治经济体转型为一个现代国家。他们反而将这个国家分成三到四个区域来治理——沿北部和南部的分界线划分，并把传统首领当作自己的代理人。在尼日利亚的英国殖民者加强了弱中心化趋势、间接统治、个人化统治以及从属关系而不是同化，这种做法与创造现

---

[1] 参见 Jeffrey Herbst, *States and Power in Africa: Comparative Lessons in Authority and Control* (Princeton: Princeton University Press, 2000)。

[2] Sumantra Bose, "De-colonization and State Building in South Asia," *Journal of International Affairs*, Vol. 58, No. 1, 2004, pp. 95-113.

[3] John A. A. Ayoade, "States without Citizens: An Emerging African Phenomenon," in Donald Rothchild and Naomi Chazan (eds.), *The Precarious Balance: State and Society in Africa* (Boulder: Westview Press, 1988), pp. 100-118.

代化国家的需要恰好相反。① 马姆达尼认为，在英国的殖民统治下，更多部落经过重组和保护，成为自足的部落群，由此，整个社会被分割成许多部落，每个部落都有自己的原生权力。② 正是在这样的文化模式下，英国为了最小化自己的代价，实现了一种"去权威化"的殖民统治。二战结束时，尼日利亚约有 1400 名资深公务员，其中只有 75 名是非洲人。③ 独立后的尼日利亚继承了殖民时期的政治结构和行政制度，既没有统一的政治，也没有具有高度组织性的军队、警察和文职官僚体系。由此，英国殖民统治给尼日利亚带来的是一个软弱的公共空间，无论是从组织的角度看还是从文化精神的角度看，从而鼓励了私有行为者对政府职能和资源的侵占。④ 同样，英国对塞拉利昂奉行分而治之的社会控制策略，其结果是形成了一个孱弱的后殖民地国家。

无论是英国的间接统治，还是法国的直接统治，为了最小化统治成本，英法只在非洲进行了极为有限的投资，这造成独立后非洲官僚集团的行动能力非常有限。到 1939 年，在属于英国殖民的非洲土地上约有 4300 万人口，但是英国在当地只投入了 1223 名官员和 938 名警察。在法属西非，1500 万人口由 3660 名官员管辖。在比属殖民地刚果，就在独立的当天，卢蒙巴及其政府不得不依赖 9801 名比利时文职官员和 1.1803 万名非洲人，而这些人当中有 1.1万人是目不识丁的五级职员，800 人是四级职员，剩下的 3 人中也没有一名是一级职员。许多比利时官员在刚果独立后立即返回了欧洲，留下来的人中大部分也不愿意或者也无法把自己的技术传授给非洲人，更不用说向他们解释文件了。⑤ 1960 年，在比利时人离开时，刚果仅有十几名受过教育的行政官员。由此看来，这种最小化成本、最大化利益的统治留下了没有中心化权威、没有国

---

① 〔美〕阿图尔·科利：《国家引导的发展：全球边缘地区的政治权力与工业化》，朱天飚、黄琪轩、刘骥译，吉林出版集团有限责任公司，2007，第 349 页。

② Mahmood Mamdani, *Citizen and Subject: Contemporary Africa and the Legacy of Late Colonialism* (Princeton: Princeton University Press, 1996), p.51.

③ Nicolson, *The Administration of Nigeria*, 1900-1960: *Men, Methods and Myths* (New York: Clarendon Press, 1970), pp.256-300.

④ 〔美〕阿图尔·科利：《国家引导的发展：全球边缘地区的政治权力与工业化》，朱天飚、黄琪轩、刘骥译，吉林出版集团有限责任公司，2007，第 371 页。

⑤ 〔英〕巴兹尔·戴维逊：《现代非洲史：对一个新社会的探索》，舒展等译，中国社会科学出版社，1989，第 317~318 页。

家公务员体系，也没有任何真正能使其深入社会以支持即使是最基本的政府职能。① 整体而言，在非洲，最小化成本、最大化利益的廉价殖民主义只求保住影响，没有在可持续性的政治制度上进行充分投入。正因为如此，殖民者未能向独立后的非洲提供经得起考验的政治制度，这为随后的国家衰弱和失败做了铺垫。②

（三）殖民文化与非洲的"弱"国家能力

1. 文化自信的缺失构成对非洲民族—国家认同的挑战

为方便统治，使得非洲在文化上"低人一等"是欧洲学术界和国家的通用手段。弗朗茨·法农（Frantz Fanon）在 1986 年出版的《黑色皮肤 白色面具》一书认为，在欧洲黑人是"邪恶"的象征。事实上对于非洲的歧视，不仅体现在文学作品中，也体现在一些欧洲大思想家的论述中。黑格尔在《历史哲学》中谈道："非洲是没有历史的大陆，因为我们发现它的居民生活在野蛮和野蛮的土地上……从最早的历史时期开始，非洲与世界其他地区的所有联系都被切断了。"③ 历史学家大卫·休谟（David Hume）有着与黑格尔相同的观点："我很容易怀疑黑人天生不如白人。几乎没有一个文明的国家有这种肤色，甚至在行动和思考方面也没有任何杰出的人物。他们中没有任何有创意的制造商，没有艺术，没有科学。"④ 康德对非洲的看法与休谟也并无二致，正如他在 1775 年关于不同人类种族的著作中所强调的"白人比黑人优越"。⑤ 从以上非洲在欧洲的形象的阐释中我们看到，欧洲人对于非洲文化的标签不仅为

① 〔美〕阿图尔·科利：《国家引导的发展：全球边缘地区的政治权力与工业化》，朱天飚、黄琪轩、刘骥译，吉林出版集团有限责任公司，2007，第 381 页。

② 〔美〕弗朗西斯·福山：《政治秩序与政治衰败：从工业革命到民主全球化》，毛俊杰译，广西师范大学出版社，2015，第 272 页。

③ 转引自 Ronald Kuykendall, "Hegel and Africa: An Evaluation of the Treatment of Africa in The Philosophy of History," *Journal of Black Studies*, Vol. 23, No. 4 (Jun., 1993), pp. 571-581。

④ David Hume, "Of National Characters (1748)," in *Reading the Nation in English Literature: A Critical Reader*, Elizabeth Sauer, Julia M. Wright, eds. (London: Routledge, 2009), chapter 11.

⑤ Holly Wilson and GünterZ? ller, "Of the different races of human beings (1775)," in *Anthropology, History, and Education (The Cambridge Edition of the Works of Immanuel Kant)*, I. Kant (Author) & Robert B. Louden and GünterZöller, eds. (Cambridge: Cambridge University Press, 2007), pp. 82-97.

自己的统治和剥削提供了合法性，而且使得非洲人觉得在文化上"低人一等"。欧洲将非洲描绘成一个"黑暗的大陆"已被代代相传。弗朗茨·法农（Frantz Omar Fanon）强调："一个世纪后，非洲仍被视为'黑暗的大陆'。"①非洲在文化上的"低人一等"不仅停留在思想界，更渗透到殖民者的对非政策实践中。为了证明文化上的优越性，欧洲探险家不得不"发现"黑人大陆居住的原住民，他们的生活条件使他们与野蛮人没什么不同。这些标签经常导致欧洲侵略者以最贬低的方式对待非洲及其人民。黑奴被称为"西方世界的力量和肌肉"，维护和促进奴隶制对于英国等欧洲国家的种植园经济自始至终都是非常重要的。1783 年以前，这一直是英国的基本政策。事实上，当时的一些教会也支持奴隶制。例如，新教徒非但不反对奴隶贸易，还把它当作传播"福音"的一种手段。18 世纪的废奴主义者的出发点也是承认非洲黑奴"低人一等"。在后来的殖民统治中，非洲"落后""未开化"的传统文化逐步让位于资本主义的文化，这种文化形态不仅促使消费主义在非洲社会兴起，为了获得欧洲的商品，非洲人民被绑架在资本主义的世界生产上。所谓"低人一等"还体现在传统的自给自足的农业被认为是"懒惰"和"落后"的表现，因此只有融入商品经济才是勤劳致富。

文化自信的缺失削弱了民众对新独立国家的认同感和向心力。事实上，试图通过在文化上重塑非洲人自信的"黑人精神"运动成为 20 世纪 30 年代以来抵抗欧洲文化侵略的重要内容。被誉为"非洲民族主义之父"的布莱登（Edward Wilmot Blyden）首先提出了"非洲个性"的主张，即强调黑人具有不同于其他民族的同一性和价值观。"非洲个性"的独特性在于非洲是世界文明的摇篮，黑人是古埃及文明的创造者，黑人种族有值得骄傲的过去，它曾为世界文明做出杰出贡献。非洲的习俗和文化蕴含着勃勃生机，将成为非洲社会进步的动力。②"黑人精神"运动、泛非运动以及非洲的民族解放运动都是要从根本上构建非洲人民的文化自信。但是，殖民主义对非洲文化上的侵略造成了广大非洲民众对新生政权的认同感非常有限。一方面，非洲新

---

① Toyin Falola, *Key Events in African History. A Reference Guide* (London: Greenwood Press, 2002), pp. 3-4.

② 张宏明：《多维视野中的非洲政治发展》，社会科学文献出版社，2007，第 219~220 页。

生政权是通过与欧洲殖民者的谈判解决的，很多国家和平地继承了殖民国家的行政管理制度。因此，从根本上来说，这种政权的获得本身就没有通过动员广大民众经过斗争获得，对欧洲文化的"崇拜"以及对自身文明的不自信并没有随着新生政权的建立而被培养起来。事实上，即便是通过民族解放战争获得的政权，也因为参与其中的人只是少部分的城市精英而不是广大民众，广大民众对新生政权的认同非常有限。另一方面，文化的侵略是潜移默化的，其影响具有持续性。欧洲人通过奴隶贸易、殖民统治等多种形式对非洲文明的入侵和贬低已经被习惯和接受。尤其是奴隶贸易时期，很多非洲部落通过抓捕自己的同胞为欧洲供给奴隶而获得经济利益。因此，获得独立的新生政权很难马上使广大民众产生认同感并对其效忠。

2. 殖民统治的文化模式为独立后非洲国家的国家构建制造了障碍

殖民统治的模式从根本上来说是一种专制主义的统治，这为独立后非洲国家的国家构建构成重要挑战。正如克劳福德·杨等分析的那样，殖民统治的制度本身是外来的，是完全服务于欧洲殖民者的利益的。为了殖民者利益的最大化，这种制度本身包含着对专制主义的偏好。殖民主义遗留的政治文化包含这样的观念，即专制主义是一种适当的统治模式，政治活动只是自我利益的伪装，是对公共福利的颠覆。[1] 同样，马姆达尼将欧洲对非洲的殖民统治描述为一个巨大的文化霸权项目，创造了一种"分散的专制主义"（decentralized despotism）国家。[2] 正是这样的文化模式的统治，使得独立后的非洲民众对于国家的印象停留在殖民统治时期的剥削和压迫上。这对获得独立的非洲国家从大众中获取认同和忠诚制造了困难。殖民统治的文化模式不仅体现为对专制主义的偏爱，还体现在对非洲传统基层社会结构的颠覆和破坏。殖民以前的非洲社会以部落形式组织起来的社会是有序的，分支世系制是一种政治秩序，既维持和平，又限制权力。[3] 部落酋长和头人享受着更多是道德上的权威且与同胞

---

① Nelson Kasfir, "Introduction: State and Class in Africa," *Journal of Commonwealth and Comparative Politics*, 21 (3), 1983, pp. 43-57.

② Mahmood Mamdami, *Citizen and Subject: Contemporary Africa and the Legacy of Late Colonialism* (Princeton: Princeton University Press, 1996), p. 37.

③ 〔美〕弗朗西斯·福山：《政治秩序与政治衰败：从工业革命到民主全球化》，毛俊杰译，广西师范大学出版社，2015，第274页。

之间是相当平等的。而殖民当局遵循着"每个非洲人都有自己的部落"的信念，硬要找出"部落"酋长或捏造出一个有利于自己统治的助手来服务于殖民统治，这就造成了马姆达尼所说的"分权式专制"，即暴虐的酋长或头人凭借殖民当局的支持获得了大量专制权力，逐渐凌驾于同胞之上。这破坏了原有部落的自愿平等和相互制衡。亨廷顿认为，在大部分非洲地区部落意识对传统的乡村生活来说几乎鲜为人知。部落意识是传统社会受到现代化和西方影响的产物。例如在尼日利亚南部，约鲁巴人的部落意识是在 19 世纪才形成的，连"约鲁巴"这个词也是英国传教士首次使用的。[1] 对于非洲所谓传统习俗的重塑以及对于特定部落酋长或头人权力的强调更加突出了部族认同，这给独立后的国家建构造成了巨大的困难。由于社会的碎片化，国家始终无法通过"一致性规则"来渗入社会，获得应有的合法性。从统治者的角度来讲，国家资源（现在看来是极为有限的）必须尽可能作为战略资源使用。这就意味着，统治者将关注能给其带来最大或者最有力支持的族群，换句话说，就是关注他们自己的族群。[2]

3. 殖民教育的性质削弱了非洲国家的合法性

殖民文化最直接的体现是通过殖民教育塑造了非洲精英的价值。有学者从"内因"研究非洲的欠发达问题，有一派学者将非洲的欠发达归结于非洲文化所导致的"新父权制"。该理论认为，非洲政治文化的核心要素是强人，这些政治强人利用国家机构和经济资源来维持腐败的恩庇侍从的网络。这些网络主要基于种族关系（基于部落基础），其政治合法性来源于政治强人奖励侍从忠诚（从而继承遗产）的能力。这种"新父权制"的局面导致国家能力的错位，以及经常以"外翻性"为特征的外部关系。[3] 非洲与发达世界之间的权力关系再也不能简单地被理解为来自"西方"的自上而下的强

---

① 〔美〕塞缪尔·P. 亨廷顿：《变化社会中的政治秩序》，王冠华、刘为等译，上海人民出版社，2008，第 29~30 页。

② 〔荷兰〕罗尔·范德·维恩：《非洲怎么了？——解读一个富饶而贫困的大陆》，赵自勇、张庆海译，广东省出版集团、广东人民出版社，2009，第 210 页。

③ Mark Langan, *Neo-Colonialism and the Poverty of 'Development' in Africa* (London: Palgrave Macmillan, 2018), p. 17.

加。相反，非洲精英本身就是非洲大陆衰败的主要原因。① 杰克逊（Robert Jackson）和罗斯伯格（Carl Rosberg）将非洲统治者的个人统治视作非洲国家失效的直接原因。② 虽然这一论断有偏颇，但是追溯到殖民时期，个人统治的形成与殖民教育的性质是密不可分的。自从欧洲统治被强加于撒哈拉以南非洲以来，西方的教育就是该地区所起作用的影响中最具革命性的一类，它是为帝国主义统治创造一个必不可少的阶层的工具。③ 在各种有助于解释和理解当代非洲的困难和失败的因素中，最重要的一个因素就是精英的性质和礼仪。④ 独立后的非洲领导人大多数是殖民时期在宗主国受过高等教育的精英，这些上层精英来自非洲本土，但逐步养成了宗主国的消费和生活习惯，因此，他们的行为举止都试图与本土非洲人拉开距离。例如，法国殖民体系因此创造了一种其文明被同化了的精英，他们的价值观、嗜好和志向都染上了法国属性，但这些人最终的根须却扎在非洲社会里。⑤ 正如罗德尼（Walter Rodney）所指出的，那些受过最多教育的都是最疏离非洲大陆的非洲人。殖民教育破坏了非洲社会的社会团结，同时造就了没有社会责任感的、个人主义最严重的异化形式。⑥ 这些没有责任感的精英对国家的掠夺被认为是非洲欠发达的最重要内因。

精英的掠夺性质削弱了独立初期国家的意识形态合法性。独立初期，广大非洲民众对新生的国家抱有极高的期待，新独立的国家获得了广泛的权威和认同，主权国家的建立使非洲人感受到自己可以掌握自己的命运。尤其在民族解放运动中带领非洲人民实现独立的领袖和政党获得了广大人民的认可和支持，在独立初期的国家权力结构中占据重要地位。以社会主义为例，非洲社会主义

---

① Taylor Ian, "Blind Spots in Analysing Africa's Place in World Politics," *Global Governance*, Volume 10, Issue 4, 2004, p. 412.

② Robert Jackson and Carl Rosberg, "Personal Rule: Theory and Practice in Africa," *Comparative Politics*, 16 (4), 1984, pp. 421-442.

③ 〔美〕加布里埃尔·A. 阿尔蒙德等《发展中地区的政治》，任晓晋、储建国、宋腊梅译，上海人民出版社，2017，第240页。

④ 〔加纳〕奎西·克瓦·普拉：《非洲民族：该民族的国家》，姜德顺译，民族出版社，2014，第58页。

⑤ 〔加纳〕奎西·克瓦·普拉：《非洲民族：该民族的国家》，姜德顺译，民族出版社，2014，第80页。

⑥ 〔圭亚那〕沃尔特·罗德尼：《欧洲如何使非洲欠发达》，李安山译，社会科学文献出版社，2017，第264页。

的意识形态被认为是与黑人的文化和传统密切关联而备受非洲人青睐的，独立初期有超过一半的非洲国家都选择了社会主义道路。而社会主义也为新生的政权提供了道义支持和合法性，获得了广大人民的认同。然而，作为社会主义的加纳在恩克鲁玛执政后期，其政治权力的垄断和经济决策的专断结合在一起，为权力寻租提供了丰厚的土壤，腐败成为恩克鲁玛政权越来越遭人诟病的体制性现象。① 体制性的腐败现象几乎是非洲国家的共同特征。广大上层精英对于非洲国家的掠夺不仅使社会主义的国有化成为私人敛财的工具，而且使多数非洲国家在财政、经济、社会、政治和道德方面都跌落到最低点。亨廷顿认为，在非洲国家里，民族独立反而导致经济和政治不平等的加剧。其中最重要的原因是独立为少数掌权派带来攫取巨额财富的频繁机会，而大多数人的生活水平却停滞不前。② 根据联合国的估算，仅 1991 年，非洲的统治阶层就将 2000 亿美元抽离了非洲。1985 年，喀麦隆人均年收入不足 1000 美元，却是全球第九大香槟进口国。到 1980 年，非洲公共部门的雇员人数达到了全部非农业部门人数的 50%~55%，同一时期亚洲为 36%，拉丁美洲为 27%，OECD 发达国家为 24%。中央政府人员的工资与人均 GDP 之比高达 6：1。同样，1967 年政府开支占 GDP 的比重低于 15%，而到了 1982 年在部分国家达到了 30% 以上。与政府机构和公共开支急剧扩张形成鲜明对比的是政府自身的能力严重不足，人浮于事，官僚主义盛行。因此，新独立的国家无论是社会主义性质还是以其他的意识形态为主导，由于精英的掠夺性质，国家自身的合法性在人民心中急剧下降。正如尼日利亚著名学者克劳德·阿克（Claude Ake）指出的：“糟糕的领导和结构的局限，已经使独立时的满怀希望，变成了痛苦的失望。”③ 独立之后非洲国家获得了巨大的自主性，尤其是官僚集团越来越居于社会之上，成为人民的对立面。与其形成鲜明对比的是，一方面是国家的经济危机，另一方面是政府开支的不断扩大，这严重地削弱了国家的合法性。由于国家在与社会

---

① 程映虹：《加纳领袖恩克鲁玛为什么失去政权》，载《同舟共进》2015 年第 5 期。

② 〔美〕塞缪尔·P. 亨廷顿：《变化社会中的政治秩序》，王冠华、刘为译，上海人民出版社，2008，第 45 页。

③ Claude Ake, "The Unique Case of African Democracy," *International Affairs*, Vol. 69, No. 2, April 1993, p. 239.

的互动中无法获得普遍认同，非洲各国的当权者只能从国外寻求必要的合法性资源、经济资源及安全保证，以此维护自身在国内的统治地位，从而呈现合法性的"外翻性"。

精英的心态误导了非洲的发展，削弱了国家的绩效合法性。殖民地本土精英接受了一条"朝圣"之路——经过殖民者精心选拔、到法国接受更高等的教育、再回到非洲。因此，很多受过殖民教育的精英被非洲认定是"进步或文明的分子"，拥有强大的优越感和特殊的正统性。[①] 而在内心深处，这些精英又有着技不如人的自卑感，想要处处证明非洲人不是天生"劣等"（事实上，这种所谓"非洲人种低劣"的认知也是殖民主义的产物）。因此，殖民后的非洲精英有着对西方"现代性"的"盲目"信仰。为了实现现代化，非洲国家"盲目"地将大量的资源投放到彰显"现代性"的生产工具上，倾向于以西方的事物为标准，并且痛斥传统的生产方式"迟缓"。这种对"现代"的崇拜，导致"传统而落后"的农民及其生产方式被排斥在国家宏大的发展战略之外。农业等涉及非洲民众最切实利益的领域被严重忽视，1965 年，加纳政府分配给农业的外汇只有微不足道的 200 万美元。津巴布韦等国从粮食出口国变成净进口国。非洲人民因争取光明未来的希望逐渐破灭而变得日益不安。

四　新自由主义结构调整与非洲的国家能力

（一）非洲经济危机与新自由主义结构调整的缘起

20 世纪 70 年代末，由于受到世界经济危机等多重因素影响，非洲经济陷入普遍危机。为了摆脱危机，非洲统一组织和联合国非洲经济委员会在 1979 年的非统组织首脑会议上通过了《蒙罗维亚战略》，1980 年又制订了《执行蒙罗维亚非洲经济发展战略的拉各斯行动计划》（简称《拉各斯行动计划》）。关于此次非洲经济危机的原因，《拉各斯行动计划》认为主要是西方殖民统治的后遗症和现行国际经济旧秩序作用的结果，因此，强调在独立自主和自力更

---

① 〔美〕加布里埃尔·A. 阿尔蒙德等《发展中地区的政治》，任晓晋、储建国、宋腊梅译，上海人民出版社，2017，第 244 页。

生的基础上发展非洲经济。然而，世界银行和国际货币基金组织的看法截然不同，认为危机的根源在于非洲国家经济发展的决策失误，并提出了解决经济危机的结构调整方案。世界银行于 1981 年发表《撒哈拉以南非洲的加速发展的行动纲领》，史称"伯格报告"。在西方国家的支持下，世界银行和国际货币基金组织对非洲国家施加经济压力，为了获得急需的资金以解决债务危机，30多个国家不得不接受世界银行和发达国家提出的"结构调整方案"。接受"结构调整"不但没有解决债务危机，反而使危机急剧加重。根据联合国贸易和发展会议的数据，1980 年非洲外债总额为 1233.39 亿美元，1990 年达到 2887.73 亿美元，1996 年增加到 3385.10 亿美元。起初，国际货币基金组织只施加与借款国国际收支管理紧密相关的条件，比如货币贬值，但之后，它开始对相关国家政府预算设立条件，认为预算赤字是造成国际收支失衡的一个重要原因。这导致强加给借款人类似国有企业私有化这样的条件，因为国际货币基金组织认为这些企业所造成的损失是发展中国家出现预算赤字的重要原因。这种逻辑一旦开始，就没有了终点。[①]

（二）新自由主义的结构调整与非洲的国家能力

1. 新自由主义结构调整的核心目的是使国家从经济发展中退出

"伯格报告"将 20 世纪 70 年代末以来非洲经济发展的困境归结为国家不当干预造成的政策失误，从而导致非洲的经济停滞。因此，站在国家的对立面，结构调整的核心是要削弱国家在经济发展中的地位（如国有企业的私有化、进行政治改革、精简机构），从而加强市场的决定性作用。但是，国家和地方政府不应该干预经济的所谓新自由主义信条，即便是在发达国家工业化的历程中也并未成为普遍采取的措施。威廉·阿什沃思（William Ashworth）总结道："如果说工业化有一个独特的英国道路，那么，它那种以特许权保护和关税保护为重点的制度框架，绝不逊色于它那种以企业家和技术为核心的文化

---

① 〔英〕张夏准：《富国的伪善：自由贸易的迷思与资本主义秘史》，严荣译，社会科学文献出版社，2009，第 17 页。

特色。"① 卡尔·波兰尼（Karl Polanyi）的《大转型》也深刻地提出，全国性市场的形成并不是政府逐渐放松控制经济活动的结果，相反，市场乃是政府有意识且激烈干涉之后所产生的结果。政府将市场组织加诸社会之上，以达成非经济之目的。朱天飚认为，凡是成功克服阻力实现工业化的原住民国家都发挥了国家组织的重要作用，因为资本集团自身无法克服这一阻力，所以必须借用国家的力量来实现突破。② 影响发展的主要因素是现代国际体系、社会力量和国家。在社会力量里，资本集团显然是倾向于工业化的，但因为在发展的原初状态，土地拥有者集团往往更加强大，所以社会力量不足以完全承担起工业化和市场经济发展这一重任。因此国家就变得至关重要了。③ 关于政府如何促进经济发展，在20世纪七八十年代由于东亚的成功而获得广泛的关注，而世界银行等机构在20世纪60年代出于冷战的需要也鼓励非洲国家主导的发展模式。20世纪60年代非洲国家普遍走国家主导的社会主义道路，国家经济实力得到很大提高。因此，一个强大的国家（政治机构），无论是在发达工业国家崛起过程中，还是在后发展国家的进程中，都扮演着极为关键的角色。如何运用国家权力拓展国际市场不仅是历史的常态，而且是资本主义所谓自由市场背后真正的推动力量。正如迈克尔·曼所言："新自由主义的结构调整要求国家从经济中撤退，消除全球市场力量运行的一切障碍。非洲国家不得不遵从债主的规则。对于非洲而言，这意味着逐渐消除正在发育中的国家政权。这些贷款条约的执行将削弱政府在医疗、教育以及交通方面的基础建设，并加深它们对北半球的依赖。边缘国家保有形式上的主权，因此原则上可以拒绝所提供的贷款，但后果可能是破产、将来更高的利率，甚至可能被排挤在国际经济秩序之外。大部分南半球政府觉得无法拒绝这一提议。债务削弱了它们。"④ 国家从经济中的退出造成了非洲经济"赤裸裸"地被置于国际经济的"中心—边缘"结构中。从世界体系理论来分析，边缘国家相对强大的国家能力从根本上是不

① William Ashworth, *Customs and Excise*, *Trade*, *Production and Consumption in England 1640–1845* (Oxford：Oxford Press，2003)，p. 382.
② 朱天飚：《历史与国际视野下的发展问题》，载《清华政治经济学报》2013年第1期。
③ 朱天飚：《历史与国际视野下的发展问题》，载《清华政治经济学报》2013年第1期。
④ 〔英〕迈克尔·曼：《社会权力的来源（第四卷）：全球化（1945~2011）》，郭忠华、徐法寅、蒋文芳译，上海人民出版社，2018，第215页。

符合垄断资本的利益的，因为它会给资本攫取大量利润造成障碍。而以国际货币基金组织和世界银行为代表的结构调整是要使包括非洲国家在内的广大发展中国家从经济发展中退出，以便为资本进入创造条件。

2. 新自由主义的结构调整破坏了非洲民族国家构建的进程

新自由主义的结构调整反复强调一个至少在霍布斯时代就已被提及的观点，即现代国家太过强大并具有权威性，因此削弱这个"新利维坦"就是新自由主义在政治上的诉求。在非洲的结构调整计划实施过程中，结构调整计划以非洲国家获得援助为条件，诱导非洲国家进行削减财政、减少政府开支。客观来说，减少国家干预举措本身具有一定的合理性，在诸多非洲国家对经济的全面干涉成为20世纪六七十年代非洲政治经济的鲜明特色。尤其是国家财政负担重、政府开支高成为当时制约非洲发展的重要内容。但是，结构调整使情况从一个极端走向了另一个极端，多国政府权威丧失，成为"影子国家"。非洲国家的起点是殖民国家，非洲国家从殖民地手中继承的只是一个国家的外壳，非洲广大人民治理现代国家的经验严重缺乏，国家构建、民族构建远未完成。因此，非洲国家孱弱、国家治理经验匮乏是不争的事实。而结构调整使孱弱不堪的国家彻底变成社会的"俘虏"。以尼日利亚为例，结构调整使国家主权在四个层面受到侵蚀。第一，结构调整计划的实施使国家在政策制定方面丧失了自主权，国家失去了对外部力量在影响国家目标和决策中的控制权。第二，世界银行和国际货币基金组织的技术专家积极参与尼日利亚的政策实施，监督和促使巴班吉达政权忠实于结构调整计划的精神和条文。第三，国内社会契约在偿付外债方面处于从属地位。第四，使尼日利亚政府丧失了独立思考和明确表达国家利益的机会。[①] 李安山认为，结构调整要求深化经济自由化和加快私有化进程，加上中央政府简缩编制和下放权力，出现政府职能萎缩、非政府组织涌现和民众参与政治等现象。经济自由化破坏了国家控制（垄断）资源的基础，也刺激了重新分配资源的要求；精简机构和放权可以减少公共开支，但使政府工作效率降低，加之政府自主能力逐渐

---

① Mojúbàolú Olúfúnké Okome（ed.），*State Fragility，State Formation，and Human Security in Nigeria*（New York：Palgrave Macmillan，2013），p. 48.

丧失，大大减少了社会福利和相应的公信度。① 经济和政治改革，尤其是结构调整计划，已经明显地削弱了第三世界国家的政府和经济，并引发了我们现在所熟知的国家问题（National Question），促成了专制主义、反国家动员、武装冲突和内战。②

首先，非洲国家的汲取能力因为结构调整而受损。结构调整的缘起是非洲国家20世纪七八十年代面临的严峻的债务危机。事实上，这场债务危机本身与欧美发达国家的垄断资本分不开。20世纪70年代早期，石油输出国组织（欧佩克）的建立使石油生产国获得了大量的收入，这些利润大部分被投向发达工业国家的银行。反过来，这些银行又"饶有兴趣"地将这笔钱借给了包括非洲国家在内的广大发展中国家，以资助发展中国家从工业国家购买产品。通过向发展中国家提供贷款刺激发达国家的生产。20世纪70年代，私人和公共机构都鼓励给发展中国家借款，世界银行也"鼓吹债务能够加速发展"③。结果，巨额资金被发展中国家政治精英借用，这些钱经常被浪费在一些没有实际意义的"白象"④项目上或被腐败官员所贪污，而为实现可持续经济增长而进行的生产性投资很少。⑤ 20世纪80年代初期，为了阻止通货膨胀，美国大幅推高利率。于是，那些向美国银行贷款的发展中国家不得不支付巨额利息，欧洲的主要贷款银行也纷纷效仿，非洲的债务危机随之而来。根据世界银行的数据，发展中国家支付的实际利率（通货膨胀调整后）从1975年的-4%上升到1985年的10%以上。⑥ 由于结构调整，撒哈拉以南非洲国家的债务从1970年的20亿美元上升至2012年的3310亿美元，增加了164.5倍。同一时期，

---

① 李安山：《世界现代化历程（非洲卷）》，江苏人民出版社，2013，第141页。

② 参见 Gibbon, P. Y. Bangura, and A. Ofstad（eds.）, *Authoritarianism, Democracy and Adjustment: The Politics of Economic Reform in Africa*（Uppsala: Nordiska Afrkainstitutet, 1992）。

③ George, S., "World Bank and IMF at Century's End," in *Notebooks for Study and Research* 24/25, 1995.

④ "白象"一词经常被用来指花了大价钱但却用处不大的项目。

⑤ Herbert Jauch, "How the IMF-World Bank and Structural Adjustment Program（SAP）Destoryed Africa," May 26, 2009, https://newsrescue.com/how-the-imf-world-bank-and-structural-adjustment-programsap-destroyed-africa/.

⑥ Biodun Olamosu and Andy Wynne, "Africa Rising? The Economic History of Sub-Saharan Africa," April 12, 2015, http://isj.org.uk/africa-rising/.

30 个撒哈拉以南非洲国家已经偿还了它们 1970 年拥有债务数额的 217 倍。[①] 自 20 世纪 80 年代以来，债务偿还将发展中国家的财富大量转向发达国家。法国前总统弗朗索瓦·密特朗 1994 年表示："尽管发达工业国家在双边和多边援助上花费了大量资金，但从非洲流向发达工业国家的资本大于工业国家向非洲国家提供的援助。"[②] 而结构调整导致的国家从经济中的退位，使垄断资本得以肆无忌惮地从非洲非法盗取大量财富。联合国非洲经济委员会非法资金流动问题高级别小组 2015 年的一份报告指出，非洲每年因为非法资金流动而损失 500 亿美元，在过去 50 年中，来自非洲的非法资金流失超过 1 万亿美元。[③] 由此可见，非洲国家的汲取能力因为结构调整而受到极大的冲击。

其次，新自由主义的结构调整弱化了非洲国家的合法性。合法化能力是国家在群众中制造认同从而巩固其统治的能力。对于非洲而言，国家合法化能力的基础是满足广大人民对于实现经济发展和政治秩序稳定的需求，事实上这也是独立后广大发展中国家人民最迫切的愿望。然而，新自由主义的结构调整削弱了非洲国家的合法性。以尼日利亚为例，在结构调整时期，社会矛盾愈演愈烈且不断扩散。其中包括因争夺稀缺资源而引起的宗教和种族冲突；犯罪增加，包括武装抢劫和贩毒，它们成为立即实现繁荣的新途径；生活水平普遍下降，两极分化加剧，财富被少数富人掌握；中产阶级人数减少，贫困人口迅速增加；社会公共服务被侵蚀到几乎消失的地步，因此，许多在结构调整前期得到控制的疾病再度对社会造成了严重破坏；由于缺乏资金，以及学生和知识分子反对国家改善教育制度，教育系统陷入困境；示威和罢工频繁，因此高等教育机构关闭的次数多于开放的次数。[④] 新自由主义的结构调整对非洲国家合法性的削弱还体现在，随着国家收入的降低，恩庇政治被强化，国家的合法性被

---

① Salaheddine Lemaizi, "Poverty in Africa, the Unvoiced Failures of the World Bank," April 15, 2016, http://www.cadtm.org/spip.php? page = imprimer&id_article = 13321.

② Toussaint and Comanne, "Globalization and Debt," in *Notebooks for Study and Research* 24/25, 1995.

③ Katsouris, Christina, and Aaron Sayne, "Nigeria's Criminal Crude: International Options to Combat the Export of Stolen Oil," September 1, 2013, https://www.chathamhouse.org/publications/papers/view/194254.

④ Mojúbàolú Olúfúnké Okome (ed.), *State Fragility, State Formation, and Human Security in Nigeria* (New York: Palgrave Macmillan, 2013), p. 48.

不断削弱。根据维恩的研究，20 世纪 80 年代的结构性调整计划大幅度削减了国家收入，统治精英遂不再能令境内所有或绝大部分族群满意了。从统治者的角度来讲，国家资源（现在看来是极为有限的）必须尽可能作为战略资源使用。这就意味着，统治者将关注能给其带来最大或者最有力支持的族群——换句话说，就是关注他们自己的族群。① 从 20 世纪 80 年代开始，随着新自由主义结构调整的开始，非洲国家的合法性在其国民心中大量流失，不再有代表性，国家因此成为"影子国家"，它不过是一张掩盖领导人个人阴谋的"有用门面"。如今，国家能力软弱依然是制约非洲发展的关键因素，构建一个现代意义上的民族主权国家依然是非洲政治发展的核心议题。

最后，新自由主义的结构调整使得国家汲取能力降低，从而导致非洲国家的强制能力下降。美国负责非洲问题的国防情报官员威廉·汤姆（William C. Thom）认为，非洲大多数国家的军队处于衰退之中，受到预算缩减、规模缩小和复员等压力的影响，以及冷战时期缺乏可自由获得的军事援助的影响。除了少数例外，重武器处于休眠状态，设备年久失修，训练几乎不存在……在中央政府（有时甚至是国家）的合法性受到质疑的时候，许多国家维护秩序的主要力量是无序的。② 又比如，津巴布韦的军队长期以来被认为是非洲大陆最有能力的军队之一，但报告显示，该国部队只有 5% 的车辆处于正常工作状态，每月的飞行员训练已经被放弃，为了省钱，一个旅中 70% 的军人已经不在岗一年或更长时间。③ 事实上，20 世纪 80 年代以来非洲国家"失败"的浪潮正是与结构调整的同步进行密切相关。福山也承认，第三世界的新自由主义改革严重偏向削弱国家功能，这可能常常被混淆为或被曲解为全面削弱国家能力。国家构建至少是与国家削弱同样重要，却从未受到同等的重视。④

---

① 〔荷兰〕罗尔·范德·维恩：《非洲怎么了？——解读一个富饶而贫困的大陆》，赵自勇、张庆海译，广东人民出版社，2009，第 210 页。

② William G. Thom, "An Assessment of Prospects for Ending Domestic Military Conflict in Sub-Saharan Africa," CSIS Africa Notes 177, October 1995, p. 3.

③ "Zimbabwe: Report Cites UK Paper on 'Ominous' State of Defense Force," Harare Zimbabwe Standard, May 11, 1998, cited in Foreign Broadcast Information Service, *Daily Report: Sub-Saharan Africa*, May 12, 1998.

④ 〔美〕弗朗西斯·福山：《国家建构：21 世纪的国家治理与世界秩序》，郭华译，学林出版社，2017，第 17 页。

总　结

本文回顾了非洲"弱"国家能力的缘起。文章通过分析认为，非洲的"弱"国家能力与前殖民统治时期非洲的政权发展状况有关，但更重要的是欧洲的殖民统治奠定了非洲国家"弱"国家能力的基础。独立后，非洲国家构建的进程又受到新自由主义结构调整的影响，国家能力的诸方面被削弱。无论是殖民统治，抑或是新自由主义的结构调整，都是中心国家政治、经济、文化等诸多方面霸权的体现，看似是偶然性的，但背后有其必然性的逻辑。而从根本上来说，非洲国家能力"弱"依然是由这些国家在资本主义世界体系中所处的"边缘地位"决定的。经济依然是基础，没有经济上的独立自主，政治上的国家能力只能是无源之水、无本之木。因此，从这个意义上来说，非洲面临的根本问题不是所谓的民族—国家构建，也不是政党的腐败与廉洁问题，而是经济基础的独立和自主问题。也正因为如此，边缘国家想要在资本主义的世界体系中实现独立自主的发展是一件十分困难的事。就连东亚奇迹等，沃勒斯坦也认为是一种出于资本主义的整体需要而实现的"被邀请的发展"。阿明则认为，东亚奇迹本身是脱钩发展的产物。但是，这并不能否定国家在促进发展中的有限自主性和能力，无非是能力和自主性大小的问题，是如何作用于经济基础、效果如何的问题。对于"边缘国家"来说，改变资本主义世界体系的经济结构困难重重，同样，在世界体系内国家的能力"弱"也是既定的。但非洲依然有提高自身能力的内部空间，只有提高国家能力才能更好地作用于经济基础，以实现经济的相对改善和人民福祉的相对提高。从这个意义上来说，国家构建是一个极端重要的命题。

中国与西方传统援助国对外援助制度的差异比较

近十几年来，中国的快速发展是全球发展援助中的一个重要事件。中国在开展发展援助的过程中坚持具有自身特色的模式。不管是从体量还是从模式的独特性来说，美国和中国都是当前全球发展援助的重要行为体。美国是开展现代意义上的发展援助最早的国家。1947 年，美国杜鲁门政府决定对希腊和土耳其提供 4 亿美元援助，并在之后制订了援助西欧国家的"马歇尔计划"，这标志着战后发展援助的开展。2018 年，美国为其发展援助项目提供了 343 亿美元的资金支持，远超排在第二位的德国（250 亿美元）。此外，美国还是以经济合作与发展组织发展援助委员会（OECD DAC）为代表的传统援助集团的重要成员。

中国是较早开展发展合作的国家之一。早在 20 世纪 50 年代，中国就开始在"南南合作"的框架下向当时的社会主义阵营和亚非拉发展中国家提供物资援助。进入 21 世纪以来，随着中国经济的快速增长和"走出去"战略的提出与实施，中国的发展援助投入也保持了快速增长的趋势，目前已经是全球发展援助资金最重要的提供者之一。而以 2018 年国家国际发展合作署的组建为标志，中国的发展合作已经进入一个新的历史时期。[①] 以中国为代表的新兴援助国的兴起，为全球发展援助提供了新的资金、知识和经验。目前，碎片化的全球发展援助格局更加碎片化，传统援助国和新兴援助国之间在发展援助领域的矛盾更加凸显。本文在比较中国和西方传统援助国援助模式差异的基础上，

---

① Naohiro Kitano, "China's Foreign Aid: Entering a New Stage," *Asia-Pacific Review* 25 (2018): 90–111.

对双方开展学习和借鉴的可能性及其路径进行阐述。

一　研究框架

此前的学者已经对发展合作模式开展了一定的比较研究。如清华大学的庞珣在《新兴援助国的"兴"与"新"：垂直范式与水平范式的实证比较研究》中，从援助关系中的核心概念、前提假设、基本原则和起始关系四个方面定义了"垂直范式"和"水平范式"两种截然不同的"理想类型"。具体来说，核心概念层面的分歧指的是传统援助国的对外援助是建立在具有优惠性质、旨在促进受援国经济社会发展的财政贡献，而新兴援助国的发展援助则是建立在共同经历和感情基础上团结和合作的表现。前提假设的分歧则体现在援助国和受援国的划分，以及互利互惠、相互帮助的发展伙伴的角色定位。基本原则的区别体现在干涉原则和不干涉内政原则上。起始关系的差异体现在传统援助国遵循的南北关系和新兴援助国坚持的南南关系。作者认为，传统援助国代表了"垂直范式"，而南方援助国则体现了新型的"水平范式"，而正是这种范式的差异成为导致两者之间互相学习借鉴十分困难的重要因素。[①]

法国发展署前署长让·米歇尔·塞维利诺等在《发展援助的终结：全球公共政策的死亡与重生》一文中，构建了由援助目标、援助主体和援助方式组成的分析框架，并借助这一框架对全球发展援助格局进行了阐述。他认为，从援助目标来说，全球发展援助正在逐渐从推动发达国家和发展中国家之间的经济融合，转变为提供和维护全球公共产品；从援助主体来说，援助主体数量增加且越来越多元化，已经超出了传统的发达国家行为体的范畴，发展援助主体的变化主要体现在两个方面，即新兴经济体的深度参与和非官方援助方的快速崛起；从援助方式来说，新的援助方式层出不穷，并越来越具有灵活性和创新性。[②]

---

① 庞珣：《新兴援助国的"兴"与"新"：垂直范式与水平范式的实证比较研究》，载《世界经济与政治》2013 年第 5 期。

② Jean-Michel Severino and Olivier Ray, "The End of ODA: Death and Rebirth of a Global Public Policy," Center for Global Development Working Paper, No. 167, March 2009.

　　此外，恩昆德·姆瓦瑟（Nkunde Mwase）和杨永正（Yongzheng Yang）提出了金砖国家（除俄罗斯之外）和传统援助国在提供发展援助资金方面的三个重要区别。第一，传统援助国更关注社会基础设施领域，将减少贫困作为发展援助的主要目标，而金砖国家则将发展援助建立在互惠互利的基础上，更多地将资金投入经济基础设施领域。第二，传统援助国将附条件援助和制度建设作为确保援助有效性的重要方式，而金砖国家则倾向于提供不附带条件的非现金项目资助，并将此作为避免腐败的方式。第三，传统援助国关注宏观层面上的国家债务可持续性，而金砖国家更关注微观层面上的具体项目的可持续性。[1] 而在阐述中国发展援助的特殊性时，潘亚玲认为，中国的发展援助理论有四个主要特点。第一，坚持不附带条件的援助。第二，坚持互利共赢，提高受援国的自主发展能力。第三，坚持平等原则，而非道德说教。第四，坚持战略耐心，并避免技术层面的短视。[2] 而安妮·韦勒·斯特兰德（Anne Welle-Strand）和克里斯汀·克莱斯塔尔（Kristian Kjøllesdal）则概括了西方国家与中国发展援助的四个主要区别：援助—受援关系 VS 平等伙伴关系、资源提供 VS 平等互利、附条件援助 VS 不干涉内政和多边主义 VS 单方援助。在此基础上，作者们提出中国的对外援助有三个主要特点。第一，强调商业利益和互惠互利，而不同于援助国"帮助"受援国。第二，坚持不干涉他国内政原则。第三，中国自身在经济发展方面的成功经验是吸引其他发展中国家的重要因素。[3]

　　以上的研究成果表明，中国和西方国家之间在发展合作领域存在诸多的差异。本文无意对这些差异进行穷举式比较分析，而是在借鉴前人研究成果的基础上确定核心差异，并加以提炼总结。本文认为，第一个重要的差异，也是最根本的差异在于，中国和西方国家在发展合作模式上各自身份的不同，即传统援助国（美国）和新兴援助国（中国），在此基础上则分别发展出"南北援助"和"南南合作"两种关系模式。这一点响应了庞珣所强调的援助关系中的起始

①　Nkunde Mwase and Yongzheng Yang, "BRICs' Philosophies for Development Financing and Their Implications for LICs," IMF Working Paper, No. 12/74, March 1, 2012.

②　Pan Yaling, "China's Foreign Assistance and Its Implications for the International Aid Architecture," China Quarterly of International Strategic Studies 1 (2015), pp. 283-304.

③　Anne Welle-Strand and Kristian Kjøllesdal, "Foreign Aid Strategies: China Taking Over?" Asian Social Science 6 (2010), pp. 3-13.

关系层面的不同。这种起始关系的不同，自然导致在是否干预受援国内政以及是否坚持互惠互利等方面的差别。第二个重要的差异则可以概括为路径差异，即通过何种渠道开展发展援助。具体来说，则关系到多边机制和民间社会在开展发展合作中的角色是什么样的。第三个重要的差异表现为发展资源提供方通过何种具体方式开展发展合作，或者说援助国通过开展何种活动达成本国发展援助的目标。从这三个层面出发，本文对中国和传统援助国的发展援助模式进行比较。

二　理念之辨：南北援助 VS 南南合作

西方传统援助国在开展发展援助的过程中，往往将受援国视为"被帮助"的一方，在将自身视为已经达成发展目标的"成功者"的同时，将受援国视作"后进生"，从而为其发展提供不同种类的资源，以"帮助"它们实现发展。美国在二战后实施的"马歇尔计划"就是帮助战后的西欧国家尽快实现经济复兴。对当时发展援助的另一个重要参与者欧共体来说，在1957年签订的《罗马条约》中，由于法国的坚持，建立了所谓的"联系制度"，以增进成员国同其殖民地国家和地区的联系。根据此条约及其附件《关于海外国家和领地与本集团联合的实施专约》，欧共体专门设立了总额为5.81亿美元的"海外国家和领地开发基金"。

在这种认识的基础上，援助国和受援国之间往往处于不平等的状态，受援国接受来自援助国的"慷慨馈赠"。而在西方经济理论的背书下，传统援助国介入受援国内部事务，对受援国的国家治理提供"指导"，在受援国没有达到援助国所设定的条件时，或者其所作所为不符合援助国利益时，援助国则以停止援助相威胁，从而使发展援助成为援助国干涉受援国内部事务、实现援助国国家利益的工具。

中国的发展援助一开始就坚持中国和受援国之间地位平等和互惠互利的原则，并通常强调其对外援助的合作属性。1964年，周恩来提出了中国开展对外援助的八项原则，其中第一项是要坚持平等互利原则，第二项则明确要求中国在开展援助过程中严格尊重受援国的主权，绝不附带任何条件和要求任何特权。而2014年发布的《中国的对外援助》白皮书，也再次提及了中国对外援助的 16 字基本原则：相互尊重、平等相待、重信守诺、互利共赢。中国从平等的伙伴关系原则出发，坚持不附加条件原则，不干涉伙伴国内政。

近些年来，不管是以美国为代表的西方国家还是中国，同受援国的关系都发生一定的调整。西方援助国逐渐认识到以自身为主导的援助方式难以真正符合受援国的需求，因此其效果也往往打折扣。因此，近些年来，传统援助国越来越强调发挥受援国的自主性，并将受援国纳入援助项目的规划、实施和监管过程。

总而言之，传统援助国和新兴援助国的角色以及由此衍生出来的"南北援助"和"南南合作"关系，构成了传统援助国与中国在发展合作理念上的根本差异。这种差异具体体现在是否干预受援国内政，或者是否在提供援助时附加条件，以及是否坚持互惠互利原则。尽管近些年来，西方援助国与中国在这两个问题上均有一定的政策性转变，但并没有改变各自与受援国之间的根本关系。

三 路径之异：政府主导 VS 多方参与

中国和西方传统援助国在通过何种路径开展发展援助方面也存在显著的差异。中国的资金和项目发展援助主要通过双边的方式实施，通常通过与受援国政府之间的互动开展，而西方国家则在相当程度上依赖多边路径，重视发挥国际组织的作用。另外一个更为重要的差异是，民间社会组织已经深度介入西方传统援助国的发展援助行动，中国则主要依靠政府开展此类活动。

（一）双边主义 VS 多边主义

国际组织在开展发展援助方面具有其特殊的优势。通常来说，国际组织政策较为连贯稳定，一般不像援助国一样受到外交政策和地缘政治等因素的显著影响，同时国际组织具有丰富的经验和充足的人才，能够有效地达成援助目标。西方传统援助国往往重视通过国际组织开展发展援助。之所以如此，除了认识到国际组织在开展发展援助上的独特优势之外，还因为这些国际组织通常是由其建立起来的，符合其自身的理念和利益。而相比于西方传统援助国，中国的发展援助活动则主要通过双边渠道开展。在 2011 年发布的《中国的对外援助》白皮书中明确提出："中国的对外援助以提供双边援助为主，同时在力所能及的前提下支持和参与联合国等多边机构的发展援助工作，并本着开放的态度同多边组织和其他国家在发展援助领域积极开展交流，探讨务实合作。"① 这表明中国在对外援助中坚持双边主义的立场。当然，这并不是说中国完全不通过国际组织开展发展援助。事实上，中国在一些特定的国际组织中表现活跃。2005 年，中国出资 2000 万美元在亚洲开发银行设立中国减贫和区域合作基金，并于 2012 年再次出资 2000 万美元续设该基金，用于支持发展中国家的减贫与发展。2008 年，中国出资 3000 万美元与联合国粮农组织设立南南合作信托基金，并于 2015 年再次为该基金提供 5000 万美元。

（二）政府部门 VS 民间社会

中国与西方援助国援助路径的另一个重要差异体现在民间组织的作用方面。西方国家普遍较为关注民间组织作用的发挥。近些年来，一些规模较大、资金充裕的非政府组织、跨国企业、基金会、慈善组织和宗教组织等加入提供发展援助的队伍，并根据自身的特点和专长开展相应的援助活动。以比尔及梅琳达·盖茨基金会（下文简称盖茨基金会）为例，该基金会目前在全球 100 多个国家开展项目，关注的范围涵盖从疾病预防、性别平等到儿童健康等方面。2018 年，盖茨基金会投入约 40 亿美元用于支持其援助项目。如果将其与主权援助国相比较，盖茨基金会可位列 2018 年世界发展援助的第 12 大援助方，排在澳大利亚、瑞士和西班牙等国家之前。仅就美国而言，美国有着数量众多且资源丰富的非官方援助机构，这些机构提供的资金数额甚至已经超过了美国官方提供的。

相比较而言，中国对外援助更多地采取"政府对政府"的方式。② 值得关注的是，在中国政府部门的支持下，中国国际扶贫中心较为积极地参与国际发展援助项目。比如，2015 年，中国扶贫基金会和中国灵山公益慈善促进会共同在埃塞俄比亚首都亚的斯亚贝巴发起"微笑儿童实验项目"。该项目总援助

① 《中国的对外援助》白皮书，http://www.cidca.gov.cn/2018-08/06/c_129925064.htm。

② Jennifer Y. J. Hsu, Timothy Hildebrandt and Reza Hasmath, "'Going Out' or Staying in? The Expansion of Chinese NGOs in Africa," *Development Policy Review* 34（2016），pp.423-439.

资金达 1000 万元人民币。根据计划，中方机构将与当地非政府组织合作，在此后五年内为亚的斯亚贝巴 36 所公立学校的 2000 多名贫困儿童免费提供早餐和午餐。[①]

四　方式之别：基础设施 VS 社会治理

除了理念和路径上的差异外，中国和西方国家发展援助的一个更为明显的差异在于方式的不同。简单来说，西方的发展援助十分重视社会基础设施项目的开展，关注政府治理、环境、女性、教育及健康等问题，而中国的援助资金主要投向经济基础设施项目，特别是大型基础设施项目。

西方国家在开展发展合作的初期也曾十分关注经济基础设施项目的建设，但在长期实践过程中，它们逐步形成了这样一种认识：在没有良好的社会治理的前提下，经济基础设施项目不能有效地发挥作用，投入更多的资金只会造成更大的浪费和腐败。同时，西方传统援助国对自身的治理模式和政治经济制度充满自信，相信贫穷的受援国要想实现经济腾飞，必须采取和西方国家相同的制度，舍此之外别无他途。在这种认识的基础上，西方传统援助国越来越关注受援国对良好社会环境的培育和政府能力的建设。相比较而言，中国政策制定者根据中国自身的发展经历，坚持"要致富、先修路"的理念，将基础设施建设放在经济发展和减少贫困的关键位置，并致力于在发展合作中推广这种经验。[②] 在这种经验的指导下，中国的对外援助十分重视公路、铁路、港口、电站等基础设施的建设。

尽管"西方重视社会治理，中国重视基础设施建设"这种总体的模式和格局没有发生显著的变化，但近几年来，无论是西方国家还是中国均出现了一些不同的发展趋势。以美国为例，近些年来，美国领导人越来越将发展中国家的经济发展视为本国企业的巨大机遇。特朗普任总统后，给基础设施建设赋予

[①]　中国扶贫基金会：《We are the world，we are the children——记"微笑儿童实验项目"的启动》，载《国际援助》2015 年第 6 期。

[②]　《商务部援外司司长王胜文在"非洲基础设施建设发展合作研讨会"上的发言》，2012 年 11 月 6 日，http：//yws. mofcom. gov. cn/article/m/policies/201304/20130400096071. shtml。

了地缘政治色彩，将美国参与发展中国家的基础设施建设视作巩固和扩大自身影响并抵消和对抗中国影响的工具。在这种认识的基础上，通过优惠贷款的方式支持本国企业参与受援国的经济发展项目，已经成为特朗普政府发展合作政策的一个重要变化。[1] 2018 年 10 月，特朗普总统签署法令，将海外私人投资公司和美国国际开发署的发展信贷管理局合并为一个新机构——美国国际发展金融公司。新机构采用更加灵活的方式，每年向全球提供高达 600 亿美元的国际开发融资。美国国际开发署时任署长马克·格林（Mark Green）在此后的声明中指出，国际发展金融公司的成立将促进基于市场的和私人部门的发展，刺激欠发达国家的经济增长，并帮助实现美国的外交利益。而对美国国际开发署来说，这一机构可以帮助其增加发展财政工具的多样性，并通过私人部门的作用来支持正在开展的项目。[2] 而就中国来说，一些学者也注意到过分强调经济基础设施而忽视对受援国社会和政府部门能力建设的弊端。因此，有学者呼吁应进一步平衡不同部门间的资源分配，适度增加用于社会发展和能力建设等领域的无偿援助的比例。[3]

五　三方发展合作

三方发展合作也称三角发展合作或者三边发展合作，是最近十几年来全球发展合作领域逐渐兴起的一种援助方式。三方发展合作作为一种合作模式，其雏形最早可以追溯到 1978 年在布宜诺斯艾利斯召开的联合国发展中国家间技术合作大会。在那次会议上通过了"促进和实施发展中国家间技术合作的布宜诺斯艾利斯行动计划"，这对全球发展合作的开展产生了重要影响。该计划

---

① 赵行姝：《美国国际发展融资机构的改革》，载《现代国际关系》2019 年第 8 期。

② Mark Green, "U. S. Agency for International Development Administrator Mark Green on the Creation of the U. S. International Development Finance Corporation（USIDFC），" October 3, 2018, https://www. usaid. gov/news-information/press-releases/oct-3-2018-administrator-green-statement-creation-usidfc.

③ 朱玮玮、徐康宁、王美昌：《中国援助是否促进了非洲经济增长》，载《国际贸易问题》2018 年第 7 期；王磊、殷悦：《我国对外援助面临的挑战与对策建议》，载《学习时报》2016 年 9 月 26 日，https://www. wxyjs. org. cn/xxgcxjpzsjxljhjszl /gygjgxhwgwjzl /201609/t20160926_218151. html。

虽然没有明确提及"三方合作",但是指出,"联合国的所有组织都应当扮演发展中国家间技术合作的促进者和催化剂的显著角色"。①经过四十多年的发展,三方发展合作模式已经逐渐成为全球发展合作体系中的一个重要组成部分,受到国际社会的广泛关注。

(一)三方发展合作的概念

尽管三方发展合作作为一种理念已经有四十多年的历史,但这种模式在发展合作中得到广泛应用只是最近十几年的事情。三方发展合作的兴起,很大程度上是传统援助国/多边发展组织和新兴援助国两方面的需求共同作用的结果。首先,就传统援助国来说,向"南方国家"提供援助的"南北援助"模式已经被证明存在严重不足。数十年来,发达国家和国际组织向最不发达国家提供大量的援助,但直到今天,很多发展中国家依然深陷贫困。尽管在一些领域和地区,传统援助国的援助取得了良好的成效,但总的来说,这种援助模式很难说是成功的。基于此,传统援助国开始逐渐探索新的发展合作模式,以提升发展合作的效率和效果。其次,就新兴援助国来说,曾经作为受援国的一些发展中国家,从受援国名单中陆续"毕业",并开始提供发展合作资源,逐渐成为全球发展合作的重要参与者。由于这些国家刚刚摆脱贫困或者在摆脱贫困的道路上取得了显著的成就,它们的经验、技术以及知识等更加符合同为发展中国家的受援国的需要。这不仅成为新兴援助国开展发展合作的重要优势,也受到传统援助国的关注。最后,对于传统援助国来说,它们也希望能够加强同新兴援助国的沟通和协调,逐渐把它们纳入传统援助国制定的援助规则。这样,三方发展合作就扮演了一种介于"南北援助"和"南南合作"之间的桥梁的角色,从而丰富了全球发展合作的内容。②

---

① "Buenos Aires Plan of Action (1978)," United Nations Conference on South-South Cooperation, https://www.unsouthsouth.org/bapa40/documents/buenos-aires-plan-of-action/.

② Rara Reines, "Trilateral Development Cooperation: A Win-Win-Win for South-South Dialogue?" *Ayiba Magazine*, August 24, 2016, http://ayibamagazine.com/trilateral-development-cooperation-win-win-win-south-south-dialogue/.

当前，尽管三方发展合作受到决策者和研究者越来越多的关注，但这一概念依然没有得到普遍认可的定义。比如，联合国南南合作办公室将三方发展合作定义为：传统援助国和多边组织通过提供资金、培训、管理和技术系统以及其他方式的支持等，促进南南倡议的合作模式。① OECD DAC 将三方发展合作定义为：DAC 援助国和南南合作提供者联合在发展援助受援国实施发展合作计划或项目的一种伙伴关系。② 而在 OECD DAC 2017 年发布的一份报告中，根据国家的收入水平将三方发展合作分为四种模式：中等收入国家—中等收入国家—高收入国家/国际组织模式；高收入国家/国际组织—中等收入国家—最不发达国家模式；国际组织—高收入国家—中等收入国家—最不发达国家模式；高收入国家/国际组织—两个或两个以上低收入国家或最不发达国家模式。③

尽管缺乏一个得到普遍认可的定义，但一般认为，三方发展合作模式包含了三种不同类型的角色，即促进者、核心国和受益国。一般来说，促进者帮助在国家和国际组织间建立联系以形成三方合作关系，并为三方合作提供资金和/或技术支持，这个角色通常由传统援助国或多边发展机构来扮演。核心国则通常具备较为丰富的发展经验和知识，并通过三方合作机制分享其知识和最佳实践经验，这一职能主要由新兴援助国来承担。而受益国则是三方发展合作中的目标国，是三方发展合作成果的载体，主要责任是为三方发展合作项目的顺利实施创造良好的条件。④

---

① "About South-South and Triangular Cooperation," United Nations Office for South-South Cooperation, https：//www.unsouthsouth.org/about/about-sstc/.

② Talita Yamashiro Fordelone, "Triangular Cooperation and Aid Effectiveness：Can Triangular Cooperation Make Aid More Effective?" Paper Prepared for the Policy Dialogue on Development Co-operation (Mexico City, September 28-29, 2009). 更多关于三方发展合作的定义，参见 Talita Yamashiro Fordelone, "Triangular Cooperation：What's the Literature Telling Us?" OECD DAC, May 2013；Nadine Piefer, "Dispelling the Myths of Triangular Cooperation-Evidence from the 2015 OECD Survey on Triangular Cooperation," OECD DAC, September 2016。

③ Nadine Piefer, "Dispelling the Myths of Triangular Cooperation-Evidence from the 2015 OECD Survey on Triangular Cooperation," OECD DAC, September 2016, p.14.

④ "Conclusions：Brainstorming Meeting on Triangular Cooperation," Lisbon, September 13-14, 2012, http：//www.oecd.org/dac/dac-global-relations/OECD_Conclusions%20Brainstorming%20Meeting%20on%20Triangular%20Co-operation.pdf.

三方发展合作作为一种新兴的发展合作模式，被视为支出少而收益多的策略（a"more-for-less" strategy）①，是推动全球伙伴关系建立的重要渠道②。其优势主要有三点。第一，三方发展合作有助于实现传统援助国资金和新兴援助国知识等的优势互补，从而更好地达成援助效果。如前所述，新兴援助国普遍具有对受益国来说更加适用的发展经验和知识。在三方发展合作模式中，这种资源可以为传统援助国所用，从而更好地达成合作效果。而新兴援助国尽管已经开始提供援助，但相对于传统援助国来说，资金等依然较为短缺。因此，对新兴援助国来说，也可以通过传统援助国的参与来弥补自身资金和能力等方面的不足。而如果传统援助国或新兴援助国中的一方，同受益国在历史、文化和语言上存在相似性或一致性，则更加有利于发展合作项目的开展。第二，三方发展合作有利于促进不同发展合作参与者之间的交流与协调，从而进一步提升新兴援助国和受援国开展发展合作的能力。事实上，国家和多边发展合作组织参与三方合作的主要动因在于分享知识和经验。③ 传统援助国通过这种方式可以更好地认识和理解新兴援助国的援助方式和标准，从而改进自身的发展合作方式，并向新兴援助国推广其发展援助的理念、原则和模式等。而新兴援助国可以利用机会学习传统援助国的最佳实践，从而提升自身援助机构的能力。第三，三方发展合作可以促进发展知识和解决方案的交流和共享，并为新的发展知识的挖掘提供可能。三方发展合作将传统援助国、新兴援助国和受益国放在一个平台上，为三方开展对话、交流发展知识和经验提供机遇。这种交流有助于促进不同背景和需求的发展合作参与者相互深度学习，为新的发展知识的生产提供可能。④

当然，三方发展合作并非完美无缺，也存在着一些局限和挑战。第一，三

---

① Deborah B. L. Farias, "Triangular Cooperation and the Global Governance of Development Assistance: Canada and Brazil as 'Co-donors'," *Canadian Foreign Policy Journal* 21（2015），pp.1-14.

② 黄梅波、唐露萍：《三方合作：推进全球伙伴关系的可行路径》，载《国际经济合作》2013 年第 8 期。

③ Talita Yamashiro Fordelone, "Triangular Cooperation: What Can We Learn from A Survey of Actors Involved?" OECD DAC, May 2013.

④ 参见 Talita Yamashiro Fordelone, "Triangular Cooperation: What's the Literature Telling Us?" OECD DAC, May 2013; Guido Ashoff, "Triangular Cooperation: Opportunities, Risks, and Conditions for Effectiveness," *Development Outreach*（2010），pp.23-24。

方发展合作发挥作用的空间受到一定限制。三方发展合作事实上是将"南北援助"和"南南合作"这两种存在重要区别的合作模式纳入一个框架。大规模的三方发展合作活动的开展需要传统援助国和南南合作提供者在援助目标、理念和原则等方面达成一定程度的一致。相较于双边合作，这显然是更加难以做到的。① 第二，三方发展合作可能导致较为高昂的协调成本。即使参与各方就合作达成一致，但是要想真正开展合作项目仍需要克服很多实践层面的困难，其中尤其突出的是高昂的协调成本。三方发展合作中的促进者和核心国往往在发展合作的法律框架、预算和采购程序以及管理和评估机制等方面存在不小的差异，这就使双方不得不开展经常性协调，以保证三方发展合作项目达到良好的效果。这对双方来说，尤其是对发展合作实施人员普遍短缺的新兴援助国来说是一种负担。对于受益国来说，发展援助的碎片化已经为它们带来了沉重的管理负担，三方发展合作作为一种新兴的援助方式及其较高的协调需求意味着受益国的行政成本将会进一步增加。第三，三方发展合作可能会强化受援国的不利地位。对于受援国的自主权的强调，是近二十年来发展援助领域的一项重大进展。新兴援助国在开展"南南合作"时，往往坚持平等和不干涉内政原则，充分尊重受援国的自主发展，而相对来说，传统援助国则通过附条件援助的方式，试图将自己的发展理念和道路推销给受援国。在开展三方合作的过程中，新兴援助国可能会被认为默许传统援助国的理念和模式，"继承发展援助的负面后果，迅速变成俯视它们的小邻居的老大哥"。②

（二）中美与第三方的发展合作

在过去十九年中，中国和美国发展部门领导人曾就该领域的合作进行沟通和协调，并尝试开展一些合作项目。到 2018 年底，中美之间已经开展了八个三方发展合作项目（见表 1），受益国涵盖非洲和亚洲的发展中国家。

---

① 庞珣：《新兴援助国的"兴"与"新"——垂直范式与水平范式的实证比较研究》，载《世界经济与政治》2013 年第 5 期。

② Siphamandla Zondi, "Trilateral Development Cooperation: How Do Poor Countries Experience It?" Institute for Global Dialogue, Iss. 116, August 2015.

表 1 中国与美国开展的三方发展合作项目

项目名称	受益国	项目领域	开始时间（年）	主要内容
	利比里亚	教育	2008	改善利比里亚大学芬德尔校区设施
控制脊髓灰质炎传播项目	纳米比亚、尼日利亚、埃塞俄比亚、巴基斯坦	健康	2011	同世界卫生组织合作，派遣专家帮助控制脊髓灰质炎传播
中国、美国、阿富汗联合培训项目	阿富汗	政府和民间社会	2012	共同培训阿富汗外交官
中国、美国、东帝汶三方农业技术合作项目	东帝汶	农业、林业和渔业	2013	联合对东帝汶学员进行农作物种植技术示范和培训
非洲疾病控制中心项目	非洲联盟国家	健康	2015	协助筹建非洲疾病控制中心
	非洲六个国家	健康	2016	联合对非洲疾病控制中心学员进行培训
塞拉利昂一线现场流行病学培训项目	塞拉利昂	健康	2016	中国派遣专家参与援助塞拉利昂公共卫生系统建设
电子健康知识和技术能力建设项目	赞比亚、尼日利亚	健康	2018	中国派遣专家对受援国学员进行培训

资料来源：OECD DAC，"Triangular Cooperation Repository of Projects," https：//www. oecd. org/dac/dac-global-relations/triangular-co-operation-repository. htm；Zhang Denghua，"Why Cooperate with Others？Demystifying China's Trilateral Aid Cooperation," *The Pacific Review* 30（2017）：750-768。

中美三方发展合作有三个值得关注的特点。第一，中美三方发展合作项目以能力建设为主，且规模很小。这种做法是与全球范围内这一模式的应用表现相一致的。OECD DAC 对 738 个三方发展合作项目的分析表明，全球范围内三方发展合作项目主要集中在政府和民间社会（24%）、农业和粮食安全（16%）、健康（11%）、环境保护（9.4%）以及能源（7%）等领域。[①] 三方发展合作之

---

① Global Partnership Initiative on Effective Triangular Cooperation，"Triangular Cooperation in the Era of the 2030 Agenda：Sharing Evidence and Stories from the Field," http：//www. oecd. org/dac/triangular-co-operation/GPI-Report-Triangular-Co-op-in-the-Era-of-the-2030-Agenda. pdf。

所以一般不涉及经济基础设施建设项目，除了传统援助国和新兴援助国在招标、质量控制等方面存在的差别以及因此而造成的复杂性之外，更重要的是因为，这样的项目往往以优惠贷款的方式开展，资金提供方存在获利的前景，因此不愿意同第三方进行分享。而对中国来说，考虑到当前中国提供的大量且充足的优惠贷款，以及开展经济基础设施合作的实力和良好记录，也缺乏在经济领域开展三方发展合作的积极性。

第二，中美高层领导人的直接推动对三方发展合作项目的顺利开展十分重要。早在 2007 年，中美双方曾就向安哥拉提供农业援助开展对话，并在此后计划就刚果民主共和国安全领域的改革和埃塞俄比亚灌溉系统的改善开展合作，但上述计划最终均未能实现。这种努力的失败很大程度上反映了中美之间在援助方式上协调的困难以及对于潜在获益的悲观。① 在这种情况下，需要中美双方更高层次在政治上的推动。以中美三方发展合作的案例——中国、美国、东帝汶三方农业技术合作项目为例。2012 年 5 月，在第四轮中美战略与经济对话期间，时任中国国务委员戴秉国和美国国务卿希拉里·克林顿达成一致，两国将在农业和健康等领域开展发展合作。在 2013 年第五轮中美战略与经济对话期间，双方就在东帝汶开展具体合作项目达成一致，随后签订了合作备忘录。该项目的目标设定在玉米、豆类、洋葱和大蒜的种植技术方面对东帝汶农民学员进行示范和培训，以改善东帝汶的食品安全状况。第一期项目于2014 年结束，取得了良好效果。在此基础上，中美商谈围绕东帝汶的水产养殖开展第二期项目。第二期项目被列入 2016 年中国 G20 杭州峰会中美合作项目清单，受到中美高层领导人的关注。

第三，健康领域是中美三方发展合作的一大亮点。其模式一般是美方邀请中国专家参与其疾病控制培训项目。中国在疾病控制方面积累了丰富的经验，美方十分重视这种经验。对中国来说，参与此类三方发展合作项目，不仅可以贡献中国的知识和经验，达成援助的效果，还可以借此机会提升中国专家的能力，学习美国同行的经验，并了解受援国相关领域的发展情况，为今后的合作

---

① 〔美〕大伟·辛：《美国和中国在非洲的医疗卫生和农业合作》，载傅瑞伟主编《中国在非洲的全球卫生与对外援助政策》，国际战略研究中心全球卫生政策研究中心，2011 年 11 月。

奠定基础。[①] 这种合作是建立在中国疾控中心和美国疾控中心各自在推动本国国民健康以及援助其他发展中国家方面取得的显著成就，以及彼此在该领域所建立的长久合作关系的基础之上的。[②] 在此基础上，中美之间的合作模式较为单一，无论是 2011 年中国同世界卫生组织和美国合作，派遣专家帮助相关国家控制脊髓灰质炎的传播，还是 2016 年参与塞拉利昂一线现场流行病学培训项目，再或者是 2018 年中国专家参与电子健康知识和技术能力建设项目，均是在美国发起和主导项目的情况下，中国专家受邀参与，贡献自己独特的知识和经验。而另一个健康领域的合作项目是中美共同参与非洲疾病控制中心建设项目，2016 年联合对非洲疾病控制中心学员进行培训则是此项目的附带项目。

六 结语

本文以西方传统援助国为例，从援助理念、路径和方式三个角度对中国和西方的发展援助模式进行了比较。在此基础上，本文讨论了三方发展合作模式的概念、优势和局限性等，并以中美三方发展合作为例，分析了两国在这一领域合作的现状和主要特点。

从援助理念上来说，同其他主要传统援助国一样，美国的发展援助是一种"南北援助"的模式，建立在援助方和受援方之间不平等关系的基础上，因此，援助方在提供援助资源时会附加各种条件，或者以推动受援国更好地利用援助资源、促进经济发展为借口，或者更加赤裸裸地以发展援助服务于自身国家利益为目的。中国则坚持其发展援助的"南南合作"性质，视受援国为平等的伙伴，坚持不干涉他国内政的原则，并在发展合作中寻求达成互惠互利的效果。从援助模式上来说，以美国为代表的西方国家普遍重视通过国际组织开展发展合作项目，并注重发挥民间社会组织的力量，相比较而言，中国的发展合作主要以政府为主导。从援助方式上来说，美国等传统援助国重视对于受援国政府和社会治理能力的培养，更多地将援助力量投入社会基础设施领域，而

---

① 《中国疾控中心援助塞拉利昂现场流行病学培训工作受到塞拉利昂与美国合作方的高度赞扬》，2017 年 6 月 30 日，http://www.chinacdc.cn/zxdt/201706/t20170630_144608.html。
② 乔治城大学美中全球健康研究小组：《美中全球健康对话背景报告》，2017 年 12 月。

中国则根据自身的发展经验和现实情况，将更多的援助资金投入经济基础设施领域。总的来说，双方尽管依然坚持各自的理念、路径和方式，但已经有了一定程度的改变。

三方发展合作作为近十几年来逐渐兴起的一种援助模式，在促进援助国资源互补和经验互鉴方面有着较大的潜力。中美双方已经开展了多个三方发展合作项目，涵盖了健康、农业、教育和能力建设等多个领域，取得了一定的成果。尽管受制于该模式自身的局限性等方面的困难，中美之间的三方发展合作难免会遇到一些障碍，但这仍不失为一种有益的探索。三方发展合作的继续发展，不仅可以进一步推动中美在发展合作领域的协调和协作，也可以为全球减贫和联合国可持续发展目标的实现做出重要贡献。

代跋

学术中国 风云对话：专访黄平研究员^{*}

【编者按】 当今世界正面临百年未有之大变局，中国的发展机遇与挑战并存。面对大变局，要加快构建中国话语和中国叙事体系，用中国理论阐释中国实践，用中国实践升华中国理论，打造融通中外的新概念、新范畴、新表述，更加充分、更加鲜明地展现中国故事及其背后的思想力量和精神力量。如此才能构建出具有中国特色和世界影响力的思想学术体系，即具有"中国性"的"大国学术"。

一 西方现代性危机

20 世纪 90 年代前后柏林墙倒塌、华约解散、苏联解体后，北约在理论上就已经没有存在的"依据"了。但事情却正好相反，它反而还在扩张，既包括增加军费、扩大实力，也包括扩大势力范围，让更多国家特别是东欧原社会主义国家参加进来。现在的乌克兰危机就是在北约已经第五轮东扩的情况下发生的，俄乌冲突前的问题是乌克兰要不要加入北约。在米尔斯海默他们看来，这是美国犯下的一个"致命错误"，当然他是站在美国的立场或者北约的立场看问题的，觉得北约越东扩矛盾就越尖锐、越不可调和。

二 从"中国性"探索人类命运共同体的内涵

"中国性"这个概念可以说是一个集合概念、综合概念，但它也不只是对

---

* 作者：中国社会科学网编辑部；见《学术中国 风云对话：专访黄平研究员》，中国社会科学网，2022 年 04 月 20 日，http://www.cssn.cn/gjgxx/gj_bwsf/202204/t20220420_5404508.shtml。

现象的描述，它应该是一个分析性的概念，哪怕是从现象上说，它也是一个综合的、几维的中国或者多维的中国。比如，毫无疑问，在版图意义上中国是个大国，它不是一个小国；在人口意义上是一个有着众多人口的中国。最近几十年，乃至过去几千年，中国在经济意义上是个发展迅速的甚至繁荣的国家，现在我们至少在高速发展、快速发展，甚至有人把它叫"中国发展奇迹"。

三　让中国话语走向世界

世界面临百年未有之大变局，这是习近平总书记在 2018 年提出的一个重要论断。世界近 100 年在我的理解中也有很多大事：两次世界大战，半个世纪的冷战，包括中国在内的广大非西方世界的解放、独立和国家快速发展等。但是为什么是百年未有之大变局，在我看来这实际上指的是过去这一百年乃至两三百年西方主导的世界秩序、世界格局、世界规则面临着变化，而这样一个变化带来高风险、高不确定性，甚至产生很多危机，像 2008 年的金融风暴，2020 年以来的新冠肺炎疫情，具体地区的有乌克兰危机，之前的欧债危机、难民危机，等等。一个局部地区危机越多，它原有的秩序就越来越失灵，甚至安全很大程度上也在失控，用涂尔干的话说叫失范：原有的规范不灵，现今的规范还没建立起来。世界确实进入了一个百年未有之大变局。

四　智库研究的底色是学术基础

智库听上去是个新词，但在中国几千年文化历史中它是一个天经地义的事情。士大夫读完书或者直接参与社会治理叫作做官或者当谋士，即使不直接做谋士，做一个诗人或一个佛家和道家意义上的智者，他也是经世致用的。所以对中国来说，自己的学术思想文化研究，包括艺术的，要服务社会、服务社会治理，这是中国士大夫几千年所天经地义的。

主编简介

黄　平　第十三届全国政协委员，中国社会科学院研究员，中国社会科学院大学特聘教授，香港中国学术研究院常务副院长，兼任中国世界政治研究会会长、中华文化交流与合作促进会理事长、中国社会科学院台港澳研究中心主任、世界政治研究中心主任、欧洲跨文化研究所双主席之一。曾任中国社会科学院社会学研究所副所长、美国研究所所长、欧洲研究所所长，兼任过中国—中东欧国家智库交流与合作网络理事长、中国—中东欧研究院院长、中华美国学会会长等，是 *The British Journal of Sociology*、*Current Sociology*、*Comparative Sociology*、*Global Social Policy*、*The Sociology of Development*、*Inter-national Migration* 等英文期刊的国际编委，曾被选为联合国教科文组织重大科学项目评审委员、联合国教科文组织"社会转型管理"（MOST）政府间理事会副理事长、国际社会科学理事会（ISSC）副理事长、国际社会学会（IIS）副会长等，并担任过《读书》执行主编（1996~2006）、《美国研究》主编（2006~2014）、《欧洲研究》主编（2014~2019）等。

黄平的主要研究领域包括社会变迁理论、全球化与中国社会发展、中美关系与中欧关系等，著述包括：《未完成的叙说》（四川人民出版社，1997）、《寻求生存：当代中国农村外出人口的社会学研究》（合著，云南人民出版社，1997）、《我们的时代》（合著，中央编译出版社，2006）、《误导与发展》（中国人民大学出版社，2006）、*China Reflected*（ARENA Press，2003）；主编《与地球重新签约》（人民文学出版社，2003）、《乡土中国与文化自觉》（生活·读书·新知三联书店，2007）、《本土全球化：当代中国西部的社会变迁文化》（经济管理出版社，2011）等。

由社会科学文献出版社出版的著作包括：《西部经验：对西部农村的调查与思索》（合著，2005）、《公共性的重建》（主编，2011）、《中国与全球化：华盛顿共识还是北京共识》（主编，2005）、《中国模式与"北京共识"》（主编，2006）、《农民工反贫困》（主编，2006）、《亚当·斯密在北京》（合译，2009）、《面对面的距离》（主编，2013）、《梦里家国：社会发展、全球化与中国道路》（文集，2015）、《家国天下：中国发展道路与全球治理（文集，2020）》等。

图书在版编目（CIP）数据

西方模式与中国道路：世界历史视野下的比较研究 /
黄平主编. -- 北京：社会科学文献出版社，2022.11（2024.2 重印）
ISBN 978-7-5228-0639-6

Ⅰ. ①西…　Ⅱ. ①黄…　Ⅲ. ①中国特色社会主义-社
会主义建设模式-研究　Ⅳ. ①D616

中国版本图书馆 CIP 数据核字（2022）第 157711 号

西方模式与中国道路：世界历史视野下的比较研究

主　　编 / 黄　平

出 版 人 / 冀祥德
责任编辑 / 葛　军　仇　扬
责任印制 / 王京美

出　　版 / 社会科学文献出版社·当代世界出版分社（010）59367004
　　　　　　地址：北京市北三环中路甲 29 号院华龙大厦　邮编：100029
　　　　　　网址：www. ssap. com. cn
发　　行 / 社会科学文献出版社（010）59367028
印　　装 / 三河市东方印刷有限公司

规　　格 / 开　本：787mm×1092mm　1/16
　　　　　　印　张：20.75　字　数：338 千字
版　　次 / 2022 年 11 月第 1 版　2024 年 2 月第 2 次印刷
书　　号 / ISBN 978-7-5228-0639-6
定　　价 / 98.00 元

读者服务电话：4008918866

△ 版权所有 翻印必究